L'exercisier

Christiane Descotes-Genon
Marie-Hélène Morsel
Claude Richou

L'exercisier

L'expression française
pour le niveau intermédiaire

Deuxième édition revue et corrigée

Presses Universitaires de Grenoble
1992

© Presses Universitaires de Grenoble, 1992
BP 47 – 38040 Grenoble Cedex 9
Tél. 76.82.56.51
ISBN : 2.7061.0451.1

Dessins : Claude Richou

Dans la même collection

Ch. ABBADIE, B. CHOVELON,
M.-H. MORSEL

L'expression française écrite et orale
200 pages, format 17 x 25 cm – 60,00 F.
Corrigé des exercices de l'expression française
64 pages, format 17 x 25 cm – 46,00 F.

D. ABRY, M.-L. CHALARON,
J. Van EIBERGEN

Présent, passé, futur
Grammaire des premiers temps.
88 pages, format 17 x 25 cm – 37,00 F.

M.-L. CHALARON, R. ROESCH

La grammaire autrement
Sensibilisation et pratique.
136 pages, format 17 x 25 cm – 48,00 F.

Ch. DESCOTES-GENON,
R. ROLLE-HAROLD, E. SZILAGYI

La Messagerie
Pratique de la négociation commerciale en français.
160 pages, format 21 x 29,7 cm
72,00 F.
Corrigé des exercices de La Messagerie
32 pages, format 21 x 29,7 cm – 28,00 F.
Cassette de La Messagerie
60 mn, 60,00 F.

E. SZILAGYI

Affaire à faire
Pratique de la négociation d'affaires en français.
160 pages, format 21 x 29,7 cm
72,00 F.
Corrigé des exercices de Affaire à faire
32 pages, format 21 x 29,7 cm
28,00 F.

C. DESCOTES-GENON, S. EURIN,
R. ROLLE-HAROLD, E. SZILAGYI

La Voyagerie
Pratique du français du tourisme
240 pages, format 21 x 29,7 cm
90,00 F.
Corrigé de La Voyagerie
64 pages, format 21 x 29,7 cm
56,00 F.
Cassette de La Voyagerie
90 mn, 80,00 F.

D. ABRY, M.-L. CHALARON

A propos de...
260 pages, format 17 x 25 cm – 90,00 F.
Corrigé de A propos de...
80 pages, 50,00 F.
Cassette de A Propos de...
90 mn, 80,00 F.

Ch. Descotes-Genon, M.-H. Morsel et C. Richou enseignent à l'Université Stendhal et au Centre universitaire d'études françaises (C.U.E.F.) de l'université Grenoble III, B.P. 25 X, 38040 Grenoble Cedex.

Avant-propos

Public

L'**exercisier** s'adresse en priorité à des apprenants de Français Langue Etrangère, adolescents et adultes.

Il pourrait également être utilisé dans le premier cycle du secondaire.

Niveau

Il s'adresse à des étudiants de niveau intermédiaire ayant déjà suivi de 200 à 250 heures.

C'est donc à la fois un ouvrage permettant d'introduire des notions de base de ce niveau, et un ouvrage de révision pour des apprenants plus avancés. Un système de signes (des arbres) permet au professeur de faire la distinction entre ces niveaux et de sélectionner ce qui convient aux apprenants, et éventullement, dans les groupes peu homogènes, de faire un enseignement plus individualisé.

Contenus

1. Tableaux

Dans chaque chapitre, se trouve au minimum un tableau qui permet de visualiser d'une façon synthétique le problème grammatical abordé. D'autres petits tableaux présentent des points particuliers.

C'est à l'enseignant de déterminer comment il les utilise : partiellement ou totalement en fonction du niveau, en introduction ou en synthèse finale.

2. Corpus

Des corpus de présentation dans certains chapitres permettent une pédagogie de découverte et de conceptualisation.

3. Exercices

Nous avons tenu à proposer une large gamme de types d'exercices, allant des plus classiques aux plus créatifs : exercices à trous, de transformation, de reformulation, question / réponse, textes lacunaires, dialogues à compléter, rédaction de paragraphes et de textes, et exercices créatifs divers y compris pour les niveaux faibles.

niveau moyen faible ou révision pour les autres
niveau moyen
niveau moyen fort

Les exercices ✿ concernent, en général, des notions qui devraient avoir été abordées avant ce niveau ; il s'agit donc d'exercices de révision.

Les exercices 🌲🌲 concernent des notions qui doivent être étudiées au niveau moyen.

Les exercices 🌲🌲🌲 concernent des notions qui peuvent être étudiées au niveau moyen fort.

C'est au professeur d'organiser sa progression et de faire son choix d'exercices de son programme et des besoins de ses élèves.

4. Langue enseignée

Nous avons intentionnellement utilisé :

– une langue contemporaine couvrant plusieurs registres : de l'oral un peu familier à un écrit assez soutenu.

– un lexique fourni couvrant des champs lexicaux variés de manière à donner aux apprenants, même faibles, les outils nécessaires pour s'exprimer autrement qu'en français simplifié, surtout dans les exercices 🌲🌲 et 🌲🌲🌲.

5. Documents authentiques

Au fil des chapitres apparaissent des documents authentiques variés : entrefiletrs, articles, publicités, photos, dessins, bandes dessinées, sondages, statistiques.

Conseil d'utilisation

L'ordre de présentation des chapitres dans le livre a été choisi pour des raisons de commodité analytique et n'est donc pas une progression à suivre à la lettre.

Chaque enseignant aura à déterminer sa propre progression en fonction de sa classe et de son type de pédagogie.

Si tous les exercices ont une présentation écrite, leur utilisation peut être beaucoup plus variée : les exercices de type structural peuvent se faire oralement en classe ou en laboratoire, comme par écrit ; d'autres exercices se prêtent très bien à une pédagogie interactive, livres fermés (simulations, situations) ; et d'autres pourront déboucher sur des discussions, des jeux de rôle voire des débats dans la classe et leurs prolongements écrits. Un certain nombre d''exercices sont plus intéressants en travail de groupe.

Livre de corrigés

Ce livre n'est pas un guide pédagogique, il donne seulement le corrigé de la plus grande partie des exercices ; ceux qui font appel à la créativité des élèves et pour lesquels plusieurs réponses sont acceptables seront appréciés par le professeur.

Pour les enseignants, il simplifie le travail de préparation.

Pour les apprenants, il offre une possibilité d'auto-apprentissage.

LA PHRASE

EXERCICES

1 à 3, ponctuations à rétablir
4, 5, textes à rétablir

RAPPEL DE QUELQUES NOTIONS

■ **Q**uand nous parlons, quand nous écrivons, nous nous exprimons à l'aide de phrases. A l'oral, la phrase est marquée par une certaine intonation; à l'écrit, elle est limitée bien souvent par une majuscule et un signe de ponctuation forte (point, point-virgule, point d'interrogation, point d'exclamation, points de suspension...)

■ **O**n distingue:
– des **phrases verbales** (construites autour d'un verbe conjugué ou à l'infinitif)
Exemples : *L'automobiliste s'est arrêté au feu rouge.*
Pourquoi s'arrêter ?
– des **phrases nominales** (construites autour d'un autre mot : nom, adjectif, etc.)
Exemple : *Quel temps !*
Arrivée du président.

■ **S**i la phrase verbale ne comporte qu'un verbe conjugué, elle forme une **phrase simple**.
Si la phrase comporte plusieurs verbes introduits par des pronoms relatifs, interrogatifs ou des conjonctions de subordination, elle forme une **phrase complexe**.
Exemple : *Elle s'est couchée immédiatement :* phrase simple
Elle s'est couchée parce qu'elle était fatiguée : phrase complexe.

■ **S**elon la nature du message que l'on veut communiquer, une phrase est obligatoirement :
– **déclarative :** *Marianne est en retard.*
– **interrogative :** *Quelle heure est-il ?*
– **impérative :** *Mets la table.*
– **exclamative :** *Comme vous êtes élégante !*

■ **C**es quatre modalités ne peuvent se combiner entre elles. Par contre on peut y associer des formes facultatives combinables entre elles :
– la **forme négative** : *Marianne n'est pas en retard.*
– la **forme passive** : *Son fils a été renversé par une moto ?*
– la **forme emphatique** : *C'est son fils qui a eu un accident.*
Pour noter les pauses, les variations d'intonation d'un énoncé, pour rendre plus explicites les articulations logiques du message, nous utilisons des signes graphiques : **la ponctuation.**

PRINCIPAUX SIGNES DE PONCTUATION

Point	.	Indique la fin d'une phrase déclarative	Ex. *Les spectateurs avaient tous regagné leurs places. Le rideau se leva.*
Point-virgule	;	Indique une pause moyenne entre deux unités distinctes d'un même énoncé.	Ex. *La salle se remplissait peu à peu de spectateurs : des mères qui avaient amené leurs enfants ; des bandes d'adolescents riant et parlant fort ; des retraités plus discrets.*

Point d'interrogation	?	Indique la fin d'une phrase interrogative.	Ex. *Pourquoi est-ce que tu ne m'as pas prévenu ?*
Point d'exclamation	!	S'emploie après une interjection ou après une phrase exclamative.	Ex. *Hélas !* *Que de temps perdu !*
Virgule	,	Sépare les parties semblables d'une énumération, des groupes de mots apposés ou juxtaposés. On ne met pas, sauf cas particulier, de virgule devant : **et, ou, ni.**	Ex. *Paris, capitale de la France.* *Le 12 mai prochain, s'ouvrira le Salon du Meuble.* *Des coqs, des poules, des canards et des oies s'agitaient dans la cour.*
Deux points	:	Précèdent une citation, une énumération, une explication.	Ex. *Il a répondu : «Je suis entièrement d'accord avec vous.»*
Guillemets	« »	Encadrent le texte littéral d'une citation.	Ex. *Vous commenterez ce vers de Shakespeare : «Etre ou ne pas être, voilà la question.»*
Points de suspension	...	A la fin d'une phrase ou d'un membre de phrase indiquent que, pour diverses raisons, la phrase est inachevée.	Ex. *Au printemps, vous plantez toutes sortes de bulbes : narcisses, jonquilles, jacinthes, crocus ...*
Tiret(s)	— — —	Indique le début d'un dialogue, le changement d'interlocuteur. Deux tirets, encadrant une phrase, remplacent deux virgules ou deux parenthèses.	Ex. *– Avez-vous bien dormi ?* *– Parfaitement bien, merci.*
Parenthèses Crochets	( ) [ ]	Servent à isoler, dans une phrase, des mots qui ne sont pas indispensables au sens général	Ex. *Admirer (Syn. s'extasier devant).*

EXERCICES

🌸 **1. – Rétablissez la ponctuation et les majuscules dans les phrases suivantes.**

1. tu es sûre qu'il a été prévenu du changement d'horaire. – **2.** Philippe Pierre et sa femme avaient pris une grande décision ils allaient faire du sport n'importe quel sport qui puisse être pratiqué dans la région. – **3.** les ouvriers qui étaient tous présents à la manifestation ont décidé d'entamer la grève. – **4.** il m'a demandé pourquoi n'as-tu pas pris la parole. – **5.** quelle idée d'avoir ramené un chien ici. – **6.** il a voulu savoir pourquoi moi j'étais silencieux. – **7.** le complément d'objet direct c o d étant placé avant le verbe le participe passé s'accorde. **8.** mon voisin m'a assuré encore faudrait-il vérifier d'où il a tiré cette information que le périphérique était fermé. – **9.** une profusion de fruits pêches pommes poires abricots fraises était disposée sur la table. – **10.** nous sommes arrivés à bon port mais quelle circulation

🌳 2. – Rétablissez la ponctuation et les majuscules de l'article suivant.

Sautera sautera pas

les amateurs de Benji saut en élastique vont pouvoir retrouver les sensations fortes qu'ils recherchent
une réglementation établie par le ministre de l'Intérieur le ministre de la Jeunesse et des Sports et l'équipe grenobloise Vertige Aventure vient d'être définie autorisant la reprise des sauts au pont de Ponsonnas près de La Mure 103 mètres de vide par ailleurs ce site accueillera prochainement le premier centre permanent de Benji en Europe
contact Vertige Aventure 76 47 42 80

Extrait de ***Actualité Isère***
novembre 1989 n°32

🌳🌳🌳 3. – Rétablissez la ponctuation de l'article suivant.

qu'ont de commun Georgia O'Keefe Raoul Dufy David Hockney et Jean Michel Basquiat d'être l'objet d'ouvrages en français quand leurs bibliographies étaient jusqu'alors pour l'essentiel américaines et anglaises pris d'un bénéfique désir de variété et d'originalité des éditeurs sortent des boulevards du XXᵉ siècle et vagabondent dans les quartiers mal connus de l'art moderne c'est heureux
quelle voie a mené Adam Biro jusqu'à Gorgia O'Keefe autant cette artiste a de la notoriété aux Etats-Unis autant en France elle suscite des questions du genre Georgia qui après avoir été la muse et l'épouse de Stielglitz et une protagoniste essentielle de l'histoire de l'abstraction ce n'était pas assez pour qu'on parle à Paris ou qu'on organise une exposition à sa mémoire sans doute

Extrait du ***Monde*** du 9 décembre 1989

🌳 4. – Remettez dans l'ordre les phrases de cet article.

1. Un attentat s'était produit dans des circonstances semblables, vendredi à Valence, contre un colonel de l'armée de terre.

2. Les deux individus ont ensuite pris la fuite sur une moto de forte cylindrée.

3. ESPAGNE : UN POLICIER TUÉ DANS UN ATTENTAT.

4. Un jeune homme et une jeune femme ont ouvert le feu sur le policier, José Sucino Ibanez, trente et un ans,

5. Un inspecteur de police a été tué, lundi matin 18 décembre à Prat-de-Llobregat, en Catalogne, a annoncé la police.

6. alors qu'il sortait de son domicile.

🌳🌳🌳 5. – Même exercice.

1. Bob Robert avait demandé, en entrant à l'hôpital, s'il y avait des gens plus célèbres que lui en traitement dans les différents services. Réponse : non.

2. C'est du moins ce qu'elle dira aux enquêteurs. De très nombreuses négligences du personnel soignant sont alors constatées. Pas de preuves formelles, affaire classée.

3. En principe, l'opération de la vésicule biliaire qu'il venait de subir n'aurait pas dû entraîner de conséquences fatales.

4. Le 22 février 1987, un certain Bob Robert, cinquante-huit ans, mourait dans un hôpital de New-York.

5. Il faut insister : rien d'extraordinaire, une simple opération de routine. Le patient n'avait pas non plus la maladie que vous savez. Bob Robert n'était autre qu'Andy Warhol.

6. Mais l'infirmière de nuit, Mme Min Chou, au lieu de surveiller le patient, est restée toute la nuit dans sa chambre à lire la Bible.

Remarque : On trouvera les exercices sur l'interrogation, la négation ou le passif dans les leçons traitant ce point grammatical.

La construction des verbes

EXERCICES

2

Connaître la construction des verbes est indispensable car cela détermine en grande partie le choix de l'auxiliaire pour les temps composés du passé.

1. Si le verbe admet un complément d'objet (direct ou indirect) il est **transitif**

a) Un <u>complément d'objet direct</u> (C.O.D.) est placé directement après ou avant le verbe ; il peut être un nom, un infinitif, un pronom :
Ex. *Elle aime <u>les roses</u> – Elle <u>les</u> aime – Elle aime <u>nager</u>*
Le verbe est **transitif direct**

b) Un <u>complément d'objet indirect</u> (C.O.I.) est précédé d'une préposition (à, de) si c'est un nom, un infinitif, ou un pronom :
Ex. *Il songe <u>à son avenir</u> – Il songe <u>à partir</u> – Il songe <u>à elle</u>*
Si c'est un pronom il peut parfois être placé avant le verbe sans préposition
Ex. *Il <u>lui</u> parle*
Le verbe est **transitif indirect**

Remarques :
– Les verbes transitifs directs peuvent cependant être employés sans C.O.D.
Ex. *Elle mange sa soupe*
    Elle mange
– Certains verbes du sens de donner (attribuer, prêter, proposer, retirer, refuser, emprunter...) et dire (ordonner, permettre, souhaiter, interdire...) peuvent se construire avec un C.O.D. et un C.O.I.
Ex. *Pierre prête sa voiture à son fils*
    J'ai annoncé la nouvelle à mon frère

2. Si le verbe n'admet pas de complément d'objet, il est **intransitif**

Ex. *Le train <u>part</u>*
Attention ! Ne pas confondre un C.O.D. et un complément circonstanciel construit sans préposition :
Ex. *Elle rentre la voiture (C.O.D.)*
    Elle rentre le soir (complément de temps)

Dans ces deux constructions le verbe est à la voix active

3. Remarques

a) Les verbes admettant un C.O.D. – et seulement ceux-ci – peuvent se mettre à la **voix passive**
Ex. *Le policier arrête le voleur – le voleur est arrêté par le policier*
Le complément d'objet du verbe actif devient le sujet du verbe passif.
Le sujet du verbe actif devient le complément d'agent (précédé de par ou de) du verbe passif
Exceptions : les verbes : **présenter et comprendre** au sens figuré, **comporter,** ne se mettent pas au passif.

b) Certains verbes peuvent être précédés d'un pronom personnel reprenant le sujet : on les appelle **verbes pronominaux**. On dit qu'ils sont à la tournure pronominale.
Ex. *se lever*
Ils peuvent de la même façon avoir une construction :
transitive directe : *Il se lave <u>les cheveux</u>*

transitive indirecte : *Il s'adresse à son voisin*

intransitive : *Il s'enfuit*

Ces verbes **ne peuvent pas** se mettre au passif mais il peuvent avoir un sens passif :

Ex. *Cette expression ne s'emploie plus = cette expression n'est plus employée*

EXERCICES

🌳 **1. – Dites si le verbe a une construction transitive directe, indirecte ou intransitive.**

1. Il parle plusieurs langues. – **2.** Elle travaille à Radio France. – **3.** Il n'a jamais accepté ce changement. – **4.** Avez-vous parlé au directeur ? – **5.** Ils ont réussi leurs examens. **6.** Nous espérons vous revoir bientôt. – **7.** Ils sont tous descendus de bonne heure. – **8.** Elle s'attend à être renvoyée. – **9.** Il a réussi à se faire respecter. – **10.** Elle est arrivée cette nuit.

🌳 **2. – Racontez ce que vous faites pendant une journée en n'utilisant que des verbes intransitifs ou construits intransitivement. (10 verbes).**

🌳 **3. – Dites ce que font le boulanger, l'agent de police, la secrétaire en n'utilisant que des verbes transitifs directs. (10 verbes pour chacun).**

🌳 **4. – Madame Dupont votre voisine qui est si bavarde, était très occupée hier; qu'est-ce qu'elle a donc fait ? Vous n'emploierez que des verbes transitifs indirects. (10).**

🌳 **5. – Terminez les phrases.**

1. Elle aime beaucoup _____. – **2.** Il pense à _____. – **3.** Nous avons besoin de _____. **4.** Maintenant nous habitons _____. **5.** Etes-vous prêts à _____. – **6.** Le directeur s'oppose à _____. – **7.** Ils ont profité de _____. **8.** Depuis une heure ils attendent _____. **9.** Véronique a reçu _____. – **10.** Nous tenons vraiment à _____.

🌳 🌳 **6. – La présence d'une préposition peut changer le sens d'un verbe ; terminez les phrases suivantes en rajoutant ou non une préposition aux verbes.**

1. Pour aller à Paris il vous faudra _____. **2.** Nous ne voulons pas partir, nous tenons _____. – **3.** Ses cheveux roux, elle les tient _____. **4.** Sur ce célèbre tableau de Vinci, la Sainte Vierge tient _____. – **5.** Elle est arrivée cinq minutes en retard et a manqué _____. **6.** Vous êtes trop sévère avec lui et souvent vous manquez _____. – **7.** Après les hors-d'œuvre, le garçon a servi _____. **8.** Calmez-vous, cela ne sert à rien _____. – **9.** Cet outil sert _____. – **10.** Pour transporter la terre il se sert _____.

🌳 **7. – Associez chaque phrase du tableau A à celle du tableau B qui constituera une suite cohérente et correcte grammaticalement.**

A	B
1. Il continue	**a.** les chaises, il pleut.
2. Ils sont revenus	**b.** d'une chambre sans douche.
3. Rentrez	**c.** à se remarier.
4. Cela dépendra	**d.** à pleuvoir.
5. Pour une nuit, ils se contenteront	**e.** à le convaincre ?
6. Depuis quelque temps elle songeait	**f.** plus tôt que prévu.
7. Nous envisageons	**g.** l'heure du départ.
8. Avez-vous réussi	**h.** de rester un jour de plus.
9. Ils ont convaincu leur ami	**i.** de passer notre retraite à Paris.
10. Elles attendent	**j.** de l'heure du départ.

2

🌳 🌳 **8. – Racontez cette bande dessinée en utilisant le maximum de verbes pronominaux.**

1

2

3

4

5

Sempé, *Sauve qui peut*, Ed. Denoël

🌳 9. – Mettez au passif quand cela est possible.

1. Le médecin reçoit le malade.
2. Une épaisse couche de neige recouvrait le village.
3. Sylvie parle à ton père.
4. Elle habite Paris.
5. Les ouvriers occupaient l'usine.
6. Des étudiants ont habité cet appartement.
7. Les touristes montent dans le car.
8. Le propriétaire et le locataire signeront le bail.
9. Je repars la semaine prochaine.
10. Un joli motif décore l'assiette.

🌳 10. – Remettez dans l'ordre les phrases suivantes.

1. Des fleurs-tous-l'-apporté-institutrice-les enfants-à-ont-.
2. A posé-son-en-la-table-revenant-panier-elle-sur-.
3. Sa-excuses-collègue-ses-a-n'-présenter-à-il-voulu-pas-.
4. Moi-se-elle-avec-le-trouvait-car-dans-.
5. Bicyclette-lui-son-emprunté-et-je-para-pluie-sa-ai-.
6. Mon-couleur-n'-elle-manteau-aime-la-pas-de-.
7. Mutilés-sont-aux-ces-personnes-places-réservées-âgées-aux-et-.
8. La-renvoyé-Paul-le-a-par-classe-directeur-été-de-.
9. Hollandaise-hier-la-remis-secrétaire-certificat-l'-a-étudiante-le-à-.
10. Film-?-vous-déjà-ce-êtes-voir-allés-.

🌳 11. – Quelles sont les phrases complètes ?

Rajoutez à celles qui sont incomplètes le complément qui rendra la phrase correcte. En déduire la règle.

1. Il est revenu à Paris.
2. Elle a rencontré à Lyon.
3. Nous apportons à notre amie.
4. Ils pensent souvent à leurs enfants.
5. Adressez-vous à cet employé.
6. J'ai annoncé à ma tante.
7. Elle prête à son frère.
8. L'artisan fabrique.
9. Il parle à tout le monde.
10. J'ai proposé à ma collègue.

Les déterminants du nom : L'article

EXERCICES

Les articles		Définis		Indéfinis	Partitifs
		simples	contractés		
Singulier	M	le l'	au du	un	du de l'
	F	la l'		une	de la de l'
Pluriel	M	les	aux des	des de d'	des
	F				

Les articles précèdent le nom avec lequel ils s'accordent en genre et en nombre. Ils sont souvent le seul indice du genre *(le manche est rouge/la manche est rouge)* ou du nombre *(le garçon court/les garçons courent)*.

1. L'article défini

Le garçon, le haricot, l'arbre, l'homme, la fille, la haine, l'horloge
Il parle au docteur, à la concierge, aux étudiants
Il a besoin du stylo, de la gomme, des crayons

- Il introduit un nom connu ou supposé connu :
– Unique en son genre : *l'eau bout à 100 degrés.*
– Connu par l'habitude : *je vais à la pharmacie.*
– Déterminé par le contexte : *le chien qui court est un lévrier.*

- Il introduit, au singulier, un nom à valeur générale : *le chien est un animal fidèle.*
  au pluriel un nom désignant l'ensemble des éléments de cette catégorie : *les chats appartiennent à la famille des félidés.*

2. L'article indéfini

Un fauteuil, une table, des chaises, de vieilles chaises, d'affreuses chaises

- Il introduit un nom qui n'est pas supposé connu, dont on n'a pas encore parlé : *un camion a débouché à cet instant à vive allure. Le/ce véhicule...*
Il est souvent dans ce cas très proche de l'adjectif numéral

- Il introduit, au singulier, un nom ayant une valeur générale : *un instituteur doit être très patient.*

3. L'article partitif

du beurre, de l'huile, de la farine, des épinards

- Il introduit un nom qui appartient à la catégorie non comptable et dont on ne considère qu'une «partie», une quantité indéterminée : *voulez-vous du thé ?*

- Il est utilisé le plus souvent dans les recettes de cuisine *(de la levure)*, dans la description des comportements *(avoir du courage)*, des activités *(faire du ski – jouer de la guitare)*, des indications météorologiques *(il fait du vent)*.

Remarque :

Lorsque les articles **un, une, du, de la, des** sont précédés d'un adverbe de quantité (sauf bien, encore et la plupart) ou d'un adverbe négatif, ils sont supprimés et remplacés par la préposition **de**.

Exemple : *Vous avez **du** temps libre ?*
*Non, j'ai malheureusement peu **de** temps libre.*

EXERCICES

🌺 1. – *Les articles et les noms de pays –* Faut-il un article ? Lequel ?

1. Vous connaissez ____ Finlande ?
2. ____ Danemark n'est pas loin de ____ Belgique. – **3.** Elle revient ____ Portugal. **4.** Nous retournons ____ Brésil. – **5.** Il parle ____ Mexique comme s'il y avait vécu toute sa vie. **6.** Il ne connaît pas encore ____ Israël. **7.** ____ Corse et ____ Baléares sont des îles très fréquentées par les touristes. – **8.** Elle se souvient de ____ Chine d'avant Mao. – **9.** Ils partent pour ____ Thaïlande. – **10.** Ce vase provient de ____ Chine.

🌺 2. – *Prépositions et articles définis ou indéfinis –* Rajoutez un article quand cela vous semble nécessaire.

1. Il a envoyé son paquet par ____ avion.
2. La porte était fermée par ____ verrou.
3. Par ____ bonheur, ils n'ont pas été blessés.
4. C'est par ____ plus grand des hasards que nous l'avons rencontré. – **5.** L'été, elle se lève avec ____ jour. – **6.** Essayez de lui répondre avec ____ courtoisie. – **7.** Cette douleur passera avec ____ temps. – **8.** C'est une maison sans ____ confort. – **9.** Le loyer s'élève à 2 500 francs sans ____ charges. – **10.** Je voudrais un livre pour ____ enfants. – **11.** Pour ____ fois, je serai absent. – **12.** Ne partez pas sans ____ vêtement chaud. – **13.** Le magasin est fermé pour ____ réparations. – **14.** Vous pouvez payer avec ____ carte bleue.

🌺 3. – *Les articles et les parties du corps.* Articles définis ou possessifs ? Ajoutez le mot qui manque.

1. Va te laver ____ mains. – **2.** Tu te paies ____ tête ! – **3.** Regarde-moi dans ____ yeux. – **4.** Un charmant jeune homme a offert ____ bras à la vieille dame pour l'aider à traverser. – **5.** Elle s'est cassé ____ jambe. – **6.** Le coiffeur lui a coupé ____ cheveux. – **7.** Elle tenait dans ____ bras un enfant tout blond. – **8.** Il a ____ jambe dans le plâtre. – **9.** Il a beaucoup maigri et ____ jambes ne le portent plus. – **10.** Vous devez utiliser tous les soirs cette crème pour hydrater ____ peau.

🌺 4. – Ajoutez les articles qui manquent.

Clotaire a des lunettes

Quand Clotaire est arrivé à ____ école, ce matin, nous avons été drôlement étonnés, parce qu'il avait ____ lunettes sur ____ figure. Clotaire, c'est ____ bon copain, qui est ____ dernier de la classe, et il paraît que c'est pour ça qu'on lui a mis ____ lunettes.

– C'est ____ docteur, nous a expliqué Clotaire, qui a dit à mes parents que si j'étais dernier, c'était peut-être parce que je ne voyais pas bien en classe. Alors, on m'a emmené dans ____ magasin à lunettes et ____ monsieur ____ lunettes m'a regardé ____ yeux avec ____ machine qui ne fait pas mal, il m'a fait lire ____ tas de lettres qui ne voulaient rien dire et puis il m'a donné ____ lunettes, et maintenant, bing ! je ne serai plus dernier.

Moi, ça m'a un peu étonné, ____ coup ____ lunettes, parce que si Clotaire ne voit pas en classe, c'est parce qu'il dort souvent, mais peut-être que ____ lunettes, ça l'empêchera de dormir. Et puis c'est vrai que ____ premier de ____ classe c'est Agnan, et c'est ____ seul qui porte ____ lunettes, même que c'est pour ça qu'on ne peut pas lui taper dessus aussi souvent qu'on le voudrait.

Agnan, il n'a pas été content de voir que Clotaire avait ____ lunettes. Agnan, qui est ____ chouchou de la maîtresse, a toujours peur qu' ___ copain soit premier à sa place, et nous on a été bien contents de penser que ___ premier, maintenant, ce serait Clotaire, qui est ___ ___ chouette copain.

🌳 5. – *Les articles et la météo.* Indiquez le temps qu'il fait.

1. *En France :*
– Dans le Nord ? – Dans le Sud ? – A l'est ? – A l'ouest ? – Dans le Centre ? – A Clermont-Ferrand ? – A Perpignan ? – A Limoges ? – En Corse, à Ajaccio ?

2. *A l'étranger :*
– A Venise ? A Alger ? A Nairobi ? A Singapour ? – A Moscou ? – A Istanbul ? A Mexico ?

Variez les expressions :
Le soleil brillait. – Le temps était ensoleillé. – Il a fait beau. – Il y a eu du soleil.

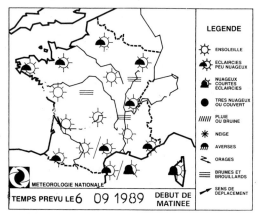

🌳 6. – Articles partitifs, définis ou indéfinis ?
– **Complétez les phrases avec l'article correct.**
– **Examinez les phrases obtenues.**
– **Expliquez l'emploi de l'article.**

1. Prenez 200g de beurre et 3 œufs ; mélangez ___ beurre et ___ œufs jusqu'à ce que vous obteniez ___ mélange blanc et mousseux. **2.** En gagnant ___ gros lot, il a eu ─── chance de sa vie. – **3.** En ce moment il fait ___ temps bizarre : le matin il y a ___ soleil et l'après-midi ça se couvre ; ___ vent se lève et il y a ___ orages. – **4.** Tu as vraiment ___ courage d'entreprendre de tels travaux ! Oh ! ce n'est pas ___ courage qui me manque, c'est l'argent ! – **5.** Il fait ___ ski et ___ escalade mais par-dessus tout il aime ___ randonnées. **6.** Elle voulait qu'il fasse ___ violon mais il a préféré ___ piano. – **7.** Il a ___ persévérance et ___ goût mais il manque d'ambition. – **8.** En première partie, elle jouera ─── Mozart et ─── Schubert. – **9.** Que boirez-vous avec ___ choucroute, ___ vin ou ___ bière ? – **10.** Pendant que nous ramassions ___ champignons, ils coupaient ___ bois.

🌳 7. – **Mettez au pluriel tous les éléments de la phrase quand cela vous paraît possible.**
Exemple :
Tu as répondu à la question avec une rapidité incroyable.
→ *Vous avez répondu aux questions avec une rapidité incroyable.*

1. Le passant a remarqué une voiture dont la roue était crevée. – **2.** J'ai besoin du dictionnaire pour faire la traduction. – **3.** Il y avait une place libre. – **4.** Le chant de l'oiseau m'a réveillé. – **5.** Pour son anniversaire, elle a envie d'un disque et d'une plante verte. – **6.** C'est la petite fille qui veut une belle poupée. – **7.** Il est arrivé à la gare en même temps que moi. **8.** Gare-toi à l'endroit qui t'est réservé. **9.** L'étudiant a mal à la tête. – **10.** La patte du cheval était couverte de boue.

🌳 8. – *Définis ? Indéfinis ? Partitifs ?*
Observez !
Avoir
l'électricité – **l'**eau chaude – **la** radio – **la** stéréo.
un ordinateur – **une** chaîne Hi-Fi – **des** balcons – **un** minitel.

du soleil – **du** marbre – **de l'**espace – **de la** place.

A vous maintenant :

Madame Girard et Madame Bouvard discutent. Mme G. interroge son amie sur le confort de son appartement, l'immeuble, le voisinage...

Mme G : Il y a <u>un</u> ascenseur ?

Mme B : Non, il n'y a <u>pas d'</u>ascenseur mais nous habitons au second et ce n'est pas trop gênant.

a) Trouvez l'article qui manque.

b) Imaginez les réponses de Mme B. qui seront toujours négatives.

1. Vous avez —— chauffage central ?
2. Vos voisins ont-ils —— enfants ?
3. Font-ils —— bruit ?
4. Est-ce que vos fenêtres ont —— volets ?
5. Y a-t-il —— moquette au sol ou —— plancher ?
6. Vous avez —— télévision ?
7. Y a-t-il —— commerçants dans la proximité ?
8. Avez-vous —— lave-vaisselle ?
9. Avez-vous déjà —— téléphone ?
10. J'espère que vous avez —— chambre pour chaque enfant ?
Mais ma pauvre amie, ce n'est pas une vie ça !

 9. – Emily n'a vraiment pas de chance !

Luc a invité Emily, une jeune américaine dans un bon restaurant. Voici la carte.

Entrées	Viandes	Poissons	Légumes	Desserts
Salade niçoise	Entrecôte	Truite au bleu	Haricots verts	Iles flottantes
Jambon beurre	Escalope viennoise	Dorade	Endives braisés	Tarte tatin
Terrine du chef	Bœuf bourguignon	Sole	Cœurs de céleris	Fraises
Crudités	Grillades d'agneau	Rougets grillés	Jardinière	Flan
Harengs marinés	Foie de veau	Loup au fenouil	Frites	Charlotte
Saucisson	Gigot de mouton	Maquereau	Petits pois	Sorbets

1) Le garçon vient prendre la commande. Indiquez leurs choix (exemple : **une** salade verte, **un** steack...)

2) Après le repas, en sortant du restaurant, ils rencontrent un ami commun qui les interroge sur la qualité de la nourriture. Autant Luc a été ravi de son choix, autant Emily a été déçue, voire scandalisée (exemple : *le* steack était très tendre, *les* petits pois étaient immangeables).

Imaginez le dialogue...

Les adjectifs et les pronoms possessifs et démonstratifs

4

EXERCICES

A – Adjectifs et pronoms possessifs

		les adjectifs		les pronoms	
un possesseur			**un** objet possédé		
	M	mon ton son votre	livre ami	le mien le tien le sien le vôtre	
	F	mon ton son votre	amie histoire	la mienne la tienne	
		ma ta sa votre	sœur haie	la sienne la vôtre	
			plusieurs objets possédés		
	M	mes tes	livres amis	les miens les tiens les siens les vôtres	
	F	ses vos	amies histoires sœurs haies	les miennes les tiennes les siennes les vôtres	
plusieurs possesseurs			**un** objet possédé		
	M	notre votre	livre ami	le	nôtre vôtre
	F	leur	amie histoire sœur	la	leur
			plusieurs objets possédés		
	M	nos vos	livres amis	les nôtres les vôtres	
	F	leurs	amies histoires	les leurs	

4

EXERCICES

🌳 **1. – *Le cambriolage.***

Un cambriolage a été commis chez madame et monsieur de la Motte. Voici la liste de ce qui a été volé à chaque membre de la famille :

A monsieur
– jumelles, blouson de cuir, moto, ordinateur, skis, carabine

A madame
– colliers de perles, manteau de vison, garde-robe, argenterie, vaisselle, bague de fiançailles en diamants

Au couple
– horloge, voiture, disques, téléviseur, chaîne Hi-Fi, appareils ménagers

Aux enfants
– bicyclettes, baladeurs, train électrique, billard, poney, planche à voile

a) CHACUN DÉCLARE CE QU'ON LUI A VOLÉ :

Monsieur : – On m'a pris...

Madame : – Ils m'ont volé...

Les enfants : – Ils nous ont pris...

b) AU BUREAU MONSIEUR PARLE AVEC UN COLLÈGUE :

Le collègue : – Qu'est-ce qu'on a volé à ta femme ?

Monsieur : ...

Le collègue : – Et à tes enfants ?

Monsieur : ...

c) MONSIEUR ET MADAME SONT CHEZ L'ASSUREUR POUR FAIRE LEUR DÉCLARATION DE VOL :

L'assureur : – Alors, qu'est-ce qu'on a volé?

Le couple : ...

d) QUESTIONS COMPLÉMENTAIRES DE L'ASSUREUR. COMPLÉTEZ LE DIALOGUE AVEC DES POSSESSIFS :

– ____ porte était-elle bien fermée ? – Oui, bien sûr.

– ____ fenêtres aussi ? – Mais oui, évidemment.

– Et ____ alarme n'a pas fonctionné ? – Non, je ne sais pas pourquoi.

– Les aboiements de ____ chien ne vous ont pas réveillés ?

– Non, j'avais mis ____ boules Quiès parce que ____ voisins fêtaient ____ anniversaire de mariage, et ── femme écoutait de la musique avec ── baladeur.

– Et ── enfants ?

– Ils étaient chez ── grands-parents.

🌳 **2. – *Cache-cache.***

Complétez les phrases suivantes en imaginant le nom repris par chaque pronom possessif souligné.

1. Prête-moi ____, les miens sont en réparation. **2.** Vous mettrez ____ dans ce tiroir, les autres rangeront les leurs dans cette armoire. – **3.** Est-ce que je peux prendre ____, la mienne est en panne. – **4.** ____ sont très agréables, les siens sont insupportables. – **5.** ____ est adorable, le mien est détestable. – **6.** Je ne comprends pas pourquoi ____ sont toujours mauvais, les tiens sont toujours parfaits. – **7.** ____ est très agréable mais le nôtre est plus fonctionnel. **8.** ____ de Sylvie ne sont pas encore terminés mais les vôtres le sont. – **9.** Je prendrai ____ dans ma chambre, les enfants prendront le leur dans la cuisine. – **10.** Le mois prochain nous vendrons ____, nous vendrons la mienne l'année prochaine. – **11.** Demain soir nous irons chez ____, nous rendrons visite aux tiens dimanche prochain. – **12.** ____ ne fonctionne plus, il faut que je demande à mon père de me prêter le sien.

Autres manières d'exprimer la possession

A.		
C'est le... la... Ce sont les...	de du de l' + nom (personne) de la des	
Il est à c'est	+ pronom tonique + nom (personne)	
Verbes	appartenir à posséder	

Exemples :

– *C'est le patron de Paul.*

– *Ce sont les amis de ma fille.*

– *C'est le fils de la voisine.*

– *Cette voiture est à qui ? Elle est à mon père.*

– *A qui sont ces clés ? Elles sont à moi.*

– *Cette maison appartient à mes grands-parents.*

– *Elle possède une belle maison sur la Côte d'Azur.*

🌳 **3. Rendez à César...**

Faites le maximum de phrases en utilisant un élément de la liste A et un élément de la liste B. (N'employez ni un adjectif ni un pronom possessif.)

Liste A

le livre, la maison, les cassettes, la voiture, le téléviseur, les bijoux, les skis, la planche à voile, les outils, les dossiers.

Liste B

la voisine, les enfants, le boulanger, le ministre, la femme du directeur, le père de Bruno, le professeur, les amis de Fabienne, l'institutrice, les acteurs.

B.

> **Cas du nom complément d'objet direct d'un verbe pronominal.**
>
> **Exemples :**
> – Elle *s*'est lavé **les** mains.
> – Elles **se** sont fait couper **les** cheveux ;

🌳 **4. Qu'est-ce qu'elle s'est fait ?**

Exemple :

Ses mains sont propres ; <u>elle s'est lavé les mains.</u>

1. Ses cheveux sont très courts ; ...
2. Sa jambe est dans le plâtre ; ...
3. Son nez est totalement différent ; ...
4. Ses ongles sont rouges ; ...
5. Sa cheville est bandée ; ...
6. Son doigt saigne ; ...
7. Ses dents sont éclatantes ; ...
8. Ses jambes sont lisses ; ...

B – Adjectifs et pronoms démonstratifs

4

	Neutre	Masculin	Féminin	Pluriel	
Adjectifs		**ce** livre **cet** homme oiseau	**cette** maison amie	Masc. **et** Fém.	
				livres hommes **ces** maisons oiseaux amies	+ ci + là
Pronoms	ça ce c' cela	celui	celle	Masc. | Fém. ceux | celles	+ ci + là

🌱 **5. – Répondez aux questions suivantes. Utilisez un adjectif démonstratif dans votre réponse.**

Exemple :

– *Tu as déjà skié à Chamrousse ?*

– *Non, je ne connais pas encore cette station de ski.*

1. Qu'est-ce que vous pensez de *Rocky IV* ?
2. Vous connaissez la Bourgogne ?
3. Avez-vous visité La Rochelle ?
4. Avez-vous déjà goûté le champagne rosé ?
5. Vous aimez les éclairs au chocolat ?
6. Que pensez-vous des Peugeot ?
7. Est-ce que tu pratiques le golf ?
8. Tu manges souvent des caramels ?
9. Est-ce qu'elle aime les orchidées ?
10. Est-ce que vous aimeriez jouer du violon ?

🌱 **6. – Complétez les phrases en reprenant le mot souligné.**
Utilisez un adjectif démonstratif et un des noms suivants :

espèce/gâteau/bonbon/oiseau/
monsieur/race/voiture/garçon/

Exemple :

– *Il est parti avec Nathalie.*

– *Quelle chance ! Cette jeune fille est charmante.*

1. – Vous connaissez le fils de Mme Dufour ?

– Oui, _____ .
2. – Tu entends le rossignol comme il chante bien.
– Oui, _____ .
3. – J'aime les chats siamois, j'en ai deux.
– _____ .
4. Achète-moi des caramels au chocolat.
– Tu as raison _____ .
5. – Pour le dessert nous prendrons des mille-feuilles.
– C'est une bonne idée _____ .
6. – Tu travailles avec le père de Florence ? — .
7. – Que pensez-vous des nouveaux modèles du salon de l'auto ? _____ . .
8. Où avez-vous trouvé des roses aussi parfumées ? _____ . .

🌱 **7. – Complétez avec le pronom démonstratif qui convient.**

Exemple :

– *Mon stylo ne marche plus.*

– *Tiens, prends celui-là.*

1. AU GARAGE.
– Quelle voiture vas-tu acheter ?
– Je ne sais pas encore, peut-être ____.
2. CHEZ LE MÉDECIN.
– Pourriez-vous me prescrire d'autres comprimés, ____ me donnent mal à l'estomac.
3. A LA BOUTIQUE DE VÊTEMENTS.
– Je voudrais un autre pantalon, ____ est trop petit.
4. A LA CRÈMERIE.
– Quel fromage me conseillez-vous ?

– _____, qui est très doux ou si vous préférez, _____, qui est un peu plus fort.

5. A LA PÂTISSERIE.
– Hum ! Ces tartes ont l'air d'être excellentes. J'en prendrais bien quelques-unes.
– Lesquelles voulez-vous ? _____, à la poire ou _____, à la framboise ?

6. A LA MAISON. LA MÈRE DE FAMILLE.
– Je n'achète jamais les biscuits Gouti, je préfère _____, qui sont plus digestes.

🌳 8. – Complétez avec le pronom démonstratif qui convient.

Exemple :
– *Où sont les enfants ?*
– *Ils jouent avec ceux des voisins.*

1. – J'ai oublié mes livres.
– Tu peux peut-être emprunter _____ ton amie Corinne.
2. – Tu as vu la robe, là, à gauche dans la vitrine ?
– Moi je préfère _____ droite.
3. – J'aime bien les bagues de Chantal.
– Mais tu n'as pas vu _____ sœurs d'Isabelle !
4. – Hier soir j'ai mangé au restaurant de la Bastille.
– Est-ce que c'est le même style de cuisine qu'à _____ place Victor-Hugo où nous sommes allés la semaine dernière ?
5. Nous aimons beaucoup les melons, particulièrement _____ Sud de la France.
6. Mon appartement est bien situé, mais je préférerais _____ dernier étage.

🌳 9. – Complétez les phrases avec le pronom CE ou CELA (ça).

1. J'en en ai assez de faire de la peinture, heureusement _____ sera bientôt terminé. – **2.** Tu dois absolument venir à ce cours _____ est très important. – **3.** Pour son anniversaire on lui a offert un sac en cuir, _____ lui a fait vraiment plaisir. – **4.** Il reste encore du pain, _____ n'est pas la peine d'en acheter. – **5.** Quand elle était petite, elle n'aimait pas s'endormir dans le noir, _____ lui faisait très peur. – **6.** Ne me regarde pas comme _____, tu me fais peur ! – **7.** Qui est-_____ ? _____ sont les amis de Paul. **8.** Je vais m'inscrire au cours de peinture sur soie, _____ doit être très intéressant. – **9.** _____ alors ! _____ est vraiment incroyable ! Comment a-t-il pu faire _____.

🌳 10. – Complétez les phrases avec le pronom CE ou CEUX.

1. Veux-tu répéter _____ qu'il t'a dit. – **2.** Est-ce que je connais _____ qui ont dit ça ? – **3.** Est-ce que je peux te demander _____ que tu as fait des clés de la voiture ? **4.** _____ qui font ce genre d'expérience sont un peu fous. Tu ne crois pas ? **5.** Avez-vous pensé à _____ dont vous avez besoin ? – **6.** Les films policiers sont _____ que je préfère. – **7.** Je ne suis pas venu parce que je ne savais pas _____ que vous aviez décidé. **8.** Il n'est pas facile pour _____ qui travaillent, d'aller à la banque aux heures d'ouverture.

🌳 11. – Complétez les phrases comme dans l'exemple en utilisant les mots suivants.

genre d'homme/voisins/marque/type/ filles/temps/phénomène/variété/ appartement/

Exemple :
En général les roses se fanent très vite mais cette espèce-là est très robuste.

1. La plupart des biscuits sont très sucrés mais _____ ne l'est pas. – **2.** On dit que les Dauphinoises sont froides mais _____ sont très chaleureuses. – **3.** En général les habitants de mon immeuble sont assez indifférents mais _____ sont très serviables. – **4.** Je n'aime pas beaucoup les champignons mais _____ me plaît beaucoup. **5.** Tous les moteurs s'usent assez vite mais _____ est presque inusable. – **6.** Les typhons sont très violents dans le Pacifique mais _____ est extrêmement rare en France. – **7.** Fabrice est intelligent mais intolérant et coléreux : je déteste _____. – **8.** A Paris, il est souvent difficile de bien se loger à cause des prix très élevés mais _____ est vraiment bon marché. – **9.** Dans cette région il fait très froid l'hiver, il fait très chaud l'été, il pleut énormément au printemps, _____ ne me convient pas du tout.

🌳 12. – *Sur le vif.*
Reconstituez les micro-conversations à l'aide d'adjectifs et de pronoms possessifs, d'adjectifs et de pronoms démonstratifs et des indications données.

Exemple :
AU BUREAU.

– *Il a pris quelle voiture ?*
– *Celle de son père.*
– *Et la sienne, qu'est-ce qu'il en a fait ?*
– *Elle est au garage.*

1) Devant le magasin de lunettes.

– Regarde ____ lunettes à gauche, elle sont jolies !
– Oh ! non, moi je préfère ____ qui sont à droite, à 550 francs.
– ____ ne sont pas mal non plus, tu les as achetées ici ?
– Non c'est ____ mère qui me les a offertes.

2) Le matin, au moment de partir.

– Qui a pris ____ clé ? C'est encore toi ?
– Mais non, c'est maman qui m'a prêté ____ ?
– Mais alors qui m'a pris ____ ?
– Je ne sais pas. Cherche dans ____ affaires.

3) Dans la chambre de Françoise.

– Tu as vu les chaussures de Nicole ? Comment tu les trouves ?
– Je préfère ____ de Sophie. Elles sont plus élégantes.
– Et ____ ? Qu'est-ce que tu en penses ?
– Oh ! toi tu portes toujours de très jolies choses.

4) En classe.

– Sylvie, pourquoi n'avez-vous pas fait ____ exercices correctement ?
– Excusez-moi, Madame, je n'ai pas eu le temps.
– Et ____ Philippe, ils sont vraiment mauvais !
– Je n'ai pas bien compris, Madame.
– Bien. Alors, je vais répéter pour ____ et ____ qui n'ont pas compris.

5) Dans la cour d'un immeuble.

– S'il vous plaît, vous n'avez pas vu ____ enfants ?

– Si, si. Ils jouent avec ____ dans le jardin.
– ____ sont plus sages. Moi, je suis toujours obligé de courir après ____.

6) Chez Mme et M. Dubois qui ont invité leurs amis.

– Est-ce que vous avez vu ____ nouvelle cuisine ?
– Oui, elle a l'air très fonctionnelle et elle est très jolie. Nous aussi, nous voulons changer ____ ____. Qu'est-ce que vous nous conseillez ?
– Allez donc chez Mobi Cuisine ____ modèles sont très beaux et ____ prix ne sont pas trop élevés.
– Alors nous irons. Merci du conseil.

7) A la sortie du lycée.

– Oh ! là ! là ! J'ai un problème, il faut que j'aille à la poste tout de suite et ____ mobylette est en panne.
– Si tu veux je peux te prêter ____.
– Tu es vraiment sympa, merci beaucoup.
– Mais fais attention, elle est plus puissante que ____.

8) Dans la salle à manger.

– Qui a fait ____ tarte ? Elle n'est pas bonne ! Elle n'est pas assez sucrée !
– Comment ! ____ tarte ! Pas assez sucrée ! Mais je l'ai faite avec la recette de ____ mère !
– Eh bien, tu aurais dû prendre ____ de ma mère. Tu sais bien que ____ pâtisseries sont toujours excellentes.
– D'accord, d'accord. A partir de maintenant j'utiliserai seulement ____.

Les pronoms personnels

5

EXERCICES

1, corpus d'observation

- *Un pronom*
  2 à 5, pronoms toniques
  6, le, la, les, l'
   7, en
    8, 9, en, le
     10, y, en (lieux)
      11, y, en, le (lieux)
      12, y (objet)
       13, en, y
        14, en , le, y
         15, direct ou indirect : observation
          16, pronoms indirects
           17, 18, pronoms directs et indirects
           19, directs, indirects, en, y
            20 à 23, y, en, à lui, lui, de lui
             24 à 27, pronoms et impératif
             28 à 33, pronoms et infinitif
              33 à 39, pronoms et phrases
               40, divers

     - *Deux pronoms*
       41, observation : place des pronoms
        42 à 44, pronoms directs et indirects
         45, pronoms indirects + en
          46, pronoms directs + y
           47, indirects, directs + en
            48, directs / y / en / toniques (pronoms disjoints)
             49, pronoms et impératif
             50, pronoms et infinitif
              51 à 56, synthèse.

5

Les pronoms personnels		Singulier			Pluriel		
		1	2	3	1	2	3
Sujets		je/j'	tu	il/elle	nous	vous	ils/elles
Compléments d'objet direct		me/m'	te/t'	le/la	nous	vous	les
Compléments d'objet indirect		me/m'	te/t'	lui	nous	vous	leur
Toniques		moi	toi	lui elle	nous	vous	eux elles
Toniques réfléchis		—	—	soi	—	—	soi
Pronoms personnels renforcés par les adjectifs	autre(s)	—	—	—	nous	vous	—
	même(s)	moi	toi	lui elle soi	nous	vous	eux elles
	seul(e)(s)	moi	toi	lui elle soi	nous	vous	eux elles
	tous toutes	—	—	—	nous	vous	eux elles

Place des pronoms dans la phrase

Les pronoms se placent toujours avant le verbe dont ils dépendent sauf à l'impératif affirmatif.

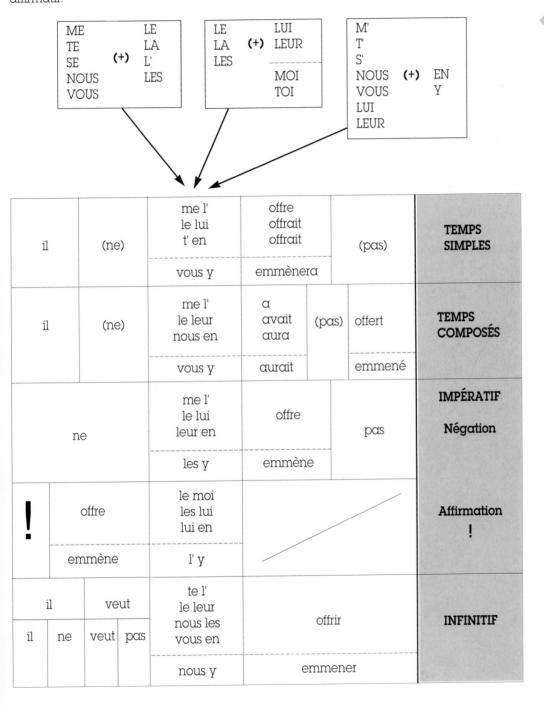

il	(ne)	me l' le lui t' en	offre offrait offrait		(pas)		**TEMPS SIMPLES**
		vous y	emmènera				
il	(ne)	me l' le leur nous en	a avait aura	(pas)	offert		**TEMPS COMPOSÉS**
		vous y	aurait		emmené		
	ne	me l' le lui leur en	offre		pas		**IMPÉRATIF** Négation
		les y	emmène				
!	offre	le moi les lui lui en					**Affirmation** **!**
	emmène	l' y					
il		veut	te l' le leur nous les vous en	offrir			**INFINITIF**
il	ne	veut	pas	nous y	emmener		

35

Et en résumé :

me-m' te-t' se-s' nous vous	le-l' la-l' les	lui leur	y	en

EXERCICES

Pronoms personnels corpus

🌳🌳 1. – Artistes.

1. Tu as vu le paysage, là-bas ? Si je pouvais, je me l'achèterais bien... Il me plaît beaucoup. – **2.** Moi, je connais quelqu'un qui lui en a déjà acheté un. – **3.** Je n'aime pas du tout les dessins... Tu les aimes, toi ? Mais les toiles, elles, elles sont belles. – **4.** Je trouve cette aquarelle formidable ! Je vais en acheter une reproduction et je la mettrai en face de mon lit. – **5.** Cette exposition est nulle ! Pourtant les critiques en avaient dit beaucoup de bien. Je ne leur ferai plus confiance. **6.** Tu as vu ces croûtes ? Pour rien au monde je ne les lui paierai le prix qu'il en deman-de ! – **7.** Les Martin ne sont pas là ? J'avais rendez-vous avec eux pour dîner après le vernissage... d'ailleurs si vous voulez vous joindre à nous... Vous verrez, on s'amuse beaucoup avec eux. Ah, les voilà ! – **8.** Ce tableau-là, je voudrais bien que quelqu'un me l'explique ! – **9.** Expliquez-moi un peu ce que vous y comprenez, moi je n'y comprends rien. – **10.** Vous aimeriez connaître le peintre ? Je vous le présenterai. – **11.** Ah ! On m'avait beaucoup parlé de vous. Je suis heureuse de vous rencontrer. – **12.** Ce tableau est si beau que je ne vous en parlerai pas. Je vous laisserai simplement le regarder. **13.** Des tableaux comme ça, je n'en avais pas encore vu ! – **14.** Son atelier ? Je vous y emmènerai.

1. – Dans les phrases 1, 3, 6, 7, 8, 10, 12 vous trouverez les pronoms **l' le les**. Quels mots reprennent-ils ? Reformulez les phrases sans le pronom, en utilisant le mot qu'ils remplacent.

Exemple :

1 l' = **le** paysage. Je m'achèterais bien **le** paysage.

2. – Dans les phrases 8-12-13, le mot tableau n'est pas toujours repris par le même pronom. A votre avis, pourquoi ? Si vous ne savez pas, reformulez les phrases sans le pronom, en utilisant le mot «tableau». Remarquez-vous quelque chose ?

3. – Les pronoms **me**(1), **lui**(2), **leur**(5), **lui**(6), **moi**(9), **vous**(12) représentent qui ou quoi ?

– Quelles sont les constructions des verbes plaire(1), acheter(2), faire confiance(5), payer(6), expliquer(9), parler(12).

– Comparez 1 et 9. Que remarquez-vous ?

4. – Dans les extraits 7 et 11 quels sont les pronoms utilisés après des prépositions ?

5. – Dans la phrase 9, que représente le **y**. A quelle construction du verbe comprendre est-ce que cela correspond ?

– et dans la phrase 14 ?

6. – Comparez la place du pronom dans les extraits suivants :

3 tu **les** aimes – 4 je **la** mettrai – 5 je n'**y** comprends rien – 11 je suis heureuse de **vous** rencontrer – 12 je vous laisse **le** regarder – 9 expliquez-**moi**. Quelles sont vos conclusions ?

7. – Notez les uns au-dessous des autres les doubles pronoms des phrases 1, 2, 8, 10, 12. Ajoutez ensuite, ceux de la phrase 6. Que constatez-vous ? Même travail pour la phrase 14.

1	me l'	
2		
8		
10		
12		
6		
14		

8. – Observez bien la phrase 4 – Est-ce qu'il y a des choses qui vous surprennent ? Qu'en pensez-vous ?

Un Pronom – Pronoms toniques

✱ **2.** *«Ce sont eux les crétins, pas moi !»*
Présentatif «c'est» et pronoms toniques sujets.

Exemple :

– *Tes copains disent que tu es crétin !*

– *Ça alors ! ce sont eux les crétins, pas moi !*

1. – «Jacques et Christine sont encore en train de se disputer. C'est elle qui a commencé, comme toujours ?» – «Pas du tout _____.»

2. – «Regarde cette pauvre madame Lemaire comme elle a l'air de s'ennuyer... C'est son mari qui a voulu venir, sans doute ?» – «Non, non. Pour une fois _____.»

3. – «Nous avons fait le meilleur travail, n'est-ce pas ? Celui des autres n'est pas terrible...» – «Détrompez-vous _____.»

4. – «On n'a vraiment pas de chance : jouer un match contre le meilleur club de foot anglais. ils vont gagner, c'est sûr.» – «Qu'est-ce que tu racontes ? _____.»

5. – «Drôlement bien notre petite boum, hein ? c'est moi qui ai fait la décoration, ma sœur n'a même pas voulu m'aider.» – «Menteur !_____.»

6. Le patron : – «Messieurs, une très grande erreur technique s'est produite dans la construction du prototype. D'après les ingénieurs, les ouvriers de l'atelier en seraient responsables.»

Le chef d'atelier : – «Vous avez été mal informé, Monsieur, nous avons suivi leurs directives : _____.»

7. – «Il est impossible de discuter avec vous, vous monopolisez la parole !» – «Ah ça, c'est la meilleure ! _____.

8. – «Les enfants, qu'est-ce que c'est que ce graffiti contestataire dans le couloir ?!» – «C'est Pierre !» – «Tais-toi, Paul, tu devrais avoir honte. Je sais que _____.»

9. – «Monsieur est-il vrai que Gignoux et Audras vont se charger de ce projet et non plus moi ?» – «Absolument pas, Lemaire, _____.»

Pronoms toniques sujets

✱ **3.**

1. – «Vous avez tout préparé vous-même ?

– Eh oui, ma femme et __, __ avons bien travaillé.»

2. – «Mais enfin chérie quand as-tu rencontré ce garçon ?

– L'été dernier, chez les Martin. Tu te souviens ? les enfants et __, __ n'aviez pas voulu venir.»

3. – «Enfin, vous voilà ! je cherchais les enfants partout.

– Eh oui, je les ai emmenés voir les *Gremlins*. __ __ sommes bien amusés, __ et __, pas vrai les enfants ?»

4. – «Maman, arrête de me demander ce que j'ai fait avec Paul. On s'est amusé, c'est tout !

– Tu dis ça, mais je me méfie __ et __,

_ faites toujours des bêtises.»

5. – «Messieurs, laissez-moi vous dire à quel point je suis satisfait de vous avoir dans mon équipe : __ et __, j'en suis sûr, __ ferons de grandes choses ensemble.»

6. – «Tiens, Martin, a amené sa femme ! c'est pourtant pas la place d'une femme ici.»
– «Tu sais bien, __ et __, __ ne se quittent plus jamais une seconde, le couple modèle !»

7. – «Notre grand homme politique avec des gauchistes ?! Mais c'est insensé, qu'est-ce qu' __ peuvent bien avoir à se dire, __ et __ ?»

8. – «J'ai invité les Chabert pour jeudi soir. Est-ce que j'invite aussi les Faure ?
– Mais enfin, pourquoi faire ? tu sais bien qu'__ et __, __ n'a rien à se dire.»

Toniques après préposition

🌳 **4.** – **Répondez en utilisant le pronom qui convient.**

Exemple :
– *Vous viendrez <u>avec nous</u> ?*
– *D'accord, nous viendrons <u>avec vous</u>.*

1. Tu as fait tout cela <u>pour moi</u> ? – **2.** Ils sont toujours assis <u>à côtés de ces jolies filles</u> ? – **3.** Il a fait une dépression nerveuse <u>à cause de ses enfants</u> ? – **4.** Il a eu son poste <u>grâce à son père</u> ? **5.** Sophie habite toujours <u>chez toi</u> ? – **6.** Tu veux encore t'asseoir <u>près de Pierre</u> ? – **7.** Il est toujours aussi malheureux <u>sans sa femme</u> ? – **8.** Tu te sens heureux <u>parmi ces étrangers</u> ?

Pronoms toniques après prépositions

🌳🌳 **5.** – *Ni avec toi, ni sans toi* (titre d'un film)

Dans quelles situations peuvent être dites les phrases suivantes, et quel est leur sens ?

1. A moi !
2. Après vous.
3. Vas-y, c'est à toi.
4. Je suis à vous tout de suite.
5. Je suis tout à vous.
6. Ah ! que c'est bon de se retrouver chez soi !
7. Alors, à demain chez vous ?
8. Ils ne sont jamais chez eux !
9. Ils se croient chez eux, ma parole !
10. Ah ! c'est bien de toi !
11. Faites comme chez vous.
12. Ça n'arrive qu'à moi.

EN ou LE, LA, LES

Un objet indéfini	Un objet défini	
Un bateau ? un jour, j'**en** aurai **un** / je n'**en** aurai pas.	**Le** riz **Ce** livre **Sa** robe **Ses** cheveux — tu	l'aimes **le** lis **la** veux **les** adores

ATTENTION !
J'ai acheté un livre de Le Clézio. Je l'ai adoré. L'objet est défini : ce livre que j'ai acheté, pas un autre.

Une quantité indéfinie (une partie)	Le tout
J'ai du..., de la..., des... du pain, de la bière, des enfants, — j'**en** veux / je n'**en** veux pas	**le** pain, je **le** termine **la** bière, je **la** finis **les** enfants, je **les** emmène
Une quantité définie	
J'ai un..., deux..., cent, beaucoup de..., un peu de..., quelques... Des livres ? j'**en** ai **un, cent, beaucoup, quelques-uns** je n'**en** ai pas	

– Allez prends **ce** gâteau
– Non, je ne pourrai pas **le** manger, donne-m'**en** seulement **un morceau**.

Préposition de	Construction directe
NOMS	

• Je parle **de vacances**
  j'**en** parle
	• J'aime **la danse**
	  Je l'aime

PHRASES	
Pour savoir si on utilise «en» ou «le» il faut connaître la construction du verbe avec le nom. • Il parle **de partir** → il **en** parle (*cf.* Il parle de quelque chose) • Tu lui as demandé **de venir** ? → je **le** lui ai demandé (*cf.* demander quelque chose)	• Tu crois **que** la terre tourne autour du soleil ? je **le** crois

6 . – L' / LE / LA / LES
Complétez avec le pronom qui convient.
1. Les pommes, je __ ai mises au frigo. – **2.** Ta voiture ? Je __ ai garée devant la poste. **3.** Ta chemise ? Je ne __ vois pas. – **4.** J'ai acheté une nouvelle lampe mais je ne sais pas où __ mettre. **5.** Ne jette pas le gratin. Je __ finirai ce soir. **6.** A table il y aura Marie à côté de Jacques. Je __ place là parce qu'elle est drôle et je __ mets à côté d'elle parce qu'il est timide. Les autres, ce n'est pas nécessaire de __ placer, ils se débrouilleront. **7.** – Tu veux la bouteille de Coca ? – Passe- __ moi. – **8.** – Je te donne le vase Ming ? – Ne __ casse pas !

7. – EN (quantité)
Appétits d'oiseau
– Répondez aux questions en utilisant dans la réponse les mots entre parenthèses.
Exemple :
– «C'est toi qui as bu tout le Coca, Sébastien ? (un verre)
– Mais non maman, je n'en ai bu qu'un verre.
– Mais non maman, j'en ai bu seulement un verre.»

1. C'est toi qui as fini la plaquette de chocolat, Jérémie ? (une barre)
2. C'est toi qui as fini le lait, Jonas ? (un bol)
3. C'est toi qui as mangé les fraises, Victor ? (une)
4. C'est toi qui as englouti le poulet, Timothée ? (une cuisse)
5. C'est toi qui as croqué toutes les pommes, Vincent ? (deux)

6. C'est toi qui as «sifflé» toutes les canettes de bière, Paul ? (une douzaine)
7. C'est toi qui as grignoté les petits fours de grand-mère, Camille ? (quelques-uns)
8. C'est toi qui as entamé les tartelettes aux framboises, Samuel ? (deux ou trois).

8. – EN/LE
Micro conversation
Exemple :
A – Il n'y a plus de gâteau. Tu l'as mangé ?
B – Non, j'en ai mangé seulement un petit morceau.
A – Mais il n'en reste plus du tout !
B – Je t'assure, ce n'est pas moi qui l'ai mangé !

Refaites ce dialogue en remplaçant successivement gâteau par :

1. Oranges – **2.** Lait – **3.** Apéritifs – **4.** Pain.

Attention aux modifications peut-être nécessaires pour les éléments soulignés. N'oubliez pas d'utiliser le verbe qui convient pour le lait et les apéritifs.

9. – EN/LE
Complétez avec le pronom qui convient :
(Attention aux modifications nécessaires Je → J')
1. Quand je vois des cerises, je ne __ achète pas parce que je ne __ aime pas. – **2.** Mais quand j'achète des pêches, je __ mange un kilo en cinq minutes parce que je __ suis fou. – **3.** Et quand j'ai très faim, ne mettez pas une vache

devant moi, je suis capable de __ manger tout entière ! Pourtant, quand je n'ai pas faim, mettez une entrecôte devant moi et je __ laisserai sûrement la moitié. – **4.** Certains sont toujours au régime : le pain est interdit, ils ne peuvent pas __ consommer. Ne parlons pas des gâteaux : interdiction même de __ regarder un. Et même leur gâteau d'anniversaire ils ne peu-

vent que __ regarder de loin.
5. – Reprenez de ce fromage, il est excellent !
Merci, il est tellement bon que j'ai envie de __ finir. Je peux ?
– Non merci, je ne __ veux plus, si ça ne vous fait rien.
– Oui, volontiers mais je __ prendrai seulement un peu.

EN OU Y

LIEU	
D'où on vient	**Où on est, où on va**
• Il vient **de** Paris 　　　　**du** Pakistan 　　　　**de** l'université → il **en** vient 　　　　**des** USA	• Il habite **à** Paris 　　　　va **en** France → il **y** habite 　　　　**au** Mexique → il **va** 　　　　**aux** USA
	• Le livre est **sur** 　　　　　　**derrière** → il **y** est 　　　　　　**dans**
Préposition «de»	**Préposition «à»**

OBJETS ET IDÉES	
NOMS	
• tu parles **du** match 　　　　**de la** pluie → tu **en** parles 　　　　**des** inondations	• tu penses **au** match 　　　　**à la** pluie → tu **y** penses 　　　　**aux** inondations
PHRASES	
• Il rêve **de** vivre en Amérique → il **en** rêve	• Il pense **à** émigrer en Amérique → il **y** pense

PERSONNES	
Il parle de Sophie → il parle d'elle	Il pense à Sophie → il pense à elle

 10. – Y/EN (lieu)

Mission secrète 1
L'OBÉISSANCE FAIT LA FORCE DES ARMÉES
Le dialogue suivant se déroule entre le responsable des services d'espionnage et un candidat espion. Le responsable teste le nouveau. Complétez les réponses du nouveau en utilisant le verbe et les éléments en caractères gras et en remplaçant les élé-

ments soulignés par le pronom personnel nécessaire. Pour la dernière réplique, vous ferez un résumé de tout ce qui précède. Attention, pour être clair, ce résumé ne doit pas comporter seulement des pronoms mais aussi des informations détaillées.

– **Vous vous rendrez place Grenette demain à 17 heures.** D'accord ?
– D'accord _____

– Vous vous **assiérez à la table la plus proche de la fontaine.** Compris ?
– Compris, _____
– Vous **ne bougerez pas de là pendant cinq minutes.** Alors ?
– D'accord, _____
– Vous **resterez à cette table** même s'il pleut. O.K. ?
– O.K., _____
– Après, vous **sortirez de la place Grenette** par la Grand-Rue. Enregistré ?
– Enregistré, _____
– Vous **ferez trois fois le tour de la place Saint-André** en sifflotant *la Marseillaise*... Compris ?
– Parfaitement, _____
– Vous **partirez de la place Saint-André par le jardin de ville.** Entendu ?
– Entendu, _____
– Vous vous **promènerez discrètement dans la roseraie**
– Bien, _____
– Ensuite vous **reviendrez au Cintra**
– Bon, _____
– Vous **entrerez dans le café.**
– O.K., _____
– Puis vous **attendrez le signal à la table du fond.** C'est clair ?
– Très clair : _____
– Quand vous entendrez le signal, **vous ressortirez du café.**
– Très bien, _____
– Vous **arriverez au bureau** à 17 heures 45 exactement...
– Parfait, _____
– Vous **m'attendrez là-bas.**
– Oui, chef, _____
– Maintenant répétez-moi les consignes.
– Voilà : Demain à 17 heures je me rendrai place Grenette et je m'assiérai à la table la plus proche de la fontaine. Je n'en bougerai pas même s'il pleut _____
_____
– Bravo, vous ferez un très bon espion !
– Désolé, mais je ne crois pas. En définitive je ne suis vraiment pas fait pour obéir à des ordres idiots !

🌳 11. – Y/EN/LE (Lieux)

Voyages

Dans les micro-conversations suivantes, placez le pronom qui convient. (Attention aux modifications se → s' par exemple).
1. – «Connais-tu la Malaisie ?
– Bien sûr, je _la_ connais très bien. Justement, je _en_ reviens, j'_y_ ai passé une semaine.»
2. – «C'est quand finalement, le voyage de Jacques à Panama ?

– Il se _y_ rendra en automne.
– Il compte _y_ rester longtemps ?
– Il pense _y_ repartir pour Noël, pour revenir passer les fêtes en famille.
– Eh bien dis donc, ce pays, il doit _le_ connaître vraiment par cœur !»
3. «Anne-Marie a aimé la Turquie ? »
– «Non, elle ne s'_y_ est pas plu.»
– «Ah bon ? moi je _en_ suis revenue enchantée. Les gens _y_ sont merveilleux. Et les paysages, ne _en_ parlons pas, extraordinaires. Moi, la Turquie, je _la_ recommande à tout le monde !»
– «Tu sais, c'est assez simple pour Anne-Marie : il fait très chaud là-bas. »
– «C'est sûr, il _y_ fait très chaud, même. Elle ne supporte pas ça. Elle s'est enfermée dans sa chambre climatisée et elle n'_en_ a presque pas bougé...»
– «Ben dis donc, elle devait _la_ connaître par cœur, sa chambre... Elle ne devrait pas voyager. Et toi, quand est-ce que tu _y_ vas ? Depuis le temps que je te dis que, ce pays, il faut absolument _le_ visiter avant que tout le monde _y_ aille !!»
– «Moi non plus, je ne supporte pas la chaleur...».»

🌳 12. – Y (Idées, Objets)

Il n'y a pas d'âge pour militer

– DANS LA RUE, DEVANT UN STAND DE PROPAGANDE POUR L'ASSOCIATION ÉCOLOGIQUE GREENPEACE, DISCUTENT UN JEUNE MILITANT DE L'ASSOCIATION ET UNE VIEILLE DAME DYNAMIQUE.

Complétez le dialogue en utilisant le verbe de la phrase précédente et le pronom nécessaire.

« – Madame, **vous vous intéressez** aux problèmes écologiques ?
– Oui mon garçon, je _____
– **Vous avez déjà pensé** à vous inscrire à Greenpeace ?
– Non, _____
– Pourtant, **vous adhérez** à nos idées ?
– Oui, en effet _____
– Vous savez, vous devriez **vous joindre** à notre organisation.
– A mon âge, je peux _____ ?
– Mais il n'y a pas d'âge pour ça ! Si vous voulez **travailler** à l'amélioration de l'environnement ...
– Bien sûr, je veux _____
– Vous verrez, **vous vous amuserez bien** à contrarier les trusts et les gouvernements.

– Bon, c'est d'accord, jeune homme, nous nous _____ ensemble. Je veux bien **m'inscrire à** votre groupe.

– Vous verrez, vous ne regretterez pas de ___ il y a tant à faire !

– Vous pouvez même m'envoyer sur vos bateaux. A mon âge je peux **renoncer à** mon confort pour la planète terre !

– Vous n'aurez pas besoin d'_____ parce que, vous verrez, vous ____ prendrez plaisir !

– Parfait, jeune homme, adopté ! Quand est-ce qu'on commence ?»

13. – EN/Y

Les grands espaces

Entre ciel et mer, il rêve d'espaces illimités, encore inexplorés, comme les enfants rêvent de Far West.

par **Georges Pernoud**

Je ne suis pas un homme de mer. Mon nom est savoyard, je suis né au Maroc. J'allais tout de même à l'école à skis, parce que j'habitais dans l'Atlas, à Ifrane. Je ne suis pas un homme de mer, je suis un journaliste qui s'est intéressé à la mer ; ce sont deux métiers passionnels. Le milieu maritime est tout à fait méconnu, parce qu'il est neuf : il n'y a pas si longtemps qu'on pénètre la mer. Jusqu'à une date récente, l'étude de l'Océan n'était possible que par la navigation. Même avec beaucoup de bateaux sur l'eau, c'était dérisoire. Le satellite a complètement changé notre perception de la Terre et de l'Océan. On sait désormais que la Terre n'est pas ronde, qu'elle ressemble à un ballon de football dégonflé. Et surtout, on a compris que, couvrant 73 % de la surface de la planète, l'Océan joue un rôle capital dans la régulation des climats.

Lisez le texte et répondez aux questions en utilisant le pronom nécessaire.

1. Il rêve d'espaces illimités ? – **2.** Les enfants rêvent de Far West ? – **3.** Est-il homme de mer ? **4.** Son nom est-il savoyard ? – **5.** Il est né au Maroc ? – **6.** Il allait à l'école à skis ? – **7.** Il habitait dans l'Atlas ? – **8.** Est-il un journaliste qui s'est intéressé à la mer ? – **9.** Le milieu maritime est-il méconnu ? – **10.** Le satellite a changé notre perception de la Terre ? – **11.** La Terre ressemble-t-elle à un ballon de football dégonflé ? – **12.** L'Océan joue-t-il un rôle capital dans la régulation des climats ?

Pronoms – Dialogues à compléter

14. – Pronom – EN/LE/Y

1. – «Oh ! les belles fleurs ! on _____ achète un bouquet, Maman?

2. – C'est un peu idiot d'_____ acheter maintenant, on part en week-end.

3. – On _____ emportera !

4. – Tu n'es pas raisonnable – Qu'est ce qu'on va _____ faire dans la voiture ?

5. – On _____ mettra par terre, à l'ombre. Il _____ sera très bien. A l'arrivée, je _____ placerai sur la table de la salle à manger, il _____ sera si beau !

6. – C'est vrai, il _____ serait parfait... Bon, c'est d'accord, on _____ achète _____. Mais tu t'_____ occuperas. Promis ?

7. – Promis ! J'_____ prendrai soin comme de la prunelle de mes yeux.»

Direct ou indirect ?
Corpus d'observation

15. – Comparez :

Il		
Il	**me**	regarde
Il	**te**	connaît
Il	**le**	taquine
Il	**la**	raccompagne
Il	**nous**	regarde
Il	**vous**	aime
Il	**les**	achète

Il		
Il	**me**	parle
Il	**te**	téléphone
Il	**lui**	écrit
Il	**lui**	raconte tout
Il	**nous**	fait confiance
Il	**vous**	envoie des fleurs
Il	**leur**	achète une voiture

Qu'est-ce qui est différent ?

Qu'est-ce qui est pareil ?

Pour savoir pourquoi, cherchez les constructions des verbes

Exemple :

emmener appeler	quelqu'un

parler téléphoner	à	quelqu'un

Cherchez d'autres verbes pour compléter la liste.

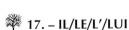

16. ME / TE / LUI / NOUS / VOUS / LEUR

Répondez avec le pronom indirect qui convient.

1. – «Tu offres souvent des fleurs à ta femme ?» – «Oui, _____.»

2. «Tu as parlé aux ouvriers ?» – «Non, _____. J'attends encore un peu.»

3. «Vous écrivez souvent à votre fiancé ?» – «Oh oui _____ tous les jours !»

4. – «Jacques t'a raconté son aventure ?» – «Oui _____ tout.»

5. – «Alors, c'est vrai, vous me faites confiance pour cette affaire ?» – «Oui ____. »

6. – «Qu'est que le médecin vous a conseillé ?» – «_____ de rester à la maison.»

7. – «Pourquoi n'êtes-vous pas entrés ? Ce n'est pas interdit ?!» – «Si, justement, on _____»

8. – «J'aurais besoin de ton dossier sur les centrales nucléaires.» – «D'accord _____ l'envoie tout de suite.»

17. – IL/LE/L'/LUI

Le mort vivant

(d'après Ahmad al Hamdhâni)

Complétez avec le pronom personnel qui convient :

Tout le monde croyait que le malade était mort. Tout le monde sauf le magicien local, qui entra dans la maison pour examiner le mort.

Après ____ avoir considéré un moment, le magicien ____ toucha le pouls. Et il dit : – Ne ____ enterrez pas, braves gens, ____ est vivant. Seulement, une attaque a fondu sur ____ et la paralysie ____ a vaincu. Je ____ remettrai sur pied. Le magicien s'approcha du mort, ____ enleva ses vêtements, accrocha sur ____ un crucifix et fit prier pour ____ les femmes de la maison. Puis, il dit : – Laissez-____ tranquille et ne ____ effrayez pas. S'il gémit, ne ____ répondez pas. Et il partit. – Le lendemain, il revint, regarda le mort et dit : – Etendez- ____ sur le dos. On ____ étendit sur le dos. – Mettez-____ debout. On ____ mit debout. – Lâchez- ____ les deux mains. On ____ lâcha. Le mort tomba d'un seul coup et ne bougea pas. Le magicien dit alors : – ____ est mort. Comment ____ redonnerais-je vie ?

18. – LE, LA, L'/LUI, LES/LEUR

Voici quelques règles générales à propos des enfants. Observez comment elles sont fabriquées.

Les enfants :

*Il faut **les** aimer*

*On doit **leur** parler, **les** surveiller, **leur** raconter des histoires*

Maintenant complétez les règles suivantes :

1. Les enfants :

Il faut ____ habiller

On doit ____ chanter des chansons, ____ nourrir, ____ lire des contes de fées, ____ conduire à l'école.

2. Les fiancés

Maintenant faites vous-mêmes les règles de comportement que doivent suivre les hommes et les femmes qui ne veulent pas perdre leur fiancé(e).

a) Règles pour les hommes qui veulent garder leur fiancée : Vos fiancées (au pluriel) _____ ;

b) Règles pour les femmes qui veulent garder leur fiancé : Votre fiancé, (au singulier) _____.

Si vous voulez, vous pouvez utiliser les idées suivantes (attention aux négations nécessaires) :

offrir des fleurs / téléphoner tous les jours / faire des scènes de jalousie / écrire des mots doux / faire des compliments / offrir des bijoux / couvrir de cadeaux / inviter au restaurant / écouter attentivement / pardonner leurs petits défauts / battre / insulter / dire des méchancetés / dire leurs quatre vérités / emmener aux matches de foot / emmener au salon de thé, etc.

Pronoms – Dialogues à compléter

✿ 19. – Pronoms : EN/LE/LA/LES/Y/LEUR ME/MOI/TOI/VOUS

1. – «Salut, Fabien. Dis-_moi_, comment vas-tu ?

2. – Super bien. Et _toi_ ?

3. – Pas mal. Maman _me_ prête sa maison et je vais _y_ inviter les copains pour une fête. Tu pourras _y_ venir ?

4. – Tu vas _la_ faire quand, cette fête ? – Vers le 19 juin.

5. – Alors Je ne pourrai pas _y_ participer, je pars à Londres le 18.

6. – Tu ne peux pas _y_ aller à un autre moment ?

– C'est un rendez-vous important... – **7.** Déplace-_le_ !

8. Non, après ce sera trop difficile d'_en_ obtenir un autre.

9. – Tant pis, je dirai aux copains que tu ne _les_ __ aimes plus !

10. – Tu ne _leur_ diras pas ça : tu _leur_ diras que je _les_ embrasse. Et amusez- _vous_ bien.»

✿ 20. – Y/EN/A LUI/DE LUI
Corpus d'observation
Tête de linotte

– Observez les phrases suivantes. Pourquoi, à votre avis, le nom de la question est-il quelquefois remplacé par «y», quelquefois remplacé par «en», quelquefois par «à» + pronom tonique (ex. : moi, lui...) et quelquefois par «de» + pronom tonique ?

> 1. La guerre ?
> – Je n'y pense jamais.
> – Je n'ai pas envie d'en parler.
> 2. Les pluies acides ?
> – Je m'en moque !
> – Je ne m'y intéresse pas.
> 3. Les clochards du quartier ?
> – Je penserai à eux un autre jour.
> – Je ne me préoccupe pas d'eux.
> 4. Comment je vais ?
> – C'est gentil de me parler de moi.
> – C'est gentil de penser à moi.
> 5. Les grands problèmes ?
> – On en reparlera plus tard...
> – Je n'y ai jamais réfléchi.
> 6. Le président de la République ?
> – Je ne m'intéresse pas à lui.
> – Je n'ai pas envie de parler de lui.

• Quelles sont vos conclusions ?

✿ 21. – EN / DE LUI (D'ELLE, etc...)
Objets-idées / Personnes.

Croisière

Répondez aux questions suivantes en utilisant dans votre réponse le même verbe et les éléments entre parenthèses.

1. – Alors, qu'est-ce que tu penses de ton voyage en bateau ? (beaucoup de bien)

– _____

2. – Est-ce que tu diras du bien de ton voyage ? (oui)

– _____

3. – Tu diras aussi du bien du capitaine ? (oui)

– _____

4. – Cet hiver, tu rêveras souvent de ton voyage ? (oui)

– _____

5. – Peut-être rêveras-tu aussi du capitaine ? (non)

– _____

6. – Comment avais-tu entendu parler de cette croisière ? (par un catalogue)

– _____

7. – Et tu avais déjà entendu parler du capitaine ? (oui, par la télévision)

– _____

8. – Vous parliez parfois de navigation, sur ce bateau ? (oui, souvent)

– _____

9. – Et vous avez parlé des sirènes, celles qui ensorcellent les marins ? (oui, une fois)

– _____

10. – Est-ce que vous vous êtes moqués de ceux qui avaient le mal de mer ? (non)

– _____

11. – Est-ce que tu t'es occupé de la manœuvre ? (quelquefois)

– _____

12. – Tu t'es bien occupé des autres passagers ? (oui)

– _____

13. – Est-ce que le capitaine s'est quelquefois moqué de vous ? (jamais)

– _____

Avec la préposition *à*				Avec la préposition *de*
lieux – objets – idées	*Personnes*			*lieux – objets idées*
y	**lui** (etc)	**à lui** (etc)	**de lui** (etc)	**en**
• Elle passe **à** Paris → Elle **y** passe • Elle pense **aux** vacances → Elle **y** pense • Elle pense **à** émigrer en Afrique → Elle **y** pense	Elle parle **à** Paul → Elle **lui** parle	Elle pense **à** Paul → Elle pense **à lui**	Elle parle **de** Paul → Elle parle **de lui**	• Elle vient d'Afrique → Elle **en** vient • Elle parle **de** vacances → Elle **en** parle • Elle parle **d'**émigrer en Afrique → Elle **en** parle

5

5

Les pronoms personnels à utiliser avec les verbes suivis de la préposition «à»		
Verbes de type 1 ⟶ lui	**Verbes de type 2 ⟶ y**	**Verbes de type 3 ⟶ à lui / y**

La langue française sent ces verbes comme devant s'adresser à des personnes. On utilise le pronom indirect même quand l'action est adressée à un objet.

Exemples :
– Il obéit <u>à son père</u>
– Il obéit <u>à la loi</u> → Il <u>lui</u> obéit
– Il donne des coups de pieds <u>à son frère</u>
– Il donne des coups de pieds <u>à la table</u>
→ Il <u>lui</u> donne des coups de pieds

QUELQUES VERBES :

1. *Sans complément d'objet direct*
manquer, parler, plaire, sourire, téléphoner... à quelqu'un
2. *Avec un complément d'objet direct*
type : demander quelque chose à quelqu'un

communication et échange

communiquer	accorder
demander	acheter
dire	conseiller
écrire	devoir
enseigner	donner
envoyer	enlever
expédier	emprunter
expliquer	interdire
faire confiance	lancer
montrer	offrir
répéter	ordonner
répondre	prendre
télégraphier	prêter
transmettre	proposer
etc.	restituer
	suggérer
	vendre
	voler
	etc.

QUELQUES EXPRESSIONS :

donner sa langue au chat
vendre son âme au diable
confier un secret ⎤
couper la tête ⎪
faire la cuisine ⎬ à quelqu'un
faire la guerre ⎪
laisser la place ⎦

La langue française sent ces verbes comme devant s'adresser à des objets (idées et institutions). On utilise le pronom «y».

Exemple :
Il renonce <u>à ce travail</u> → il <u>y</u> renonce

QUELQUES VERBES :

1. *Type : «réfléchir à quelque chose »*
adhérer (à un parti politique)
être inscrit (à l'université)
réfléchir – consentir
être favorable, ouvert, réceptif, défavorable, fermé, opposé (à une idée)

2. *Type : «travailler à faire quelque chose »*
mettre de l'énergie ⎤
mettre de la volonté ⎪
passer son temps ⎪
prendre plaisir ⎬ à apprendre...
s'amuser ⎪
se distraire ⎪
etc. ⎦

Compléments de lieu

aller ⎤
habiter ⎪
partir ⎪
résider ⎬ à Paris
se rendre ⎪
etc. ⎦

Remarque : «Y» remplace aussi des compléments de lieu introduits par d'autres prépositions.
Exemple :
Le livre est sous la table ⎤
sur le lit ⎬ → Il y est
dans le sac ⎦

Pour la langue française, ces verbes s'adressent indifféremment à des personnes ou à des objets (idées). On fait la distinction entre les deux catégories en utilisant :
– «y» pour les objets, idées ;
– les pronoms toniques type «à lui» pour les personnes.

Exemples :
– Il pense **à son** voyage → Il **y** pense
– Il pense **à sa** femme → Il pense **à elle**

QUELQUES VERBES AYANT CES DEUX CONSTRUCTIONS :

consacrer de l'énergie ⎤
consacrer du temps ⎪
se joindre ⎪
se fier ⎪
se livrer ⎪
s'opposer ⎪
renoncer ⎪
faire attention ⎪
penser ⎪
prêter attention ⎪
rêver ⎬ à quelqu'un / à quelque chose
songer ⎪
tenir ⎪
s'accoutumer ⎪
s'accrocher ⎪
s'adosser ⎪
s'adresser ⎪
s'appuyer ⎪
se faire ⎪
s'habituer ⎪
s'intéresser ⎪
se référer ⎪
se retenir ⎪
se tenir ⎪
etc. ⎦

✿✿ 22. – Y/A LUI/LUI

Langue de bois ou «tout baigne»
(Interview d'un homme politique)

Complétez avec le pronom qui convient.

1. – «Monsieur Raccord, avez-vous déjà songé à vous présenter à la présidence de la République ?
– Oui, bien sûr, _____

2. – Vous associez-vous à ceux qui pensent qu'il faut changer la constitution ?
– Non, je ne _____.

3. – Etes-vous opposé à une liste commune de l'opposition ?
– Pas du tout, je ne _____.

4. Réfléchissez-vous actuellement à l'avenir de l'Europe ?
– Bien entendu, _____ intensément.

5. – Etes-vous ouvert aux idées écologiques ?
– Tout à fait. Je _____.

6. – Vous joindrez-vous aux écologistes pour voter la loi sur l'environnement ?
– Eh bien oui, je _____ si c'est nécessaire.

7. – Avez-vous parlé au président de tous ces problèmes ?
Evidemment, je _____ de tout cela.

8. – S'est-il montré réceptif à votre démarche ?
– Tout à fait. Il _____ tout à fait réceptif.

9. – Pensez-vous qu'on peut faire confiance au nouveau secrétaire du parti ?
– Quelle question ! Evidemment, on peut _____ _____, c'est un homme remarquable.

10. – Il s'est pourtant beaucoup opposé à vous et à vos amis dans des affaires récentes ?
– C'est exact, il _____ à l'époque, mais actuellement nous sommes en parfait accord.

11. – Conseillez-vous aux Français de voter pour lui pour les Européennes ?
– Oui je conseille avec enthousiasme de ____.

12. – Croyez-vous que les jeunes s'habitueront un jour à la subtilité de la stratégie des partis ?
– Oui, ils _____ sont déjà habitués, ils votent pour nous !

13. – Pensez-vous que les Français s'intéressent à vous ?
– Certes.... Tous les sondages prouvent qu'ils _____.

14. – Croyez-vous qu'ils vous font confiance ?
– Je suis sûr qu'ils _____ et ils ont raison !

15. Renonceriez-vous à votre carrière politique pour votre vie privée ?
– Non je ____. La politique, c'est ma vie !

16. – Renonceriez-vous à votre femme pour les besoins de votre carrière ?
– Ma femme, est-ce que je renoncerais ____ ?

Permettez-moi de ne pas répondre à cette question.

17. — Vous avez l'air très coquet. Faites-vous très attention à votre «look » ?
– De nos jours, tout le monde est obligé de ——

18. – Tenez-vous à participer aux cérémonies officielles ?
– Ah oui, je _____ !

19. – Quand vous étiez jeune, vous êtes-vous inscrit, même six mois, au parti communiste ?
– Monsieur, je suis libéral ! La réponse est : non, je ne _____

20. – Pensez-vous au général de Gaulle quand vous écrivez vos discours ?
– Oui, il m'arrive quelquefois de _____.

21. – Honnêtement, dans vos déclarations, vous pensez toujours d'abord au bien de la France ?
– Certainement, monsieur, je ne cesse de ____

22. – Qu'est-ce que votre métier de politicien apporte à votre fils ?
– Il ____ le sentiment de participer au progrès de l'humanité à travers les activités de son père.»

✿✿ 23. – EN/Y/DE LUI/A LUI
Répondez avec le pronom qui convient.

1. – Tu te souviens de Martin ? – Qui ? non, _____. – **2.** – Tu as parlé de cette affaire à la banque ? – Oui _____ au Crédit Agricole. **3.** – Ta fille s'est inscrite à l'université ? – Oui _____ hier. **4.** – Tu feras bien attention à ton petit frère. – Evidemment, maman _____. **5.** – Est-ce qu'il tient beaucoup à son travail ? – Je crois qu'il _____. – **6.** – Est-ce qu'elle rêve de toi, à ton avis ? – Elle, rêver _____ ? C'est toi qui rêves ! – **7.** – Il pense à partir définitivement ? – Il _____ sérieusement ? – **8.** – Tu crois que le patron sera favorable à notre idée ? – Je crois _____, elle est très bonne. – **9.** – J'ai besoin de ton aide. – Non _____, tu peux __ arriver tout seul. – **10.** – Est-ce que vous vous occuperez des invités toute la journée ? – C'est ça _____ jusqu'à ce soir. – **11.** – Ce Simon, quel veinard, il part pour l'Afrique ! – Mais non, il _____ part pas, il ____ revient. **12.** – Le petit chat s'est habitué aux enfants ? – Oui, ____

Place du pronom à l'impératif
Un pronom

✿ 24. – *Dialogue de sourds*
Complétez avec les pronoms nécessaires.

ALINE (TRÈS TRISTE) À BERNARD
– Ne ____ laisse pas tomber – Reste près de

____ – Enfin, bref, ne ____ quitte pas ! – Et si tu pars, sois un peu gentil avec ____ – Ecris- ____.

CHARLES À ALINE

– Oh là ! là ! laisse- ____ respirer – Donne- ____ un peu de liberté et surtout ne ____ cours pas après.

BERNARD (TRÈS ÉNERVÉ) À ALINE

– Excuse- ____, mais tais- ____ un peu. Oh, ne ____ mets pas à pleurer, Ne ____'énerve pas, mais oublie- ____ un peu si tu peux enfin, quoi, lâche- ____ les baskets.

DAVID À BERNARD

– Allons, donne- ____ une chance ! Laisse- ____ s'exprimer, ne ____ blesse pas inutilement.

ALINE ET BERNARD À LEURS AMIS

– Mêlez- ____ de vos affaires. Et ne ____ occupez pas de ____. On ne ____ a rien demandé !

Charles (très fâché) à Aline et Bernard

– Ne ____ traitez pas comme ça !

DAVID (VEXÉ, MAIS CALME) À CHARLES

– Chut ! ne ____ donne plus aucun conseil. Laisse- ____ se débrouiller. On n'a plus rien à faire avec ____.

CHARLES ET DAVID (ENSEMBLE) À ALINE ET BERNARD

– Bon, très bien, mais laissez- ____ tranquilles quand ça ira mal et ne ____ appelez plus au secours !

Conclusion. – Inventez-nous d'autres (plus) belles histoires d'amou-ou-our....

Pronom – Impératif affirmatif

🌲 **25. – Répondez en utilisant l'impératif et le pronom correspondant à l'élément souligné.**

Exemples :

– Je te donne le livre ?

Donne-moi le livre

– Je bois une goutte de café ?

Buvez-en une goutte

1. Je m'achète une glace ? Tu veux bien ? **2.** – Je vous raconte mes aventures ? Vous êtes intéressé ? – **3.** – J'apporte une bonne bouteille aux Dupont ? – **4.** – Je retourne en vitesse au café ? – **5.** – Je change le canapé de place ? **6.** – Je demande à Jacques de partir ? – **7.** – Je nettoie la cuisine à fond ? – **8.** – Je range les chaussures dans le placard ? – **9.** – Je me joins à vos amis ? – **10.** – Je me fais un petit café ? Vous êtes d'accord ? – **11.** – Je mange un mor-ceau de gâteau ? – **12.** – Je m'adresse à vous ? **13.** – Je fais attention aux poules ? – **14.** – Je réfléchis à ce problème ? – **15.** – Je me préoccupe de Paul ?

Pronom – Impératif négatif

🌲 **26. – Répondez par l'impératif négatif (deuxième personne du singulier) en remplaçant l'élément souligné par un pronom.**

Exemple :

Je peux aller à la piscine → non, n'y va pas

1. Je dois téléphoner à Patrick. – **2.** Je vais emporter du pain. – **3.** Je peux laver les vitres. **4.** Je peux refaire ta robe. – **5.** Je dois faire attention aux autres. – **6.** Je peux demander conseil aux psychologues. – **7.** Je peux t'emmener au Maroc. – **8.** Je veux vous offrir une Cadillac. – **9.** Je dois m'acheter une voiture. **10.** Je dois aller au bal de l'université. – **11.** Je veux emprunter de l'argent. – **12.** Je peux m'appuyer sur le toit. – **13.** Je vais m'habituer à ce garçon. – **14.** Je peux m'intéresser à ce problème. – **15.** Je peux me préoccuper de cette fille. – **16.** Je peux vous confier mon secret.

Pronom – Impératif affirmatif et négatif

🌲 **27. –** *Une éducation contradictoire*

M. ET MME JARLIER NE SONT JAMAIS D'ACCORD. VOICI LES QUESTIONS DE LEURS DEUX ENFANTS. UTILISEZ L'IMPÉRATIF POUR FAIRE LES RÉPONSES OPPOSÉES DES PARENTS.

1. Nous lavons le chat ?
2. Nous finissons les frites ?
3. Nous vous donnons nos dessins ?
4. Nous téléphonons à grand-mère ?
5. Nous prenons du gruyère ?
6. Nous buvons un verre de Coca ?
7. Nous allons à la boulangerie ?
8. Nous nous achetons des bonbons ?
9. Nous faisons confiance aux professeurs ?
10. Nous rapportons la bicyclette ?
11. Nous consacrons du temps aux voisins ?
12. Nous nous joignons à vous ?
13. Papa, nous te montrons nos devoirs ?
14. Maman, nous donnons notre livre à Paul ?

	LE PÈRE : OUI	LA MÈRE : NON
1	Lavez-le	Ne le lavez pas
2		
3		
4		
5		
6		
7		
8		
9		
10		
11		
12		
13		
14		

🌳 **28. – Un pronom devant ou après l'infinitif**

LES/EUX/LEUR/SE/SOI/LE/LA/L'/LUI/ELLE

La litanie de la femme moderne ou *«Je les aime mais quelquefois j'ai envie de les tuer.»*

Complétez avec le pronom personnel qui convient :

1. Les enfants, c'est tuant ! il faut :
– ____ chouchouter ; – ____ éduquer ; – veiller sur ____ ; – jouer avec ____ ; – ____ tenir la main ; – ____ raconter des histoires.
2. Un mari, c'est épuisant ! il faut :
– ____ écouter ; – ____ supporter ; – faire la cuisine pour ____ ; – jouer au tennis avec ____ ; – ____ dire qu'il est beau ; – ____ passer ses caprices ; – ____ soigner quand il est enrhumé. – ____ admirer.
3. Une vieille mère, c'est «pompant» ! il faut :
– aller ____ voir tous les jours ; – ____ téléphoner tous les matins ; – ____ emmener faire ses courses ; – aller chez le médecin avec ____ ; – remplir ses papiers pour ____ ; – ____ dire qu'elle est la plus gentille des mamans ; – ____ aider à sortir. – ____ prendre en charge.
4. Etre une femme moderne, c'est terrible ! il faut :
– ____ dépasser au travail ! ; – ____ entretenir en faisant de la gymnastique ; – ____ faire plaisir en faisant tout le reste ; – ne pas ____ autoriser de faiblesse ; – avoir un chez ____ impeccable ; – prendre sur ____.

Place du pronom à l'infinitif

🌳 **29. – Un pronom avant l'infinitif – Forme affirmative**
Répondez aux questions en utilisant le pronom qui convient.
Exemple :
– Tu rêves de parler à cette fille ?
– Je rêve de lui parler

1. Paul saura expliquer le problème <u>à Sophie</u> ? – **2.** Mr Duparc rêve de posséder <u>une Mercedes</u> ? – **3.** Est-ce que Véronique peut faire <u>le gâteau</u> ? – **4.** Marie a-t-elle voulu aller <u>à la discothèque</u> ? – **5.** Ils ont eu envie de <u>vous</u> rejoindre ? – **6.** Les Martin rêvent de passer quelques jours <u>à Paris</u> ? – **7.** Grand-père aime faire peur <u>aux enfants</u> ? – **8.** Ton mari désire aller <u>au bal de l'université</u> ? – **9.** Les enfants ont envie d'acheter <u>des bonbons</u> ?

🌳 **30. – Un pronom avant l'infinitif – Forme négative**
Répondez négativement aux questions suivantes en utilisant le pronom qui convient
Exemple :
– Papa a promis de punir les enfants ?
– Mais non, il a promis de <u>ne pas les punir</u> !

1. Le président a décidé <u>d'aller à Tokyo</u> ?
2. Elle a décidé de <u>parler à sa mère</u> ? – **3.** Ils redoutaient de <u>plaire aux étudiants</u> ? – **4.** Vous avez craint de <u>reconnaître Marie</u> ? – **5.** Marie a promis de <u>manger encore des huîtres</u> ?
6. Paul a juré de <u>parler encore de football</u> ?
7. Ils ont promis de <u>reparler de tous ces problèmes</u> ? – **8.** Il a juré de <u>boire encore un verre de whisky</u> ? – **9.** Armand a décidé de <u>rester en Italie</u> ?

🌳 **31. – Un pronom avant l'infinitif** (réemploi plus libre)
Exemple :
Le patron de Christian trouve son rapport très mauvais. Que doit faire Christian ?
– il doit le refaire ; – il doit lui demander comment faire ; – il doit s'excuser ; – il doit lui promettre de faire mieux la prochaine fois ; – il doit lui dire qu'il n'est pas d'accord

1. Il y a un petit objet dans votre chambre que vous ne voulez pas que votre mère voie. Elle arrive en visite tout à l'heure. Quelle est la meilleure cachette ? (vous pouvez utiliser les verbes : mettre, poser, placer, cacher, enfermer, dissimuler).

– je veux ____ ; – je peux ____ ; – il faut ____ ; – je pense ____ ; – je vais ____ .

2. Deux amis qui ont fait une bêtise, pas trop grave, mais qui sont quand même recherchés par la police, arrivent pour se cacher chez vous. Vous hésitez vraiment sur ce qu'il faut faire. Faites la liste des solutions possibles et impossibles.

– je dois ____ ; – il faut ____ ; – je peux ____ ; – je ne dois pas ____ ; – il ne faut pas ____ .

🌳 **32. – Place du pronom à l'infinitif : cas particulier.**

*Observez : Paul est là, je **l'**ai entendu rentrer*

Règle : avec les verbes écouter, entendre, voir, regarder, sentir, faire, laisser, mener (emmener), le pronom se place avant le verbe principal.

– *Tu as entendu* Pierre *rentrer ?*

– *Oui je l'ai entendu rentrer (= il est rentré, je l'ai entendu).*

Répondez aux questions suivantes avec le pronom qui convient.

1. Tu as écouté les oiseaux chanter ? – **2.** Tu me regardes dormir ? – **3.** Vos parents vous laissent regarder la télé ? – **4.** Vous verrez les enfants arriver ? – **5.** Vous avez vu l'accident se produire ? – **6.** Ils ont senti la guerre se préparer ? – **7.** Elles vous ont vu sortir ? **8.** A votre avis, nous vous avons vu passer ? **9.** Paul m'a entendu partir ? – **10.** Papa t'a écoutée dire le texte ? – **11.** Vous nous avez laissés faire des bêtises ? – **12.** Vous avez fait travailler Michel ? **13.** Il a entendu parler de cette histoire ? **14.** Il emmène Marie déjeuner ?

Place du pronom à l'infinitif
Pronoms divers

🌳🌳 **33. – Le verbe et l'infinitif ont un pronom chacun.**

Observez : J'ai empêché les enfants de manger le pain

Je les ai empêchés de le manger

Sur ce modèle, proposez des réponses pour les situations suivantes. (Remarque : les verbes laisser, faire, entendre, etc., fonctionnent comme les autres, dans cette structure).

MARCEL A DEMANDÉ CONSEIL. DOIT-IL OU NON DIVORCER ? VOICI CE QUE LUI ONT DIT SES AMIS.

1. Marc / encourager quelqu'un à / demander le divorce. – **2.** Jacques / suggérer à quelqu'un de / parler du problème à un conseiller conjugal. **3.** Sophie / déconseiller à quelqu'un de / faire cela. – **4.** Manuel / conseiller à quelqu'un de / réfléchir encore au problème. – **5.** Bernadette / dire à quelqu'un de / ne pas demander le divorce. – **6.** Violette / supplier quelqu'un de / ne plus penser à cela. – **7.** Annie / ordonner à quelqu'un de / ne plus parler de cette bêtise. **8.** Martin / demander à quelqu'un de / ne pas abandonner les enfants. – **9.** Patrick / conseiller à quelqu'un de / ne pas quitter le foyer conjugal. – **10.** Claudine / suggérer à quelqu'un de / rester à la maison. – **11.** Carlo / pousser quelqu'un à / parler avec sa femme. – **12.** Michel / convaincre quelqu'un de / ne pas mettre sa femme à la porte.

Pronoms et phrases

🌳🌳 **34. – A. Répondez en faisant une phrase complète. Que remplace le pronom souligné ?**

1. «Finalement, il n'est pas aussi stupide que je le pensais.» Que pensait-elle ? ____
2. «Je les croyais mieux informés de leurs droits. Vraiment, je le croyais.» Que croyait-il ? ____ .
3. «Je lui ai parlé de cette affaire, vraiment j'en suis sûre !!» De quoi est-elle sûre ? ____
4. «Je le croyais à son travail et sa secrétaire ne le confirme pas !» Que croyait-elle ? ____ .
5. «Si Pierre arrivait ce soir, Sébastien m'en aurait parlé.» De quoi lui aurait-il parlé ? ____ ____ . – **6.** «Oui, oui, la réunion aura bien lieu le 17. Il me l'a confirmé.» Que lui a-t-il confirmé ? ____ . – **7.** «Ne vous inquiétez pas, on y fera attention, tout le monde sera payé de la même façon.» A quoi doivent-ils faire attention ? ____ . – **8.** «Vous refusez de faire ce travail ? Parfait, je le ferai savoir à qui de droit.» Que fera-t-il savoir ____ .
9. «Tuer sa femme ? Je l'en estime capable dans l'état où il est.» De quoi l'estime-t-il capable ? ____ . – **10.** «Bien sûr que nous y tenons, à garder notre situation.» A quoi tiennent-ils ? ____ ____ . – **11.** «Il voulait vraiment venir t'aider. Il t'assure qu'il y a pensé tous les jours.» A quoi a-t-il pensé ? ____ .

B. Examinez les phrases : dans quel cas sont-elles remplacées par les pronoms «y», «le» ou «en» ?

❀❀ **35. – Répondez aux questions en remplaçant les phrases soulignées par un pronom.**

1. Tu regrettes qu'il soit parti ? – **2.** Vous pensez que les femmes vont être un jour des êtres humains à part entière ? – **3.** On t'a dit que le nouveau directeur nous convoque tous demain ? – **4.** Un jour tu lui dis noir, un jour tu lui dis blanc, tu veux vraiment qu'il soit malheureux ? – **5.** Est-ce que vous faites souvent ce qui est défendu ? – **6.** Racontes-tu toujours ce qu'on te dit en secret ? – **7.** Avez-vous bien compris ce que je vous ai demandé de faire ?

❀❀ **36. – Même exercice.**

1. Croyez-vous qu'il est capable d'occuper un poste aussi élevé ? – **2.** Est-ce qu'il rêve parfois de partir pour un long voyage ? (qu'il part pour un long voyage ?) – **3.** Sa mère a-t-elle toujours besoin que Pierre soit toujours avec elle ? **4.** Est-ce qu'elle souffre du fait que son fils ne vient jamais la voir ? – **5.** Vous ne vous inquiétez pas, vous, si vos enfants ont de mauvaises notes ? – **6.** Tu te moques que les enfants soient fatigués ou non, ce n'est pas toi qui t'en occupes après ! – **7.** Il est très fier que son fils soit maintenant un chanteur connu.

❀❀ **37. – Répondez aux questions en remplaçant par un pronom la phrase soulignée.**

1. Il est satisfait d'avoir réussi ce concours difficile ? Qu'en pensez-vous ? – **2.** Elle n'est pas mécontente d'avoir réussi son permis de conduire, n'est-ce pas ? – **3.** Il est assez fier d'être admis dans cette grande école, il me semble ? – **4.** Ils doivent être ravis d'avoir trouvé cet appartement, vous ne croyez pas ? **5.** Elle est enchantée d'être arrivée la première, n'est-ce pas ? – **6.** Vous êtes content d'avoir réussi cet examen, je suppose ? – **7.** Etes-vous satisfait d'avoir changé de travail ?

❀❀ **38. – Même exercice**

1. Vous allez penser à m'aider un de ces jours, oui ou non ? – **2.** Il tient à ce qu'on ne repeigne pas la pièce du fond ? – **3.** Vous vous habituez à devoir vous lever tous les jours pour 8 heures ? – **4.** Il va se mettre à apprendre le russe, à son âge !? – **5.** Est-ce que votre fils consent parfois à vous parler correctement ? **6.** Est-ce que Pierre a réfléchi à ce qu'il allait faire l'an prochain ? – **7.** Il est arrivé à résoudre ce problème tout seul ?

Pronoms et phrases

❀❀ **39. – LE ou EN remplaçant une infinitive introduite par «de».**

Observez :
Il est content d'avoir réussi ?
→ *Oui, il en est content.*
Vous lui avez demandé de venir ? → Oui, je le lui ai demandé.
Dans certains cas l'infinitive introduite par «de» est remplacée par «en», dans d'autres par «le». Pourquoi ?

Répondez aux phrases suivantes avec le pronom personnel convenable. Que constatez-vous ?

51

Il est content	d'avoir réussi ?	Il en est content
	de ses vacances ?	Il en est content
Vous lui avez demandé	de venir ?	Je le lui ai demandé
	son autorisation ?	Je la lui ai demandée
Il a besoin	de manger ?	
	de pain ?	
Vous craignez	d'être angoissé ?	
	votre patron ?	
Elle se passe	de fumer ?	
	de ses cigarettes ?	
Vous regrettez	d'avoir perdu ?	
	votre échec ?	
Ils ont envie	de partir ?	
	de vacances ?	
Ils apprécient	d'être ici ?	
	leur séjour ?	
Il est capable	de mentir ?	
	de mensonges ?	
Tu lui as conseillé	de divorcer ?	
	le divorce ?	
Tu te souviens	d'être venu ici ?	
	de ton passage ici ?	

🌳 40. – Pronoms divers – Un pronom.
«histoire de chaussures...»

ALAIN : «– Dis, Sophie où est-ce que tu as mis mes chaussures ?

SOPHIE : – Je sais pas moi, je ne ____ ai pas vues. Cherche- ____ Elles ne sont pas dans le placard ?

ALAIN : – Mais, j'ai déjà regardé dans le placard, elles ____ sont pas ! Je suis sûr que c'est ____ qui ____ as mises quelque part, et tu ne te ____ rappelles plus.

SOPHIE : – Comment ! mais, si je ____ avais rangées je me ____ rappellerai. Traite- ____ donc d'imbécile pendant que tu ____ es.

ALAIN : – Mais non, je ne ____ traite pas d'imbécile ! Tu ____ mets tout le temps en colère pour rien !

SOPHIE : – Moi !! Je ____ mets en colère ! Tu exagères ! C'est toujours la même chose ! Tu sais jamais où tu ranges tes affaires et c'est toujours moi qui dois ____ savoir. Tu ne fais jamais attention à rien. C'est comme ma robe ! Tu ____ souviens de ma robe rouge ! Tu t' ____ es servi pour essuyer tes chaussures !

ALAIN : – Ah ! fais attention à ce que tu dis ! Ta robe, je ne ____ aurais pas prise si elle n'avait pas été au fond du placard comme un chiffon.

SOPHIE : – Un chiffon ! ma robe rouge ! je ____ aimais beaucoup, et puis c'est ma mère qui me ____ avait offerte et je ____ portais pour le mariage de ta sœur.

ALAIN : – Qu'est-ce que ma sœur vient faire là-dedans ? Elle n'a rien à ____ faire ! il faut toujours que tu mêles la famille à tout !

SOPHIE : D'abord ce n'est pas ma famille, c'est ta famille, et puis ta sœur je ____ déteste. Elle ____ téléphone toutes les semaines pour qu'on ____ dise de venir déjeuner le dimanche. Elle ____ apporte toujours des gâteaux et je ne ____ aime pas du tout ces gâteaux. J'____ ai assez. Hi ! Hi ! Hi !

ALAIN : – Allons, allons, ma chérie ne ____ mets

pas dans des états pareils, les enfants dorment et nous allons ____ réveiller et il ne faut pas __ __ faire peur avec tous ces cris.

Sᴏᴘʜɪᴇ : – Oui, tu as raison, je suis un peu énervée en ce moment, excuse- ____.

Aʟᴀɪɴ : – Oui je comprends, je vais téléphoner à ma sœur et à son mari pour ____ dire de ne pas venir dimanche prochain et nous irons ____ promener tous les deux. On pourra laisser les enfants à ta mère, je crois qu'elle ____ sera ravie.

Sᴏᴘʜɪᴇ : – Oui d'accord c'est une bonne idée.»

Deux pronoms
Place des pronoms
Phrases à classer

🌴🌴 **41. – Soulignez les pronoms compléments.**

– Quelles sont les règles pour placer les pronoms personnels ?

1. Mademoiselle, apportez-le-lui immédiatement ! – **2.** Alors, tu me l'offres, ce parfum ? **3.** Je le leur ai déjà dit souvent mais ils ne m'écoutent jamais. – **4.** Surtout, ne la lui envoie pas, il se fâcherait. – **5.** Ne nous la livrez pas avant demain, il n'y a personne au magasin ce soir. – **6.** Mais bien sûr que je te les montrerai, ces photos ! – **7.** Rends-le moi demain matin sans faute. – **8.** Tu les leur expliques, ces problèmes ? Sinon ils sont là jusqu'à demain. **9.** Oui, c'est ça madame, montrez-les nous. **10.** Je ne comprends rien à cette histoire, tu peux me l'expliquer ? – **11.** Alors, ce voyage, vous nous le racontez ou vous ne nous le racontez pas. – **12.** Ne prenez pas cet air étonné, il vous l'offre, si, si... – **13.** Ne me le dites pas, je veux avoir la surprise.

Vos conclusions :

🌴🌴 **42. – LE, LA, LES + LUI, LEUR**

Complétez ces dialogues avec les deux pronoms qui conviennent

1. – Pour ce type de travail, il lui faut son permis de conduire ?
– Ah oui, il ____ ____ faut absolument.
2. – Tu penseras à rendre leur voiture aux Durand ?
– Je ____ ____ rendrai ce soir.
3. – Papa est impatient que tu lui présentes ta fiancée.
– C'est d'accord, je ____ ____ présenterai

dimanche prochain.
4. – Les Dupont réclament qu'on leur rapporte leurs livres.
– Mais enfin, ils sont bien distraits ! On ____ ____ a déjà rapportés il y a six mois.
5. – Les étudiants n'ont toujours pas compris le texte.
– Pourtant je ____ ____ ai déjà expliqué dix fois !
6. – Pierre m'a dit que tu avais donné tes disques à son fils, c'est vrai ?
– Exact, je n'en faisais plus rien alors je ____ ____ ai donnés.
7. – Victor a encore sauté du toit du garage !
– Et il sait bien que c'est interdit, on ____ ____ a répété mille fois !
8. – Il paraît que cette nouvelle musique a beaucoup plu au public d'hier soir.
– Ouais, ils la redemandaient tout le temps, alors le disc-jockey ____ ____ a passée toute la soirée.

🌴🌴🌴 **43. – ME, TE, NOUS, VOUS, + LE, LA, LES**

Complétez les dialogues suivants avec les deux pronoms qui conviennent.

1. – Dis, tu me feras essayer ta nouvelle voiture ?
– D'accord, je ____ ____ ferai essayer demain.
2. – Papa nous ramène les enfants à quelle heure ?
– Il a dit qu'il ____ ____ ramènerait vers cinq heures.
3. – On ne peut plus attendre, patron, quand nous donnerez-vous notre paie ?
– Encore un peu de patience les gars, je ____ ____ donnerai à la fin de la semaine.
4. – Pierre a encore oublié de me rendre mes clés.
– Mais non, rappelle-toi, il ____ ____ rendues hier soir.
5. – Tu me présenteras ce charmant jeune homme, comme promis ?
– Mais oui, mais oui, je ____ ____ présenterai bientôt, arrête de me demander toujours la même chose !
6. – Ce livre a l'air drôlement intéressant !
– Si vous voulez, je ____ ____ prête.
7. – Vous ne voulez pas me lire votre nouveau poème ?
– Si justement, j'allais ____ ____ proposer.
8. – Pourquoi est-ce que je ne savais rien ? On ne me dit rien à moi !
– Tu as oublié, c'est tout ! On ____ ____ a dit il y a déjà un bon moment.

🌳🌳 **44. – ME, TE, NOUS, VOUS + LE, LA, LES/LE, LA, LES + LUI, LEUR**

On veut savoir !
Complétez avec les deux pronoms qui conviennent.

– Alors, Pierre se marie, oui ou non ?
– Il ne ____ ____ a pas dit.
– Tu ____ ____ as demandé ? Je n'oserai pas ____ ____ demander, c'est indiscret.
– Tu connais sa copine ?
– Non, il ne ____ ____ a pas présentée. Et toi ?
– Moi, il doit ____ ____ présenter ce soir.
– Alors tu sauras s'ils se marient ou non. Ils ____ ____ diront sûrement.
– Mais s'ils ne ____ ____ disent pas d'eux-mêmes, que faire ?
– Eh bien à ce moment-là tu ____ ____ demanderas.
– Bof, il finira bien par ____ ____ dire, à nous ses deux meilleurs amis ! Tu ne sais pas s'il a présenté sa copine à ses parents ?
– Oui, c'est fait ! Il ____ ____ a présentée dimanche dernier. Tiens justement, le voilà.
– Salut ! J'ai une grande nouvelle à vous annoncer : je me marie dans un mois... Surpris, hein ? Je ____ ____ avais bien caché !
– Pourquoi est-que tu ne ____ ____ as pas dit plus tôt ?
– Je vous connais ! Vous auriez essayé de me faire changer d'avis !

🌳🌳 **45. – M', T', LUI, NOUS, VOUS, LEUR + EN**

Un criminel endurci
Complétez avec les pronoms et les verbes qui conviennent.

ACCUSATIONS DU PROCUREUR
– Messieurs les jurés, monsieur le président, rendez-vous compte ! Cet homme est forcément coupable du crime dont on l'accuse. En effet, l'accusé n'a jamais offert de fleurs à sa femme en vingt ans de mariage !
Un juré : – Quoi !!! Il ne ____ a jamais offert !!!!
– Et il n'a fait qu'une fois des cadeaux de Noël à ses enfants !!!!
– Quoi !!!!! Il ne ____ !!!!!
– Et il n'a jamais donné d'argent à son vieux père dans la misère !!!!!
– Quoi !!!! Il ne ____ !!!!!
TÉMOIGNAGES
Le président à la femme de l'accusé :
– Est-il vrai, madame, que votre mari vous a

rarement donné de l'argent pour les courses ?
– C'est tout à fait exact, il ____ il préférait le dépenser au bistrot !
– Est-il vrai qu'il vous a dit un jour qu'il ne vous donnerait jamais un centime ?
– Oh oui, un jour il m'a dit exactement : «De l'argent, Simone, je ne ____ !»
Le président aux enfants de l'accusé :
– Est-il exact que votre père vous a donné des coups de pieds toute votre enfance ?
Hélas oui, il ____ !

L'AVOCAT DE LA DÉFENSE
– Monsieur le président, l'accusé vous a-t-il déjà parlé de son enfance malheureuse ?
– Oui, il ____
– Accordez-vous à l'accusé quelques minutes pour s'excuser devant tous ?
– Eh bien oui, je ____
– Monsieur Dupont, vous voulez bien nous parler de vos problèmes d'enfance ?
– Oui, je veux bien ____

PLUS TARD, L'AVOCAT AUX JURÉS
– Vous voyez bien messieurs que ce pauvre homme est beaucoup moins coupable qu'il en avait l'air !

🌳🌳 **46. – M', T', L', NOUS, VOUS, LES + Y**

Où dîner ce soir ?
Complétez avec les pronoms qui conviennent

«– Si on allait manger grec ? Le *Kalimera* n'est pas mal.
– Ah oui, mon mari ____ ____ a déjà emmenée une fois. J'aimerais mieux aller ailleurs.
– Il y a aussi le *Polikalo*. Souviens-toi, les Martin ____ ____ ont invitée il y a deux ans.
– En fait je préférerais manger italien. Au *Don Peppone*, par exemple. Le patron de mon mari - ____ ____ a invité une fois, il paraît que c'est pas mal.
– Et ton cher époux ne ____ ____ a pas emmenée après ?
– Eh bien non... Ah, j'ai une autre idée, *La Tavola calda*. Des amis de mes parents ____ ____ ont amenés. Ils ont adoré !
– Euh ! c'est que je n'aime pas beaucoup la cuisine italienne. Si on mangeait français ? Tiens voilà Paul !
– Bonjour les filles, finalement je suis libre ce soir ! J'ai découvert un nouveau petit resto antillais, je ____ ____ emmène, d'accord ?»

✿✿✿ 47. – Pronoms indirects + LE / LA / LES + EN

Secrétaire efficace

Répondez avec les deux pronoms qui conviennent.

«– Pouvez-vous me photocopier cette lettre ?
– Je ____ photocopie immédiatement, monsieur.
– Vous ____ apporterez dans mon bureau.
– Très bien, je ____ apporterai dans une minute.
– Donnez-moi le dossier Etats-Unis, s'il vous plaît.
– Je ____ donne tout de suite monsieur.
– Martin l'a déjà lu ?
– Oui, je ____ ai passé hier et il voudrait ____ parler aujourd'hui.
– Parfait. Je peux le voir à dix heures, je compte sur vous pour ____ dire.
– Bien sûr, monsieur. Monsieur, les syndicats réclament les chiffres.
– Je ____ communiquerai la semaine prochaine. Ah, je vois que vous avez un paquet de cigarettes. Donnez- ____
– Mais, monsieur, vous ne fumez plus.
– Je vous ai dit de ____ donner ! Qui est le patron ici ?
– Vous, monsieur. Monsieur, l'agence de Londres demande si elle doit nous envoyer des stagiaires.
– Bien sûr, elle doit ____ envoyer, c'est prévu depuis longtemps. Convoquez les chefs de service, je veux ____ parler.
– Tout de suite, monsieur ?
– Non, à 14 h, dans la grande salle, je préfère ____ dire à tous en réunion générale.
– Dois-je leur parler du thème de la réunion ?
– Oui, oui, parlez- ____, ça leur donnera le temps d'y réfléchir.
– Dois-je aussi téléphoner au président ?
– Inutile, je ____ dirai moi-même. Bien, maintenant, voulez-vous me lire la lettre que je vous ai dictée hier soir ?
– Bien monsieur, je vais la chercher et je ____ lis tout de suite.»

✿✿✿ 48. – LE / LA / LES / Y / EN / Toniques après prépositions

Chère solitude

Complétez avec les pronoms qui conviennent.

– J'aimerais bien être seule de temps en temps mais c'est impossible avec ma famille nombreuse !

– Impossible n'est pas français on va te trouver des moments libres. Les courses par exemple ?
– Je les fais avec mon mari.
– Tu ____ fais avec ____ ?! ça alors !! – Bon et le ménage, il ____ fait avec ____ ?
– Eh oui, il ____ fait avec ____. Nous faisons tout ensemble à la maison. – Le cours de gym alors ?
– Impossible. Les enfants ____ participent avec ____.
– Mais pourquoi est-ce que tu ____ vas avec ____ ? C'est idiot.
– Il n'y a personne qui peut ____ garder pour ____.
– Je ____ ferai avec plaisir pour ____, une fois de temps en temps. Tu fais du jogging ?
– Oui, avec ma mère.
– Tu pourrais ____ faire sans ____.
– Elle se fâcherait, elle n'aime pas être seule.
– Ton mari pourrait ____ faire avec ____ quelquefois.
– Il n'aimerait pas ____ voir près de ____. Il déteste le rouge et maman porte toujours du rouge...
– Oh là là, la solution à tes problèmes, tu ____ trouveras sans ____ !

✿✿✿ 49. – 2 Pronoms – Impératif.

Un chef hésitant

Chaque fois qu'il donne un ordre, il change d'avis. Donner ses deux ordres à l'impératif (deuxième personne du pluriel) en remplaçant les éléments soulignés par des pronoms.

1. Nous mettons les dossiers dans le placard ?
2. Nous donnons le courrier aux responsables ?
3. Nous téléphonons la nouvelle au grand chef ?
4. Nous vous préparons un dossier de presse ?
5. Nous vous rappelons les informations ?
6. Nous nous accordons une pause ?
7. Nous emmenons la cliente au restaurant ?
8. Nous confions nos projets au préfet ?
9. Nous vous accompagnons à l'aéroport, vous et votre femme ?
10. Nous expliquons la stratégie aux ouvriers ?
11. Nous parlons du prototype au ministre ?
12. Nous prenons un stand avec nos concurrents ?
13. Nous parlons du banquier au président ?
14. Nous offrons un calendrier aux clients ?

	OUI	NON
1	Mettez-les y	Ne les y mettez pas
2		
3		
4		
5		
6		
7		
8		
9		
10		
11		
12		
13		
14		

Place des pronoms à l'infinitif

 **50. – Deux pronoms groupés avant l'infinitif.**

Transformer les phrases suivantes en utilisant les deux pronoms qui conviennent.
Exemple :

Il a promis de <u>nous</u> emmener <u>au cinéma</u>
→ Il a promis de nous y emmener.

1. Il a décidé d'emmener <u>les enfants</u> <u>à Paris</u>.
2. Ils ne peuvent pas dire <u>la vérité à leurs parents</u>. – **3.** Aide-moi à expliquer <u>la situation à Paul</u>. – **4.** Patrick saura <u>me</u> réparer <u>la télévision</u>.
5. Paul refuse de donner <u>les informations aux étudiants</u>. – **6.** Martine veut bien offrir <u>des bonbons à Cédric</u>. – **7.** Il a décidé de cacher <u>sa maladie à sa femme</u>. – **8.** Le patron va apprendre <u>la nouvelle aux étudiants</u>. – **9.** Sa femme n'a pas voulu dire <u>de mensonges à Paul</u>. – **10.** Les employés ont décidé d'envoyer <u>un cadeau au directeur</u>. – **11.** Ils n'ont pas pu <u>nous</u> confirmer <u>l'heure de l'avion</u>.

Exercices de synthèse

51. – *Mission secrète 2.*

Dernières vérifications

LE RESPONSABLE DU SERVICE D'ESPIONNAGE VÉRIFIE AVEC LE CÉLÈBRE AGENT SECRET O.S.S. 117 LES PRÉPARATIFS DE SA PROCHAINE ET DÉLICATE MISSION.

Vous compléterez le dialogue en faisant les réponses de l'agent. Pour cela vous utiliserez le verbe en caractères gras de la phrase précédente et vous transformerez les éléments soulignés en pronom personnel. Attention, ce ne sera pas toujours le même.

– «Mon cher O.S.S. j'ai une mission très délicate en Asie à vous confier. Vous **acceptez** <u>cette mission</u>.
– Oui, chef, *je l'accepte*.
– Cette mission doit absolument rester secrète. Vous **garderez** <u>le secret</u> ?
– Bien sûr, chef, *je le garderai*.
– J'insiste : vous ne **parlerez** <u>de cette mission</u> <u>à personne</u>.
– Promis chef, *je n'en parlerai à personne*.
– Vous aurez besoin d'emporter certaines choses. Pour commencer vous **prendrez** <u>un magnum 357</u>.
– Entendu patron, *j'en prendrai un*.
– Vous **n'oublierez pas** <u>votre gilet pare-balles</u>.
– Bien entendu chef, *je ne l'ou*...
– Vous **porterez** <u>le gilet en question</u> en permanence. C'est une mission dangereuse.
– Promis chef, *je le porterai*.
– Vous **emporterez** aussi <u>un calepin</u> pour prendre des notes.
– Très bien chef *je l'en emporterai un*.
– Vous **penserez** à prendre <u>une bouteille d'encre invisible</u>.
– Fort bien, patron *j'en penserai à une*.
– Vous **éviterez** <u>les responsables de l'ambassade</u>. C'est très important.
– D'accord boss, *je les éviterai*.
– Vous **ferez** très **attention** <u>à votre sécurité</u>.
– Ça va de soi, *j'y ferai très attention*.
– Nous **tenons** beaucoup <u>à vous revoir entier</u>.
– C'est gentil ça patron, moi aussi *j'y tiens beau...*
– Et maintenant puis-je à mon tour vous poser quelques questions ?
– Allez-y O.S.S., je vous écoute.
– **Pourrai-je téléphoner** <u>à ma vieille mère</u> de là-bas ?
– Non, absolument pas, vous ne _____.
– Et **écrire** <u>à ma fiancée</u>, est-ce que je pourrai ?
– Désolé, il ne faudra pas _____.
– Vraiment ? Je risque **d'avoir des ennuis** <u>avec cette jeune femme</u> si je ne lui écris pas.
– Tant pis, *avoir des ennuis avec elle*.
– Dois-je **emporter** <u>un imperméable couleur de muraille</u> ?
– Ah, bien sûr, vous *l'emporterez*, le climat est humide là-bas, vous savez, et puis on n'est jamais assez discret.
– Et **des chapeaux de paille**, faut-il en **emporter** ?

– Si ça vous fait vraiment plaisir, vous pouvez *en emporter*. Mais pas trop voyants, hein ? Bon, c'est pas tout ça **mais il faut que je vous donne les microfilms.**
– C'est vrai, ça, *mais il faut que vous me les donniez*
– Vous **prendrez bien soin de cet exemplaire**, c'est le dernier qui reste.
– OK patron *j'en prendrai bien soin*
– Vous **saluerez notre agent** sur place de ma part.
– Oui *je le*
– Vous **transmettrez mes meilleurs souvenirs à la ravissante hôtesse du bar le Bloody Mary.**
– Comptez sur moi, patron *je les transmettrai*
– Bien, je crois que c'est tout. La France compte sur vous, O.S.S. !
– La France a raison, elle peut *compter sur moi*
– Ah, encore une petite chose : **pensez à me rapporter du parfum détaxé** comme d'habitude, ça fait tellement plaisir à ma femme...
– Bien sûr, patron *j'y penserai*
– Au revoir O.S.S., soyez prudent. Et pensez à **prendre votre petite laine.**
– Au revoir patron, et soyez tranquille, *je le prendrai.*»

🌳 52. – Pronoms – Dialogues à compléter.

Garage de l'Aigle

– «Allo... ici le garage de l'Aigle... Je voudrais passer une commande.
– Très bien monsieur, je prends note.
– Tout d'abord, quatre pneus neige de 205. C'est urgent. Pouvez-vous ____ ____ expédier immédiatement ?
– Entendu, monsieur, je ____ ____ enverrai par livraison spéciale. Ça va ____ coûter plus cher...
– Je sais... Tant pis, il ____ ____ faut absolument aujourd'hui. Je n'ai personne à envoyer chez ____ et je ne peux pas passer ____ prendre.
– Entendu. Ensuite ?
– Il ____ faudrait également une serrure avant de 204.
– Ah, désolé, nous n'____ avons plus en stock. Nous ____ avons commandé et nous devrions ____ recevoir après-demain. Ça ira ?
– S'il est impossible de ____ avoir plus tôt... Et des phares anti brouillard de 205, vous ____ avez, j'espère ?
– Bien sûr. Je ____ ____ mets combien ?
– Deux paires. Voilà c'est tout.
– Je ____ ____ fais livrer avec les pneus ?
– Pour le même prix ?
– Oui monsieur, un vieux client comme vous...

– Alors d'accord, envoyez ____ ____ avec. Merci. – A votre service, monsieur».

🌳🌳🌳 53. – Pronoms – Dialogues à compléter.

Le déménagement

– «Grande nouvelle ! Nous déménageons à Genève !
– Vous allez ____ ____ installer quand ?
– Cet été. Nous ____ déménageons en août, une belle villa... Je suis content.
– Vous vendez l'appartement de Paris ?
– Non, nous ____ gardons pour ____ louer. Nous serons heureux de pouvoir ____ récupérer dans trois ans. Un appartement à Paris, c'est trop difficile à trouver, il ne faut surtout pas ____ ____ ____ débarrasser.
– C'est seulement pour trois ans, Genève ?
– On doit ____ revenir courant 1994.
– Qu'____ pense ta femme ?
– Elle sera contente d'____ aller, pour les gosses... et peut-être d'____ revenir, pour ____. Elle aime beaucoup Paris, tu sais.
– Et les gosses ?
– Oh, ____, on ne ____ ____ a pas encore parlé. Il va falloir ____ mettre dans une école privée... Je n'ose pas ____ ____ dire...
– C'est vrai qu'ils n'____ ont pas trop le style !
– Il faudra bien qu'ils ____ ____ adaptent ! Normalement nous allons ____ ____ annoncer ce week-end.
– Bon courage ! J'espère qu'ils n'____ feront pas une maladie !
– Et qu'ils ne ____ ____ feront pas payer en étant insupportables...
– Si tu veux un coup de main pour le déménagement...
– Je ____ ____ demanderai peut-être un pour emballer.
– N'hésite pas à ____ ____ demander, si tu ____ as besoin, surtout.
– Entendu ! Tu es un ange.»

🌳🌳🌳 54. – Pronoms – Dialogues à compléter.

Les clés

– «Jérémie ! Où as-tu encore mis les clés ?
– Je ____ ai laissées sur la table, comme d'habitude.
– Elles n'____ sont pas.
– Zut... Est-ce que je ____ aurais laissées dans ma poche ? ... non ... je ne sais pas ... Attends, c'est ____ qui ____ ____ es servie la dernière !
– Mais non, ce n'est pas ____ ! C'est ____, pour aller au bureau de tabac. Tu ne ____

57

aurais pas laissées, par hasard ?
– Et comment est-ce que je serais rentré, alors ?
– Plus distrait, tu meurs ! Je ____ ai ouvert, tu ne ____ souviens pas ?
– Ah, c'est vrai... Voyons... Le buraliste ____ a parlé du match de foot, je ____ ai donné mon opinion, d'autres clients ____ ont donné la leur, on ____ a répondu, on a essayé de ____ convaincre qu'ils avaient tort, ils ____ ont presque insultés et ....
– Oh, ____ et les matches !
– Bon, bon... J' ____ vais. Je vais voir si le buraliste ne ____ a pas trouvées.
– Téléphone- ____ d'abord.
– Tu as raison, je n'____ avais pas pensé.
– Alors, il —— a ?
– Ouf, oui... Et tu sais, il —— a aussi d'autres. Je ne suis pas le seul distrait !
– Ah, tais- —— et file —— chercher. J'____ ai besoin, ____, de ces clés !
– Je ____ ____ rapporte tout de suite, mon amour.
– C'est ça, rapporte- ____ ____, et plus vite que ça. Je suis très pressée. Mais enfin, cette fois j'ai compris, je ne ____ ____ prêterai plus jamais.»

🌳🌳 55. – Impératif et pronoms personnels.

– Répondez avec l'impératif et le ou les pronoms.

Exemple :

– *Dis maman, je peux aller au cinéma ce soir ? (aller)*
– *Mais oui vas-y.*

1. «Monsieur le directeur
– Est-ce qu'il me sera possible de prendre un jour de vacances la semaine prochaine ?
– Mais oui _____.»
2. «– Ma voiture ne marche plus ! (vendre)
– _____.
– Oui mais, j'irai travailler comment ? (acheter une autre) – _____. »
3. «– Madame il fait chaud, je peux ouvrir la fenêtre ? (un peu)
– Oui, _____. »
4. «– Tu n'as pas de livre ? Je vais te prêter le mien.
– Oh ! oui _____ tu seras gentille.»
5. «– Tu veux mes skis ? Tu en as besoin demain ? (apporter)
– Oui s'il te plaît _____ demain matin.»
6. «– Elle aime beaucoup ce disque n'est-ce pas ? (donner)
– Oh ! oui, _____ elle sera très contente.»

7. «– Tu crois que Pierre et Nicole sont chez eux maintenant ? (téléphoner)
– _____ tu verras bien.»
8. «– Je devrais peut-être parler de cette affaire à mon patron. (parler)
– Non, _____ ce sera mieux à mon avis.»
9. «– J'ai envie d'aller écouter ce concert ce soir. (aller)
– Oh ! non _____ il n'est pas très bon.»
10. «– Je vais louer des patins à glace (louer)
– Non _____ je te prêterai les miens.»
11. «– Je peux t'emprunter tes cassettes ? (prendre)
– Oh non, _____ je dois les emporter à une fête.»
12. «– Je vais m'acheter ces patins à roulettes (acheter)
– Oh non, _____, ils sont nuls !»
13. «On vous apportera des fleurs (apporter)
– Oh non, _____, on part demain.»
14. «Je t'emmènerai un jour voir ce film d'horreur (emmener)
– Non, _____ surtout pas, je ne te le pardonnerais pas.»
15. «– Je peux finir le lait ? (boire)
– Non _____, il est tourné !»
16. «– Mes amis ne savent pas quoi faire ce soir (amener)
– _____. Plus on est de fous plus on rit.»
17. «– Délicieuse, cette sauce pimentée. (manger)
– Attention, _____, vous pourriez avoir mal à l'estomac.»
18. «– Les enfants sont au courant pour la colonie de vacances. (parler)
– Non _____, ça doit rester secret jusqu'à la dernière minute.»
19. «– Je vais emporter ma caméra en Espagne. (oublier)
– _____, je ne t'en rachèterai pas une autre. »
20. «– Je vais faire un tour au zoo avec les gosses. (emmener)
– Bonne idée, _____.»

🌳🌳🌳 56. – Divers, un et deux pronoms
Lisez le texte et répondez aux questions ou aux affirmations en utilisant le ou les pronoms nécessaires.

UN HOMME, UN OBJET

César et ses lunettes

Alors voilà, moi, j'avais rendez-vous à 11 heures avec César, sculpteur et courant d'air de son état, pour qu'il me parle de ses lunettes. A 11 h 30, il est arrivé avec ses drôles de lunettes sur le nez et puis il est tout de suite reparti voir des copains niçois qui l'attendaient depuis un bon nombre de quarts d'heure. J'avais eu le temps de voir ses lunettes, étranges instruments dont se servent les ophtalmologistes pour poser les verres d'essai des patients. Ce sont de beaux objets aux socles d'acier numérotés. Cela m'aurait fait plaisir qu'il me raconte comment elles étaient arrivées sur son nez la première fois. Son factotum, Claude, un personnage délicieux, efficace, et qui «nurse» son copain, tentait de l'attraper sans succès. Moi (encore moi), j'étais sur les fesses au milieu des pouces du maître, des compressions, furetant au milieu des merveilles. J'avais un peu oublié César et ses lorgnons. C'est alors qu'il est revenu une minute trente pour parler

avec son fondeur. Il reste beau, César, sa barbe rousse frise, il se gratte la tête avec grâce, il possède un beau derrière carré (je n'ai vu que lui puisqu'il s'en allait tout le temps). Mon copain photographe, lui, gardant un calme olympien, a réussi à le coincer. Narcisse oblige. Faute de munitions, je l'attrape enfin et j'apprends : «Les premières lunettes, je les ai trouvées aux puces, à Nice, et maintenant, dès que j'aperçois un ophtalmo, j'en demande et on m'en file, ce sont les seules qui me conviennent, et puis je trouve cela beau, c'est devenu un rite.» En effet, ces binocles lui font joliment plisser le nez et son sourire est tellement décapant qu'on lui pardonne toutes ses galipettes !

6 mars 1989, *Le Point,* Numéro 859

1. César n'a pas de lunettes. – 2. César devait parler de ses lunettes au journaliste. – 3. Il est arrivé avec ses lunettes. – 4. César est-il resté avec le journaliste ? – 5. Le journaliste n'avait pas eu le temps de voir ses lunettes ? – 6. Les ophtalmologistes se servent de ce type de lunettes. – 7. César a raconté comment elles étaient arrivées sur son nez la première fois. 8. Claude, l'ami de César, tente de l'attraper et il réussit à le faire. – 9. Le journaliste était toujours au milieu de l'atelier. – 10. Il avait oublié César et ses lorgnons. – 11. César n'a pas parlé avec son fondeur. – 12. César a une barbe rousse. – 13. Il s'est gratté la tête ? – 14. Le journaliste n'a vu que le derrière de César. 15. Le photographe a pu coincer César ? 16. Il a pu prendre des photos (Narcisse oblige) ? – 17. César a trouvé ses premières lunettes à Nice ? – 18. Il ne demande pas de verres aux ophtalmos. – 19. Les ophtalmos ne donnent pas de verres à César ? – 20. César trouve ces verres laids ? – 21. C'est devenu un rite ? – 22. On pardonne ses galipettes à César ?

Les pronoms relatifs

6

Le pronom relatif relie deux énoncés en évitant la reprise du nom ou du pronom qui le représente.

Pronoms	Fonctions des pronoms	Exemples
Qui	Qui est le sujet	Je connais un homme : – il est assis sur le banc – cet homme est assis sur le banc – celui-ci est assis sur le banc → Je connais l'homme qui est assis sur le banc
Que	Que est complément d'objet	Je mange les pommes : – tu as acheté les pommes – tu les as achetées – tu as acheté ces pommes → Je mange les pommes que tu as achetées
Dont	Dont remplace un complément précédé de la préposition **DE**, il est complément : d'un nom d'un verbe d'un adjectif	J'ai un ami : – la mémoire de cet ami est exceptionnelle – sa mémoire est exceptionnelle → J'ai un ami dont la mémoire est exceptionnelle Prenez ces médicaments : – vous avez besoin de ces médicaments – vous en avez besoin → Prenez ces médicaments dont vous avez besoin J'ai un fils : – je suis fier de mon fils – je suis fier de lui → J'ai un fils dont je suis fier
Où	Où est complément circonstanciel – de lieu – de temps	Ce quartier est très animé : – j'habite dans ce quartier – J'y habite – j'habite là → Le quartier où j'habite est très animé Vous vous rappelez ce jour / ce moment / cette période Vous avez pleuré ce jour-là / à ce moment-là / à cette période-là → Vous vous rappelez le jour / le moment / la période où vous avez pleuré.

À qui **Auquel** **À laquelle** **Auxquels** **Auxquelles**	Le pronom relatif remplace un complément construit avec la préposition **À** À qui est <u>réservé aux personnes</u> *Les pronoms relatifs composés sont obligatoires pour les objets et les idées.* Ils peuvent aussi s'utiliser pour les personnes.	– Ils ont demandé de l'aide <u>à des gens.</u> Ils ont bien réagi. → Les gens <u>à qui</u> ils ont demandé de l'aide ont bien réagi. – Je pense <u>à une voiture</u> ; elle est trop chère pour moi. → La voiture <u>à laquelle</u> je pense est trop chère pour moi. – Nous participons <u>à des réunions,</u> elle sont ennuyeuses. → Les réunions <u>auxquelles</u> nous participons sont ennuyeuses.
De qui **Duquel** **De laquelle** **Desquels** **Desquelles**	**1.** Le pronom relatif remplace un complément construit avec : – la préposition **DE** – un groupe prépositionnel avec **DE** : à cause de, à côté de, près de, loin de, à droite de, à gauche de, au milieu de, au-dessus de, au-dessous de, en face de, en dehors de, etc. De qui est <u>réservé aux personnes</u> *Les formes composées sont obligatoires pour les objets et les idées,* possibles pour les personnes. **2.** Le pronom relatif remplace un complément d'un nom précédé d'un groupe prépositionnel avec **DE**	Une personne pue le parfum ; je suis à côté d'elle. → La personne <u>à côté de qui</u> je suis assis pue le parfum. J'habite <u>en face d'un pont</u> ; il est très beau. → Le pont <u>en face duquel</u> j'habite est très beau. Je pense <u>à l'avenir de ce garçon</u> ; il n'écoute pas mes conseils. → Ce garçon <u>à l'avenir de qui</u> je pense n'écoute pas mes conseils.
Avec **En** qui **Sous** lequel **Pour** + laquelle **Par** lesquels **Sur** lesquelles **Dans**	Le pronom relatif remplace un complément précédé d'une préposition autre que **À** ou **DE**	J'ai sacrifié ma vie <u>pour cette femme</u>. Elle se moque de moi. → Cette femme <u>pour qui</u> j'ai sacrifié ma vie se moque de moi. J'ai usé ma vie <u>sur ces travaux</u>. Ils sont enfin récompensés. → Les travaux <u>sur lesquels</u> j'ai usé ma vie sont enfin récompensés.

Pronoms relatifs

🌳🌳 **1. – Simples et composés.**

Devinettes à observer.

1. C'est une fleur qui est blanche et avec laquelle on peut savoir si on aime quelqu'un. **2.** Ce sont des gens dont la vie finit derrière les barreaux, sur qui (sur lesquels) on préfère ne pas tomber dans une rue déserte et dont la presse parle. – **3.** Ce sont des personnes pour qui (pour lesquelles) certains hommes font beaucoup de bêtises et que les femmes n'adorent pas. – **4.** C'est un objet qui ne coûte pas cher et avec lequel on peut allumer du feu. **5.** C'est un objet qui a été inventé au 20ème siècle et grâce auquel on peut voyager très loin et très vite. – **6.** Les femmes à qui (auxquelles) on a donné ce titre sont normalement les plus belles du monde. – **7.** Les objets auxquels on a donné ce nom sont inconnus de la science et peuvent quelquefois se voir dans le ciel. – **8.** La peinture à laquelle on a donné ce nom se trouve au Louvre et représente une belle femme au sourire mystérieux. – **9.** La tour près de laquelle coule la Seine est célèbre et toute en métal. **10.** Le château royal au centre duquel se trouve la galerie des glaces est le plus célèbre de France. – **11.** Les immeubles en face desquels se dresse la statue de la liberté dans le port de New York s'appellent... – **12.** Ce sont des beautés en pierre que l'on trouve dans les jardins ou les musées et autour desquelles on tourne avec admiration. – **13.** C'est un lieu où on rencontre beaucoup de mères et d'enfants, où il y a des oiseaux, où on pique-nique. – **14.** C'est la maison dans laquelle Louis XIV a passé sa vie.

Ces devinettes contiennent tous les pronoms relatifs utilisés en français.

A) Soulignez-les. Chercher aussi les réponses aux devinettes.

B) Complétez le tableau suivant avec les éléments que vous trouverez dans les phrases.

C) Réfléchissez. Pourquoi utilise-t-on dans certains cas une forme et dans certains une autre ?

1	C'est une fleur	**qui** ———	est blanche...
4	C'est un objet	———	ne coûte pas cher...
5	C'est un objet	———	a été inventé au XXe siècle...
3	Ce sont des personnes	———	les femmes n'adorent pas.
12	Ce sont des beautés en pierres	———	l'on trouve dans les jardins
2	Ce sont des gens ... et	——— ———	la vie finit derrière les barreaux... la presse parle.
13	C'est un lieu	——— ——— ———	on rencontre beaucoup de mères... il y a des oiseaux on pique nique
6	Les femmes	**à** ———	on a donné ce titre
7	Les objets	———	on a donné ce nom
8	La peinture	———	on a donné ce nom
5	C'est un objet qui a été inventé au XXe siècle et	**grâce** ———	on peut voyager très loin et très vite.
2	... la vie finit derrière des barreaux,	**sur** ———	on préfère ne pas tomber la nuit...
3	Ce sont des personnes	**pour** ———	certains hommes font beaucoup de bêtises...
4	C'est un objet qui ne coûte pas cher et	**avec** ———	on peut allumer du feu
14	C'est la maison	**dans** ———	Louis XIV a passé sa vie.

10	le château royal	**au centre** —	se trouve la galerie des Glaces.
9	la tour	**près de** ___	coule la Seine...
11	les immeubles	**en face** ___	se dresse la statue de la Liberté...
12	... dans les jardins ou les musées et	**autour** ___	on tourne avec admiration.

🌳 2. – QUI

Vous adorez ou vous détestez ?

Sur le modèle ci-dessous, construisez vous aussi des principes décrivant qui vous aimez ou détestez.

Exemple :

Cet homme se prend au sérieux. Vous détestez ça. Dites-le.

→ Je déteste les hommes qui se prennent au sérieux.

Pour faire vos phrases, vous pouvez choisir parmi les éléments ci-dessous ou inventer vous-mêmes.

Verbes

Apprécier, aimer bien, aimer, adorer.
Ne pas apprécier beaucoup, ne pas aimer, détester.

Personnages

Hommes, femmes, professeurs, hommes d'affaires....

Actions

Se prendre pour un génie / parler de manière affecté / se comporter comme un macho / porter du parfum / se ronger les ongles / utiliser la séduction en affaires / jouer les victimes / se prendre pour le nombril du monde / savoir parler seulement d'argent / être incapable d'écouter les autres / utiliser tous les moyens pour réussir / accorder trop d'importance aux apparences, etc.

🌳 3. – QUE (Personnes)

Mariages mixtes

Faites une seule phrase avec les deux :

Exemple :

Cette fille est danoise. Je l'ai rencontrée en Italie.

→ La fille que j'ai rencontrée en Italie est danoise.

1. Cette femme vient du Togo. Paul l'a épousée → _____.

2. Ce bel espagnol est chef d'entreprise. Marie l'a suivi à Madrid. → _____.

3. Cette jeune suédoise est championne de ski de fond. Marc l'a conquise. → _____.

4. Ce diplomate anglais vient pour quelques jours. Annie l'a connu au Club Méditerranée. → _____.

5. Ce musicien africain veut la rejoindre à Paris. Catherine l'a rencontré au Mali cet été. → _____.

6. Ce peintre hongrois est spécialiste de l'art naïf. Heidi veut l'épouser. → _____.

7. Cette informaticienne algérienne a fini ses études très jeune. John veut la présenter à sa mère. → _____.

8. Cet Italien navigue d'habitude en solitaire. Lisbeth veut l'accompagner autour du monde. → _____.

🌳 4. – QUI/QUE

Complétez les phrases suivantes avec QUI, QUE.

1. Je vais te présenter mon frère ___ travaille en Afrique et ___ tu veux rencontrer depuis si longtemps. – **2.** Tu verras, tu adoreras ce plat ___ j'ai découvert aux Marquises et ___ est si original. – **3.** Tous les gens ___ passaient dans la rue et ___ j'ai abordés ont été aimables avec moi. – **4.** Vous vous souvenez de ces jeunes filles ___ nous avons rencontrées et ___ riaient si fort ? – **5.** Les vendeurs ___ nous employons et ___ sont responsables de ce secteur sont tout à fait compétents ! – **6.** Tu sais, la jeune fille ___ était si jolie et ___ je voulais tant revoir, j'ai rendez-vous avec elle ce soir ! – **7.** Je ne supporte pas les enfants ___ crient tout le temps et ___ je dois embrasser quand même ! – **8.** On m'a volé tous les bijoux ___ venaient de ma mère et ___ j'avais rangés dans cette boîte. – **9.** Où est passé le gâteau ___ était sur la table et ___ j'avais commencé à manger ?

🌳 5. – OÙ (Lieu)

remplaçant Y/Là/prépositions.

La ville de Stendhal

Répondez aux questions en utilisant le pronom relatif OÙ.

Exemple :

Alors, c'est bien vrai, Stendhal a habité dans cette ville ? → Oui, c'est la ville où il a habité.

1. Je crois qu'il a habité dans cette maison. → _____.

2. Le joli balcon ! Il y prenait le soleil ? Venez, allons visiter la maison → _____.

3. Il dormait dans ce lit ? → _____.

4. C'est son bureau ? C'est là qu'il travaillait ? → _____.

5. Il restait des heures à cette fenêtre ? → _____ et maintenant ressortons. Stendhal sortait aussi quelquefois.

6. On dirait une bibliothèque. Il venait consulter les archives ici ? → _____.

7. C'est une jolie ville. Mais il n'aimait pas habiter là, n'est-ce pas ? → C'est vrai _____.

6. – OÙ (Lieu)

Continuez la phrase en utilisant le pronom relatif OÙ.

Exemple :

Je voudrais te faire visiter la ville où j'ai passé toute mon enfance.

1. Il faut absolument que tu visites ce musée magique _____.

2. Nous avons acheté une délicieuse petite maison _____.

3. C'est un étrange pays _____.

4. Ils ont dû passer la nuit dans un vieux château _____.

5. Le village _____ est en train de mourir : tous les habitants s'en vont.

6. Il n'a jamais remis les pieds dans la ville _____.

7. C'est une région étonnante _____.

8. Cette cave, _____, est restée fermée pendant des siècles.

9. Messieurs, mesdames, voici la tour _____.

7. – OÙ (Temps)
A l'instant où
Juste à la seconde où...

Faites une seule phrase avec les deux en utilisant le pronom relatif OÙ.

(! Les phrases ne seront pas toujours dans le même ordre)

Exemple :

Les bandits sortaient de la banque. A cette minute-là les policiers sont arrivés
→ La police est arrivée à la minute où les bandits sortaient de la banque.

1. Je fermais la porte. A cet instant-là le téléphone a sonné. – **2.** Pierre dormait devant sa télévision. A cette heure-là les astronautes sont redescendus sur terre. – **3.** L'enfant s'est réveillé en sursaut dans son lit. A cette seconde-là un avion s'écrasait pas très loin de là. – **4.** Le capitaine donnait l'ordre de jeter l'ancre.

A cette minute-là le cargo a heurté un récif. – **5.** Il allait percuter le camion. A cette seconde-là il a redressé le volant. – **6.** Le malfaiteur était sur le point de tirer. A cet instant-là un inspecteur l'a désarmé. – **7.** Il commençait à brûler les documents dans la cheminée. Nous avons réussi à ouvrir la porte juste à ce moment-là. – **8.** Certains ne vivent que la nuit. A cette heure-là les autres dorment.

8. – OÙ (Temps)
Le jour où
Tu te souviens ?

Transformez selon le modèle suivant :

Elle : Tu te souviens quand nous nous sommes rencontrés ?

Lui : Bien sûr, cette année-là je passais mon bac ! → Ils se sont rencontrés l'année où il passait son bac.

1. ELLE : Tu te souviens quand nous nous sommes embrassés pour la première fois ?

Lui : Evidemment ! Ce soir-là je suis tombé en dansant au bal de l'université. → _____.

2. LUI : Tu te rappelles quand tu m'as présenté à tes parents ?

ELLE : Oh là là, oui. Ce jour-là mon frère a eu un accident de voiture ! → _____.

3. ELLE : Et quand nous nous sommes fiancés, c'était un matin ou un après-midi ?

– LUI : C'était un après-midi d'automne. Il neigeait déjà ! → _____.

4. LUI : Notre mariage c'était le matin, en juillet.

ELLE : Il y a eu le seul orage de la saison ! → _____.

5. ELLE : Et notre voyage de noces à Venise, tu te souviens de la date ?

LUI : Oui, cette semaine-là, il a plu sans arrêt ! → _____.

6. LUI : Notre premier bébé n'est pas bien arrivé, tu te rappelles ?

ELLE : Tempête de neige ! et le médecin était malade, ce soir-là !

7. ELLE : Notre deuxième enfant est né une nuit d'hiver.

LUI : Cette nuit-là j'ai été élu maire de notre village → _____.

8. LUI : Et nos premières disputes, tu te souviens quand c'était ?

ELLE : Bien sûr. Cette année-là, j'ai voulu recommencer à travailler. → _____.

9. – DONT (Remplaçant possessifs)

Certains vivent vraiment bien !
Remplacez l'expression de possession par

le pronom relatif DONT et faites une seule phrase.

Exemple :

– *J'ai acheté une voiture.*

– *Le moteur de cette voiture est puissant.*

(Son moteur est puissant)

→ *J'ai acheté une voiture dont le moteur est puissant.*

1. Charlie a acheté un diamant à sa femme. Le prix de ce diamant est incroyable ! → _____.

2. Il n'accepte d'aller qu'à l'hôtel Carlton. La piscine de cet hôtel est immense. → _____.

3. Il vient d'épouser une jeune actrice. Sa beauté est vraiment exceptionnelle. → _____.

4. Nous allons acheter une propriété sur la Côte d'Azur. Le jardin de cette propriété est magnifique. → _____.

5. Si vous voulez manger du caviar vraiment bon, achetez du caviar de la mer Noire. Son goût est inimitable. → _____.

6. Les Martin ont un appartement de trois cents mètres carrés. Les fenêtres de cet appartement donnent sur la tour Eiffel. → _____.

7. Annie vient de se marier avec un présentateur de télévision. Le salaire de celui-ci est de 200 000 F par mois. → _____.

8. Je vais partir en mer quelques mois avec un milliardaire grec. Son yacht vaut une fortune ! → _____.

10. – DONT : remplaçant EN

D'autres vivent plus modestement...

Remplacez le pronom EN par le pronom relatif DONT et faites une seule phrase.

Exemple :

– *Il ne peut pas encore s'acheter cette moto Il en a vraiment envie.*

→ *Il ne peut pas encore s'acheter cette moto dont il a vraiment envie.*

1. Il aimerait bien visiter ces pays exotiques. Il en a seulement entendu parler. → _____.

2. Nous devons attendre encore un peu pour acheter ces vélos. Les enfants en ont envie. → _____.

3. Dans la vitrine, elle va souvent regarder ce très beau manteau. Elle en rêve depuis un mois. → _____.

4. Elle a des tas de problèmes financiers. Elle n'en parle presque jamais. → _____.

5. Son fils a finalement trouvé un petit travail à mi-temps. Il en est très content. → _____.

6. Il a refusé de leur donner de l'argent. Ils en avaient besoin. → _____.

7. Il va bientôt nous montrer sa petite maison.

Il en est très fier ! → _____.

8. Excusez-moi de vous faire asseoir sur ce mauvais fauteuil. J'en ferai bientôt du bois pour le feu ! → _____.

11. – DONT : remplaçant DE LUI, etc.

Certains veulent avoir des relations...

1. J'aimerais beaucoup rencontrer cet écrivain célèbre. On m'a tellement parlé de lui ! → ___.

2. J'ai enfin obtenu un rendez-vous avec cette actrice. Tout le monde parle d'elle en ce moment. → _____.

3. Je cherche un moyen de connaître ce grand patron. Tu as sûrement entendu parler de lui. → _____.

4. Je suis curieux de voir ces chanteurs. Tout le monde dit du bien d'eux. → _____.

5. Je suis invité à une réception chez ces danseuses américaines. Tous les hommes sont fous d'elles ! → _____.

6. Antoine va finalement nous présenter cette mystérieuse poétesse russe. Il est si fier d'elle ! → _____.

7. Peux-tu me faire rencontrer cet homme d'affaires ? Les journaux spécialisés disent du bien de lui. → _____.

8. Marjorie garde pour elle ce séduisant danseur argentin. Elle est amoureuse de lui. → ___.

12. – DONT/QUE/QUI

Complétez les phrases suivantes avec un pronom relatif.

1. La maîtresse d'école *dont* je me souviens était petite et grosse. – **2.** L'enfant *qui* je suis parrain est le fils de ma belle-sœur. – **3.** Il a une tête *qui* me rappelle quelqu'un ! – **4.** Les tapis ___ je rêve viennent tous d'Iran. – **5.** Il ne veut pas me dire le nom de la fille ___ il est amoureux. – **6.** La personne ___ retrouvera mon petit chat gris aura une récompense. **7.** C'est drôle, les chiens ___ il a le plus peur, ce sont les tout petits ! – **8.** Les arbres ___ poussent sur le côté de la maison donnent de l'humidité. – **9.** Les statistiques *que* le ministère vient de publier m'étonnent beaucoup. **10.** Soyez gentils avec les gens ___ vous rencontrerez. – **11.** Les enfants ___ il a la responsabilité sont tous gravement handicapés. **12.** Le discours *qu'* il prononcera sera déterminant.

13. – QUI/QUE/DONT/OÙ

Faites une seule phrase en utilisant un pronom relatif

1. Ce jeune homme est très sympathique. Je l'ai

vu avec vous hier soir. _____.

2. Il a travaillé longtemps au Brésil. Il a rencontré sa femme là-bas. _____.

3. Pierre avait besoin de mes livres ; je n'ai pas pu les lui prêter. _____.

4. Il connaît bien ce petit village ; il y a passé ses vacances l'année dernière. _____.

5. Jacques et Philippe sont des amis ; je les emmène faire de l'alpinisme. _____.

6. Marie a eu un accident. Tu as vu sa voiture, elle est toute cassée. _____.

7. Il cherche un papier. Il en a besoin. _____.

8. Je suis allé souvent en Suède. Je connais bien ce pays. _____.

9. Nous sommes partis un dimanche matin. Il pleuvait beaucoup ce jour-là. _____.

10. Je reviens d'un long voyage. Je suis très content de ce voyage. _____.

11. Vous m'avez conseillé de lire ce livre. Je n'ai pas pu l'acheter ; il n'y en avait plus. ____.

12. J'ai ramené une jeune fille chez elle ; elle avait manqué l'autobus. _____.

13. Hier je vous ai donné des lettres à taper. Est-ce que vous les avez tapées ? _____.

14. J'ai perdu mon bracelet en or. Ma mère m'avait fait cadeau de ce bracelet. _____.

15. Pierre a acheté un très beau tableau. La couleur dominante de ce tableau est le rouge. _____.

16. Il a eu un grave accident. Ce jour-là, il venait d'acheter sa voiture. _____.

14. – Pronoms relatifs simples QUI/ QUE/DONT/OÙ

Phrases à construire presque entièrement. Complétez les lettres en utilisant un pronom relatif.

1. Marie a un frère. Il est professeur. Elle écrit à Françoise :
– Viens samedi prochain, je te présenterai ____.

2. Miribel est un petit village. Chaque année dans ce village, il y a une grande fête. Marie veut y aller. Elle écrit à Françoise :
– Veux-tu venir avec moi, je vais à Miribel __.

3. Monsieur Leroux est en train de réparer une machine. Le directeur en a besoin ; il écrit un mot à monsieur Leroux :
– Monsieur Leroux, avez-vous _____.

4. Le directeur, doit aller à une réunion. Il a besoin d'une lettre et il veut que sa secrétaire la tape pour lui. Elle n'est pas là. Il laisse la lettre sur son bureau avec un mot :
– Mademoiselle, voulez-vous _____.

5. Madame Fumet a parlé d'un jeune homme à son patron. Le patron voudrait voir le jeune homme mais il a oublié son nom. Il écrit à madame Fumet :
– Madame, voudriez-vous _____.

6. Monsieur Puce a perdu sa serviette. Il y avait des dossiers importants dedans. Il voudrait retrouver sa serviette. Il écrit à un ami policier.
– J'ai perdu _____. Veux-tu m'aider à la retrouver ?

7. Marc a aperçu dans le métro, mardi 10 octobre à 18 heures, une ravissante jeune asiatique habillée tout en rouge. Il écrit une petite annonce pour le journal *Libération* :
– Message personnel. Je voudrais revoir _____.

8. Aglaé est amoureuse de Pierre. Pierre est amoureux de Sophie. Aglaé écrit au courrier du cœur du journal *Elle* pour demander conseil : – Comment faire pour _____.

15. – Pronoms relatifs simples.

Magasins européens

Allongez les phrases comme dans l'exemple suivant. Le mot souligné doit garder la même fonction dans votre phrase que dans la phrase de départ. Attention aux changements possibles de déterminants.

Exemple :

Elle travaille dans un magasin portugais.
→ *Le magasin portugais où elle travaille est très bien.*

1. Ce magasin asiatique vend des spécialités alimentaires. – **2.** Cette boulangerie allemande propose beaucoup de pains complets. – **3.** Les vêtements de ce grand magasin anglais sont très bon marché. – **4.** Il y a souvent des soldes dans cette boutique grecque. – **5.** Ce marchand de meubles suédois annonce des prix étonnants. **6.** Nous faisons nos courses dans un hypermarché français. – **7.** Cette épicerie italienne a d'excellents produits. – **8.** J'ai besoin de ce vin espagnol pour ma sangria. – **9.** Cet excellent gruyère vient de la fromagerie suisse. – **10.** On m'a beaucoup parlé de ces commerces algériens.

16. – Relatives en incise – Ecrit.

ETATS-UNIS – ACCIDENT D'AVION AVEC MARIJUANA

Un avion de tourisme, à bord duquel ont été retrouvés plus de 200 kg de marijuana, s'est écrasé hier sur la base aéronavale de Jaksonville (Floride), tuant les deux personnes qui se trouvaient à bord, a indiqué la marine américaine. L'appareil, un bimoteur Piper Apache, qui s'était égaré dans un épais brouillard, a raté son atterrissage. Sept balles de marijuana ont été retrouvées dans les débris de l'avion et un des passagers avait sur lui 4 000 dollars en liquide, a précisé un porte-parole de la marine.

Venezuela – Syndicaliste assassiné

Le président de la Centrale unique des travailleurs du Venezuela (CUTV, communiste), Hemmy Croes, a été tué par balles dans la nuit de dimanche à lundi à Caracas. Des inconnus qui se trouvaient à bord d'une automobile ont tiré une rafale de mitraillette sur Hemmy Croes, cinquante-quatre ans, qui a succombé sur le coup, a précisé la police.

Wonder – 683 suppressions d'emplois d'ici à juin 1985

Bernard Tapie, qui a repris à l'automne les piles Wonder, a indiqué hier que 683 suppressions d'emplois (dont 173 préretraites) au total ont été programmées dans la société d'ici à la fin du premier semestre 1985.

Sihanouk

Le prince Norodom Sihanouk, qui est menacé par la cataracte, voudrait abandonner le présidence de la coalition khmère anti-vietnamienne pour pouvoir écrire ses mémoires avant de perdre la vue. C'est ce que l'ancien monarque cambodgien, maintenant âgé de 62 ans, a expliqué dans un télégramme en français adressé à l'Associated Press, depuis la capitale nord-coréenne, Pyong-Yang, où il séjourne alternativement avec Pékin.

1. Examiner les articles ci-dessus et refaites les phrases comportant des relatifs en plusieurs phrases simples.

2. Rédigez des articles comportant des phrases relatives en incise à partir de ces éléments :

Article 1 :

Phrase 1 – Un bateau a coulé hier au large de Brest. Il transportait des produits toxiques. Il y a trois morts et deux blessés.

Phrase 2 – Le bateau a heurté un récif près de la côte. Son radar venait de tomber en panne.

Phrase 3 – Cette zone maritime est la plus dangereuse de la Bretagne. De nombreux bateaux y circulent.

Article 2 :

Phrase 1 – L'acteur Alain Delon a critiqué la France. Il habite en Suisse.

Phrase 2 – L'acteur est mécontent des orientations politiques du gouvernement. Toute sa carrière s'est faite en France.

Phrase 3 – On est étonné que cet auteur célèbre se plaigne de la France. Elle ne lui a pourtant pas trop mal réussi...

Article 3 :

Phrase 1 – Les consommateurs rejettent de plus en plus l'abus de la publicité par courrier. Ils ont trouvé un nouveau mode d'action.

Phrase 2 – Une association marseillaise vient d'imprimer un autocollant «retour à l'envoyeur». Elle reprend ainsi une initiative parisienne.

Phrase 3 – Vous pouvez coller cet autocollant sur les lettres des sociétés de vente par correspondance. Il permet de les renvoyer à l'expéditeur.

Phrase 4 – Ce nouveau mode d'action sera bientôt élargi à toute la France. Son efficacité semble grande.

Article 4 :

Rédigez vous-même un article, en utilisant le même procédé.

🌳🌳🌳 17. – Pronoms relatifs composés AUQUEL / À LAQUELLE / AUXQUELS / AUXQUELLES

Complétez avec le pronom relatif qui convient.

Réfléchissons bien

1. La question _____ j'aimerais répondre est la suivante : où allons-nous ? – **2.** Les conclusions _____ aboutissent nos adversaires politiques sont inacceptables. – **3.** Le problème _____ notre parti a le plus réfléchi est le problème majeur de notre époque. – **4.** C'est une affaire très difficile _____ j'ai déjà consacré beaucoup d'énergie. – **5.** C'est un sujet très délicat _____ il faut réfléchir sérieusement. – **6.** Voilà les obstacles majeurs _____ peut se heurter notre programme. **7.** Je vous proposerai demain la solution que m'ont amené mes réflexions. – **8.** Cette solution a des avantages _____ vous n'avez pas pensé jusque-là.

🌳🌳🌳 18. – LEQUEL / LAQUELLE / LESQUELS / LESQUELLES

– Associez les éléments de la colonne A et de la colonne B. Attention au sens, au genre et au nombre :

A	B
1. La voiture sous...	**a)** laquelle ils se sont battus est toujours d'actualité.
2. Le faux passeport avec...	**b)** lesquelles nous avions fait des graffitis ont disparu.
3. Le lait en poudre sans...	**c)** lesquels se sont cachés les terroristes sont connus.
4. La cause pour...	**d)** laquelle on avait mis la bombe est entièrement détruite.
5. Les logements dans ...	**e)** lequel ils ont passé la frontière était d'origine française.
6. Les affiches sur...	**f)** lequel on ne pourrait pas nourrir ces enfants est arrivé hier.

– Continuez les phrases suivantes :

1. Il porte encore aujourd'hui les vêtements avec _____.
2. Elle a conservé toute sa vie la petite boîte dans _____.
3. Ils collectionnent depuis longtemps des photos sur _____.
4. Voilà notre plus vieux fauteuil sous _____.
5. Je suis très fier de ces résultats pour ____.
6. Ils ont décidé de monter cette pièce dans _____.

🌳🌳 19. – DUQUEL / DE LAQUELLE / DESQUELS / DESQUELLES

L'île au trésor
Complétez avec le pronom relatif convenable.

Choisissez une mer bien bleue au fin fond ____ vous ferez couler un navire. L'orage à cause ____ celui-ci aura naufragé disparaîtra aussi vite qu'il est venu et il ne restera que des vagues sur le dos ____ flotteront quelques morceaux de bois et un rescapé. Ce rescapé dérivera sur un radeau autour ____ les requins danseront et il contemplera la ligne d'horizon au-delà ____, peut-être, se trouve la terre. Un jour, il apercevra une île dans la direction ____ il essaiera de ramer. Malheureusement il retournera au large du côté ____ le vent le poussera. Un peu plus tard il verra des rochers aux alentours ____ la mer sera très agitée, au bord ____ il réussira à s'amarrer et à partir ____, finalement, il verra se dessiner la terre, là-bas, plus loin. La terre, ou plutôt une série d'îles en vue ____ il restera bloqué quelques jours et aux environs ____ il ne verra passer aucun navire. Il profitera d'un grand vent pour aborder ce sauvage territoire inconnu auprès ____ New York est un jardin paisible... C'est là qu'il sortira le trésor de sa poche et l'enterrera car il aura entendu des voix et il se méfiera...

🌳🌳 20. – Et maintenant voici la formule pour trouver la cachette du trésor ! Quand vous aurez transformé toutes les phrases, il sera à vous !

Le trésor est enterré sous les branches d'un arbre. Cet arbre est rouge. → *L'arbre sous les branches duquel le trésor est enterré, est rouge.*

1. Le trésor est caché sur le flanc d'une colline. Cette colline est élevée. → _____.
2. La colline se trouve au centre d'une île. Cette île est minuscule. → _____.
3. L'arbre se dresse à côté d'un rocher bleu. Ce rocher ressemble à une chèvre. → _____.
4. Depuis la plage, il faut marcher en direction des grands arbres. Ces arbres sont jaunes. → ____.
5. Les arbres poussent à proximité de sources chaudes. Ces sources sont dangereuses. → ____.
6. Avant de creuser la terre, vous devrez compter trois pas à partir d'un caillou. Ce caillou est vert. → _____.
7. Notre île se situe à côté d'autres îles. Ces îles sont inconnues. → _____.

Vous avez trouvé ? Bravo ! A propos, c'était quoi, ce trésor ?

🌳🌳 21. – DONT/DE QUI/DUQUEL
Complétez avec le pronom relatif qui convient.

Une voiture qui décoiffe !

Regarde ! Voici la nouvelle voiture ____ je t'ai parlé hier. Elle a un moteur révolutionnaire à côté ____ celui des Formules 1 est un chat comparé à un tigre ! Elle a des phares en face ____ la nuit la plus noire recule en criant de peur ! Sa carrosserie est faite d'un nouveau plastique ____ tous les autres constructeurs cherchent désespérément la formule ! Elle a des vitres au travers ____ aucun projectile ne peut passer, même pas une bombe ! C'est enfin la voiture ____ tous les hommes rêvent ! Et ses heureux propriétaires seront les hommes auprès ____ toutes les femmes voudront vivre ! D'accord son prix est élevé, mais c'est un prix au-dessous ____ on ne trouve aucune voiture de cette classe ! Elle procure des satisfactions exceptionnelles à côté ____ les satisfactions habituelles ne sont rien ! Je veux être cet homme irrésistible pour le charme ____ toutes les femmes se battront ! Je veux cette voiture, je la veux, je la veux !

🌳🌳🌳 **22. – Lieux : OÙ ou composés après préposition.**

A. Complétez avec les pronoms relatifs qui conviennent.

Un club très fermé

Vous allez tout savoir sur le club ____ les gens les plus fortunés passent leurs vacances. C'est un club très privé ____ on se rend exclusivement en «jet» ou en «yacht» et dans ____ on ne rencontre que des gens très chic. C'est un luxueux village autour ____ s'étend une forêt pleine de fleurs et d'oiseaux et près ____ se trouve la plage. Ah cette plage de sable blanc ultra-fin devant ____ s'étend une mer bleu turquoise ! Et au-dessus de ____ dansent les cocotiers ! C'est un paradis ____ vous ne pourrez pas entrer si vous n'êtes pas une célébrité.

B. Transformez selon l'exemple.

Dans le village, les maisons sont luxueuses. → Il y a un village dans lequel les maisons sont luxueuses.

(Ici «où» est possible aussi, mais ce n'est pas vrai pour toutes les autres phrases.)

1. Près de ce village, il y a une ville antique très bien conservée. – **2.** Aux alentours des maisons, la forêt exotique s'étend. – **3.** A l'intérieur des maisons il y a l'équipement le plus ultra-moderne. – **4.** Pas loin du village se trouve un lagon aux eaux merveilleuses. – **5.** Dans les eaux du lagon nagent des poissons aux couleurs fantastiques. – **6.** Au milieu des poissons familiers, on peut nager sans crainte. – **7.** Au bord de la plage, il y a de beaux voiliers. **8.** Au-dessus des voiliers flotte le drapeau français. – **9.** Dans ces voiliers, on peut inviter douze personnes. – **10.** Au centre de la place se dresse une statue magnifique.

🌳🌳🌳 **23. – Simples et composés : tous les pronoms :**

Préposition donnée sauf pour les contractés.

Complétez avec le pronom relatif qui convient.

1. J'ai rencontré un homme politique *dont* les idées sont intéressantes. – **2.** Les fleurs *que* mon fiancé m'a offertes sont déjà fanées. – **3.** Il se souvient très précisément du lieu *où* est arrivé l'accident. – **4.** Le toit sur *lequel* je suis monté l'autre jour était en très mauvais état. **5.** Le problème *auquel* il a réfléchi toute la nuit lui a donné mal à la tête. – **6.** La porte par *laquelle* sont entrés les cambrioleurs était mal fermée. **7.** Quand on a trouvé des gens en *qui* on peut avoir confiance, tout va bien. – **8.** Je refuse de mettre les vêtements *que* mon frère aîné a déjà portés. – **9.** J'ai été obligé de donner ce pantalon dans *lequel* je ne pouvais plus entrer. **10.** J'ignore complètement les informations *desquelles* vous faites référence. – **11.** Ce sera un programme chargé au cours *que* le Président devra rencontrer tous les hommes politiques. **12.** J'ai l'honneur de vous présenter M. Turbin, grâce *à qui* notre opération a réussi. – **13.** Il a été impossible de trouver dans les magasins le cadeau *dont* nous avions pensé pour papa. **14.** A l'entrée vous pouvez voir une porte au-dessus de *laquelle* se trouve une magnifique sculpture. – **15.** Un jour, le fauteuil sur *lequel* était assis le président s'est cassé en pleine conférence. – **16.** La personne *que* vous attendiez est arrivée, Monsieur. – **17.** Voilà justement l'homme *que* je vous disais le plus grand bien à l'instant. – **18.** Il porte toujours des chaussures dans *lesquelles* les orteils sont à l'aise. **19.** Notez la petite taille du lit *dont* dormait une famille entière. – **20.** Tu as encore cassé un des verres *que* m'avait donnés ma grand-mère. **21.** Les motos avec *lesquelles* les plus grands champions ont gagné leurs courses seront exposées à Alpexpo du 15 au 20 novembre. – **22.** Les immeubles en face *dont* se trouvait la fenêtre de notre chambre nous cachaient toute la vue. **23.** Je ne me souviens plus des rues à la découverte *que* tu m'as entraîné l'autre jour. **24.** J'ai complètement oublié au réveil les histoires si drôles *que* j'avais rêvé toute la nuit. **25.** Comme le temps passe ! Je ne me rappelle pas le visage de cette fille pour *qui* j'aurais fait n'importe quoi il y a dix ans. – **26.** Tu as remarqué la voiture à côté ____ j'ai garé la mienne ? C'est une voiture de collection ! **27.** Nous voulons remercier aujourd'hui, au nom de tous ceux qu'il a aidés, notre ami Paul Durant pour l'œuvre ____ il a consacré toute sa vie. – **28.** Les paysages à l'exploration ____ nous vous invitons font partie du patrimoine de l'humanité. – **29.** La route en travers ____ le camion s'est renversé a été bloquée pendant une journée entière. – **30.** Il y a des tableaux pour ____ les spéculateurs d'art dépensent des milliards.

6

🌳🌳🌳 24. – Pronoms relatifs simples et composés.

Terminez les phrases :

1. C'est un garçon ...
qui __ ; que __ ; dont __ ; à qui __ ; chez qui —

2. Voilà la jeune femme
qui __ ; que __ ; près de qui __ ; pour qui __ ; en qui __

3. C'est le fauteuil ...
où __ ; sur lequel __ ; sous lequel __ ; dans lequel __ ; que __ ; qui __ ; dont __

🌳🌳🌳 25. – Pronoms relatifs simples et composés, divers.

Trouvez aussi la préposition.

Complétez avec le pronom relatif qui convient (précédé ou non d'une préposition).

1. C'est une journaliste extraordinaire
a) _____ a tous les courages. – b) _____ l'on respecte beaucoup. – c) _____ les articles font sensation. – d) _____ on peut compter pour les reportages délicats. – e) _____ la vie est un tourbillon permanent.

2. Ces gens bizarres...
a) _____ sont avec toi
b) _____ tu emmènes partout
c) _____ tu passes ton temps
d) _____ tu as confiance   me déplaisent
e) _____ tu dis du bien
f) _____ tu te bats

3. Il y a des livres...
a) _____ font rêver.
b) _____ on ne se lasse pas.
c) _____ l'on relit quatre ou cinq fois.
d) _____ on pense après les avoir finis.
e) _____ on trouve des informations précieuses.
f) _____ il faut faire de la publicité.

4. Cette voiture...
a) _____ est très puissante
b) _____ j'adore la couleur
c) _____ il y a beaucoup de place   me
d) _____ je peux dormir   convient
e) _____ j'ai peint des fleurs   très bien
f) _____ je me suis ruiné
g) _____ j'ai eu un accident

5. Inventez des phrases autour des mots : actrice, lunettes.

6. Définissez les personnes ou les objets que vous aimez en utilisant des phrases relatives.

🌳🌳🌳 26. – Pronoms relatifs simples et composés – Créativité.

Une collection exceptionnelle

– Au cours de vos nombreux voyages vous avez amassé une collection d'objets anciens dont vous êtes très fier et que vous faites admirer à vos amis en faisant des commentaires.

Exemple :

«Cette statuette, qui vient de Turquie, que j'ai durement marchandée mais que j'ai quand même payée très cher, me plaît autant qu'au premier jour. Si vous regardez la matière dont elle est faite, vous verrez que c'est du marbre qui a été longuement poli et dont la couleur est exceptionnelle... La région dans laquelle je l'ai trouvée est très dangereuse...», etc.

– **Vous pouvez présenter : des livres / des sculptures / des tableaux / des bijoux / des soldats de plomb / des masques / des miniatures/des tableaux, etc.**

– **Choisissez pour votre description au moins un élément de chaque catégorie (de 1 à 6).**

1. L'objet peut-être
• en marbre / or / bois / cuir / soie / ivoire...
• unique / introuvable / original / précieux...
• d'une grande beauté / d'une finesse exceptionnelle / d'une taille inhabituelle...
• composé de... / fait de... / accompagné de...

2.
A) Vous l'avez...
• rapporté... du Brésil / en fraude / dans le double fond de votre valise...
• trouvé, déniché, découvert, acheté... au Mexique / par hasard / après de longues recherches / au fond du bocage normand / dans une épicerie...
• durement marchandé / obtenu après de rudes négociations / volé dans un temple en pleine jungle / pris au péril de votre vie/ échangé contre votre tube de crème solaire...

B) On vous l'a...
• vendu... à prix d'or / à un prix défiant toute concurrence / pour trois fois rien...
• offert... en remerciement de vos services / par admiration pour votre courage / comme signe d'amour / pour obtenir vos faveurs...
• cédé... à contrecœur / illégalement / pour le mettre sous votre protection.

3.
A) On vous en avait...
... beaucoup parlé / dit monts et merveilles / déconseillé la recherche / indiqué la cachette / précisé l'origine...

B) son origine...

• est... inconnue / très ancienne / mystérieuse / encore discutée

• remonte... à la préhistoire / au VIᵉ siècle / à l'époque médiévale / au règne du roi Charlemagne

C) Son auteur...

est... inconnu / Michel-Ange / un berger / un artiste de l'époque...

D) Le travail de l'objet...

est... très délicat / particulièrement soigné / inhabituel / assez grossier.

E) Le précédent propriétaire de l'objet était

... un roi / un magnat du pétrole / un pauvre paysan / un autre collectionneur / un musée...

4. Pour, à cause de cet objet...

• des hommes... se sont disputés / déchirés / battus / massacrés

• des hommes... ont perdu la vie / trahi leur patrie / traversé les mers / couru mille dangers / perdu la raison.

5. Grâce à, avec cet objet...

• des hommes ont... accumulé des richesses / gagné des fortunes / acquis des connaissances / fait progresser l'art / séduit des princesses / acheté des puissants / guéri des malades / invoqué des dieux / distrait des enfants / corrompu des ministres...

6. Sur le côté de, sur le devant de, au dos de, au-dessous de cet objet...

• on peut... voir une croix / admirer un dessin / deviner un signe / observer une marque étrange / lire une signature...

• se trouve / est dessiné... un soleil / une rose / un aigle / une bouteille / un bouton...

🌳🌳 **27. – Pronoms relatifs divers, relatives en incises**

Les années SIDA

Faites une phrase avec les deux, en plaçant la relative en incise.

Exemple :

Cette nouvelle maladie est très dangereuse. Son origine est inconnue.

→ *Cette nouvelle maladie, dont l'origine est inconnue, est très dangereuse.*

1. Cette maladie est due à un virus. Les scientifiques du monde entier cherchent un remède pour cette maladie. – **2.** Cette maladie serait née dans les années 80. On n'a pas encore trouvé de vaccin contre cette maladie. – **3.** Cette maladie progresse rapidement. Elle a déjà tué des dizaines de milliers de malades. – **4.** Cette maladie n'est pas très contagieuse. Mais tout le monde en a peur. – **5.** Cette maladie est probablement toujours mortelle. Mais on peut vivre longtemps avec elle. – **6.** Les malades doivent garder l'espoir. La médecine pourra bientôt les soigner efficacement. – **7.** Certains malades peuvent continuer à travailler. La santé de ces malades n'est pas trop atteinte. – **8.** Le grand public a compris que cette maladie pouvait frapper tout le monde. La presse a beaucoup informé le public. – **9.** Les pays africains sont très touchés par cette épidémie. Les conditions économiques sont difficiles dans ces pays. **10.** La solidarité pour les malades est absolument nécessaire. Tout le monde doit participer activement à cette solidarité.

🌳🌳 **28. – Pronoms relatifs divers.**

L'ONU et le village planétaire

Allongez les phrases suivantes à partir des mots soulignés.

Exemple :

Il est né dans un pays africain.

→ *Le pays africain où il est né se trouve au centre du continent.*

Attention

• Le mot doit garder dans la relative la même fonction que dans la phrase de départ.

• Les déterminants peuvent changer.

1. La paix a été signée grâce au président de l'ONU. – **2.** Cette jeune nation a besoin d'aide économique. – **3.** Les négociations nous ont proposé une autre solution. – **4.** La délégation chinoise est sortie de la salle à l'annonce de cette nouvelle. – **5.** Nous habitons sur la même planète. – **6.** Le président a confiance en son représentant. – **7.** Les pays endettés ne s'attendaient pas à cette réponse du conseil. – **8.** Le siège des Nations unies se trouve dans un pays européen. – **9.** Les deux camps sont restés chacun sur leur position. – **10.** Les auditeurs regardaient l'orateur avec amusement.

🌳🌳🌳 **29. – CE QUI / CE QUE / CE DONT / CE À QUOI**

1. Observez :

• ELLE EST EXTRAVERTIE

Tout le monde sait

ce qui	lui plaît
ce qui	l'amuse
ce qu'	elle aime
ce qu'	elle veut
ce dont	elle rêve
ce dont	elle a besoin
ce à quoi	elle pense
ce à quoi	elle accorde de l'importance

2. Complétez :

• IL EST SECRET

On ne sait jamais

1. —il pense —	5. —il se moque —
2. —il déteste —	6. — il rêve —
3. —lui déplaît —	7. — il travaille —
4. —l'attriste —	8. — il s'amuse —

NB : avant de compléter, réfléchissez à la construction du verbe : détester... quelque chose. Penser... à quelque chose...

🌲🌲🌲 30. – CE QUI / CE QUE / CE DONT / CE À QUOI

Voici une série de phrases stéréotypiques contenant «ce qui», «ce que», «ce dont», «ce à quoi».

1. Complétez avec l'expression qui convient.

2. Trouvez un contexte d'emploi = qui peut dire ça à qui, pour dire quoi, en réponse à quoi ? Elaborez des micro-dialogues contenant chacune de ces expressions.

1. Dites-moi tout ____ vous passe par la tête. **2.** Faites attention à ____ vous dites ! – **3.** Dans la vie, il faut savoir ____ en vaut vraiment la peine. **4.** ____ se passe était prévisible. **5.** C'est bien triste, ____ est arrivé. – **6.** C'est ____ vous dites ! **7.** On ne fait pas toujours ____ on veut. – **8.** C'est bien ____ je me demande. **9.** On se demande ____ l'intéresse. – **10.** Faites ____ je dis, pas ____ je fais ! – **11.** Impossible de savoir ____ il a. **12.** Dis-nous ____ ne va pas. – **13.** Dites-nous ____ nous pouvons faire (pour vous). – **14.** Non ! ce n'est pas ____ vous pensez. – **15.** Racontez-moi ____ vous avez fait. – **16.** Elle ne fait que ____ lui plaît.

🌲🌲🌲🌲 31. – CELUI QUI, etc.

• **Observez :**

Il est jaloux de tous les autres hommes, et surtout de

ceux qui	sont beaux, riches et célèbres
ceux que	tout le monde adore
ceux dont	tout le monde parle
ceux à qui	tout réussit
ceux pour qui	la vie est un tapis de roses

• **Réfléchissez :** qu'est-ce qui se passe si on change le début ?

«Elle est jalouse de toutes les autres femmes, et surtout de —— ». Continuez.

• **Complétez :**

1. – «-____ te plaît, c'est le petit blond ?
– Non, c'est ____ accoudé au bar.»

2. – « Papa ! Maman ! je vais me marier ! j'ai enfin rencontré le prince charmant, ____ j'attendais depuis si longtemps...»

3. – «Messieurs les jurés, cette ravissante jeune femme est bien ____ a tué son mari de sang-froid le soir du 24 juillet 1990 !»

4. – « Finalement, tu as acheté quelle robe pour le mariage ?
– ____ j'avais essayée aux Galeries, la bleue.»

5. – «Alors c'est vrai, les vieux journaux vous intéressent ?
– Oui. Mettez-moi de côté ____ vous ne voulez plus.»

6. – «Venez, je veux vous présenter M. Agnelli.
– Ah ! ____ toute la presse parle. J'arrive !»

7. – «Je déteste les gens qui manquent d'imagination et surtout ____ se prennent au sérieux !»

8. – «Voici ____ il a abandonné femme et enfants. Pourtant, ce n'est pas une beauté fatale !»

9. – «Permettez-moi, chers passagers, de vous présenter ____ vous allez partager cette croisière de rêve.»

10. – Dans la vie, il y a ____ mangent et ____ sont mangés.

11. – «Quels sont vos livres préférés ? ____ vous emporteriez sur une île déserte ?»

12. – «Monsieur, je ne suis pas ____ vous croyez !»

13. – Il y a ____ on aime et ____ on épouse...

14. – «Retourne-toi, mais discrètement surtout. Tu verras une très belle femme brune. C'est ____ je suis tombé fou amoureux.»

15. – «Il me faut dix de tes hommes pour ce commando mais seulement ____ on peut vraiment compter.»

16. – «J'ai essayé une nouvelle recette, ____ propose le dernier *Elle.* »

17. – «Quelle variété de desserts ! J'aimerais goûter tous ____ sont sur le buffet !
– Libre à vous, Madame, vous pouvez vous servir à volonté.»

18. – «Elles sont fraîches vos moules ? Je mange exclusivement ____ sont pêchées le jour même !»

Les indéfinis
Les pronoms
Les adjectifs

EXERCICES

LES ADJECTIFS

	MASCULIN	FÉMININ	PLURIEL
RESSEMBLANCE	même tel	même telle	mêmes tel(le)s
DIFFÉRENCE	autre	autre	autres
QUANTITÉ	aucun pas un nul plus d'un maint (rare) chaque tout	aucune pas une nulle plus d'une mainte (rare) chaque toute	aucun(e)s (très rare) pas de nul(le)s divers(e)s différent(e)s plusieurs maint(e)s tout(e)s
QUALITÉ	certain n'importe quel je ne sais quel quelconque quelque	certaine n'importe quelle je ne sais quelle quelconque quelque	certain(e)s n'importe quel(le)s je ne sais quel(le)s quelconques (rare) quelques

LES PRONOMS

	VARIABLES		INVARIABLES	NEUTRES
	UNITÉ	**PLURALITÉ**		
SENS POSITIF	[l']un(e) [l'/un(e)]autre le/la même quelqu'un(e) quelqu'autre chacun(e) un(e) tel(le) n'importe lequel n'importe laquelle	les un(e)s les/d'autres les mêmes quelques-un(e)s quelques autres plus d'un(e) tous toutes n'importe les- quel(le)s certain(e)s	on autrui quiconque qui que ce soit n'importe qui je ne sais qui plusieurs la plupart d'aucuns	tout quelque chose autre chose quoi que ce soit n'importe quoi je ne sais quoi
SENS NÉGATIF	ni l'un(e) ni l'autre aucun(e) pas un(e)	ni les un(e)s ni les autres	personne nul	rien

Les indéfinis

🌳 1. – Personne/Rien : répondez négativement aux questions suivantes :

Exemple :

Vous attendez quelqu'un ? Non, je n'attends personne.

1. Quelqu'un t'a pris ton crayon ? – **2.** Avez-vous quelque chose contre la toux ? – **3.** Tu as entendu quelque chose ? – **4.** Il a choisi quelqu'un ? – **5.** Quelqu'un était absent ? – **6.** Elle y est allée avec quelqu'un ? – **7.** Quelque chose vous gêne ? – **8.** As-tu besoin de quelque chose ? – **9.** Quelqu'un vous a fait de la peine ? **10.** Tu m'as apporté quelque chose ?

🌳 2. – Quelqu'un – quelque chose – personne – rien.

Complétez les phrases suivantes avec un de ces quatre pronoms :

1. Je n'ai vu ____. – **2.** ____ est venu en mon absence ? – **3.** Il y a ____ de bizarre que je n'arrive pas à expliquer. – **4.** Nous n'avons ____ ajouter à ce que nous venons de dire. – **5.** ____ ne pouvait me faire plus plaisir que ce livre. – **6.** Est-ce que ____ pourrait m'expliquer ce qui se passe ? – **7.** J'ai ____ de drôle à vous raconter. – **8.** «Avez-vous ____ à déclarer ?» a demandé le douanier. – **9.** Je n'ai raconté cette histoire à ____.

🌳 3. – Personne ? Une personne ? Quelque chose ? Quelques choses ?

Lequel de ces mots pouvez-vous ajouter ?

1. Je n'ai rencontré ____. – **2.** Nous avons vu ____ qui t'auraient plu. – **3.** Il y a ____ qui a oublié un parapluie. – **4.** J'ai observé ____ d'important. – **5.** ____ est venue apporter un paquet pour vous. – **6.** Avez-vous remarqué ____ intéressantes à acheter ? – **7.** ____ n'était encore arrivé. – **8.** J'ai ____ de grave à t'avouer. – **9.** Il y avait ____ dans la salle. **10.** ____ ne s'est rendu à son invitation.

🌳 4. – Personne..., Rien...

Solitude

Personne ne le regarde.
Personne ne lui parle.
Personne ne lui écrit.
Il ne connaît personne.

La complainte du mari énervé

Rien n'est bon.
Je ne retrouve rien.
Rien n'est rangé.
Tu n'es vraiment bonne à rien !

A votre tour, en utilisant rien et personne, faites un petit poème sur :

une adolescente mélancolique ; un ouvrier en grève ; une cliente impatiente ; un étudiant mécontent ; un enfant déçu à Noël.

🌳 5. – Mettez les mots soulignés au pluriel.

1. Il y a <u>un autre problème</u>. – **2.** J'ai repeint <u>l'autre porte</u>. – **3.** Nous pouvons chercher <u>une autre solution</u>. – **4.** Avez-vous les clés de <u>l'autre appartement</u> ? – **5.** J'ai répondu à <u>l'autre annonce</u>. – **6.** Il a <u>un autre frère</u>. – **7.** Les roues de <u>l'autre voiture</u> sont en bon état. – **8.** C'est à <u>l'autre secrétaire</u> que j'ai remis mon dossier. **9.** <u>Un autre étudiant</u> a répondu à sa place. **10.** J'aurais préféré <u>une autre couleur</u>.

7

TOUT

PRONOM	Neutre	Tout est calme
	Pluriel	Ses amis sont tous venus le voir. (s prononcé) Tous lui ont apporté un cadeau. (s prononcé) Ces fleurs sont toutes jolies. Je les aime toutes.
ADJECTIF	+ déterminant + nom	Il a bu tout le / mon café. Toute la / cette ville est détruite. Tous nos enfants seront là. (s non prononcé) Ils reviennent toutes les semaines.
	+ nom	Tout homme est mortel. C'est ouvert à toute heure. En tout cas...
	+ adjectif + nom	Toute jeune fille a rêvé du Prince Charmant.
ADVERBE	+ adjectif masculin	Il est tout surpris – tout honteux – tout ému Ils sont tout surpris – tout honteux – tout émus
	+ adjectif féminin commençant par une consonne et h aspiré	Elle est toute triste. Elles sont toutes hâlées.
	+ adjectif féminin commençant par une voyelle et h muet	Elle est tout attendrie. Elles sont tout heureuses.
NOM	singulier	Donnez-moi le tout Les touts (rare)

🌳🌳 **6. – Tout, toute, tous, toutes ?**

a) Complétez les phrases suivantes par le mot correct.

1. Il a plu ＿＿ la journée. – **2.** – ＿ est de ma faute. – **3.** Les feuilles sont ＿＿ tombées. **4.** Les français aiment ＿＿ le fromage. **5.** ＿＿ les ans nous allons à la mer. – **6.** ＿＿ les fois qu'il sera absent, je vous préviendrai. **7.** Les enfants avaient ＿＿ leur cartable. **8.** Elle était ＿＿ malheureuse à l'idée de partir. **9.** Dans ces circonstances il faut s'attendre à ＿＿. – **10.** C'est ＿＿ l'effet que ça te fait ? **11.** Les parapluies sont ＿＿ en promotion. **12.** Je lui ai dit ce que je pensais en ＿＿ bonne foi. – **13.** Il a acheté un tableau de ＿＿ beauté. – **14.** ＿＿ son art réside dans le choix des cou-

leurs. – **15.** Le ＿＿ -Paris était présent à cette inauguration. – **16.** Elle fait une cure ＿＿ les deux ans.

b) Remplacez ensuite «tout» par un mot synonyme.

🌳 **7. – «Tous les français aiment boire du vin.»**

A votre tour, amusez-vous à faire des stéréotypes concernant :

1. Les maris. – **2.** Les infirmières. – **3.** Les professeurs. – **4.** Les facteurs. – **5.** Les policiers. **6.** Les actrices de cinéma. – **7.** Les soldats. **8.** Les jeunes filles. – **9.** Les journalistes. **10.** Les médecins.

🌳🌳🌳 8. – Aucun – Certains – Quelques-uns – Les uns, les autres – Plus d'un – Plusieurs – La plupart.

Utilisez ces pronoms pour commenter le sondage qui suit.

SONDAGE IPSOS-«LE MONDE»

Où partir ? Comment partir ?

Recours aux agences de voyages

« Avez-vous souvent, parfois ou jamais recours aux services d'une agence de voyages ? »

Souvent	18 %	55 %
Parfois	37 %	
Jamais	44 %	

Aux personnes ayant souvent ou parfois recours aux services d'une agence de voyages – soit 55 % de l'ensemble.

« Pour quelles utilisations ? »

Réserver ou acheter un billet de train ou d'avion	62 %
Acheter un voyage ou un séjour	47 %
Vous procurer des brochures	41 %
Vous informer et demander des conseils ..	33 %
Réserver un hôtel	21 %
Construire un voyage sur mesure	13 %
Louer une voiture	12 %

Total supérieur à 100 en raison des réponses multiples.

Villes préférées

« Si vous aviez la possibilité de passer trois jours (hors travail) dans une ville européenne, quelle serait dans cette liste votre ville préférée ? Et ensuite ? Et ensuite ? »

	Cité en premier %	Cité en second %	Cité en troisième %	Total des citations %
Florence	9	10	5	24
Venise	10	9	5	24
Vienne	10	9	5	24
Athènes	9	6	7	22
Rome	8	8	5	21
Moscou	8	4	9	21
Istanbul	5	5	7	17
Londres	6	5	5	16
Amsterdam	4	7	3	14
Madrid	4	3	5	12
Berlin	3	3	4	10
Paris	3	2	3	8
Séville	3	2	3	8
Stockholm	1	3	4	8
Leningrad	2	3	3	8

Total supérieur à 100 en raison des réponses multiples.

Raisons du voyage

« Voici une série de facteurs qui peuvent conditionner le choix d'une destination de vacances. Parmi ces facteurs, lequel vous paraît le plus important dans votre choix personnel d'une destination de vacances ? Et ensuite ? Et ensuite ? »

	Cité en premier %	Cité en second %	Cité en troisième %	Total des citations %
La beauté des lieux	20	32	19	71
L'éloignement (dépaysement, exotisme)	28	12	11	51
L'intérêt du voyage (humain, culturel, etc.) ...	23	13	14	50
Le climat	14	13	17	44

« D'une manière générale, diriez-vous que vous partez en vacances avant tout pour découvrir d'autres lieux et d'autres gens, pour vous refaire une santé et penser à autre chose, pour vous consacrer à vos proches ou parce que tout le monde part en vacances ? »

Découvrir d'autres lieux et d'autres gens	72 %
Vous refaire une santé et penser à autre chose	23 %
Vous consacrer à vos proches	5 %

Destinations d'hiver

« Quels sont, dans l'ordre de vos préférences, les trois pays où vous aimeriez passer vos vacances d'hiver ? »

Question ouverte, réponses spontanées

France	42 %
Autriche	24 %
Suisse	22 %
Antilles	17 %
Italie	12 %
Etats-Unis	10 %
Canada	9 %
Maroc	7 %
Egypte	6 %
Espagne	5 %
Grèce	4 %
Sénégal	4 %
Allemagne	4 %
Brésil	4 %
Suède	4 %
Norvège	4 %
Ile Maurice	4 %
Polynésie	4 %

Total supérieur à 100 en raison des réponses multiples.

7

Formules de vacances

« Lorsque vous partez à l'étranger, quelle formule préférez-vous ? Et ensuite ? »

	Cité en premier %	Cité en second %	Total des citations
Le voyage individuel organisé par vous-même	49	14	63
Le séjour à l'hôtel	7	20	27
Le voyage individuel organisé	14	9	23
Le voyage en groupe organisé	12	9	21
La location	4	13	17
Le camping	4	13	17
Le séjour en club de vacances	5	11	16
L'échange de domiciles	1	6	7

Le Monde 30.09.89

79

🌲🌲🌲 **9. – Certain, plusieurs, divers, quelque, tout, différent, chaque, n'importe quel, le même, employés avec les noms : gens, personnes, peuple.**
Le(s)quel(s) pouvez-vous utiliser ?

1. J'ai rencontré _____ personnes très sympathiques à cette soirée. – **2.** _____ personnes ont été témoins de l'incident. – **3.** _____ personnes se désintéressent complètement de leurs voisins. **4.** _____ les gens présents étaient satisfaits.

5. Elle n'était pas heureuse ici, _____ les gens vous le diront. – **6.** Ce sont _____ gens qui m'ont indiqué ce docteur. – **7.** _____ personnes ont déjà réagi de cette façon. – **8.** Nous ne sommes pas exigeants, _____ personne fera l'affaire. **9.** Le traité de paix de 1919 accorda à _____ peuple le droit de disposer de lui-même. **10.** _____ personne devra se procurer un visa. **11.** _____ personne ayant remarqué un événement insolite devra le signaler à la police. **12.** Il a fait une étude très complète des _____ peuples de l'Union soviétique.

🌲 **10. – Le même, la même, les mêmes ? Un autre, une autre, d'autres ? Ressemblances ? Différences ?**
Utilisez ces adjectifs pour mettre en évidence les similitudes et les différences existant entre ces deux images.

Trouvez les dix détails qui diffèrent entre le dessin de droite et celui de gauche.

Jeux Jammot, *Pélerin magazine* du 26-8-89

🌲🌲🌲 **11. – N'importe qui, n'importe lequel / laquelle, n'importe quel(le)s, n'importe quoi.**
Complétez par le mot correct.

1. Tu dis _____. – **2.** Ne répète pas ce secret à _____. – **3.** Je suis libre _____ jour. – **4.** Quel gâteau veux-tu ? _____. – **5.** Tu peux me téléphoner à _____ heure. – **6.** _____ vous indiquera où se trouve la gare. – **7.** Josette et Valérie sont secrétaires bilingues et _____ est capable de vous traduire cette lettre. – **8.** _____ lui sert de prétexte pour ne pas aller au travail. – **9.** _____ paysan sait la différence entre du blé et de l'orge. – **10.** Tu ne dois pas donner ton numéro de téléphone à _____.

Les prépositions

8

EXERCICES

PRINCIPALES PRÉPOSITIONS ET LOCUTIONS PRÉPOSITIVES

addition	en plus / outre	
appartenance	à / de	– ce livre est à qui ? – c'est le livre de Pierre
attribution	à / pour	– donne le livre à Pierre – une cuillère à café – un lit pour deux
agent	de / par	– entouré de ses amis et suivi par son chien
but	– *recherché :* pour / afin de / en vue de / dans le but de / de façon à / de manière à – *à éviter :* de peur de / de crainte de / pour... ne pas	– ils ont révisé pour / en vue de l'examen – Ils ont révisé pour / afin de / dans le but de / de façon à / de manière à réussir l'examen. – Ils ont révisé de peur de / de crainte de rater l'examen. – Ils ont révisé pour ne pas rater l'examen.
cause	– étant donné / vu / à cause de / en raison de – *cause positive :* grâce à / à la faveur de	– Etant donné / vu son grand âge, il n'a pas pu faire la marche en montagne. – Il n'a pas pu le faire en raison de son grand âge. – Il a eu ce travail grâce à ses relations.
comparaison	auprès de / comparé à / en face de / par rapport à / vis-à-vis de	– Le livre de Dupont est sans intérêt auprès de / en face de / vis-à-vis de / comparé à / par rapport à celui de Durand.

manière	à / de / avec / sans	Il parle à voix basse
		  d'un ton sec
		  avec animation
		  sans conviction

matière	de / en	– un verre de cristal – une robe en laine (plus fréquent)
moyen	par / en / avec / sans / au moyen de	– il est venu en avion – il tient sa fille par le bras – il écrit avec un stylo – il chante sans micro – il a réparé le sac au moyen d'un peu de colle
opposition	contre	– le peuple a voté contre le président sortant

8

prix	– *financier* : **à** / **de** / **pour** – *figuré* : **moyennant** / **au prix de** / **au risque de** / **au péril de**	– des oranges <u>à</u> 10 F le kilo – une robe <u>de</u> 200 F (rare) – il a eu sa maison <u>pour</u> 600 000 F – il a obtenu ce qu'il voulait <u>moyennant</u> quelques promesses. – il a gardé ce travail <u>au prix de</u> sa santé. – il a plongé <u>au risque</u> de se noyer aussi. – il l'a sauvé <u>au péril de</u> sa vie.
remplacement	**au lieu de** / **à la place de**	– je voudrais un café <u>à la place</u> d'un thé – tu aurais mieux fait de te taire <u>au lieu de</u> tout raconter.
restriction	**malgré**	– il s'est levé <u>malgré</u> sa fièvre.
soustraction	**excepté** / **hormis** / **sauf** / **à l'exception de** / **à l'exclusion de** / **en dehors de**	– je n'aime personne <u>excepté</u> / <u>hormis</u> / <u>sauf</u> / <u>à l'exception de</u> / <u>à l'exclusion de</u> / <u>en dehors de</u> ma mère

8

Localisation

dans le monde	**à** / **au** / **en** / **sur**	– elle est <u>à</u> Paris / <u>au</u> Chili / <u>en</u> Algérie / <u>sur</u> la terre
adresse	<u>pas de</u> préposition	– elle habite Paris / rue Monge / place Grenette
maison	**à** / **chez**	– tu viens <u>chez</u> moi ? il est <u>à</u> la maison.
l'intérieur	– <u>d'un espace</u> : **dans** / **à l'intérieur de** – <u>d'un groupe</u> : **parmi**	– il fait chaud <u>dans</u> la cuisine. – le chat s'est caché <u>à l'intérieur</u> du placard – elle est heureuse <u>parmi</u> ses amis.
le centre	**au centre de** **au milieu de**	– <u>Au centre</u> de la place se trouve une statue – le piano trône <u>au milieu</u> du salon
l'extérieur	**hors de** / **au-dehors de** / **à l'extérieur de**	– vous trouverez des champs <u>hors de</u> la ville. – le canari ne sort jamais <u>au dehors</u> de sa cage. – voulez-vous rester un moment <u>à l'extérieur de</u> la pièce ?
la périphérie	**autour de** / **à la périphérie de**	– <u>autour de</u> la vieille ville s'élève encore une muraille – on trouve beaucoup de zones industrielles <u>à la périphérie</u> des grandes villes.

la proximité	près de / auprès de / aux alentours de / aux environs de	– mon bureau est <u>près de</u> la maison – assieds-toi <u>auprès de</u> moi. – le nature est merveilleuse <u>aux alentours</u> du village. – il y a un château <u>aux environs</u> de ce village.
la distance	loin de / au-delà de	– <u>loin des</u> yeux, loin du cœur. – le prochain village se trouve <u>au-delà de</u> la colline.
le haut	sur / en haut de / au sommet de / au-dessus de	– assieds-toi sur le lit – le chat a grimpé <u>en haut de</u> l'échelle – il a planté un drapeau <u>au sommet de</u> la montagne. – un crucifix est accroché <u>au-dessus de</u> son lit.
le bas	sous / en bas de / au-dessous de	– grenier, pièce <u>sous</u> le toit. – la maison est <u>en bas</u> de la route. – le chat dort <u>au-dessous</u> du lit.
le devant	devant / à l'avant de / sur le devant de / face à / en face de	– la voiture est <u>devant</u> la maison. – <u>sur le devant de</u> la maison : un petit jardin. – j'ai mis ton sac <u>à l'avant de</u> la voiture. – il est assis <u>en face</u> de nous.
le derrière	derrière / à l'arrière de	– le chat est caché <u>derrière</u> l'armoire – le chien dort toujours <u>à l'arrière</u> de la voiture.
le côté	à côté de	– je me suis assis <u>à côté de</u> Paul.
l'intervalle	entre	– il était assis <u>entre</u> Paul et Jacques.
l'origine	à / de	– il est né <u>à</u> Hong-Kong. – ce sac vient <u>de</u> Hong-Kong.
la destination	à / pour / jusqu'à	– il va <u>à</u> Rome. – il est parti <u>pour</u> le Canada. – il ira <u>jusqu'au</u> pôle Nord
la direction	vers / en direction de	– la fusée se dirige <u>vers</u> la lune. – ils sont partis <u>en direction de</u> Lyon.
le passage	par	– les voleurs sont entrés <u>par</u> la fenêtre.

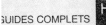
8

85

🌳 **1. – Corpus destination.**

Les guides VISA

• D'après la liste page 85, retrouvez les règles de l'emploi des prépositions devant les noms de pays, de régions, d'îles, de villes. Regroupez les noms cités dans le tableau ci-dessous et formulez les règles.

8

DESTINATIONS	MASCULINS	FÉMININ	PLURIEL
Pays	au Brésil	en Australie	
Régions	dans le Péloponnèse	en Andalousie	
Villes		à Amsterdam	
Iles		à Ceylan	aux Baléares

	MASCULIN	FÉMININ	PLURIEL
CONTINENTS PAYS	aller [au] Congo venir [du] Mexique [d'] Iran	• et masculin commençant par une voyelle aller [en] France, Iran venir [de] Suisse [d'] Afrique Irak	aller [aux] Pays-bas venir [des] Etats-Unis
ILES		**1.** petites îles européennes et grandes îles distantes d'Europe. Iles états aller [à] Chypre, Malte, Jersey venir [de] Madagascar **2.** petites îles distantes d'Europe aller [à la] Réunion venir [de la] Guadeloupe **3.** grandes îles européennes aller [en] Crête venir [de] Sardaigne	archipels, groupes d'îles aller [aux] Baléares venir [des] Seychelles
DÉPARTEMENTS ZONES GÉOGRAPHIQUES	**1.** nom simple aller [dans le] Massif central [dans l'] Hérault venir [du] Jura [de l'] Ain	aller [dans la] Creuse [dans l'] Aude venir [de la] Lozère [de l'] Eure	aller [dans les] Alpes venir [des] Hauts-de-Seine
RÉGIONS PROVINCES ÉTATS	aller [dans le] Béarn venir [du] Périgord [d'] Orégon	aller [en] Ile-de-France venir [de] Californie [d'] Aquitaine ! Exceptions aller [dans la région] Midi-Pyrénées venir [de la région] Nice-Côte d'Azur Rhône-Alpes	aller [dans les] pays de la venir [des] Loire

8

87

	MASCULIN	FÉMININ	PLURIEL
VILLES	Exceptions : Le Havre, Le Mans aller [au] Mans	aller / venir [à] Madrid [de] Rome [d'] Helsinki	
RUES PLACES	**1.** Sans préposition ! aller [square] Martin ! habiter **2.** Avec préposition venir [du square] Martin	aller [rue] Thiers [place] Victor-Hugo venir [de la rue] Thiers [de la place] Victor-Hugo	
AUTRES LIEUX	être [au] marché, café aller [à l'] hôtel venir [du] restaurant [de l'] hôtel	être [à la] maison aller [à l'] université venir [de la] gare [de l'] épicerie	

Liste des noms de continents et de pays

Noms féminins

• Ceux qui se terminent par un -e, sauf : l'Arctique, l'Antartique, le Cambodge, le Mexique, le Zaïre, le Zimbabwe.
• Les îles
• les noms de ville sont en général sentis comme féminins. Attention, on ne dit pas : *Paris est belle* mais *Paris est une belle ville.*

Liste des principaux noms féminins de pays :

Algérie	Côte-d'Ivoire	Italie	Suisse
Allemagne	Egypte	Libye	Syrie
Angleterre	Espagne	Malaisie	Tanzanie
Arabie Saoudite	Ethiopie	Mauritanie	Tchécoslovaquie
Argentine	Finlande	Norvège	Thaïlande
Australie	Grèce	Nouvelle-Zélande	Tunisie
Autriche	Hongrie	Pologne	Yougoslavie
Belgique	Inde	République sud-africaine	
Bulgarie	Irlande	Russie	
Colombie	Islande	Suède	

Noms Masculins

• Ceux qui se terminent par une consonne
• Ceux qui se terminent par -a, -i, -o, sauf : la Haute-Volta.
Attention, pour les prépositions, deux cas :

Noms commençant par une consonne	Noms commençant par une voyelle

Masculin :	Masculin devant voyelle :

<table>
<tr><td>habiter
aller
venir</td><td>le
au
du</td><td>Brésil</td><td>habiter
aller
venir</td><td>l'
en
d'</td><td>Ouganda</td></tr>
</table>

! + Le Yémen	**!** habiter Israel

Liste :

le Brésil	le Honduras	le Pakistan
le Burundi	le Japon	le Pérou
le Burkina Faso	le Kenya	le Portugal
le Bénin	le Koweit	le Quatar
le Botswana	le Lesotho	le Salvador
le Cameroun	le Liban	le Sénégal
le Cap-Vert	le Libéria	le Soudan
le Chili	le Luxembourg	le Sri-Lanka
le Congo	le Mali	le Surinam
le Canada	le Mozambique	le Tchad
le Costa-Rica	le Nicaragua	le Venezuela
le Danemark	le Niger	le Vietnam
le Gabon	le Nigéria	le Zaïre
le Ghana	le Paraguay	le Zimbabwe
le Guatémala	le Panama	

Liste :

– l'Antarctique, l'Arctique
– l'Afghanistan
– l'Equateur
– l'Iran, l'Irak
  ! : Israel
– l'Ouganda
– l'Urugay
– **!** le Yémen

• **Remarque sur l'usage de l'article**

Je connais	la Tunisie l'Espagne le Luxembourg		mais	Je connais	Andorre Israel

On ne met pas d'article devant les noms de pays suivants :
Andorre, Barhein, Djibouti, Haïti, Hong-Kong, Israel, Monaco, Oman

🌳 **2. – Noms de pays, villes, départements, régions.**
Mettez la préposition convenable.

1. Ils sont déjà revenus ____ Canada. – **2.** Nous partons ____ Paris. – **3.** Ils travaillent actuellement ____ Valence, ____ Drôme. – **4.** Il est né ____ Mexique. – **5.** Ils ont fait leur voyage de noces ____ Jamaïque. – **6.** Il a fait ses études ____ Afrique, ____ Ougadougou. – **7.** Elle est arrivée ____ Etats-Unis en 1970. – **8.** Ils passent leurs vacances ____ Avignon. – **9.** Ils partiront ____ Birmanie en août pour aller ____ Grèce. – **10.** Nous revenons ____ Maroc où nous avons passé d'excellentes vacances. – **11.** Elle s'en va ____ Québec rejoindre son mari. – **12.** Ils ont acheté une petite maison ____ Riom ____ Auvergne. – **13.** Ils se sont mariés ____ Pays-Bas, ____ Amsterdam. – **14.** Cette course a lieu chaque année ____ Le Mans. – **15.** Claude fait son service militaire ____ Guadeloupe. – **16.** Ils sont partis camper ____ Corse. – **17.** ____ Espagne comme ____ Portugal, les automobilistes roulent à droite. – **18.** En France, on importe beaucoup plus de café ____ Brésil que ____ Nouvelle Guinée ou ____ Etats-Unis.

🌳🌳 **3. – Prépositions et noms de pays – Puzzle.**

Le tour de la Méditerranée en moto

Voici une série de phrases en désordre. Reconstituez le texte. La première phrase

est à sa place. (Attention aux noms de pays et aux prépositions)

A   Il y a quatre ans, j'ai fait le tour de la Méditerranée. Je suis parti de Venise,

B   Yemen en traversant la mer Rouge qui, finalement n'est pas si rouge. Du Yémen je suis parti pour l'

C   Grèce où j'ai visité les Cyclades et Rhodes d'où j'ai pris le bateau pour la

D   Algérie je suis passé par la

E   en Italie. Avant de partir, j'ai mangé beaucoup de pâtes ! Je suis d'abord allé en

F   Soudan dont la côte sur la mer rouge est très belle, puis vers le

G   Turquie. En Turquie j'ai acheté un petit tapis de soie. J'ai quitté ce pays pour faire un tour en

H   Maroc où je me suis reposé un moment avant de remonter par l'

I   Algérie où j'ai de bons amis. D'

J   Egypte dont je voulais admirer les Pyramides et j'ai continué en direction du

K   Tunisie où j'ai acheté des poteries et ensuite par le

L   Afrique du Nord. Je me suis d'abord arrêté un moment en

M   Espagne que j'adore. Partout j'ai rencontré des gens formidables !

1	2	3	4	5	6	7	8	9	10	11	12	13
A												

🌳 **4.**

1. Vous demandez des renseignements sur comment téléphoner :

Ex : – Quel est l'indicatif { pour l'Ain
pour téléphoner
dans l'Ain

– Pour { avoir / appeler le Cantal,
les Yvelines...
téléphoner, dans le Cher, l'Hérault...

il faut composer le ____

2. Vous avez l'intention de faire un voyage en France. Etablissez un itinéraire détaillé pour huit jours (ou un an !). Servez-vous de la carte de France, de la liste des départements et du tableau des verbes de la page suivante.

CARTE DES RÉGIONS

Codes départementaux et téléphoniques

☎ Chiffres(s) à composer avant les 7 chiffres ou 6 chiffres de l'ancien numéro

	⊠	DÉPARTEMENTS	☎		⊠	DÉPARTEMENTS	☎
M	01	Ain..... 7, 50, 74, 79, 85		F	48	Lozère...................	66
F	02	Aisne...................	23	M	49	Maine-et-loire.........	41
M	03	Allier...................	70	F	50	Manche................	33
P	04	Alpes-de-Hte-Prov.	92	F	51	Marne.................	26
P	05	Hautes-Alpes........	92	F	52	Haute-Marne.........	25
P	06	Alpes-Maritimes......	93	F	53	Mayenne..............	43
F	07	Ardèche................	75	F	54	Meurthe-et-Moselle	8
P	08	Ardennes..............	24	F	55	Meuse.................	29
F	09	Ariège.................	61	M	56	Morbihan..............	97
F	10	Aube...................	25	F	57	Moselle................	8
F	11	Aude...................	68	F	58	Nièvre.................	86
M	12	Aveyron...............	65	M	59	Nord.......... 20, 27, 28	
P	13	B.–du-Rhône 42, 90, 91		F	60	Oise..................	4
M	14	Calvados..............	31	F	61	Orne..................	33
M	15	Cantal.................	71	M	62	Pas-de-Calais........	21
F	16	Charente...............	45	M	63	Puy-de-Dôme.........	73
F	17	Charente-Maritime	46	P	64	Pyrénées-Atlant.	59
M	18	Cher...................	48	P	65	Hautes-Pyrénées..	62
F	19	Corrèze................	55	P	66	Pyrénées-Orient.	68
F	20	Haute-Corse...........	95	M	67	Bas-Rhin..............	88
F	20	Corse-du-Sud.........	95	M	68	Haut-Rhin.............	89
F	21	Côte-d'Or..............	80	M	69	Rhône........... 7, 74	
P	22	Côtes-du-Nord.........	96	F	70	Haute-Saône........	84
F	23	Creuse.................	55	F	71	Saône-et-Loire.......	85
F	24	Dordogne..............	53	F	72	Sarthe................	43
M	25	Doubs..................	81	F	73	Savoie................	79
F	26	Drôme.................	75	F	74	Haute-Savoie.......	50
F	27	Eure...................	32	F	75	Paris..................	4
F	28	Eure-et-Loir............	37	F	76	Seine-Maritime.....	35
M	29	Finistère................	98	F	77	Seine-et-Marne.....	6
M	30	Gard...................	66	P	78	Yvelines.............	3
F	31	Haute-Garonne......	61	P	79	Deux-Sèvres........	49
M	32	Gers...................	62	F	80	Somme..............	22
F	33	Gironde............. 56,57		M	81	Tarn..................	63
M	34	Hérault.................	67	M	82	Tarn-et-Garonne......	63
F	35	Ille-et-Vilaine..........	99	M	83	Var...................	90
F	36	Indre...................	54	M	84	Vaucluse.............	90
F	37	Indre-et-Loire.......	47	F	85	Vendée................	51
F	38	Isère............. 74, 76		F	86	Vienne................	49
M	39	Jura...................	84	F	87	Haute-Vienne.......	55
P	40	Landes................	58	P	88	Vosges................	29
M	41	Loir-et-Cher...........	54	F	89	Yonne.................	86
F	42	Loire...................	77	M	90	Territ.-de-Belfort.....	84
F	43	Haute-Loire...........	71	F	91	Essonne..............	6
F	44	Loire-Atlantique......	40	P	92	Hauts-de-Seine.....	4
M	45	Loiret.................	38	P	93	Seine-St-Denis.....	4
M	46	Lot...................	65	F	94	Val-de-Marne........	4
M	47	Lot-et-Garonne.......	53	M	95	Val-d'Oise...........	3

🌳🌳 **5. – Prépositions – Voyages**
– Vous mettez au point un tour de monde avec des amis. Vous avez beaucoup de temps mais très peu d'argent. Vous devrez faire preuve d'imagination pour les transports et il faudra peut-être gagner de l'argent de temps en temps. Expliquez ensuite votre projet au «sponsor» qui vous donnera l'argent minimum pour démarrer votre aventure.

POUR VOYAGER, QUELQUES VERBES ET LEURS CONSTRUCTIONS :

VERBES	À	AU À LA AUX	EN	DE	DE...À DE.. JUSQU'À	POUR	PAR	JUSQU'À	PAS DE PREPO- SITION	EXEMPLES
Aller	+	+	+					+		J'irai à Paris ; au Mexique ; en Italie ; jusqu'à Rome, jusqu'aux Alpes
Atterrir	+	+	+							Nous atterrirons à Roissy ; à Paris ; au Canada ; en plein désert
(re)Découvrir									+	Vous découvrez Paris ; la France ; une belle région ; des montagnes
se Déplacer	+	+	(+)		+			+		Je me déplacerai (à pied, en voiture) ; de Moscou à Prague ; jusqu'à Bucarest
Etre	+	+	+	(+)						Il est (du Canada, de Paris) ; aux Etats-Unis, à New York ; en France
s'en Aller	+	+		+			+			Il s'en ira de Paris ; par le Sud
Finir	+	+	+				+			Je finirai mon voyage en France ; par l'Italie ; à Rome
Habiter	+	+	+						+	Nous habiterons Paris, la France ; à Paris, en France
Monter		+								Il montera à Paris ; de province (à Paris ou dans une capitale)
(re)Partir	+	+	+	+		+	+			Il partira à Paris ; en Espagne ; des Etats-Unis ; pour le Mexique ; par les Alpes
re(Passer)	+	+	+				+			Nous passerons à Rabat ; aux Baléares ; en Irlande ; par le Maroc
Passer du temps	+	+	+							Nous passerons trois jours à Londres ; une semaine en Belgique
Remonter	+			+						On parle depuis une capitale : ils remonteront bientôt à Paris, du midi
se Rendre	+	+	+							Ils se rendront un jour à Hong-Kong ; en Asie ; aux Seychelles
Résider	+	+	+							Nous avons résidé longtemps à Athènes ; aux Canaries ; en Turquie
Rester	+	+	+							Nous désirons rester un moment à Dublin ; en Angleterre ; aux Marquises
Retourner	+	+	+					+		Nous retournerons à Naples ; en Sicile ; jusqu'à la frontière
Traverser									+	Il traversera l'océan ; Dallas
(re)Venir	+	+	+		+		+	+	+	Il viendra ici ; à Paris ; à la maison ; en France ; de Montpellier à Grenoble ; jusqu'à Paris
Visiter									+	Nous visiterons Florence, une église, des ruines
Voyager		+	+		+			+		Nous voyagerons au Ghana, en Ethiopie ; jusqu'en Afrique du Sud ; de Malte à Tanger.

🌳 6. – Prépositions – Ecrit.

• En vous inspirant des publicités pour la Tunisie, l'Espagne, la Provence, fabriquez vous aussi une publicité pour votre pays, région, ville, préféré(e).

Si on voit encore de la lumière dans votre chambre au milieu de la nuit, c'est sans doute parce que vous n'avez jamais dormi dans un lieu aussi beau.

Et l'on comprend qu'un château-fort, un monastère ou un palais du 18e siècle transformés en paradors ne vous laissent pas complètement indifférent.

Et vous passerez sans doute une partie de la nuit à vous extasier devant les meubles anciens, la salle de bains monumentale et les tableaux qui ne sont même pas des copies. Vous serez sans doute très impatient de prendre le petit déjeuner dans un patio du 16e siècle, au bord de la piscine, au milieu des statues anciennes et d'orangers. Et si vous êtes trop bouleversé par la beauté du lieu, vous risquez de passer une nuit blanche. Ce qui serait quand même étonnant dans un hôtel qui vous offre un confort et un service de très grand luxe. Mais, comme il y a près de 90 paradors en Espagne, vous finirez bien par vous habituer.

Pour tous renseignements, contactez l'Office Espagnol du Tourisme : 43 ter, av. Pierre 1er de Serbie 75381 Paris Cedex 08.

L'Espagne. Tout sous le soleil.

Décollez vers l'amitié, le sourire, la chaleur, la vraie hospitalité de la Méditerranée. A 2 heures d'avion environ, partez à la découverte de la Tunisie. En Land Rover, en autocar ou à dos de chameau, parcourez le pays aux multiples visages. Au nord, passez de la mer à la montagne, des forêts de chênes-lièges aux orangeraies. Après avoir été séduit par Djerba, l'île à fleur de mer, allez plus au sud, d'oasis en oasis, en traversant les chotts ou les lacs de sel de la région de Tozeur ou Nefta. Du nord au grand sud tunisien, offrez-vous la grande évasion. En Tunisie vous êtes en pays ami. Pour tous renseignements : Office National du Tourisme Tunisien. 32, avenue de l'Opéra 75002 Paris – Tél. : 47.42.72.67. – 12, rue de Sèze 69006 Lyon – Tél. : 78.52.35.86.

Tunisie. Le pays proche.

Les Bouches-du-Rhône en Provence, c'est le pays de toutes les émotions, de toutes les passions, de toutes les saisons.
Sur 282 km de côtes, de La Ciotat aux Saintes-Maries-de-la-Mer, c'est l'amour fou entre la terre de Provence et la Méditerranée.
Ici, tous les sports, tous les loisirs sont rois. Choisissez votre style. Catalogue gratuit sur simple demande.

**COMITE DEPARTEMENTAL
DU TOURISME
DES BOUCHES-DU-RHONE**
6, rue du Jeune Anacharsis - 13001 Marseille - FRANCE
Tél. : 91 54 92 66 - Télex DEPTOUR 402 732 F

🌳🌳🌳 7. – a) Complétez avec les propositions qui conviennent.

b) Faites, vous aussi, le programme d'un voyage organisé de quelques jours dans des lieux de votre choix = un appartement, la planète Mars, votre pays... Tout est possible !

NICE
COTE D'AZUR

1er JOUR

Nous partirons   plus près de
       vous   un autocar
grand tourisme équipé
toilettes pour voyager   la
Vallée du Rhône
la Côte d'Azur et Nice. Déjeuner
libre en cours de route. L'après-
midi, continuation en direction
de Cannes et Nice. Arrêt   Biot
       visiter une verrerie et
admirer le travail des souffleurs
de verre. Tour de ville Arrivée
« Domaine de l'Olivaie » à Gilette
fin d'après-midi. Installation,
dîner et soirée d'accueil.

2e JOUR

Petit déjeuner et départ
Saint-Paul-de-Vence, la cité des

artistes. Vous apprécierez les
charmes de ce bourg médiéval,
fortifié, vigie au-dessus des
orangers et des cyprès du
paisible pays de Vence où
vécurent, dans les années 20,
les célèbres peintres : Signac,
Modigliani, Bonnard et Soutine.
     le repas, après-midi libre
ou, en option, excursion
Vallauris et Cannes ; départ pour
Vallauris, le village   potiers,
visite d'un atelier - Continuation
     Cannes et sa Croisette, au
pays des pierres précieuses,
essences rares, palmiers et
grands hôtels. Dîner et logement
        village.

3e JOUR

Petit déjeuner et journée libre
pension complète au village, ou,
en option, excursion d'une
journée à Monaco : le matin,
visite du musée
océanographique puis vous
assisterez   la relève de la garde
du Palais Princier. Déjeuner et
temps libre pour compléter notre
visite du Rocher. En milieu
d'après-midi, retour   Eze et
les Corniches. Arrêt et visite
d'une parfumerie. Dîner et
logement au village.

4e JOUR

Petit déjeuner et départ pour

une visite guidée   village de
Gilette, pittoresque village de
l'arrière pays Niçois. Vous
découvrirez son histoire, son
moulin à huile, son théâtre de
verdure ainsi que son château.
Déjeuner au village. Après-midi
libre ou, en option, excursion
des 3 Vallées : voyage au cœur
de la « Suisse Niçoise »   un
décor alpestre de sapins, de
cascades et de pics rocheux.
Arrêt à Saint-Martin-de-Vésubie
et continuation par les Gorges
de la Tinée et la Vallée de la
Mescla. Dîner et logement au
village.

5e JOUR

Petit déjeuner et départ pour
Nice. Promenade   la vieille
ville pour admirer le marché aux
fleurs et flâner selon votre gré.
Déjeuner au village et   le
repas, départ pour la région
lyonnaise par l'autoroute, retour
       gaieté   tous vos amis.

COCHEZ VOTRE DATE

☐ du 17/3 au 21/3   ☐ du 5/4 au 9/4
☐ du 21/3 au 25/3   ☐ du 9/4 au 13/4
☐ du 28/3 au 1/4   ☐ du 13/4 au 17/4
☐ du 1/4 au 5/4

NOS PRESTATIONS

Notre prix « Côte d'Azur » comprend :
– Le transport aller-retour en autocar de grand tourisme,
– L'hébergement au village vacances de Gilette sur la base d'une chambre double avec bain ou douche et wc,
– 4 petits déjeuners,
– 4 déjeuners, 4 dîners, (boissons incluses),
– 1 cocktail de bienvenue,
– La visite de Biot, St-Paul-de-Vence, le marché aux fleurs de Nice,
– La soirée dansante et une animation tous les soirs (soirée cabaret, projection, jeux...)
– L'assurance assistance rapatriement.

Notre prix ne comprend pas :
– Le supplément chambre individuelle : 250 F
– L'assurance annulation : 55 F

LES OPTIONS

Vous ne désirez peut-être pas faire de sortie tous les jours, c'est pourquoi nous vous proposons en option :
– L'excursion demi-journée à Vallauris et Cannes : **85 F**
– L'excursion journée à Monaco avec repas : **185 F** (sauf boisson)
– L'excursion demi-journée des 3 vallées : **85 F**
Les excursions sont à réserver et à régler sur place auprès du conducteur. L'ordre des excursions pourra être éventuellement modifié.

93

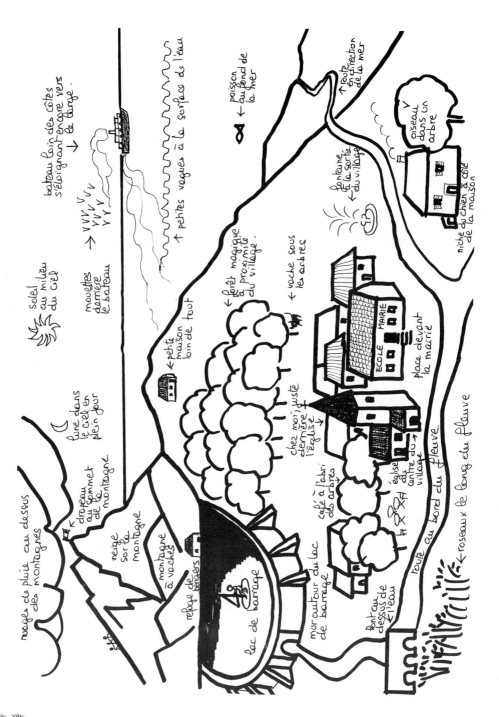

The following labels appear in the drawing:

- soleil au milieu du ciel
- bateau loin des côtes s'éloignant en gare vers le large
- petites vagues à la surface de l'eau
- poisson au fond de la mer
- route en direction de la mer
- mouettes derrière le bateau
- oiseau dans un arbre
- fontaine à la sortie du village
- niche du chien à côté de la maison
- lune dans le ciel en plein jour
- forêt magique à proximité du village
- vache sous les arbres
- petite maison loin de tout
- chez moi, juste derrière l'église
- drapeau au sommet de la montagne
- nuage de pluie au dessus des montagnes
- neige sur la montagne
- montagne à vaches
- café à l'abri des arbres
- église au centre du village
- place devant la mairie
- ÉCOLE MAIRIE
- refuge de bergers
- lac de barrage
- mur autour du lac de barrage
- pont au dessus de l'eau
- route au bord du fleuve
- roseaux le long du fleuve

🌳🌳 **8. – Localisation = Le village.**

a) Ce dessin représente la situation du village de Justin Ledoux. Relevez les prépositions dans les phrases qui commentent le dessin.

b) Sur le modèle de ce dessin, faites vous aussi le dessin commenté de votre village ou de votre quartier.

Localisation

Pour décrire la situation d'un objet dans un lieu, vous pouvez utiliser :

• Dans, derrière, devant, sous, sur, vers...	le la l'	lit fenêtre armoire
• Entre	les	fenêtres
• Loin, près • A l'arrière, à l'avant, à côté, à proximité Au bas, au-dedans, au-dehors, au-dessus, au-dessous Au centre, au milieu, au bord • En bas, en dehors, en face, en haut, en travers • Le long	du de la des	placard porte rayonnages

Exemple : *Dans la maison, presque au centre de la salle à manger, se trouve un piano. Au-dessus du canapé, le long mur droit, on peut voir un grand tableau où il y a une dame qui sourit et, au-dessus d'elle, des anges qui dansent. A côté du piano, un grand fauteuil avec, sur le siège, un chat endormi...*

9. – Placez dans cet appartement tout ou partie des objets suivants et expliquez où vous les placez et pourquoi.

A Arbustes – Aspirateur – Aquarium – Annuaire. – **B** Banc – Bureau – Bougeoirs. – **C** Chaîne Hi-Fi – Chaises longues – Cadres. – **D** Divan – Disques. – **E** Evier – Echelle – Etagères. – **F** Fauteuils – Fleurs fraîches – Four. – **G** Glaces – Géranium. – **H** Haltères – Hortensia en pot. – **I** Icône – Instruments de musique. – **J** Jeux de cartes – Journaux – Journal intime – Jouets. – **K** Kimono – Kangourou en peluche. – **L** Lampe de chevet – Lits à 1 place, à 2 places, livres. – **M** Machines à laver, à laver la vaisselle, à écrire – Magnétoscope – Minitel. – **N** Niche du chien. – **O** Ordinateur – Outils. – **P** Piscine pour enfants – Piano – Plateau. – **Q** Quilles (jeu de) – **R** Radio – Rideaux – Rasoir – Robot ménager. – **S** Statuette – Soldats de plomb – Suspension. – **T** Téléviseur – Tables – Tapis – Tabouret – Téléphone. – **U** Uniforme de grand-père. – **V** Vaisselier – Vêtements – Vaisselle. – **W** Whisky – Wagons du train électrique. – **X** Xylophone. – **Y** Yaourts. – **Z** Zèbre en peluche.

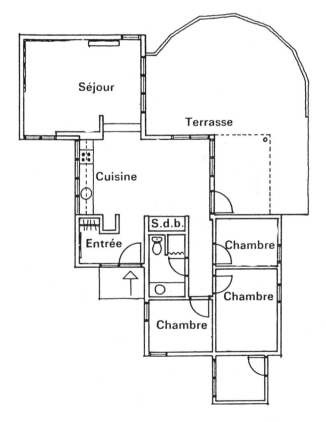

🌳 **10. –** Vous venez d'hériter de votre grand-père un vaste espace de 200 m². Vous pouvez en faire ce que vous voulez : appartement luxueux, galerie de peinture, salle omnisport... En groupe, décidez de l'utilisation de cet espace : situation dans la ville, environnement extérieur direct, plan, aménagement intérieur... Puis proposez votre projet, plan à l'appui et commentez-le.

Prépositions

Près de, auprès de, à proximité de, pas loin de, aux environs de, aux alentours de, loin de. Toutes ces prépositions peuvent exprimer la situation dans l'espace, avec des nuances différentes. Certaines d'entre elles peuvent aussi exprimer le temps et la quantité. Consultez le tableau ci-dessous avant de faire l'exercice.

	ESPACE	TEMPS	QUANTITÉ	COMPARAISON	RECOURS
⌈ **près de**	+ (à côté de)	+ (presque)	+		
⌊ **auprès de**	+ (tout à côté de)			+	+
⌈ **à proximité de**	+				
⌊ **pas loin de**	+	+ (presque)	+		
⌈ **aux environs de**	– (du côté de)	+ (à peu près)	+		
⌊ **aux alentours de**	– (dans la région de)	+ (à peu près)	+		
pas trop loin de	+				
pas tout près de	+ (assez loin de)				
loin de	+	+	+		

Espace   il y a une boulangerie <u>près de</u> chez lui
sa mère vit <u>auprès de</u> lui
il habite <u>à proximité</u> d'un village
ils ont déménagé <u>aux environs de</u> Grenoble
il habite <u>loin de</u> ses enfants

Temps   il est <u>près de</u> cinq heures
     <u>pas loin de</u>
il a <u>près de</u> quarante ans
     <u>pas loin de</u>
ils ne sont <u>pas près de</u> finir
     <u>sont loin de</u>

Quantité   cela coûte <u>près de</u> 1000 F
     <u>pas loin de</u>
     <u>aux environs de</u>
     <u>aux alentours de</u>
cette somme est loin d'être suffisante

Comparaison   ce roman est mauvais <u>auprès du</u> précédent

Recours   il se plaint toujours <u>auprès du</u> patron
il a fait toutes les démarches <u>auprès</u> des institutions

🌳🌳 **11. – Près de, auprès de, à proximité de, pas loin de, aux environs de, aux alentours de, loin de.**

Une belle région

Complétez avec la préposition qui convient.

– «Il y a ____ trois mois que je n'ai pas vu Martin.

– Normal, il a quitté Paris. Il vit maintenant ____ sa mère, quelque part ____ Grenoble.

– Il est content ?

– Ravi ! Tu parles, c'est une région formidable : ____ brumes du nord, ____ l'Italie, ____ la mer, ____ stations de ski. La nature est tout ____ la ville.

– Quelle chance il a ! ____ la vie parisienne, c'est incroyable ! ça fait longtemps qu'il est parti ?

– Ça fait ____ six mois maintenant et il se plaît tellement là-bas qu'il n'est pas ____ de revenir !

– J'aimerais bien, moi aussi, trouver une maison ____ une petite ville.

– Une petite ville, c'est vite dit. Grenoble compte quand même ____ 500 000 habitants.

– C'est ____ d'être petit, en effet.

– Bah, j'irai le voir. J'ai quelques jours de vacances à prendre ____ du 30 mai.

– Et si on allait faire du ski dans une station ____ Grenoble ?»

	à	de	en
MATIERE (fait avec)		un sac de cuir	un sac en toile
PRIX (qui coûte)	un journal à 10 F		
VALEUR		un billet de 20 F un chèque de 100 F une robe de prix	
CONTENU (plein de)		une tasse de café	
COMPOSANTS **1.** fait de		une maison de 6 pièces	
2. avec	un gâteau au chocolat une robe à fleurs		
3. qui marche avec	un bateau à moteur une lampe à huile		
USAGE **1.** fait pour	un verre à vin une machine à écrire une salle à manger		
2. utilisé dans certaines circonstances		une salle de bains un pantalon de ski des lunettes de soleil	
APPARTENANCE **1.** possession	ce livre est à Marc	c'est le livre de Marc	
2. origine		il est de mère indienne elle est du Maghreb	
LIEU **1.** de séjour	il habite à Rome il est au Kenya		elle est en France, en Provence
2. de destination	il va à Prague		il se rend en Turquie
3. de départ		il vient de Londres il part des USA	

	à	de	en
TEMPS			
1. heure	venez à 9h		
2. limites	le magasin est ouvert de 9h à 19h et du lundi au samedi, de janvier à novembre		
3. moment	il vient de partir à l'instant nous partirons à l'aube	nous partirons de bonne heure nous voyagerons de jour (de nuit)	je l'ai rencontré en revenant de la piscine (gérondif)
4. durée			j'ai cousu cette robe en une heure
5. mois	au mois de juin		en juin
6. saison	à l'automne, au printemps		en été, en hiver
7. année			en 1991
MOYEN			
1. avec quoi	tapé à la machine fait à la main		
2. avec quel moyen de transport	venir à pied, à cheval, à bicyclette, à moto		venir en train, en bateau, en avion
MANIÈRE			
comment	parler à voix basse	je le voyais de dos	il était en pantalon elle était en larmes
qualification	c'est facile à faire		
CAUSE			
déduction	A être agressif de la sorte, il doit avoir de nombreux ennemis (litt.) A (voir) sa tête on comprend qu'il est triste	crier de douleur mourir de peur	En étant si souvent agressif, il ne se fait pas que des amis (litt. gérondif)
ASPECT PARTICULIER En ce qui concerne		de formation, il est linguiste mais de goût, il est peintre.	

🌳 **12. – à après un adjectif.**

Modèle : *un exercice de français, c'est facile à faire.*

Sur ce modèle, faites 7 phrases avec les éléments suivants (dans certains cas, plusieurs combinaisons sont possibles).

– un piano / une escalade de nuit / une exposition / un livre / un enfant / un fruit
– dur / long / intéressant / bon / lourd / impossible / dangereux

– élever / voir / lire / porter / écrire / faire / oublier / manger

🌳 **13. – *Je suis fatigué de travailler !***

Complétez les micro-dialogues ci-dessous avec les phrases suivantes (A à F) :

1. – «____. – Tu reviendras bientôt.» – **2.** – «____. – Moi aussi.» – **3.** – «Je vais quitter ce travail. – ____.» – **4.** – «Je n'ai pas de nouvelles de Sophie depuis longtemps. – ____.»

5. – «Tu ne t'ennuies pas ? – _____. » – **6.** – «Le boulot de Jacques, ça marche ? – _____.»

A. Elle est fâchée de ne plus te voir. – **B.** Non, je suis content d'être là. – **C.** Je suis triste de partir. – **D.** Je suis heureux de te voir. – **E.** Il est mécontent de son chef. – **F.** Tu es fou de faire ça.

🌳 14. – À/DE/EN.
Complétez avec «à» ou «de» ou «en».

– «Maman, j'ai vu une robe _____ soie, _____ seulement 200 francs !
– Et tu vas me demander un billet _____ 200 F pour l'acheter, c'est ça ?
– Mais c'est une occasion _____ ne pas manquer ! s'il te plaît...
– C'est une robe _____ été ? une robe _____ bal ?
– Une très belle robe _____ soirée, _____ pois roses !
– Et tu veux porter ça quand ?
– _____ la fête d'anniversaire de Sylvain.
– Sylvain est toujours _____ jean !
– Maman, tu n'imagines pas comme cette robe est belle. Elle est cousue _____ la main.
– Bientôt tu vas me dire qu'elle vient _____ chez Dior !
– Presque ! Elle est si jolie _____ regarder.
– Tu as ta robe _____ coton, la bleue. L'ourlet _____ décolleté est déchiré. – Tu peux le réparer. – C'est plus facile _____ dire qu'_____ faire !
– Achète-la _____ crédit.
– J'ai demandé, c'est impossible, mais 100 F, tu n'as pas 100 F _____ me prêter, petite maman ? Je te les rendrai en juin.
– Ça change tout. J'ai bien cru que tu allais pleurer _____ désespoir pour avoir cet argent !
– Tu vas voir quand je porte cette robe je suis _____ beauté. C'est une robe _____ tourner la tête _____ tous les garçons _____ la terre !»

🌳🌳 15. – À/DE.
Complétez avec «à» ou «de».

Etant suffisamment fortuné pour cela, vous avez pensé un jour _____ acheter un tableau _____ maître ou _____ investir dans une sculpture. Vous devez envisager _____ passer un long moment _____ étudier le marché _____ l'art avant de vous décider. Vous devrez parler _____ de nombreux spécialistes. Les tendances les plus _____ la mode ne sont pas forcément appréciées _____ véritables professionnels. Prenez le temps : allez _____ Paris, _____ New York, obtenez des renseignements _____ galeristes. Certains s'offriront _____ vous guider. Suivre aveuglément leurs conseils vous exposerait _____ des mésaventures. Renoncer totalement _____ leur aide ne vous permettrait pas _____ connaître suffisamment le milieu. A vous _____ savoir faire preuve _____ discernement. Il serait stupide _____ acheter une toile _____ peu _____ valeur un prix prohibitif. Vous ne serez prêt _____ acheter intelligemment que lorsque vous saurez distinguer un mauvais tableau _____ un bon. Et surtout lorsque vous ne songerez plus _____ investir mais _____ apprécier réellement les œuvres. Une œuvre achetée sur un coup _____ foudre fait plus _____ bien _____ l'âme qu'une œuvre achetée _____ cause _____ sa cote. Bien sûr, personne ne peut vous obliger _____ devenir sensible _____ l'art. Alors achetez le tableau le plus cher _____ la meilleure galerie, enfermez-le dans un coffre-fort et interdisez ainsi _____ _____ quiconque _____ le voir !

🌳🌳 16. – Prépositions EN/DANS – Matière, lieu, temps.
Complétez avec la préposition qui convient.

1. Ce sac n'est pas _____ cuir, il est _____ plastique. – **2.** Ces chaussures sont coupées _____ un cuir très fin. – **3.** Je n'aime pas la campagne, je préfère habiter _____ ville. – **4.** L'assassin se cache quelque part _____ la ville, soyez prudents ! – **5.** Ils ont peur de l'avion, ils ont préféré venir _____ train. – **6.** Elle a perdu son sac de voyage _____ le train. – **7.** Je travaille vite : votre appartement sera refait _____ une semaine. **8.** Ils ont été aussi rapides que des professionnels, ils ont refait leur appartement _____ une semaine. – **9.** Il se met toujours _____ colère pour des riens. – **10.** Elle se met _____ des états de nerfs impossibles pour trois fois rien. – **11.** Il a toujours de nombreux projets _____ tête. **12.** Depuis hier, j'ai cet air _____ la tête, ça m'agace ! – **13.** Celui-là, il remarque tout : il n'a vraiment pas les yeux _____ sa poche. – **14.** Il ne paie jamais son café, il n'a pas un sou _____ poche. – **15.** Il s'était déguisé _____ fantôme _____ s'enroulant _____ un drap. – **16.** Ils habitent _____ Espagne, _____ une petite ville.

🌳🌳🌳 17. – POUR/PAR.
On utilise «par» pour exprimer 1) un agent *(il a été élevé par sa grand-mère)* 2) une cause *(il a agi par colère)* 3) un lieu de passage *(ils sont entrés par la fenêtre)*
Complétez avec «pour» ou «par»

Maxime Forrestal a été condamné à dix ans de réclusion _____ avoir tué son beau-père. Il n'a pas commis ce crime ____ le plaisir. Il a expliqué qu'il avait agi ____ désespoir et ____ se libérer de la tyrannie du vieil homme. Maxime et sa femme étaient logés ____ le vieillard dans son pavillon de banlieue et le vieil homme faisait tout ____ leur rendre la vie impossible : ____ exemple, ____ sortir, il fallait passer ____ la chambre du maître de maison. Si ____ hasard il dormait, pas de problème. S'il était éveillé il fallait lui expliquer en détail ____ combien de temps on sortait et ____ quoi faire. Chaque geste du couple était contrôlé ____ le terrible vieillard qui, croyant agir ____ leur bien, les empêchait de vivre. Le soir du crime Maxime avait empêché de justesse sa femme de sauter ____ la fenêtre. Alors, poussé ____ le désespoir et ____ sauver sa femme, il a frappé. Quoique en prison ____ de longues années, il semble presque heureux...

🌳 **18. – Prépositions diverses À – DE – EN – DANS – CHEZ – AVEC – POUR – PAR – SOUS.**
Complétez par la préposition correcte.

1. Je finis ____ travailler ____ midi. – **2.** ____ quelle heure est-ce que tu sors ____ cours ? **3.** Cet enfant commence ____ parler. – **4.** Dimanche nous allons ____ Chamrousse. **5.** Nous partons ____ Paris ____ 8 h et nous allons être ____ Grenoble ____ 15 h. – **6.** Est-ce que vous venez ____ acheter des gâteaux ? **7.** ____ aller ____ Paris, je vais passer ____ Lyon. – **8.** Nous sommes ____ décembre. **9.** ____ deux semaines, c'est Noël. – **10.** ____ Grenoble ____ Paris, il y a 600 km. – **11.** Il habite ____ sixième étage ____ ses parents. **12.** Attends, j'ai oublié mon sac ____ ta voiture. – **13.** Nous partons ____ nos amis ____ faire du ski ____ Val-d'Isère. – **14.** Je viens ____ la campagne ____ voiture. – **15.** Il a invité Sylvie ____ danser ____ lui. – **16.** Ils vont faire le voyage ____ deux heures. – **17.** Je fais du camping ____ Paul : nous voyageons ____ stop et nous dormons ____ la tente. – **18.** Pierre et Hélène viennent ____ arriver ____ Paris ce matin. – **19.** Je suis ____ France depuis deux mois et après je vais aller ____ Angleterre ____ Etats-Unis, ____ Venezuela et ____ Brésil. – **20.** Mettez votre manteau ____ laine rouge avec votre robe ____ soie noire. – **21.** Il veut boire une bonne tasse ____ café. – **22.** Nous voulons un kilo ____ cerises ____ deux francs. – **23.** ____ son anniversaire, on va lui offrir des tasses ____ café. **24.** Elle va venir ____ cheval. – **25.** Elle est très contente ____ sa nouvelle voiture. – **26.** Dépêche-toi, nous allons être ____ retard et arriver ____ eux. – **27.** Tu as une bibliothèque pleine ____ livres intéressants. – **28.** ____ hiver il y a ____ la neige ____ les montagnes.

🌳🌳🌳 **19. – *Portrait d'un clochard***
Complétez ce portrait avec les prépositions qui conviennent.

C'était un vieil homme très mal habillé qui ... marchait ____ la rue ____ peine, ____ un pas hésitant, presque ____ la pointe des pieds. Il se dirigeait ____ le métro où il voulait dormir. Il portait un chapeau ____ la tête, des lunettes ____ du nez, un journal ____ le bras gauche et un gros sac ____ la main droite. ____ les doigts ____ la main gauche, on pouvait apercevoir une orange qu'il tenait ____ son poing serré. Il avait probablement acheté son pantalon ____ bon marché, ____ solde, ____ Tati ; ou alors il l'avait trouvé ____ une poubelle ou ____ secours catholique. Son pauvre manteau, décousu ____ bas, usé ____ les fesses, était mal coupé ____ un lainage mince, peut-être ____ une petite couturière ____ un mariage d'autrefois. Ses chaussures ____ plastique ____ mauvaise qualité tenaient ____ des lacets ____ ficelle. Elles étaient tachées ____ le dessus, et trouées ____ la semelle. C'était un vieil homme très fatigué et très seul.

🌳 **20. – Prépositions (simples).**
Complétez ces deux portraits, et sur ce modèles, faites entièrement les deux portraits suivants.

Portrait d'un bricoleur	Portrait d'une mère de famille
• Il répare les objets	• Elle fait le ménage
—— toute vitesse	avec ——
—— trois secondes	en ——
—— facilité	dans ——
—— tout le monde	• Elle prépare à manger
—— plaisir	pour ——
—— son atelier	à ——
• Il fabrique des objets	dans ——
—— n'importe quoi	sur ——
—— bois et —— métal	• Elle fait jouer les
—— ses amis	enfants
—— imagination	avec ——
	dans ——
	pour ——
Portrait d'un agriculteur	**Portrait d'un journaliste**

🌸🌸 **21. – Prépositions diverses. Variations**

Les verbes peuvent souvent se construire avec diverses prépositions. Leur sens est chaque fois légèrement différent.
Exemple : *Elle se prépare / à sortir / pour la fête / en vue de l'examen / avec soin.*
Pour les verbes suivants, associez les prépositions de la colonne 1 et les expressions de la colonne 2.

Marcher

1. Cet appareil marcha à	**a)** la flaque d'eau.
2. Méfie-toi, il marcherait sur	**b)** merveille.
3. Le dimanche, il marche avec	**c)** pas de géants.
4. Annie et François, ça marche à	**d)** l'essence.
5. Mon patron n'a pas marché dans	**e)** un groupe d'amis.
6. Attention ! ne marche pas dans	**f)** mon histoire de retard. Dommage !
7. J'ai du mal à le suivre. Il marche toujours à	**g)** les pieds de n'importe qui.

S'habiller

1. C'est un vrai gentleman : il s'habille toujours pour	**a)** plus de soin que d'habitude.
2. Pour le bal masqué il s'est déguisé en	**b)** dîner, même quand il reste à la maison.
3. Elle a encore changé de style, maintenant elle s'habille à	**c)** clown.
4. Quand on a sonné, il s'est habillé en	**d)** l'orientale.
5. Pour ce rendez-vous il s'est habillé avec	**e)** toute hâte.

Parler

1. Annie parle trop de	**a)** difficulté.
2. C'est drôle : mon frère parle quelquefois en	**b)** mon directeur. J'espère qu'elle ne fera pas de gaffe.
3. Depuis son accident elle parle avec	**c)** clients !
4. C'est d'accord pour cette fois. Je te promets de parler pour	**d)** rêve, mais il ne se souvient de rien.
5. Mon Dieu ! Ma mère est en train de parler avec	**e)** ses problèmes. Elle commence à ennuyer tous ses amis.
6. Mais si, vous me dérangez ! Vous voyez bien que je parle aux	**f)** toi. Mais je ne le ferai qu'une fois.

🌸🌸 **22. – Complétez avec une préposition.**

Demander

1. Comme il était malade, il a demandé ____ partir. – **2.** Il ne sait rien demander ____ crier. **3.** Elle le lui a demandé ____ anglais. **4.** Comment le patron a demandé ça ? Oh, ____ fermeté, comme d'habitude. – **5.** Il nous a demandé ____ rester travailler après sept heures aujourd'hui. – **6.** Elle lui a demandé de rapporter du pain ____ criant.

Pousser

1. Les policiers ont poussé les malfaiteurs ____ le mur pour les fouiller. – **2.** La foule était si nombreuse que les premiers rangs ont été poussés ____ avant. – **3.** Cette chute est anormale. On l'a probablement poussé ____ la fenêtre. – **4.** Tous les pêcheurs ont aidé à pousser le bateau ____ le large. – **5.** Sa mère la pousse ____ être médecin, mais elle veut être actrice. – **6.** Cet enfant est insupportable ! Il me pousse ____ bout ! – **7.** La voiture était très lourde et les trois hommes la poussaient ____ difficulté.

🌸 **23. – Divers verbes. Complétez en commençant avec une préposition.**

1. Ils sont allés courir dans le parc ____
____
____

2. Ils se sont rencontrés ____
____

3. Ils se sont revus ____
____
____

4. Ils se sont compris ____
____

5. Ils se sont mariés ____
____

6. Ils se sont ____
____
____

8

🌳🌳 **24. – Prépositions et expressions toutes faites.**

Le catalogue étrange

Voici un catalogue de lunettes un peu spéciales.

1) Complétez avec les prépositions qui conviennent.

2) Repérez, comprenez et réemployez les expressions toutes faites qui se trouvent dans les descriptions.

1

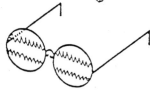

Lunettes —— petites mains —— la monture —— caresser du regard.

2

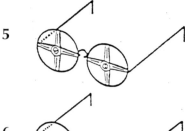

Lunettes —— mâchoires inférieures et supérieures —— les montures
Pour dévorer des yeux.
(—— confirmer l'adage Oeil —— Oeil Dent —— dent).

3

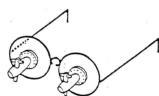

Lunettes avec robinets sur la face externe des verres
Quand il ne reste plus que les yeux —— pleurer

4

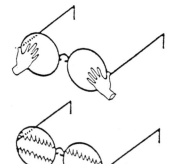

Lunettes avec petites bombes —— retardement
Pour que ça saute —— yeux.

5

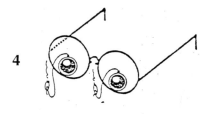

Lunettes —— forme —— petits volants —— voitures
Pour tourner facilement —— l'œil.

6

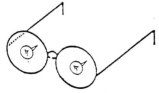

Lunettes avec deux punaises dirigées —— les yeux
Pour que ça crève les yeux.

L'interrogation

EXERCICES

LA QUESTION SANS MOT INTERROGATIF

	Sujet : pronom personnel, ce, on	Sujet : groupe nominal
Intonation (Très fréquente en français parlé)	Tu es arrivé hier ? C'est terminé ? On a sonné ?	Ta petite fille est ici ? Monsieur Dufour viendra ?
Est-ce que	Est-ce que tu es arrivé hier ? Est-ce que c'est fini ? Est-ce qu'on a sonné ?	Est-ce que ta petite fille est ici ? Est-ce que monsieur Dufour viendra ?
Inversion simple	Es-tu arrivé hier ? Est-ce fini ? A-t-on sonné ?	(impossible)
Inversion complexe	(impossible)	Ta petite fille est-elle ici ? M. Dufour viendra-t-il ?

LA QUESTION AVEC UN MOT INTERROGATIF

	1. La question dans le langage familier	
A. Questions introduite par : – un adverbe interrogatif – un pronom ou un adjectif interrogatifs précédés d'une préposition	Mot interrogatif **à la fin** de la phrase	Mot interrogatif **au début** de la phrase
	Vous viendrez **quand** ? Elle s'adressera **à qui** ? Alain ira **où** ?	**Quand** vous viendrez ? **A qui** elle s'adressera ? **Où** il ira Alain ?

2. La question avec EST-CE QUE			
Mot interrogatif + est-ce que + sujet + groupe verbal			
Où De qui A quoi	est-ce que	ton frère vous les enfants	habite ? avez parlé ? jouent ?

3. La question avec INVERSION DU SUJET			
sujet = – pronom personnel – ce ou on ⇨ **inversion simple**		**sujet =** groupe nominal ⇨ **inversion simple ou complexe**	
Pourquoi vient-il ? **Comment** est-ce arrivé ? **De qui** avez-**vous** parlé ?		**Où** vit **Anne** ? **Où Anne** vit-**elle** ? **De quoi** parlent **les élèves** ? **De quoi les élèves** parlent-ils ?	

B.

Questions introduites par un pronom interrogatif sans préposition

1. Personnes	
Qui ? / Qui est-ce qui ?	**Qui ? / Qui est-ce que ?**
Sujet	Objet direct ou attribut
Qui viendra avec nous ? **Qui est-ce qui** viendra avec toi ?	**Qui** avez-vous vu ? **Qui est-ce que** vous avez vu ? **Qui** ton ami attend-il ? **Qui est-ce que** ton ami attend ? Ton ami attend **qui** ? **Qui** sont ces personnes ?
2. Choses	
Qu'est-ce qui ?	**Que ? / Qu'est-ce que ?**
Sujet	Objet direct ou attribut
Qu'est-ce qui t'arrive ?	**Que** font tes parents ? **Qu'est-ce que** font tes parents ? **Qu'est-ce que** c'est ?

3. Personnes ou choses déjà citées (précision ou choix)		
Lequel		
	Singulier	Pluriel
Masculin	Regardez ces journaux : **Lequel** préférez-vous ? **Lequel** est-ce que vous préférez ? **Lequel** vous préférez ? Vous préférez **lequel** ?	On passe plusieurs films. **Lesquels** voulez-vous voir ? **Lesquels** vous voulez voir ? Vous voulez voir **lesquels** ? **Lesquels** est-ce que vous voulez-voir ?
Féminin	Voilà des tartes. **Laquelle** veux-tu ? **Laquelle** est-ce que tu veux ? **Laquelle** tu veux ?	J'ai acheté beaucoup de fleurs. **Lesquelles** sont les plus jolies ?

C.

Questions introduites par un adjectif interrogatif sans préposition

Personnes ou choses		
Quel		
	Singulier	Pluriel
Masculin	**Quel** livre me conseilles-tu ? Tu me conseilles **quel** livre ?	**Quels** films passent en ce moment ?
Féminin	**Quelle** émission veux-tu regarder ? Tu veux regarder **quelle** émission ?	**Quelles** voitures préfères-tu ? Tu préfères **quelles** voitures ?

EXERCICES

✿ 1. – Dis maman...

Est-ce que c'est loin la Patagonie ? – Pourquoi les oiseaux ont-ils des pattes ? – Qu'est-ce qu'il y a tout au fond de la mer ? – Où se trouve le plus grand immeuble ? – On peut aller se promener sur les étoiles ? – À quoi servent les étoiles ? – Qui a écrit l'histoire de Cendrillon ? – Tu resteras toujours avec moi ? – Qu'est-ce que c'est qu'un cheval de Troie ? – Comment s'appelle le plus long bateau ? – Est-ce qu'il existe un cheval qui parle ? – Quand est-ce que je serai grand ? – Tu m'aimeras toujours quand je serai vieux ? – Combien de pattes ont les fourmis ? – Quel est l'animal qui court le plus vite ? – À qui est-ce que le monde appartient ? – Où habite le Père Noël ? – Pourquoi on n'habite pas dans la forêt ? – Combien coûte la Tour Eiffel ? – Comment on fait pour parler anglais ou chinois ? – C'est difficile de travailler ? – Est-ce qu'un jour je pourrai voler comme les oiseaux ? – Qui c'est qui fait les nuages dans le ciel ? – Qui répondra à toutes ces questions ? Hum...

Observez.

Après avoir observé attentivement les questions ci-dessus, pouvez-vous dire :

a) Quels sont les différents outils grammaticaux utilisés pour poser des questions.

b) Quelles sont les différentes structures de la forme interrogative.

✿ 2. – Mettez les phrases à la forme interrogative (3 formes).

1. Il est venu avec ses parents.
2. Les étudiants sont arrivés en retard.
3. Ces voitures sont très chères.
4. Les enfants ont regardé la télévision.
5. Ces livres sont très intéressants.
6. Vous avez pris l'autobus.
7. Elles les ont tous vus.
8. Le château est très imposant.
9. Votre mari est allé à la pêche.
10. Les jeunes aiment faire de la bicyclette.
11. La maison est située en dehors de la ville.
12. Il y en a beaucoup.

✿ 3. – Questions perdues.

Trouvez les questions correspondant aux réponses données.

1. – _____.
– J'ai seulement une fille.
2. – _____.
– Je ne pense pas pouvoir venir.
3. – _____.
– Ils arriveront dans trois jours.
4. – _____.
– Nous viendrons en voiture.
5. – _____.
– Ils n'ont pas pu venir parce qu'ils étaient malades.
6. – _____.
– Elle est allée au cinéma avec Annie.
7. – _____.
– Elle a fait ce tableau avec des morceaux de tissus collés sur du papier.
8. – _____.
– Je vais prendre la robe rouge.

✿ 4. – Qui est-ce qui ? *ou* Qui est-ce que ?
Trouvez la question.

1. – _____ ?
– C'est Pierre qui a fait ce programme.
2. – _____ ?
– Hier soir ? J'ai rencontré Véronique et Patrick ?
3. – _____ ?
– Je suis sûre que c'est Sophie. Elle oublie toujours ses lunettes.
4. – _____ ?
– Daniel. Son tableau est joli, n'est-ce pas ?
5. – _____ ?
– Nous avons emmené les enfants et un de leurs copains.
6. – _____ ?
– Elles ont invité Thierry, Hélène et Catherine.

✿ 5. – Qu'est-ce qui ? *ou* Qu'est-ce que ?

1. – _____ ?
– Je ne sais pas très bien mais je crois qu'il a eu une petite attaque cardiaque.
2. – _____ ?
– J'ai visité le Louvre et le musée d'Orsay.
3. – _____ ?
– Il ne s'est rien passé du tout, heureusement.
4. – _____ ?
– Il n'a rien répondu, il est parti.
5. – _____ ?
– Ce qui a cassé les branches ? C'est l'orage.
6. – _____ ?
– Le brouillard. Il provoque très souvent des accidents.

6. – Qui/Qui est-ce qui/Qui est-ce que/Que/Qu'est-ce que/Qu'est-ce qui.

Complétez avec les mots interrogatifs qui conviennent.

1. Ce livre est très intéressant, _____ te l'a offert ? – **2.** _____ tu veux faire samedi soir ? **3.** Je ne comprends pas bien, _____ vous voulez dire dans cette phrase ? – **4.** _____ a gagné la Coupe de France de football ? – **5.** Quand vous étudiiez à Paris, _____ faisiez-vous le samedi et le dimanche ? – **6.** _____ avez-vous vu samedi soir 25 novembre à 17 h ? – **7.** _____ vous avez rencontré ensuite à 20 h ? continue le policier. **8.** Oh ! là, là ! il y a beaucoup de monde dans cette rue, _____ se passe ? – **9.** Moi je prends une bière, et vous, _____ prenez-vous ? – **10.** _____ avez-vous rencontré, M. Dubois ou Mme Lamotte ?

7. – Quel *ou* Lequel.

Complétez avec quel ou lequel. (Attention aux accords)

1. – Il y a de nombreuses discothèques à Grenoble.
– Oui, je sais mais _____ préfères-tu ?
2. – J'aimerais bien aller au cinéma. Tu viens avec moi ?
– Oui d'accord, mais _____ film allons-nous choisir ?
3. – Tu vas acheter une nouvelle voiture ?
– Oui mais je ne sais pas _____ prendre.
4. – Tu peux me prêter des ciseaux ?
– Oui, bien sûr, _____ veux-tu ? Les grands ou les petits ?
5. – Tu as des disques de Francis Cabrel ?
– Oui, j'en ai plusieurs. _____ chansons veux-tu écouter ?
6. – Il y a tellement de jolies chaussures dans ce magasin que je ne sais pas _____ acheter.
7. – Pendant mes vacances, j'ai visité la Grèce.
– C'est beau n'est-ce pas ? _____ ville as-tu préféré ?
8. – Hum ! Tu as fait beaucoup de gâteaux ?
– Oui, _____ veux-tu ?
9. – A la télévision, j'aime bien regarder l'émission «Apostrophes» et les documentaires. Et toi ? _____ programmes regardes-tu ?
10. – Vous avez passé tous les examens ? _____ vous a semblé le plus difficile ?

8. – Enquête : «Les vacances»

Préparez un questionnaire sur ce thème. Utilisez un mot interrogatif différent pour chaque question. (10 questions au minimum)

9. – *Interrogatoire*

Pour chaque élément donné, trouvez deux questions équivalentes.

1. Nom ? _____.
2. Prénom ? _____.
3. Etat civil ? _____.
4. Age ? _____.
5. Lieu de naissance ?
6. Adresse ? _____.
7. Taille ? _____.
8. Poids ? _____.
9. Langues parlées ? _____.
10. Profession ? _____.

10. – Les cinq questions incongrues, ironiques ou méchantes.

Pour chaque question utilisez un mot interrogatif différent.

1. Trouvez les cinq questions à ne jamais poser à une femme.
2. Trouvez les cinq questions stupides à ne pas poser à un sportif.
3. Trouvez les cinq questions méchantes à ne pas poser à un acteur.
4. Trouvez les cinq questions métaphysiques que chacun peut se poser.
5. Trouvez les cinq questions qu'un homme amoureux peut poser à la femme qu'il aime.

11. – A propos de...

Trouvez le maximum de questions que chacun peut se poser à propos de :

a) La pollution. – **b)** L'éducation. – **c)** Le féminisme. – **d)** Le mariage. – **e)** L'union libre.

12. – Textes. Posez toutes les questions possibles sur chaque texte proposé.

Exemple :

Le petit Pierre a cassé hier la porte du jardin en jouant au ballon avec son ami Jacques.

– Qu'est-ce que Pierre a fait ? – Qui a cassé la porte du jardin ? – Quand a-t-il cassé la porte du jardin ? – Qu'est-ce qu'il a cassé ? – Avec qui est-ce qu'il jouait ? – Comment est-ce qu'il a cassé la porte ?

a) Information

CINÉ EN PLEIN AIR

Soirée pour vos enfants ce soir. Le spectacle se déroulera à partir de 21 h en plein air devant l'office du tourisme d'Arcachon. Le thème :

«Les enfants de l'orage». Repli en cas de pluie à la maison des jeunes. La soirée est gratuite.

b) Publicité

GRAND CONCOURS
«LES CHERCHEURS DE DIEU»

Ne manquez pas le grand concours «Les chercheurs de Dieu» qui, à partir du 2 novembre, et pendant six semaines, vous fera découvrir l'univers passionnant des grandes religions. Vous rencontrerez des figures marquantes de ces hommes et de ces femmes qui pendant des siècles et sous toutes les latitudes se sont mis en route pour le trouver.

Hebdomadaire *La Vie*

c) Film : *La vieille fille* (de J.-P. Blanc)

Muriel Bouchon est une femme célibataire, approchant la quarantaine. Elle passe ses vacances dans une petite station balnéaire de la Méditerranée. Un célibataire, Gabriel Marcassus, qui s'en va en Espagne, tombe en panne de voiture. En attendant la remise en état de son auto, Gabriel loge à l'hôtel-pension où est descendue Muriel. Le premier soir, on le place à sa table. Muriel répond avec brusquerie à ses tentatives de conversation. Pendant son séjour forcé, Gabriel va essayer de vaincre la timidité de cette «vieille fille».

d) Personnage : «L'abbé Pierre»

La barbe grise, le béret, la canne et la cape noire symbolisent l'abbé Pierre, figure légendaire s'il en est, l'une des trois personnalités nationales les plus aimées des Français, selon un sondage de février 1989. C'est sous le nom de l'abbé Pierre (qu'il choisit durant l'occupation), que tout le monde connaît Henri Groués, né à Lyon en 1912. D'abord moine capucin, il devient vicaire de Grenoble. Mobilisé en 1939, il entre ensuite dans la Résistance. En 1945 il est élu député. Quatre ans plus tard, il fonde à Neuilly-Plaisance la première communauté **Emmaüs.** En 1951, ayant abandonné la politique, pour survivre, avec ses compagnons, l'abbé Pierre devient chiffonnier.

Aujourd'hui, le mouvement Emmaüs est implanté dans 32 pays, répartis sur 4 continents. Le 25 novembre 1989, il fête son quarantième anniversaire.

Télérama 8 novembre 1989

🌳🌳🌳 **13. – Association.**
Associez les questions de la liste A aux réponses de la liste B.

A. Liste des questions

1. Est-ce que tu veux venir avec nous ?
2. Partez-vous bientôt ?
3. Ton frère arrive-t-il jeudi ou samedi ?
4. Faites-vous du ski ?
5. Voulez-vous danser avec moi ?
6. Préférez-vous voyager en train ou en avion ?
7. Qu'est-ce que vous faites dans la vie ?
8. Qu'est-ce que vos amis pensent de vous ?
9. Qu'aimez-vous chez lui ?
10. Que font vos parents ?
11. Qui est-ce qui chante ?
12. Qui a peur de Virginia Wolf ?
13. Combien gagnez-vous ?
14. Quand ferez-vous de la gymnastique ?
15. Quand les hommes seront-ils raisonnables ?
16. De quoi demain sera-t-il fait ?
17. Pourquoi faut-il étudier ?
18. Quel film choisir ?
19. Où allons-nous ?
20. Pourquoi ne vous inscrivez-vous pas au club ?
21. Est-ce la fin de la crise ?
22. A qui confions-nous nos enfants ?
23. Laquelle de ces voitures achèteriez-vous ?
24. Avec qui voyagez-vous ?

B. Liste des réponses

a) Qui peut le savoir.
b) Bientôt, il faut que je m'inscrive à un club.
c) Sûrement pas encore.
d) Volontiers, mais attention à vos pieds !
e) Nous voudrions bien le savoir.
f) Tout ce que j'aime !
g) Où tu veux.
h) Oui, avec plaisir.
i) Personne.
j) Avec ma famille.
k) Pour avoir une formation.
l) Pas assez.
m) C'est une bonne idée, je vais le faire.
n) Samedi, je crois.
o) Va voir *Viva la vie.*
p) Beaucoup de bien, j'espère.
q) Tout.
r) Sans doute jamais.
s) Oui, la semaine prochaine.
t) Oui, une fois par semaine.
u) Ni l'un ni l'autre, je prends ma voiture.
v) La moins chère.
w) C'est mon mari, sous la douche.
x) Ils sont à la retraite, ils voyagent.

1	2	3	4	5	6	7	8	9	10	11	12	13	14

15	16	17	18	19	20	21	22	23	24

✿✿ 14. – Questions terre à terre.

Mettez en contexte et en situation les questions suivantes.

1. Qu'est-ce que mijotes ?
2. Qu'est-ce qu'on fait ?
3. Qu'est-ce que tu as encore inventé ?
4. Qu'est-ce que tu nous as préparé de bon ?
5. Qu'est-ce que je pouvais faire ?
6. Qu'est-ce que c'est que ça ?
7. Qu'est-ce qu'on mange ?
8. Qu'est-ce que c'est ces salades ?
9. Qu'est-ce que je peux faire pour toi ?
10. Alors, qu'est-ce que tu as à dire ?
11. Qu'est-ce qui ne va pas ?
12. Qu'est-ce que tu fais ce soir ?
13. Comment tu as pu faire ça ?
14. T'as pris ça où ?
15. Pourquoi tu ne me l'as pas dit plus tôt ?
16. Et tu comptes aller jusqu'où comme ça ?
17. Tu crois au Père Noël ?
18. T'as rien d'autre à faire ?

9

La négation

10

EXERCICES

PLACE DES ÉLÉMENTS DE LA NÉGATION

Avec un temps simple	Sujet + Ne + verbe conjugué + Pas
Avec un temps composé	Sujet + Ne + auxiliaire + Pas + participe passé
Avec le mode infinitif	Ne pas + verbe à l'infinitif
Avec le mode impératif	Ne + verbe + Pas

LES DIFFÉRENTES FORMES DE LA NÉGATION

10

	Formes	correspondances à la forme affirmative	Exemples
La négation porte sur l'ensemble de la phrase	**non**		Tu viens ? Non, je reste ici.
La négation porte sur le verbe	**ne ... pas** **ne ... point** **ne ... plus** **ne ... jamais** **ne ... guère** **sans**	toujours / encore toujours / souvent quelquefois / déjà beaucoup avec	Elle ne parle pas français. Nous ne sommes point partis. Je ne fume plus. Mon père ne fait jamais de ski ; Avec les enfants, je n'ai guère le temps de sortir. Il est parti sans son manteau.
La négation porte sur un complément de circonstance	**ne ... plus** **ne ... pas encore** **ne ... nulle part**	encore déjà quelque part	Mireille ne travaille plus dans cette entreprise. Nous n'avons pas encore voyagé en avion. J'ai cherché partout, je ne l'ai vu nulle part.
L'élément négatif à fonction de sujet ou de complément	**rien... ne** **ne .. rien** **personne ... ne** **ne ... personne** **aucun(e) ... ne** **pas un(e) ... ne** **ne ... aucun(e)**	quelque chose quelqu'un quelques des + nom	Rien n'est pareil depuis qu'il est parti Elle n'a vraiment rien compris à mon explication Personne n'est venu avec moi. En rentrant chez elle, elle n'a rencontré personne. Ses filles étaient là mais aucune ne m'a parlé, pas une ne m'a parlé. Ces livres étaient trop chers, je n'en ai acheté aucun.
La négation porte sur deux éléments	**ne ... ni ... ni** **ne ... pas ... ni** **ne ... ni ne...**		Elle ne parle ni allemand ni italien Son père ne veut pas qu'elle sorte ni qu'elle invite ses amis. Elle n'entend ni ne voit bien.

Combinaisons de différentes néga-tions	ne ... jamais personne	toujours quelqu'un	Je ne vois jamais personne dans ce magasin.
	... personne nulle part	quelqu'un quelque part	Il n'y a personne nulle part ;
	.... plus personne	encore quelqu'un	Je suis fatigué, je ne veux plus voir personne ;
	... jamais rien	toujours quelque chose	Elle ne fait jamais rien d'inté-ressant le dimanche.
	... rien nulle part	quelque chose quelque part	Il n'y a rien d'intéressant nulle part.
	... plus rien	encore quelque chose	Non merci, je ne veux plus rien manger.
	... plus jamais	encore souvent	Je ne voyagerai plus jamais avec lui.
	... plus jamais rien	encore souvent quelque chose	Puisque c'est ainsi, je ne ferai plus jamais rien.
	... Plus jamais personne	encore souvent quel-qu'un	Je ne pourrai plus jamais voir personne avec les mêmes yeux.
	... plus nulle part	encore quelque part	Elle ne peut aller nulle part sans son appareil.
Reprise de la négation	▪ un nom ▪ moi, toi, elle, lui, nous, vous, elles, eux · + non plus		Madeleine ne fume pas et son mari non plus, lui non plus
Autres formes	pas ... mal		Vous travaillez beaucoup ? Oui pas mal.
	non seulement ... mais encore non sans ...		Non seulement il fume mais encore il boit. Nous sommes arrivés non sans problèmes.
	rien que ...		Rien qu'à la voir, on a senti qu'elle allait bien.
Restriction	ne ... que		Le matin il ne boit que du café,
	seulement		il boit seulement du café

10

La négation

1. – Observez

Elle n'a connu qu'un seul homme

Papa, t'as pas 100 balles

Monsieur, vous n'êtes pas responsable de ma vie.

10

Pas de décalage horaire
Pas de «il vient de partir»
Pas d'oubli.
Pas de «je vous l'avais dit».
Pas de «c'est trop tard».
Pas de «c'est la nuit».
Pas de temps perdu.
Pas de «c'est écrit nulle part»
Pas de malentendu.

Réussir
c'est plus simple quand on parle couramment

TELEX

Ni tout à fait la même...
Ni tout à fait une autre...
C'est toujours vous.

**Les uns votent
Les autres pas**

Mode d'emploi des Gremlins
Attention !

Ne pas mouiller
Ne pas les exposer à la lumière vive.
Surtout
Ne jamais, jamais *leur donner à manger après minuit.*

**Un RICARD
Sinon rien !**

**N'ayez plus peur des voleurs
Faites poser une alarme.**

Personne ne peut le faire pour vous.

Voyager avec

𝓐𝓘𝓡𝓘𝓢𝓔𝓡𝓔

Ne prenez aucun risque avec les assurances «PROTECTION»

**Vous n'avez pas encore visité PARIS ?
Prenez vite le TGV**

Réfléchissons

Observez les phrases ci-dessus. Essayez de dégager quelques règles en étudiant :
– les différentes formes de négation employées.
– leur place dans la phrase par rapport aux verbes (observez les temps et les modes).

2. – Toujours négatif !

Répondez négativement aux questions suivantes :

1. Voulez-vous encore un peu de gâteau au chocolat ? – 2. Elle fait encore du ski ? – 3. Il fume encore ? – 4. Vous prenez encore l'autobus ? – 5. Vous avez déjà pris votre médicament ? – 6. Tu pars déjà ? – 7. Ce disque est déjà sorti chez les disquaires ? – 8. Tu as déjà acheté cette marque de biscuits ? – 9. Vous buvez souvent du cognac ? – 10. Vous prenez toujours un petit déjeuner copieux le matin ? – 11. Vous allez souvent au théâtre ? – 12. Les enfants boivent souvent du vin rouge ?

3. – Répondez négativement aux questions suivantes :

1. Est-ce que quelqu'un est venu ? – 2. A la soirée de samedi, vous avez rencontré quelqu'un que vous connaissez ? – 3. Il a vu quelqu'un d'intéressant hier soir ? – 4). Il a écrit à quelqu'un ? – 5. Est-ce que quelqu'un a vu ce qui s'est passé ? – 6. Tu vas à Paris pour les vacances, tu y connais quelqu'un ? – 7. Est-ce que quelque chose te ferait plaisir ? 8. Tu veux boire quelque chose ? – 9. Est-ce que quelque chose t'a choqué dans son discours ? – 10. Attention ! En montagne la température baisse très vite, vous avez pris quelque chose contre le froid ? – 11. Vous n'avez pas l'air en forme, il vous est arrivé quelque chose ? – 12. C'est l'anniversaire de Monique, vous avez pensé à quelque chose pour son cadeau ?

4. – Répondez négativement en faisant porter la négation sur les deux éléments de la question.

1. Tu vas en vacances à la campagne ou à la montagne ? – Je ne vais _____ à la campagne _____ à la montagne, je préfère aller à la mer.
2. Vous prendrez le train ou l'avion ? – 3. Au mariage de ta sœur tu porteras une jupe longue ou une jupe courte ? – 4. Pour aller au travail, tu prends le bus ou ta bicyclette ? – 5. Tu as chaud ou tu as froid ? – 6. Qu'est-ce que tu préfères ? Le camping ou le caravaning ?

5. – Transformez les phrases selon le modèle.

Exemple :

Elle est sortie. Elle n'a rien dit en sortant.
→ *Elle est sortie sans rien dire.*

1. L'étudiant est entré. Il n'a pas fermé la porte.
2. L'homme s'est assis. Il n'a pas dit un seul mot. – 3. Il marchait, perdu dans ses pensées. Il n'a vu personne. – 4. Il a fabriqué cette machine tout seul. Il n'a pourtant aucune formation.
5. Elle était malade. Elle a guéri très vite. Elle n'a pas pris de médicaments. – 6. Il est parti. Il n'a pas fait de bruit. – 7. Ce sportif a fait toute la compétition. Pourtant il n'avait pas pu s'entraîner avant. – 8. J'ai réussi tous mes examens. Je n'ai jamais beaucoup travaillé.

6. – Puzzle.

Reconstituez les phrases.

a) n' – pourquoi – ce – pas – comprends – ne – vous – je – jamais – voyage – fait – avez –
b) m' – proposé – d' – entreprise – rien – a – dans – ne – on – cette – intéressant –
c) la – je – personne – veux – ne – voir – porte – fermez – plus – , –
d) pas – petit – n' – n' – allé – pourquoi – nous – Provence – irions – aucun – nous – ce – ? – visiter – d' – jamais – entre – est – de – y – village – . –

7. – Nécessités.

Continuez l'exercice selon le modèle. Utilisez différentes formes négatives.

a) Pour ne jamais être malade, il est nécessaire de :
1. Ne pas fumer. – 2. Ne jamais boire d'alcool.
3. _____

b) Pour ne pas échouer aux examens, il est nécessaire de : _____.

c) Pour faire de la bonne cuisine, il est nécessaire de : _____.

d) Pour être un bon président, il est nécessaire de : _____.

8. – Transformez les phrases selon le modèle.

Exemple :

Il ne peut pas aller à Paris. Il en est désolé.
→ *Il est désolé de ne pas pouvoir aller à Paris.*

1. Il ne peut plus faire de ski. Il le regrette.
2. Il ne fumera plus. Le médecin le lui a ordonné. – 3. Les étudiants n'arriveront plus en retard. Le professeur le leur a demandé.
4. Les écoliers ne joueront plus avec le matériel du laboratoire. Le directeur l'a ordonné.
5. Nous ne mettrons plus de désordre dans ce

bureau. On nous en a prié. – **6.** M. et Mme Duparc n'ont pas pu acheter la maison de leurs rêves. Ils en sont vraiment désolés. – **7.** Ils ne sont pas partis à l'heure prévue. Ils en sont furieux. – **8.** Mes amies ne sont pas venues me voir à l'hôpital. Elles le regrettent beaucoup. **9.** Ils ne peuvent rien dire. Ils en sont très mécontents. – **10.** A la soirée, je n'ai rencontré personne. J'en suis bien triste.

🌳 9. – Interdictions.
Continuez l'exercice selon le modèle. Utilisez différentes formes négatives.

A. Aux enfants
1. Ne prenez jamais l'ascenseur tout seuls.
2. N'allez nulle part sans prévenir vos parents.
3. ──────────
B. Aux maris
C. Aux étudiants
D. Aux professeurs

🌳 10. – Portraits opposés.
Continuez selon le modèle. Utilisez différentes formes négatives.

1. *Lui*	*Elle*
Il aime le cinéma.	Elle n'aime pas le cinéma.
Il ne va pas souvent au cinéma.	Elle va souvent au cinéma.
2. Le travailleur	Le paresseux
3. L'optimiste	Le pessimiste
4. Le sportif	Le casanier
5. Le fidèle	L'infidèle

🌳 11. – *Interrogatoire.*
Monsieur Dinon répond négativement à toutes les questions qu'on lui pose.

1. – Vous voulez bien répondre à quelques questions ?
────── .

2. – Vous avez déjà été accusé de quelque chose ?
────── .

3. – Vous étiez chez vous samedi dernier ?
────── .

4. – Vous étiez avec quelqu'un ?
────── .

5. – Quelqu'un vous a vu alors ?
────── .

6. – Vous êtes allé au café ?
────── .

7. – Vous faisiez des courses ?
────── .

8. – Vous étiez bien quelque part ?
────── .

9. – Vous faisiez bien quelque chose ?
────── .

10. Et votre femme, elle est toujours chez elle le samedi ?
──────

11. – Elle a un frère et une sœur, elle était chez l'un ou chez l'autre ?
──────

12. – Pourtant elle fait toujours quelque chose le samedi ?
──────

13. – Est-ce qu'il y a quelquefois quelqu'un chez vous le samedi soir ?
────── .

14. – Mais vous avez bien vu quelqu'un quelque part ?
────── .

15. – Vous n'auriez pas encore quelque chose à me dire ?
────── .

🌳🌳 12. – Trouvez la question !
Quelles questions peuvent entraîner les réponses suivantes.

1. ────── ? Jamais.
2. ────── ? Pas du tout.
3. ────── ? Nulle part.
4. ────── ? Moi non plus.
5. ────── ? Pas beaucoup.
6. ────── ? Personne.
7. ────── ? Ni l'un ni l'autre.
8. ────── ? Rien.
9. ────── ? A personne.
10. ────── ? Plus jamais.
11. ────── ? Pas un.
12. ────── ? Plus rien.

La négation par le lexique

Complétez le tableau suivant :

		SENS NÉGATIF		SENS POSITIF
P R E F I X E S **P R I V A T I F S**	**a** **an**	apolitique analphabétisation ... anormal		politique alphabétisation moral ...
	dé	défaire ... découdre déblocage		... boucher ... boutonner posséder valorisation
	des	... déshydratation ...		... ... intéresser
	in	infaillible ... ... inefficace intolérant ...		... contrôlable traduisible ... ... opérant
	im	immangeable		... probable buvable
	il	illégal ... illégitime		mobile ... ...
	ir	irréalisable ... ... irrespectueux		... rationnel responsable ...
	mé	mécontent		... connaître entente
	mes	mésaventure mésestimer		... ...
	mal	... ... maltraiter		propre habile chance ...
	non	non-voyant		... conforme violent
Adverbes de négation (devant les participes passés)	**mal**	mal dit ...		dit fait
	non	non compris		... su fini

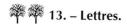 **13. – Lettres.**

Courrier du cœur

Valérie, 20 ans.

Je vous écris pour vous dire que tout va bien. Je ne vis pas en concubinage, je ne trompe pas mon mari, je ne prends pas la pilule, je n'ai pas de stérilet. Je ne me suis jamais fait avorter, je n'ai pas de tendances homosexuelles, je ne me trouve ni trop grosse, ni trop maigre. Je ne suis ni déprimée ni refoulée. Bref, je suis heureuse et totalement libre. Oui à la femme libre et non libérée (par qui ?).

Sur le modèle de cette lettre, faites d'autres lettres qui disent le contraire de ce qu'on entend habituellement dire (c'est-à-dire que tout va mal).

Thème :

Tout va bien – dans mon pays,

           – dans ma famille,

           – sur la planète Terre,

           – à la télévision.

           – etc.

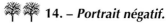 **14. – *Portrait négatif.***

Faites le portrait le plus négatif possible de l'homme le plus détestable que l'on pourrait rencontrer.

15. – *Tout va mal !*

Racontez la pire mésaventure, la pire journée, la pire soirée que vous pourriez vivre.

16. – *Le mauvais rêve.*

Vous avez rêvé que vous habitiez dans une maison horrible où tout est laid, où tout marche mal : c'était pour vous un vrai cauchemar. Racontez-le.

Le passif

11

EXERCICES

FORMATION DU PASSIF

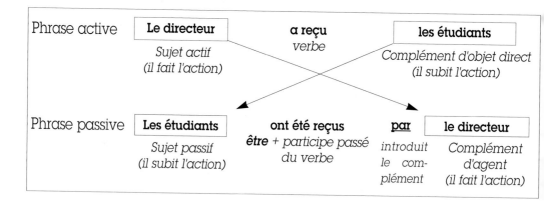

Phrase active	**Le directeur**	a reçu	**les étudiants**
	Sujet actif (il fait l'action)	*verbe*	*Complément d'objet direct (il subit l'action)*
Phrase passive	**Les étudiants**	ont été reçus	par	**le directeur**
	Sujet passif (il subit l'action)	*être + participe passé du verbe*	*introduit le complément*	*Complément d'agent (il fait l'action)*

EXERCICES

1. – Mettez les phrases suivantes à la forme passive.

1. La police avait déjà arrêté de nombreux manifestants. – **2.** La municipalité va fermer la piscine. – **3.** Ce tribunal condamne toujours lourdement les accusés. – **4.** Les ravisseurs ont abandonné l'enfant au bord de la route. **5.** Mon aïeul a construit cette maison en 1875. **6.** L'entreprise réembauchera les ouvrières licenciées il y a un mois. – **7.** Le ministre vient d'annoncer le blocage des prix. – **8.** Cette nouvelle proposition de travail me tente beaucoup. **9.** Je croyais que le mauvais temps retarderait l'arrivée de l'avion. – **10.** Je ne savais pas que son professeur avait puni Jacques. – **11.** Nous vous avertirons quand le gouvernement aura donné son accord. – **12.** Il est inadmissible qu'aucun des passagers n'ait secouru la jeune fille.

2. – Mettez les phrases à la forme active.

1. Chaque année la fête est annoncée par de grandes affiches. – **2.** Les enfants étaient paralysés par la peur. – **3.** Les enfants sont comblés de cadeaux par leur grand-mère. – **4.** Les élèves seront accompagnés par tous leurs professeurs. **5.** Cette maison a été construite par les apprentis maçons. – **6.** Les enfants ont été vaccinés par le médecin. – **7.** Ce roman a été écrit par un jeune écrivain inconnu, Dominique Even. **8.** Le règlement intérieur devra être rédigé par la directrice. – **9.** Les étudiants sont invités à une réception par le maire de la ville. **10.** Les réfugiés seront pris en charge par la municipalité. – **11.** L'autorisation de résidence leur a été accordée par la préfecture. – **12.** Plusieurs tonnes de fruits ont été jetées sur l'autoroute par les agriculteurs en colère.

3. – Actif ou passif ?
Observez les phrases suivantes et faites-en deux groupes. Puis transformez les phrases passives en phrases actives et les phrases actives en phrases passives quand c'est possible.

1. Cette émission a beaucoup plu à mes amis. **2.** Le président est élu par tous les Français. **3.** Le garage de mes parents était encombré par de vieilles bicyclettes. – **4.** Cette bague a appartenu à ma grand-mère. – **5.** Ce terrain va être aménagé en terrain de sport par la municipalité. – **6.** La maison de M. Bart a été vendu aux enchères. – **7.** Les vendanges sont faites au mois d'octobre. – **8.** On a installé un interphone dans notre immeuble. – **9.** Mes amis m'enverront bientôt les photos de nos vacances. – **10.** La voiture a renversé le cycliste. **11.** Les enfants ont décoré le sapin de Noël. **12.** Mes voisins ont poursuivi les voleurs qui étaient entrés chez moi. – **13.** Le juge a interrogé le témoin. – **14.** L'accusé a été condamné à deux ans de prison. – **15.** Le conflit sera évité au Moyen-Orient. – **16.** Les décors ont été faits par Alain Bart. – **17.** Après l'accident les badauds entouraient le blessé.

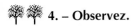 **4. – Observez.**

1. Les enfants ont été punis par leur mère.
2. Ce château est entièrement entouré d'eau.
3. Le vin blanc doit se boire très frais. – **4.** Cette petite voiture fabriquée chez Renault est très performante. – **5.** Ces artistes sont habillées par Yves Saint-Laurent. – **6.** Privé de ses parents, l'enfant avait de gros problèmes psychologiques. **7.** Aidée par ses amis, elle a pu se sortir de cette situation difficile. – **8.** Le député a été applaudi par tous les participants. – **9.** Ce tableau de Picasso s'est vendu un million de francs. – **10.** Le président de la République est élu au suffrage univer-sel pour sept ans. – **11.** Le professeur de littérature est respecté de tous les étudiants. – **12.** La petite fille, enlevée dimanche dernier dans un jardin public, a été retrouvée saine et sauve. – **13.** Elle est venue à la soirée accompagnée du maire de la ville. **14.** Tous les responsables de l'attentat ont été arrêtés hier soir. – **15.** La maison, protégée par une haie d'arbres touffus, était très agréable. **16.** Tous les examens radiologiques devront être faits rapidement.

Observez bien la construction des phrases ci-dessus et essayez de les classer en 6 groupes en complétant le tableau ci-dessous.

Construction passive complète : sujet + être + participe passé du verbe + par + complément d'agent	n°5 Ces artistes sont habillés par Yves Saint-Laurent. n° _____ n° _____
Construction passive complète _____ _____	n°2 _____ n° _____
Construction passive incomplète _____ _____	n°10 _____ n° _____ n° _____
Construction avec un verbe prono-minal de sens passif	n°3 Le vin blanc doit se boire frais. n° _____
Construction passive incomplète _____	n°4 Cette petite voiture, fabriquée chez Renault, est très per-formante n° _____
Construction passive incomplète _____ _____	n°6 _____ n° _____ n° _____ n° _____

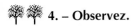 **5. – Ecrivez l'information sportive.**
Avec les informations données, faites deux phrases qui mettent chaque fois en valeur le favori de l'épreuve qu'il soit vainqueur ou vaincu. (Observez l'exemple)
Utilisez les verbes : battre / écraser / vaincre.

Sports	Favoris de l'épreuve	Non favoris de l'épreuve
Tennis	Yannick Noah (10e joueur mondial)	Carlos Sanchez (150e joueur mondial)
Football	Equipe de Marseille (Championne de France)	Equipe d'Angers (20e au classement)
Automobile	Alain Prost (Champion du monde)	Nino Pinonni
Rugby	Equipe de Toulouse (1ère au classement général)	Equipe de Voiron
Cyclisme	Greg Le Mond (Vainqueur du Tour de France)	Roberto Da Silva
Ski	Franck Picard (Champion de France)	Luc Desbiolles

Sports	Victoire du favori	Défaite du favori
Tennis	Yannick Noah, 10e joueur mondial, <u>a battu</u> Carlos Sanchez, 150e joueur mondial	Yannick Noah, 10e joueur mondial, <u>a été battu par</u> Carlos Sanchez, 150e joueur mondial
Football		
Automobile		
Rugby		
Cyclisme		
Ski		

🌳🌳 **6. – *Vie quotidienne.***
Faites des phrases en utilisant un élément de chaque colonne.

11

Cuisine

la daube
la fondue savoyarde
le gratin dauphinois
les huîtres

Savoir-vivre

le vin rouge
le champagne
le couteau
le café
l'apéritif
le cognac
la fourchette

Achats

les livres
les alcools
les fils

Divers

l'eau
les maisons
les cheminées
les voitures

se réviser
s'acheter
se faire
se boire
se prendre
se préparer
se servir
se vendre
se manger
s'évaporer
se mettre
se trouver
se construire
s'entretenir

– régulièrement
– dans une mercerie
– après le repas
– dans des verres ballons
– à gauche de l'assiette
– avec des pommes de terre et de la crème
– très frais
– avec du pain beurré
– à droite de l'assiette
– avec 3 sortes de gruyère et du vin blanc
– avec du béton ou de la pierre
– tous les 15 000 km
– chambré
– dans une librairie
– avant le repas
– avec de la viande de bœuf
– dans une épicerie ou au supermarché
– sous l'action de la chaleur

🌳🌳 **7. – *Caractères.***
Faites des phrases en utilisant un élément de chaque colonne.

Le grincheux		attendrir	
La gourmande		convaincre	avec plaisir
Le timide		tenter	avec toutes les fêtes
Le parasite		écraser	très facilement
La paresseuse	se faire	délaisser	facilement
Le masochiste	se voir } +	offrir	des bijoux
Le généreux	se laisser	inviter	de tous
Le comique		déborder	volontiers par les friandises
La vénale		interrompre	fréquemment
Le faible		battre	très rapidement
La bavarde		entretenir	à tous les coups
Le crédule		rouler	ses amis

La préposition PAR
ou la préposition DE ?

Observez les phrases suivantes :
Cette avenue est bordée d'arbres centenaires.
Les cambrioleurs ont été arrêtés par les policiers.

> **La préposition**
> → **PAR** met en valeur le caractère d'agent réel qui fait vraiment l'action.
> → **DE** se rapproche du complément de cause, de moyen ou de manière (construction moins fréquente).

Voici quelques verbes qui sont suivis de la préposition DE :

1. Ils donnent des renseignements sur l'état :
couvrir de ; border de ; accompagner de ; décorer de ; équiper de ; suivre de ; entourer de ; précéder de ; etc.

2. Ils expriment des sentiments :
aimer de ; estimer de ; adorer de ; apprécier de ; respecter de ; etc.

🌲🌲 **8. – Complétez le texte en utilisant les verbes suivants :**
équiper / border / dessiner / respecter / offrir / couvrir / aimer / peindre / entourer / léguer / parsemer / décorer / apprécier / aider /

Attention ! Utilisez la préposition **DE** ou **PAR** suivant les cas.

Jacques et Sophie habitent une grande maison blanche qui leur _____ la grand-mère de Jacques. Elle _____ un magnifique jardin avec des pelouses _____ gazon et _____ fleurs de toutes les couleurs. Au centre du jardin s'étend une pièce d'eau _____ massifs de rosiers nains d'un rouge éclatant. Ce jardin _____ le grand-père de Jacques qui était paysagiste et qui l'entretenait avec passion, _____ sa femme qui, elle, s'occupait surtout des fleurs. L'intérieur de la maison est très sobre ; tous les murs sont blancs _____ tableaux qui _____ Jacques lui-même. Il est peintre et enseigne la peinture à l'école des Beaux-Arts. Il _____ et _____ tous ses élèves.
Sophie et Jacques aiment bien préparer de bons petits plats et leur cuisine _____ tous les appareils modernes. Ils utilisent beaucoup leur four à micro-ondes qui leur _____ les parents de Sophie pour leur anniversaire de mariage. Le jeune couple _____ des voisins pour leur gentillesse et leur serviabilité.

Passif et organisation du discours

Observez l'exemple suivant :

Informations :
– On a attaqué au sud les dirigeants de Managua.
– On les a menacés au nord.
– Auparavant on les avait bloqués sur mer.
– Ils accentuent à l'intérieur leur orientation marxiste.

Transformation passive des trois premières phrases de manière que chacune des phrases ait le même sujet.

– Les dirigeants de Managua ont été **attaqués** au sud.
– Ils ont été **menacés** au nord.
– Auparavant ils avaient été **bloqués** sur mer.
– Ils accentuent à l'intérieur leur orientation marxiste.

Organisation du paragraphe autour de ce sujet commun :

> *Attaqués au sud, menacés au nord après avoir été bloqués sur mer, les dirigeants de Managua accentuent, à l'intérieur, leur orientation marxiste.*

11

🌴🌴 **9. – Faites des paragraphes.**

A partir des informations données faites des paragraphes autour du sujet commun en utilisant le passif comme moyen d'organisation.

1. La France apporte son aide à la Mauritanie. Les Algériens approuvent cette aide. Certains hommes politiques la contestent. – **2.** Les patrons ont pris une décision. Les syndicats ont désapprouvé cette décision. Les travailleurs l'ont mal accueillie. Le gouvernement va la modifier. – **3.** Une voiture a renversé M. Martin. Une ambulance l'a transporté immédiatement à l'hôpital. Des médecins qualifiés l'ont sauvé malgré ses très graves blessures. – **4.** Les uns ont annoncé cette mauvaise nouvelle. Les autres l'ont déformée. La presse l'a publiée un peu trop rapidement. Le gouvernement l'a finalement démenti. – **5.** Les conseillers municipaux accueilleront la délégation allemande à l'aéroport. Ils les emmèneront à la mairie en autocar. Le maire les conviera à un grand dîner. – **6.** Le célèbre mannequin Isabelle Maur est arrivé hier soir au casino au bras de l'acteur Alain Delon. Yves Saint-Laurent l'avait habillée. Alexandre l'avait coiffée. Valérie Natty l'avait maquillée. – **7.** Ses employés le critiquaient. Ses collègues le pressaient d'expliquer ses agissements. Ses créanciers le poursuivaient. Le directeur a finalement démissionné. – **8.** La jeune actrice, Betty Sillat, s'est réfugiée chez ses parents dans un petit village de Provence. Les photographes l'assaillaient. Ses admirateurs la poursuivaient. De nombreux coups de téléphone l'importunaient.

🌴🌴 **10. – Faits divers.**

1. En utilisant les informations ci-dessous et le passif comme moyen d'organisation du discours, écrivez le fait divers.

Dans un petit village de l'Isère, Miribel-les-Echelles :
– On a cambriolé monsieur Terron.
– On a fracturé la porte de sa maison.
– On lui a volé des bijoux de valeur.
– On lui a volé sa chaîne Hi-Fi.
– M. Terron a déposé une plainte au commissariat de police.
– Les policiers ont recherché les voleurs.
– Les policiers ont arrêté les voleurs deux jours plus tard.
– Ils les ont mis en prison.
– On a interrogé les voleurs.
– Le tribunal de Grenoble les a jugés.
– On les a condamnés à deux ans de prison.

2. En utilisant les informations ci-dessous et le passif comme moyen d'organisation du discours, écrivez le fait divers.

Sur la nationale N 21, près de Domène :
– M. Alain Ricou, routier, conduisait son camion.
– Mlle Sophie Marceau, institutrice, conduisait sa 205 Peugeot.
– Un motocycliste a gêné M. Ricou.
– Le motocycliste a obligé M. Ricou à freiner brusquement.
– Mlle Marceau qui roulait derrière le camion l'a percuté violemment.
– Le choc a endommagé gravement sa voiture.
– Le choc a bloqué les portières de sa voiture.
– On a appelé Police secours immédiatement.
– Ils ont dégagé Mlle Marceau.
– On l'a transportée à l'hôpital pour des examens.
– Quelques heures plus tard on l'a raccompagnée chez elle : elle n'avait que des ecchymoses sans gravité.
– Une semaine après M. Ricou a invité Mlle Marceau à dîner au restaurant.
– Quatre mois plus tard, le maire de Domène les a mariés.

11

Nominalisations

EXERCICES

1, observation

- Nominalisations à base adjective
  2, suffixes
  3 à 5, avec relations logiques

  - Nominalisations à base verbale
    7, observation
    8, suffixes
    9 à 11, nominalisations et phrases
    6, 12 à 17, nominalisations et écrit (titres, paragraphes, textes)

Qu'est-ce qu'une nominalisation ?

C'est une opération qui intéresse deux propositions et qui consiste à transformer une des deux propositions en syntagme nominal et à l'insérer dans l'autre phrase comme sujet, complément d'objet ou complément circonstanciel.

Elle se fait à partir d'un adjectif, d'un verbe ou d'une proposition complétive introduite par **que**.

Nominalisation à base adjective

Soient deux propositions simples : 1. Sophie est **émotive**
2. Cela la pertube pour ses examens.

Transformation de la première proposition : **l'émotivité** de Sophie
ou son **émotivité**

On obtient : L'émotivité de Sophie la perturbe pour ses examens
ou Son émotivité perturbe Sophie pour ses examens

Nominalisation à base verbale

Soient deux propositions simples : 1. On **a élu** le député au premier tour.
2. Cela a surpris tout le monde.

Transformation de la première proposition : **l'élection** du député

On obtient : L'élection du député au premier tour a surpris tout le monde.

Nominalisation de la proposition complétive

Soient les deux propositions : J'ai constaté **que Pierre était malhonnête.**

|_____| |_____|
1 2

Transformation de la deuxième proposition : **la malhonnêteté de Pierre**

On obtient : J'ai constaté la malhonnêteté de Pierre.

12

Base adjective. Suffixes

Suffixes	Quelques adjectifs et leur nominalisation		
– ité	aimable / amabilité crédule / crédulité curieux / curiosité divers / diversité efficace / efficacité émotif / émotivité excentrique / excentricité	fidèle / fidélité grave / gravité inutile / inutilité limpide / limpidité maniable / maniabilité ponctuel / ponctualité rapide / rapidité	réel / réalité sensible / sensibilité sensuel / sensualité simple / simplicité subtil / subtilité etc.
– té	beau / beauté bon / bonté bref / brièveté	clair / clarté étrange / étrangeté faux / fausseté	fier / fierté gratuit / gratuité méchant / méchanceté etc.
– ce	abondant / abondance clairvoyant / clairvoyance cohérent / cohérence complaisant / complaisance	constant / constance élégant / élégance fort / force important / importance	insistant / insistance permanent / permanence ressemblant / ressemblance violent / violence etc.
– esse	juste / justesse gentil / gentillesse hardi / hardiesse joli / joliesse	poli / politesse large / largesse maladroit / maladresse petit / petitesse	délicat / délicatesse riche / richesse sage / sagesse etc.
– ie **– rie**	courtois / courtoisie drôle / drôlerie étourdi / étourderie fou / folie	galant / galanterie inepte / ineptie jaloux / jalousie malade / maladie	mesquin / mesquinerie sensible / sensiblerie sympathique / sympathie etc.
– ise	bête / bêtise franc / franchise	gourmand / gourmandise sot / sottise	etc.
– itude	apte / aptitude certain / certitude exact / exactitude	las / lassitude plat / platitude plein / plénitude	solitaire / solitude seul / solitude etc.
– eur	blanc / blancheur doux / douceur grand / grandeur	laid / laideur lent / lenteur lourd / lourdeur	noir / noirceur pâle / pâleur etc.
– isme (notion abstraite) **– iste** (la person-ne)	Vocabulaire abstrait de la politique, de l'économie ou de la littérature { germain allemand / germanisme / germaniste americain / américanisme / américaniste anglais / anglicisme / angliciste espagnol / hispanisme / hispaniste extrême / extrémisme / extrémiste français / gallicisme / ——— grec / hellénisme / helléniste latin / latinisme / latiniste		national / nationalisme / nationaliste pacifique / pacifisme / pacifiste positif / positivisme / positiviste régional / régionalisme / régionaliste réel / réalisme / réaliste social / socialisme / socialiste symbolique / symbolisme / symboliste etc.
Absence de suffixe	calme / calme charmant / charme	courageux / courage désespéré / désespoir	éclatant / éclat etc.

12

Nominalisations (Base adjective)

🌳🌳 **1. – Observation.**

Je suis indépendante

et j'ai besoin d'être

prise en charge,

je suis forte et fragile,

rationnelle et intuitive,

c'est simple

je suis compliquée.

12

ELLES ASSURENT EN **RODIER**

Lisez le texte et soulignez les adjectifs. Ensuite, reformulez le texte pour répondre à la question :
Pourquoi est-elle compliquée ?
Elle est compliquée à cause de —————.
Quelles transformations avez-vous dû opérer ?

🌳 **2. – A partir des deux phrases données, faites une seule phrase en transformant la phrase soulignée en groupe nominal.**

A. *Suffixe -ité/-té*

1. Il est ponctuel ; j'apprécie beaucoup cela.
2. Cet outil est très maniable : cela me permet de travailler facilement. – **3.** Pierre est curieux ; cela le pousse à lire énormément. – **4.** Alain est émotif ; cela lui cause quelquefois des problèmes. – **5.** La conférence a été brève ; cela m'a déçu. – **6.** Cet homme est méchant ; je ne comprends pas cela. – **7.** Ce film est étrange ; cela me plaît beaucoup.

B. *Suffixe -ce/-esse*
1. Les orages ont été très violents : cela nous a beaucoup surpris. – **2.** Ce vendeur est très insistant : cela est vraiment désagréable.
3. Cette secrétaire est très élégante : cela provoque de grandes jalousies parmi ses collègues.
4. Elle est maladroite : cela m'étonne toujours.

5. Son fiancé est très délicat : elle apprécie beaucoup cela. – **6.** Les employés sont polis : le patron pense que cela est nécessaire pour avoir une bonne ambiance dans l'entreprise.

C. *Suffixe -ie/-rie/-ise*
1. Son mari est jaloux : elle déteste cela.
2. Elle dit souvent des choses ineptes : je ne les écoute pas. – **3.** Cet homme est franc : j'aime beaucoup cela. – **4.** Il est fou : cela lui permet de dire n'importe quoi. – **5.** Elle est gourmande : cela lui a fait prendre plusieurs kilos.
6. Il est très étourdi : cela le perturbe dans son travail. – **7.** Stéphane est toujours très drôle : il est invité partout à cause de cela.

D. *Suffixe -itude/-eur/-isme*
1. Les réponses sont exactes : j'en suis absolument sûre. – **2.** Ce tissu est très doux ; j'aime beaucoup cela. – **3.** L'administration est très lourde : cela reste un gros problème. – **4.** Ce roman est très réaliste : je déteste cela. – **5.** Je suis certain de partir : cela me remplit de joie.

6. Elle est toujours seule : cela est difficile à supporter. – **7.** Les Corses sont nationalistes : cela n'est plus à démontrer.

E. Absence de suffixe
1. Le directeur est extrêmement calme : cela m'étonne toujours. – **2.** Cet homme est charmant : cela lui attire beaucoup de succès féminins. – **3.** Valérie est désespérée : je supporte difficilement cela. – **4.** Fabienne est toujours éclatante : elle est souvent remarquée à cause de cela.

3. – Cause.
A. Transformez les phrases complexes en phrases simples.
Exemple :
Je n'aime pas les corridas parce qu'elles sont barbares.
→ *Je n'aime pas la barbarie des corridas.*

1. Je déteste la publicité parce qu'elle est inutile. – **2.** Je n'aime pas les tempêtes parce qu'elles sont violentes. – **3.** J'aime ces escalades parce qu'elles sont difficiles. – **4.** J'adore les pays lointains parce qu'ils sont exotiques. **5.** J'apprécie ces forêts parce qu'elle sont très fraîches. – **6.** J'aime les torrents parce qu'ils sont limpides. – **7.** J'apprécie ces enfants parce qu'ils sont très polis. – **8.** J'aime le TGV parce qu'il est rapide.

B. Transformez les phrases suivantes en utilisant :
à cause de/grâce à + nominalisation
Exemple : *Nous avons terminé tôt parce que nous sommes efficaces.*
→ *Nous avons terminé tôt grâce à notre efficacité.*
1. Mon collègue m'a beaucoup aidé parce que ses explications étaient très claires. – **2.** Elle s'est sortie de cette sombre histoire parce qu'elle était réaliste. – **3.** Sophie plaît à tout le monde parce qu'elle est très douce. – **4.** Il a toujours des problèmes en bricolant parce qu'il est maladroit. – **5.** Sa femme l'a quitté parce qu'il était trop jaloux. – **6.** Il ne peut pas être jockey parce qu'il est grand. – **7.** Il obtient tout ce qu'il veut parce qu'il est sympathique. **8.** Elle n'a pu faire son exposé parce qu'elle est émotive.

4. – Opposition.
Transformez les phrases suivantes en utilisant :
malgré + nominalisation

Exemple :
Elle a pu faire l'exercice bien qu'il soit difficile.
→ *Elle a pu faire l'exercice malgré sa difficulté.*

1. Elle l'a aimé bien qu'il soit excentrique. **2.** Elle le comprenait toujours bien qu'il soit incohérent. – **3.** Ils se sont bien entendus bien qu'ils soient différents. – **4.** Elle l'a épousé bien qu'il soit pauvre. – **5.** Elle l'a quitté bien qu'il soit fidèle. – **6.** Elle a demandé le divorce bien qu'il soit désespéré. – **7.** Il est revenu bien qu'elle soit méchante. – **8.** Ils se sont disputés bien qu'ils soient habituellement courtois.

5. – *Portraits de famille*
A. PORTRAITS NÉGATIFS
Complétez les phrases suivantes en utilisant des nominalisations.
Thierry (le mari) → Je n'aime pas du tout Thierry à cause de sa méchanceté _____
Florence (la femme) → Nous ne supportons pas la _____ de Florence
Emmanuel (le fils) → A cause de _____ d'Emmanuel, je ne veux pas que mes enfants jouent avec lui.

B. PORTRAITS POSITIFS
Faites les portraits positifs de :
Patrick (le mari), Véronique (la femme) et Eléonore (la fille)
→ Nous apprécions tous _____.

6. – *Publicités*

L'évasion, le plaisir, la joie de vivre, la joie tout court, la tranquillité, la redécouverte de la nature le bonheur tout simple, depuis 30 ans, nous faisons tout pour que cela existe.

Le Club Méditerranée a 30 ans cette année.

Sur ce modèle, rédigez des publicités pour :
– une grande marque de voitures
– un parti politique
– un journal
– une grande entreprise
– un produit de beauté
– un film

Nominalisations (Base verbale)

🌳🌳 7. – Observation.

Trouvez dans les entrefilets suivants, les formes verbales qui correspondent aux noms soulignés dans les titres. Quelles remarques pouvez-vous faire ?

Exemple :

> **Emanuela Orlandi : 200 _interpellations_.**
>
> _La police, qui recherche les ravisseurs d'Emanuela Orlandi, a interpellé plus de 200 personnes au cours de la nuit de mardi à mercredi, dans les quartiers de la gare centrale de Rome et de la piazza Navona._

– interpellations
– a interpellé (interpeller)

12

1 Maroc : **Report** des élections législatives.

Le roi Hassan II a annoncé vendredi 8 juillet qu'il avait décidé de reporter, après la tenue d'un référendum au Sahara occidental, les élections législatives qui devaient avoir lieu en septembre

–
–

2 **Fermeture** de la halte-garderie

La halte-garderie de Meylan sera fermée du lundi 1er août au vendredi 19 août. La réouverture se fera lundi 22 août à 8 h 15.

–
–

3 **Transplantation**

Pour la première fois des chirurgiens ont transplanté un lobe de foie d'adulte sur un enfant, a annoncé une clinique d'Hanovre. Cette opération pourrait permettre de sauver la vie aux enfants nés avec une déformation du canal biliaire et qui meurent faute de donneurs jeunes.

–
–

4 Immobilier : **rachat**

Jacques Ribourel quitte le groupe Ribourel, racheté à cent pour cent par le Crédit du Nord. En treize ans, cette société est devenue l'un des premiers constructeurs français de résidences de loisirs et a vendu 20 000 appartements en bord de mer ou à la montagne.

–
–

5 52 **noyades** au Japon

Au moins 52 personnes, dont 19 enfants, se sont noyés pendant le week-end où les vacanciers ont envahi plages et piscines pour échapper à la canicule.

–
–

6 Biviers : **Arrosage interdit**

En raison de la sécheresse, le Maire de la commune de Biviers signale qu'il est interdit d'arroser les pelouses.

–
–

7 **Vol** de timbres de valeur

Une collection de timbres, d'une valeur estimée à 500 000 F a été volée dans un parking de Saint-Maur, par trois gangsters qui ont dévalisé, après les avoir ligotés, un négociant en timbres et deux personnes qui l'accompagnaient.

–
–

Base Verbale. Suffixes

Suffixes	Quelques verbes et leur nominalisation		
	A. La nominalisation indique l'action du verbe		
– tion – ation – sion – ion – xion	administrer / administration annexer / annexion apparaître / apparition arrêter / arrestation augmenter / augmentation autoriser / autorisation comparaître / comparution composer / composition connecter / connexion construire / construction convoquer / convocation	déclarer / déclaration démolir / démolition décrire / description déserter / désertion détruire / destruction dévier / déviation diminuer / diminution disparaître / disparition éditer / édition élire / élection évacuer / évacuation	s'évader / évasion exploser / explosion libérer / libération louer / location nommer / nomination opposer / opposition priver / privation protéger / protection rédiger / rédaction réunir / réunion voir / vision etc.
– ment	abattre / abattement acquitter / acquittement agir / agissement changer / changement commencer / commencement	se comporter / comportement déchirer / déchirement dégager / dégagement détourner / détournement écraser / écrasement	élargir / élargissement emballer / emballement payer / paiement relever / relèvement remplacer / remplacement etc.
– age	abattre / abattage bavarder / bavardage chômer / chômage coller / collage démarrer / démarrage	emballer / emballage éplucher / épluchage essayer / essayage friser / frisage forer / forage	jardiner / jardinage masser / massage passer / passage etc.
– ade	dérober / dérobade glisser / glissade promener / promenade	noyer / noyade etc.	
Suffixe = féminin du participe	arriver / arrivée entrer / entrée mettre / mise	monter / montée prendre / prise remettre / remise	sortir / sortie etc.
Absence de suffixe	abandonner / abandon appeler / appel arrêter / arrêt bondir / bond changer / change chanter / chant chasser / chasse conduire / conduite débuter / début	s'efforcer / effort s'élancer / élan s'envoler / envol essayer / essai s'entretenir / entretien étudier / étude exposer / exposé finir / fin payer / paie	pleurer / pleur poser / pose réformer / réforme relever / relevé rencontrer / rencontre répondre / réponse se révolter / révolte sauter / saut se soucier / souci voler / vol etc.
	B. La nominalisation indique le résultat de l'action (abstrait ou concret)		
– ure	blesser / blessure brûler / brûlure casser / cassure coiffer / coiffure couvrir / couverture	cultiver / culture déchirer / déchirure éplucher / épluchure friser / frisure lire / lecture	mordre / morsure ouvrir / ouverture plier / pliure rompre / rupture signer / signature etc.
– is	fouiller / fouillis gargouiller / gargouillis	gazouiller / gazouillis etc.	

12

Base verbale. Cas particuliers

A. Nominalisation dérivée du verbe avec modification du radical.

évincer / éviction	partir / départ	etc.
mourir / mort	ramper / reptation	
naître / naissance	revenir / retour	

B. Double nominalisation.

Une même forme verbale peut donner deux nominalisations qui correspondent à deux sens du verbe.

abattre	l'abattage d'un arbre	essayer	l'essayage des vêtements
	l'abattement d'une personne		l'essai de la nouvelle voiture
arrêter	l'arrêt de l'autobus	exposer	l'exposé de l'étudiant était intéressant
	l'arrestation des gangsters		l'exposition de peinture m'a plu
changer	le change de l'argent	payer	il reçoit sa paie le 30 de chaque mois.
	le changement de saison		le paiement sera fait par chèque.
déchirer	la déchirure de la robe	relever	la relève de la garde a lieu à 17 h
	le départ a été un déchirement pour lui		le relèvement du prix des loyers
emballer	le paquet avait un bel emballage		
	son emballement pour ce film était surprenant	etc.	

12

Attention !

La transformation nominale entraîne des modifications dans la phrase

Exemple :
phrase verbale : les coureurs <u>partent rapidement</u>
phrase nominale : <u>le départ rapide</u> des coureurs

⇨ l'adverbe se transforme en adjectif

🌳 **8. – A partir des deux phrases données, faites une seule phrase en transformant la phrase soulignée en groupe nominal.**

A. Suffixe -tion

1. <u>On a détruit cette vieille maison</u> ; cela m'a fait de la peine. – **2.** <u>Nous nous sommes installés dans cette ville</u> ; cela a été difficile. **3.** Dans cette ville <u>on ne peut pas louer de vélos</u> ; cela n'existe pas. – **4.** Il a demandé qu'<u>on lui permette de sortir</u> ; on lui a refusé cela. – **5.** <u>Le prisonnier s'est évadé</u> ; cela reste mystérieux. – **6.** <u>Monsieur André a disparu</u> ; on ne comprend pas cela.

B. Suffixe -ment

1. <u>On a chargé le camion</u> ; cela a été long. **2.** <u>On détourne les avions</u> ; cela n'étonne plus personne. – **3.** <u>On va développer les échanges commerciaux avec ce pays</u> ; cela est nécessaire. **4.** <u>Les uns s'enrichissent</u> : cela ne profite pas aux autres. – **5.** <u>Les campagnes s'appauvrissent</u> ; c'est mauvais pour l'économie du pays. – **6.** <u>La presse a grossi les événements</u> ; cela es inadmissible.

C. Suffixe -age

1. <u>L'avion a atterri</u> ; cela s'est bien passé. – **2.** I faut arroser régulièrement les plantes ; cela le rend belles. – **3.** <u>Quand elle essaie une nouvelle robe</u>, cela dure en général très longtemps **4.** <u>Il démarre toujours difficilement</u> car c'est un conducteur débutant. – **5.** <u>On emballe les appareils</u> ; cela se fait automatiquement. – **6.** I chôme depuis longtemps ; cela le déprime.

D. Suffixe = féminin du participe

1. <u>Les eaux sont montées rapidement</u> ; cela a inondé tout le village. – **2.** <u>Un groupe de jeunes</u>

est arrivé tard ; cela a dérangé tout le monde. – **3.** Les enfants sont sortis bruyamment ; cela m'a surpris. – **4.** On a mis à l'eau un gros bateau ; pour cela on a utilisé une grue. – **5.** Les réfugiés vont être pris complètement en charge ; les autorités ont donné leur accord. – **6.** On veut remettre en marche la machine ; cela nécessite beaucoup d'argent.

E. *Absence de suffixe*

1. Les skieurs sautaient ; nous admirions cela. – **2.** Les cigales chantent ; cela nous réveille la nuit. – **3.** Paul m'a regardée ; cela m'a mise mal à l'aise. – **4.** Les militaires marchaient rapidement ; cela nous a impressionnés. – **5.** Il faut étudier la grammaire ; c'est indispensable. – **6.** Les oiseaux se sont envolés ; nous avons admiré cela.

F. *Suffixe* **-ure**

1. On a fermé les portes à six heures ; il est arrivé après cela. – **2.** Il a lu ce livre ; il en était très satisfait. – **3.** Il a été blessé ; cela se cicatrise très bien. – **4.** Ils ont rompu brutalement ; Anne n'a pas supporté cela. – **5.** On va signer le contrat ; pour cela il faut préparer tous les papiers nécessaires. – **6.** On cultive du maïs ; c'est plus intéressant.

🌳🌳 9. – Phrases.

Faites le maximum de phrases après avoir transformé la phrase donnée en syntagme nominal.

Exemple : *Paul arrive → L'arrivée de Paul*
- *L'arrivée de Paul nous a surpris.*
- *J'attends l'arrivée de Paul avec impatience.*
- *Je suis content de l'arrivée de Paul.*
- *On mangera après l'arrivée de Paul.*
- *etc.*

1. Le mauvais temps revient. – **2.** On a détourné un avion. – **3.** Le commerce se développe. – **4.** Un nouveau barrage a été construit. – **5.** Les deux présidents se sont entretenus longuement. – **6.** Le contrat a été signé. – **7.** Le satellite a été mis sur orbite. – **8.** Les deux gangsters ont été arrêtés.

🌳🌳 10. – Transformez la proposition complétive en effectuant une nominalisation sur le verbe ou l'adjectif.

Exemple : *J'ai appris que son mari était parti.*
→ J'ai appris le départ de son mari.

1. La responsable a demandé que les salles soient nettoyées tous les jours. – **2.** Les ouvriers ont obtenu que leur salaire soit augmenté. – **3.** La directrice exige que les bureaux soient ouverts à 14 heures. – **4.** Les députés ont demandé que le ministre réponde rapidement à leurs questions. – **5.** Les professeurs n'admettent pas que les étudiants soient insolents. – **6.** Les syndicats refusent énergiquement que ces deux employés soient licenciés. – **7.** Les parents n'apprécient pas que leurs enfants soient excentriques. – **8.** Les secrétaires ont demandé qu'on achète des ordinateurs. – **9.** Le chef de service voudrait qu'on examine attentivement le dossier. – **10.** Les élèves souhaitent qu'on élise très vite un responsable de classe.

Et vous ?
– Que demandez-vous – Que souhaitez-vous ? – Que refusez-vous ? – Qu'appréciez-vous ? – Que refusez-vous ? – Qu'exigez-vous ?

🌳🌳🌳 11. – *Programmes.*

1. Imaginez que vous êtes un candidat écologiste aux élections. Quel serait votre programme électoral ? (5 propositions et 5 refus)
Je propose : – _____.
Je refuse : – _____.

2. Vous êtes syndicalistes dans une entreprise. Faites la liste des revendications que vous voulez présenter au patron.
Nous demandons _____.

3. Vous êtes délégué de votre classe. Faites la liste des demandes que vous adresseriez au chef d'établissement.
Nous souhaitons _____.

4. Vous êtes maire de votre ville ou de votre village. Dites ce que vous proposez pour améliorer la vie des habitants.
Je propose _____.

🌳🌳🌳 12. – *Album de famille*
A partir des informations données ci-dessous, écrivez un texte retraçant la vie de Sophie et Alain qui sont deux jeunes professeurs. Voici quelques dates importantes de leur vie commune.

1970 – Rencontre de Sophie et d'Alain chez des amis communs. – Coup de foudre respectif.
1971 – Fiançailles au mois de mars. – Mariage en novembre à Meylan avec toute la famille. –

Voyage de noces aux Antilles. – Installation du couple dans un petit studio à Grenoble.

1973 – Naissance de Stéphanie. – Achat d'un terrain près de Grenoble.

1975 – Construction de la maison. – Adoption de Michaël. – Soutenance de la thèse d'Alain.

1980 – Nomination d'Alain et de Sophie à Pontoise près de Paris. – Vente de la maison. – Déménagement de toute la famille. – Installation à Pontoise dans un petit pavillon.

1990 – Demande de mutations faite par Alain et Sophie. – Mutation obtenue. – Retour à Grenoble en juillet.

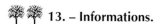 13. – Informations.

A. Transformez les informations suivantes en titres de journaux.

(= phrases nominales)

Exemple : *Le ministre va diminuer les impôts.*
→ *Diminution des impôts par le ministre.*

POLITIQUE

1. Le nouveau gouvernement sera mis en place dans une semaine. – **2.** Le budget a été accepté par l'Assemblée. – **3.** Les critiques du parti communiste contre le parti socialiste se durcissent. – **4.** Le parti communiste a pris position publiquement.

SOCIAL

1. 50 personnes vont être licenciées à l'usine textile de Grenoble. – **2.** Les étudiants ont protesté violemment. – **3.** Les travailleurs ont manifesté à la Bastille. – **4.** Les négociations entre les syndicats et le patronat ont échoué.

ECONOMIE

1. L'agriculture sera développée dans le département de la Lozère. – **2.** Le prix de l'essence va beaucoup baisser avant l'été. – **3.** La balance du commerce extérieur français est déficitaire de 5 milliards en 1989.

CULTURE

1. *La Joconde* a été vendue à un milliardaire inconnu. – **2.** Des cinéastes, des critiques et des intellectuels protestent contre les atteintes à la liberté d'expression. – **3.** Le nouveau roman de J.M.G. Le Clezio paraîtra au printemps prochain. – **4.** Le directeur de la maison de la culture a démissionné.

SPORTS

1. La course de voiliers partira demain à 14 heures. – **2.** L'équipe de France a gagné brillamment le tournoi. – **3.** Le champion du

monde de cyclisme a abandonné dans la montée de l'Alpe-d'Huez. – **4.** Les deux skieurs français ont sauté magnifiquement sur le nouveau tremplin inauguré à Chamrousse.

FAITS DIVERS

1. Le Vieux Pont sur l'Isère sera bientôt détruit. **2.** L'autoroute Grenoble-Lyon va être élargie. **3.** Les auteurs du cambriolage de la BNP ont été arrêtés hier soir. – **4.** Un OVNI a atterri sur le campus de Grenoble.

MÉTÉO

1. Il pleuvra abondamment demain toute la journée. – **2.** Des nuages se formeront peu à peu sur les Alpes. – **3.** Les températures s'élèveront de quelques degrés demain dans la journée.

B. A partir des titres de journaux ci-dessous, écrivez une phrase verbale reprenant le nom souligné. (Rajoutez d'autres verbes si c'est nécessaire.)

Exemple : *Ottawa. Révision de la Constitution*
→ *La constitution sera/va être/a été révisée.*

1. LYON
Grève des surveillants de prisons après l'agression de l'un d'entre eux.

2. PAKISTAN
Neuf morts lors d'une manifestation des opposants au gouvernement.

3. CHÔMAGE PARTIEL
Négociations pour la révision de l'indemnité de 22,50 F par jour.

4. MINEURS
Saccage du siège des houillères à Saint-Etienne.

5. PARIS-RHÔNE
Rejet des 1015 suppressions d'emplois par les syndicats.

6. ETATS-UNIS
Prochain lancement d'un satellite détecteur de sous-marins lance-missiles.

7. URSS
Condamnation d'un dissident ukrainien.

8. NICARAGUA
Vingt-quatre morts au cours d'affrontements entre la garde nationale et les guérilleros.

9. BORDEAUX
Un chirurgien jugé en appel pour non-assistance à personne en danger.

10. POLITIQUE
Préparation des élections municipales : les écologistes dans la mêlée.

🌳🌳 **14. – Les 10 tendances des années 90.**

A. Reformulez chacune des 10 tendances en un paragraphe. (Utilisez des phrases verbales)

1	«Fabrication» de l'information par les pays riches. Le Tiers-Monde se chargera de l'industrie lourde et des voitures.
2	Création d'entreprises plus petites et plus nombreuses, dirigées par des femmes et par des jeunes.
3	Disparition de la hiérarchie rigide. Plus de «pyramide verticale» mais des «réseaux horizontaux».
4	Moins de carrières spécialisées. On pourra passer d'un secteur à un autre.
5	Changement dans les rapports professionnels : la récompense sera de réussir avec les autres.
6	Abandon de la «mentalité d'assisté». Retour à la responsabilité individuelle.
7	Généralisation du sport et de la vie saine.
8	Développement de l'auto-thérapie grâce à la multiplication des «kits» médicaux.
9	«Boom» des associations plus souples et plus efficaces que l'administration.
10	Réduction du nombre de familles «classiques». Nous vivrons toujours ensemble mais sous d'autres formes.

(Extrait de «Megatrends» de John Maisbitt. Publié dans *Psychologies.*)

B. Mes 10 tendances des années...

Choisissez votre décennie, et à votre tour écrivez comment vous la voyez. (Utilisez des phrases nominales)

🌳🌳🌳 **15. – Terminez les paragraphes en utilisant la nominalisation qui correspond au verbe de la première phrase.**

Exemple : Les *représentants des pouvoirs publics **se sont réunis** hier après-midi pour une première séance de travail. **Cette réunion** était consacrée à la mise au point du programme.*

1. Une femme, mère de deux enfants, a été inculpée d'assassinat pour avoir tué son mari qui l'avait battue violemment. _____.
2. Alors qu'il circulait sur la route nationale 27, un camion a dérapé sur une plaque de verglas. Heureusement _____.

3. Une lycéenne de 15 ans a disparu depuis samedi dernier. _____.
4. Depuis plusieurs mois, son fils de 16 ans s'oppose constamment à lui. _____.
5. La pollution provoquée par les accidents des pétroliers tue peu à peu la faune et la flore des océans. _____.
6. La population mondiale continue de croître : 78 millions de personnes de plus l'an dernier selon les dernières statistiques. _____.
7. Accident de travail hier à Vizille : M. Joël Fiset est tombé d'un échafaudage. _____.
8. La marine argentine a abandonné les recherches de «Santa Isabella», un navire marchand, qui avait été signalé en difficulté il y a quatre jours au large de la Terre de feu. _____.

🌲🌲🌲 **16.** – **Organisez les éléments donnés en une seule phrase en utilisant les noms qui correspondent aux verbes soulignés.**

Exemple : *Des jeunes gens manifestent. On les arrête. La gauche réagit violemment.*

→ *L'arrestation de jeunes manifestants a provoqué de violentes réactions de la gauche.*

1. On doit chauffer les locaux. On doit les entretenir. On doit les nettoyer. L'Université prendra cela en charge. C'est le conseil d'université qui l'a décidé.

2. On a publié un plan. C'est un plan pour développer l'agriculture. Les syndicats protestent vivement. Le gouvernement répond sèchement.

3. Le président de la République a dissout le Parlement. On doit mettre en place un nouveau gouvernement. Tout est complètement désorganisé. Tout le monde s'affole.

4. On veut mettre en place de nouveaux examens. Les étudiants protestent. Les enseignants ne sont pas d'accord. Malgré cela le ministre l'a décidé.

5. Les étudiants doivent d'abord s'inscrire et payer leurs cours. Ensuite ils doivent passer un test. Ce test sert à les placer.

6. On doit étudier un programme. On doit acheter des matériaux. On doit construire des machines. Notre compagnie s'occupera de tout cela.

7. On va vérifier les freins. On va remplacer les bougies. On va vidanger l'huile du moteur. On va contrôler les pneumatiques. Après cela, vous pourrez conduire en toute sécurité.

🌲🌲🌲 **17.** – **Une petite page d'histoire :**
   La Révolution française.

A partir des indications données ci-dessous, écrivez un texte sur la Révolution française. Rédigez un paragraphe pour chaque année. (N'oubliez pas d'utiliser des phrases verbales)

1788
MAI :
– Demande par les parlements et le peuple de la convocation des Etats Généraux.
– Essai par le Roi de limiter le pouvoir des Parlements.
– Protestations des magistrats du Parlement à Grenoble.

7 JUIN :
– Exil de ces magistrats et soutien de ces magistrats par la population grenobloise qui jette des tuiles sur les forces armées. («Journée des tuiles»)
– Victoire du peuple qui réinstalle ces magistrats dans le Parlement.
JUILLET :
– Annonce de la convocation des Etats Généraux par Louis XVI, sans précision de date.
21 JUILLET :
– Réunion à Vizille des Etats du Dauphiné.

1789
JANVIER : – Election des représentants aux Etats Généraux.
5 MAI : – Ouverture des Etats Généraux.
JUIN : – Proclamation de l'Assemblée nationale.
21 JUIN : – Serment par le Tiers Etat de donner une constitution à la France. (Serment du «Jeu de Paume»).
14 JUILLET : – Prise de la Bastille.
16 JUILLET : – Création de la première commune de Paris.
4 AOÛT : – Abolition des privilèges.
16 AOÛT : – Proclamation de la «Déclaration des droits de l'homme et du citoyen».
DÉCEMBRE : – Division de la France en 83 départements.

1790
FÉVRIER :
– Suppression des ordres religieux.
– Vente des biens du clergé.
JUIN :
– Suppression des titres de noblesse.
NOVEMBRE :
– Vote de la «loi du serment» par l'Assemblée obligeant les prêtres à jurer la Constitution.

1791
25 JUIN :
– Fuite du Roi à Varennes

1792
JUIN :
– Remplacement de Monsieur et Madame par Citoyen et Citoyenne.
– Invasion des Tuileries par le peuple : la famille royale est molestée.
10 AOÛT :
– Arrestation de Louis XVI. Emprisonnement au Temple avec sa famille.

1793
17 JANVIER :
– Condamnation à mort de Louis XVI.
21 JANVIER :
– Exécution de Louis XVI.

12

Le système des temps du français

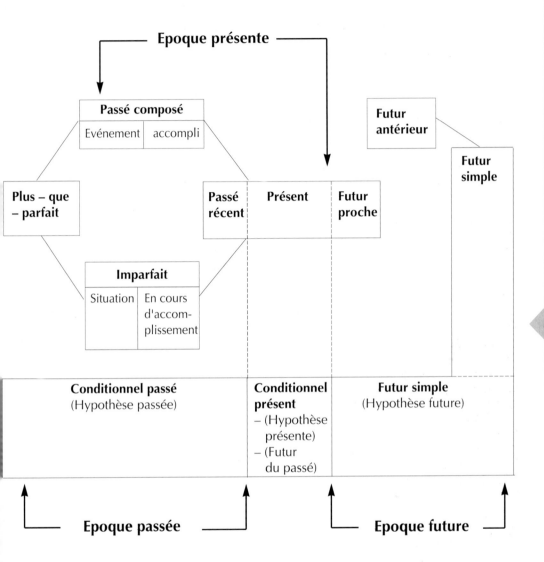

NB. On ne trouvera dans ce tableau que les temps du passé appartenant au système du discours.

Les temps du récit (passé simple et passé antérieur) ne sont pas abordés dans ce manuel.

Se reporter au manuel *l'Expression Française,* éditions PUG, Grenoble (même collection).

Le présent de l'indicatif

13

A. Les terminaisons du présent

Verbes terminés par : – **ER** (parler / manger / chanter, etc.) Et quelques autres verbes : (ouvrir / offrir / cueillir, etc.)	Verbes terminés par : – **IR** – **RE** – **OIR** (finir / prendre / devoir / venir / écrire etc.)

Je   parl / offr → **e**
Tu   parl / offr → **es**
Il / elle / on   parl / offr → **e**

Je   prend / écri → **s**
Tu   prend / écri → **s**
Il / elle / on   pren / écri → **d** / **t**

Nous   parl / offr / pren / écriv → **ons**
Vous → **ez**
Ils / elles → **ent**

Attention !	
Aller	il va / ils vont
Avoir	j'ai / il a / ils ont
Dire	vous dites
Etre	nous sommes / ils sont / vous êtes
Faire	ils font / vous faites
Pouvoir	je peux / tu peux
Vaincre	il vainc
Valoir	je vaux / tu vaux
Vouloir	je veux / tu veux

B. Particularités orthographiques de certains verbes

1. Verbes en – CER / – GER

Les verbes en – CER prennent une cédille devant les lettres a et o.
Les verbes en – GER prennent un e après le g devant les lettres a et o

Exemples : *commencer → nous commençons*
           plonger → nous plongeons

13

2. Verbes en – E... ER

Les verbes en – ELER redoublent le l devant une syllabe contenant un e muet sauf : celer / ciseler / congeler / déceler / démanteler / écarteler / geler / marteler / modeler / peler qui changent le e muet de l'avant-dernière syllabe de l'infinitif en è ouvert.

Exemples : appeler → j'appelle / ils appellent / nous appelons
congeler → je congèle / ils congèlent / nous congelons

Les verbes en – ETER redoublent le t devant une syllabe contenant un e muet sauf : acheter / corseter / crocheter / fureter / haleter / racheter qui changent le e muet de l'avant-dernière syllabe de l'infinitif en è ouvert.

Exemples : jeter → je jette / Ils jettent / nous jetons
acheter → j'achète / ils achètent / nous achetons

3. Verbes en – YER / – AYER

Les verbes en – YER changent l'y en i devant un e muet
Les verbes en – AYER peuvent conserver l'y devant un e muet

Exemples : envoyer → j'envoie / ils envoient / vous envoyez
essuyer → j'essuie / ils essuient / vous essuyez
payer → je paie ou je paye / ils paient ou ils payent

C. Verbes ayant plusieurs bases phonétiques

Verbes ayant deux bases phonétiques		
Verbes	*Formes du singulier*	*Formes du pluriel*
mentir / partir / sentir / sortir... battre / mettre...	je sors tu sens il met	nous sortons vous sentez ils mettent
lire / conduire / se taire / coudre / plaire / nuire...	je lis tu te tais il coud	nous lisons vous vous taisez ils cousent
connaître / naître paraître... finir / grandir / salir...	je connais tu parais il salit	nous connaissons vous paraissez ils salissent
attendre / entendre / descendre... répondre / perdre / mordre	j'entends tu descends il répond	nous entendons vous descendez ils répondent
écrire / servir / suivre / vivre...	j'écris tu sers il vit	nous écrivons vous servez ils vivent
convaincre / vaincre...	je convaincs tu vaincs il vainc	nous convainquons vous vainquez ils vainquent

craindre / peindre éteindre... joindre...	je crains tu peins il joint	nous craignons vous peignez ils joignent
savoir valoir mourir résoudre s'asseoir	je sais tu vaux il meurt je résous tu t'assieds / t'assois	nous savons vous valez nous mourons / ils meurent nous résolvons nous nous asseyons / assoyons

Verbes ayant trois bases phonétiques

pouvoir vouloir	je peux tu veux	nous pouvons ils peuvent nous voulons ils veulent
boire devoir recevoir	je bois tu dois il reçoit	nous buvons ils boivent nous devons ils doivent nous recevons ils reçoivent
dire	je dis il dit	nous disons vous dites ils disent
prendre apprendre comprendre...	je prends tu apprends il comprend	nous prenons ils prennent vous apprenez ils apprennent nous comprenons ils comprennent
venir revenir...	je viens je reviens	nous venons ils viennent vous revenez ils reviennent
tenir obtenir	je tiens il obtient	nous tenons ils tiennent vous obtenez ils obtiennent

Verbes ayant plus de trois bases phonétiques

avoir	j'ai tu as il a	nous avons vous avez ils ont
être	je suis tu es il est	nous sommes vous êtes ils sont
faire	je fais tu fais il fait	nous faisons vous faites ils font

13

D. Les valeurs du présent

Le présent couvre une portion de temps plus ou moins grande par rapport au moment du locuteur.

Exemple : *Il lit le journal.*

1. Le présent d'habitude, de répétition

Il est, dans ce cas, presque toujours accompagné d'une expression comme :
souvent, régulièrement, tout le temps, habituellement, toutes les semaines, etc.

Exemple : *je <u>commence</u> tous les jours à 8 h 30 sauf le jeudi où je <u>commence</u> à 10 h 30.*

2. Le présent de narration (dans un récit)

Exemple : *Dimanche dernier, je <u>pars</u> à 10 heures en voiture, je <u>fais</u> 20 kilomètres et je <u>tombe</u> en panne d'essence.*

3. Le présent indique quelquefois un passé très peu éloigné

Surtout avec des verbes marquant une action qui ne dure pas.
(arriver / sortir / finir / commencer, etc.)
Le verbe est, dans ce cas, souvent accompagné d'une expression comme :
juste / à l'instant.

Exemple : *Tu vas pouvoir le rencontrer, il <u>arrive</u> juste*

13

4. Le présent s'emploie quelquefois à la place du futur

L'idée du futur est alors donnée par une expression comme :
demain / la semaine prochaine / dans huit jours / l'an prochain, etc.

Exemples : *Je <u>pars</u> en vacances dimanche prochain.*
L'année prochaine je <u>visite</u> la Turquie.

5. Le présent à valeur universelle reconnue

Exemples : *Dans les pays nordiques il <u>fait</u> plus froid que dans les pays méridionaux.*
A 0°C l'eau <u>se transforme</u> en glace.

6. Le présent du raisonnement

Exemple : *Votre enfant a de la fièvre, <u>dans ce cas</u> (<u>donc</u>) vous <u>appelez</u> le médecin.*

Le futur

14

EXERCICES

LES TERMINAISONS DU FUTUR

Les terminaisons sont celles du verbe avoir au présent :

$$R + \begin{array}{l} - \text{ai} \\ - \text{as} \\ - \text{a} \\ - \text{ons} \\ - \text{ez} \\ - \text{ont} \end{array}$$

1. Formation régulière

Verbes en – ER et en – IR	**Infinitif**	**Futur**
	arriveR	j'arrivERAI
	chanteR	tu chantERAS
	dormiR	il dormIRA
	finiR	nous finIRONS
	Pour certains verbes, attention aux différences de prononciations (*cf.* celle du présent)	
	j'appELLE	j'appELLERAI
	aMEner	tu aMÈneras
	étudIER	il étudIERAS
Verbes en – RE	L'infinitif sert de radical mais perd son «E» **Exemple** : *prend RE̶–AI– → je prendrai*	
	comprendRE	nous comprendRONS
	croiRE	vous croiREZ
	vivRE	ils vivRONT
Verbes en – OYER – UYER – AYER	L'infinitif sert de radical avec une modification : **y → i**	
	nettOYER	je nettOIERAI
	essUYER	tu essUIERAS

2. Formation irrégulière

Les terminaisons sont les mêmes (– RAI, – RAS, – RA, RONS, REZ, RONT) mais le radical est irrégulier. Il est constant pour toutes les personnes.

1. Six verbes prennent «RR» avant les terminaisons

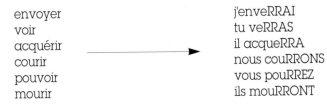

envoyer	j'enveRRAI
voir	tu veRRAS
acquérir	il acqueRRA
courir	nous couRRONS
pouvoir	vous pouRREZ
mourir	ils mouRRONT

2. Certains verbes prennent «DR» avant les terminaisons

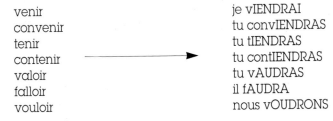

venir	je vIENDRAI
convenir	tu convIENDRAS
tenir	tu tIENDRAS
contenir	tu contIENDRAS
valoir	tu vAUDRAS
falloir	il fAUDRA
vouloir	nous vOUDRONS

3. Certains verbes prennent «VR» avant les terminaisons

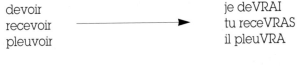

devoir	je deVRAI
recevoir	tu receVRAS
pleuvoir	il pleuVRA

4. Et pour finir...

avoir	j'AURAI
savoir	tu sAURAS
faire	il fERA
être	nous sERONS

14

LES MOYENS D'EXPRIMER L'AVENIR

■ Quelques autres valeurs des temps et modes utilisés

Présent	Futur proche	Futur simple	Futur antérieur	Conditionnel
La réalité	La réalité domine mais il y a une part d'hypothèse			Mode de l'hypo-thèse
	rattaché au pré-sent = subjectif	détaché du pré-sent = certitude	rattaché au futur	
Prévisions d'actions futures Degrés de certitude				
Vérité générale		**Aspect Constant**		
– La terre tourne autour du soleil		– L'homme sera toujours l'homme.		
		Certitude objective		
		(informations concrètes, calcula-bles, prévues par le calcul) – La population continuera à dimi-nuer en Europe.		
Certitude subjective pour un avenir proche ou lointain				
L'action future est considérée comme sûre à cause de la situation présente.		Conviction person-nelle que l'on veut communiquer		
– Cet été, je na-vigue en Grèce – Dans dix ans je suis champion de tennis.	– Paul va se ma-rier en mai. – Dans les années qui viennent, la recherche va s'in-tensifier.	– Nous résoudrons les problèmes de pollution.		
Modalités de doute sur l'affirmation				
<u>Légère</u> : présent du verbe devoir + infinitif – L'avion doit décoller à 8 h <u>Plus forte</u> : pré-sent des verbes croire, penser, compter, avoir l'intention de, avoir des chan-ces de + infinitif – il compte arri-ver le 8.				<u>Sérieuse</u> : condi-tionnel présent du verbe devoir + infinitif – La fusée Ariane devrait rentrer dans l'atmosphè-re à 16 h. <u>Très forte</u> : condi-tionnel + infinitif – Le président pourrait annuler la décision.

14

Présent	Futur proche	Futur simple	Futur antérieur	Conditionnel
Prévision hypothétique dépendant d'une condition				
– Si tout se passe bien _____		Hypothèse sur l'avenir probable La fusée décollera à 20 h	Hypothèse explicative sur le passé – S'il n'est pas venu, c'est qu'il aura eu un problème	Hypothèse sur l'avenir possible – Si la météo s'améliorait rapidement, la fusée pourrait décoller. Hypothèse sur l'avenir irréel – Si un jour je devenais poisson, je vivrais sous l'eau.
Proximité temporelle				
Lien avec le présent		**Rupture avec le présent**	**Lien avec une date future**	
Futur immédiat – Ce soir, je sors. C'est l'indicateur temporel qui marque le moment. (je sors = tout de suite) **Futur peu immédiat** – Il arrive dans quelques jours Expressions : – être sur le point de + inf. – être à deux doigts de + inf. – Vous êtes sur le point de réussir.	– Ce soir, je vais sortir. – il va nous rendre visite	Activité reportée : – on verra plus tard Date imprécise : – Je t'appellerai	Idée d'accompli : – Tu auras fini ta thèse dans quelques mois. – Ce sera fini dans quelques secondes.	
Enchaînement d'actions futures				
1 A 15 h je sors mais...	**2** je vais revenir à 16 h et...	**3** etc. je le verrai à ce moment-là		
	1 Le pilote va lancer le moteur	**2** etc. puis l'avion décollera		
		1, 2, 3 etc. ... puis nous irons à Londres. Après nous partirons pour Nice. – Je t'appellerai dès que je serai rentré (action **1** dans la phrase, action **2** dans le temps)	(action **2** dans la phrase, action **1** dans le temps)	Il repartirait dès qu'il aurait mangé (conditionnel présent et passé = futurs dans le passé)

14

Présent	Futur proche	Futur simple	Futur antérieur	Conditionnel
Valeur de promesse				
– La vaisselle est pour moi.	– Laisse, je vais faire la vaisselle.	– Je ferai la vaisselle Promesse dépendant d'une condition – Je ferai la vaisselle si tu descends la poubelle.		
Valeur de prescription				
Ordre, interdiction				
– Tu sors d'ici tout de suite. – Tu ne sors pas !	– Tu vas faire ton lit immédiatement. – Tu ne vas pas sortir comme ça !	– Tu iras chercher le pain – Tu n'iras pas chez cette fille.		
Conseil, souhait				
		– Vous ferez attention au soleil, il est dur. – Tu viendras m'embrasser en rentrant.		

Expressions de temps pour l'avenir

– Dans quelques secondes, minutes, instants
– Tout à l'heure
– Cet après-midi, demain, après-demain
– Dans deux jours, une semaine, un mois.
– Dans les jours qui viennent.
– D'ici peu, dans peu de temps, bientôt
– Dès ce soir, dès que possible, dès qu'il sera là
– Dans quelque temps, un de ces jours, un jour ou l'autre
– Désormais, dorénavant, à l'avenir, à partir d'aujourd'hui
– En 2115
– Après, (quelque temps) plus tard, par la suite

14

EXERCICES

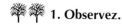 **1. Observez.**

Ces extraits de presse annoncent des actions futures.

1. Soulignez les formes verbales qui traduisent cette idée de futur.
2. Quels temps ou formes verbales permettent d'exprimer l'idée du futur ?
3. Quelles valeurs différentes expriment les futurs simples dans les numéros 4, 5, 6, et 7 ?

1 L'OPEP SE REUNIT ENCORE DEMAIN

L'Organisation des pays exportateurs de pétrole ne veut toujours pas toucher à son prix de 29 dollars le baril

2 PATRICK BAUDRY DEVRAIT S'ENVOLER BIENTOT

O N saura dans quelques jours la date à laquelle l'astronaute français Patrick Baudry pourra enfin s'envoler à bord d'une navette spatiale américaine.

3

Ce n'est plus de la science-fiction. Dans moins de dix ans, des vaisseaux vertigineusement poussés par le vent des étoiles vont faire la course en plein espace. Comme sur l'océan, la France est bien placée !

Jean-François Lazartigue :

5 *Il n'y aura plus de chauves en l'an 2000 !*

4

Le 20 mars, tard dans la soirée, Miou-Miou aura moins peur. La première de « la Musica » de Marguerite Duras aura eu lieu. En attendant, elle ne parle que de ça.

Photo Sygma

Nouée par le trac *« cela va être horrible ».*

7

Aliments riches tu modéreras, Graines végétales tu préféreras, Sucreries tu éviteras, Diversité et plaisir du goût tu encourageras, Alcool tu tempéreras, Tabac tu fuiras.

Les six commandements de la prévention, mis en forme par Guy de Thé, auteur, avec Annie Hubert, de « Modes de vie et cancers » (Editions Robert Laffont).

6

BERNARD LAVILLIERS SERA AU MEGASTORE LE 1ER FEVRIER A 17 H. NOUVEL ALBAM IF

14

Futur simple

A. Promesses

 **2. Situations.**

– Vous êtes un adolescent prolongé, trente ans et toujours chez papa-maman, paresseux, peu serviable et gardant tout votre salaire pour votre argent de poche. Vos parents, lassés, parlent de vous mettre à la porte. On les comprend ! Cette fois, vous aussi vous avez compris qu'ils sont sérieux et vous leur promettez tout ce qu'ils veulent pour ne pas vous retrouver à la rue. Pour faire vos promesses, utilisez le futur simple.

PROMESSES

1. Ne pas monopoliser la télévision. – **2.** Ne pas inviter cinquante copains sans prévenir. **3.** Faire des économies en vue de vous installer un jour de façon indépendante. – **4.** Cesser d'utiliser la voiture familiale. – **5.** Etre plus respectueux, etc.

🌳 **3.** – Vous êtes un homme politique en campagne électorale. Votre parti a mis au point tout un programme, assez démagogique, pour obtenir le maximum de voix aux élections législatives. Ce soir, vous exposez, avec le maximum de conviction, votre programme pour les années qui viennent.

Pour vos promesses électorales utilisez le futur simple et le nous : vous parlez au nom de votre parti.

PROMESSES

1. Construire de nouvelles universités.
2. Permettre à tous d'aller à l'université.
3. Eduquer toute la population.

5. Décentraliser l'administration.
6. Supprimer la dette du Tiers-Monde.
7. Mieux répartir les richesses mondiales.

4. Réduire les armements.

8. Diminuer les impôts, etc.

🌳 **4.** – Sur ce modèle vous pouvez aussi faire la liste des promesses que l'humanité, enfin consciente de sa responsabilité dans les problèmes écologiques, fait à la planète terre. Par exemple : nous ne détruirons plus les forêts pour construire des meubles hideux ou imprimer des publicités idiotes.

🌳 **5. – Dans un genre plus léger vous pouvez aussi faire la liste des promesses que font :**
– le jardinier au jardin ;
– le chat, amoureux du canari, à celui-ci, qui est un peu inquiet de son affection ;
– et bien d'autres couples que vous pouvez imaginer.

B. Offres d'emploi

🌳🌳 **6.** – Ecrit.

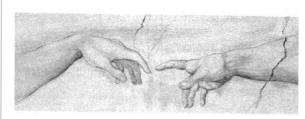

Il y aura toujours des Hommes de talent

Il y aura toujours des hommes de talent, des hommes de caractère et d'imagination, des hommes disponibles pour réunir, rapprocher, protéger, faire rêver d'autres hommes. Défenses-Espace, Télécommunications et Traitement de l'Information, Automobile et Transport. C'est sur le terrain des hautes technologies que vous exprimerez votre talent, lui donnerez toute sa dimension. Les hommes et les femmes de MATRA sont à l'origine de chefs-d'œuvre technologiques : Mistral, Spot, Radiocom 200, Euclid–IS, VAL, Véhicule Espace, ... Ingénieur Grande Ecole, vous souhaitez concevoir des produits très sophistiqués, manager, négocier au plus haut niveau... dans un grand groupe industriel ouvert sur l'international. Nous saurons reconnaître votre talent. Direction des Ressources Humaines du groupe MATRA, 4, rue de Presbourg 75116 Paris.

Rédiger une autre offre d'emploi ou une autre publicité – inventez-les de préférence, mais si vous manquez d'idées vous pouvez utiliser les éléments suivants :

Le Comité de patronage des étudiants étrangers de Grenoble (cours de langue et de civilisation françaises) cherche à recruter un animateur. Expérience professionnelle souhaitée. Tâches à assurer : visites de la ville, voyages dans des régions françaises, stages de ski, soirées dansantes, projections de films, etc. Nécessité : avoir de l'initiative, de l'imagination, un bon contact humain – savoir diriger une équipe et gérer un budget.

14

C. Programme de voyage

 7.

1ᵉʳ JOUR Départ de votre région dans un autocar de grand tourisme, à destination de l'aéroport de Marseille Marignagne. Embarquement et décollage en tout début d'après-midi sur un vol de la compagnie AIR FRANCE, à destination de TUNIS. Déjeuner à bord. A l'aéroport de Tunis, accueil par notre résident, et transfert en autocar dans la région de NABEUL, votre lieu de séjour. Installation dans votre hôtel, dîner et logement.

2ᵉ JOUR Petit déjeuner. En fin de matinée, notre résident vous présentera les excursions auxquelles vous pourrez participer. Apéritif de bienvenue. Déjeuner à l'hôtel. Après-midi, excursion incluse à HAMMAMET pour la découverte de la vieille ville, son fort et ses souks. Retour à votre hôtel, dîner et logement.

3ᵉ JOUR Petit déjeuner puis journée libre en pension complète à l'hôtel, ou en option, excursion de journée à TUNIS - CARTHAGE - SIDI BOU SAID. Vous pourrez visiter le musée national du BARDO puis les ruines romaines de CARTHAGE et le village typique de SIDI BOU SAID. Après avoir déjeuné dans un restaurant, vous découvrirez la capitale avec sa ville arabe, sa médina et ses souks. Retour à votre hôtel pour le dîner et le logement.

4ᵉ JOUR Petit déjeuner puis journée libre en pension complète à l'hôtel, ou en option, excursion de journée à DOUGGA. Les amateurs de vieilles pierres pourront apprécier les plus importants vestiges romains de la région à DOUGGA. Puis, après avoir déjeuné dans un restaurant, vous visiterez les ruines de TUBURBO MAJUS et le temple des eaux à ZAGHOUAN. Retour à votre hôtel pour le dîner et logement.

5ᵉ JOUR Petit déjeuner puis journée libre en pension complète à l'hôtel, ou en option, excursion de journée à KAIROUAN, SOUSSE et MONASTIR. Vous découvrirez sous la conduite d'un guide la grande mosquée SIDI OKBA puis le mausolée du barbier du prophète et les bassins des AGHLABITES. La visite des souks et des ateliers vous permettra d'admirer, et peut-être d'acheter, les célèbres tapis de KAIROUAN. Après le déjeuner dans un restaurant, vous visiterez MONASTIR la ville natale de Habib BOURGUIBA, puis SOUSSE, sa kasbah et sa médina. Temps libre avant le retour vers NABEUL pour le dîner et logement.

6ᵉ JOUR Après le petit déjeuner, notre résident vous fera découvrir NABEUL, son marché aux chameaux et ses célèbres poteries. Déjeuner à l'hôtel et après-midi libre pour profiter de la région ou faire quelques achats. Soirée libre à l'hôtel, ou en option, dîner spectacle tunisien avec danses bédouines et orientales, charmeurs de serpents, jongleur et mangeur de feu...

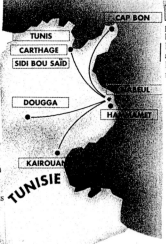

7ᵉ JOUR Petit déjeuner puis journée libre en pension complète à l'hôtel, ou en option, excursion de journée au CAP BON. Vous traverserez une région au paysage agricole de vignobles et d'agrumes tout en profitant de l'attrait du littoral. Vous visiterez l'important port de pêche de KELIBA "la capitale du poisson bleu", les ruines puniques de KERKOUANE, les sculpteurs de pierres de DARCHABANE et la coopérative de tissage de BENI KHIAR. Après le déjeuner, vous découvrirez les grottes de EL HAOUARIA et ses carrières de pierres romaines, puis les sources thermales d'eau chaude de KORBOUS. Retour à votre hôtel pour le dîner et logement.

8ᵉ JOUR Petit déjeuner, puis matinée libre pour profiter une dernière fois de votre lieu de séjour et boucler vos valises. Déjeuner de bonne heure et transfert à l'aéroport de Tunis. Arrivée à Marseille en fin d'après-midi et retour en autocar avec tous vos amis.

14

Sur le modèle du programme de voyage en Tunisie :

Etablissez un programme de voyage attirant pour les clients de votre agence de voyages. Décrivez-leur, jour par jour, les activités prévues. Faites un programme pour visiter un lieu que vous connaissez bien.

1. Faites un slogan avec le nom de la ville ou du pays, et ses curiosités principales.

Exemple :

Grenoble, ses magnifiques montagnes, sa jolie vieille ville, son domaine universitaire ultra-moderne.

2. Faites une courte description attirante de ce lieu.

Exemple :

Grenoble est une ville dynamique et moderne qui a su aussi préserver le charme de la tradition. Vous pourrez y profiter à la fois des joies de la montagne et des plaisirs culturels les plus raffinés...

3. Faites un programme de visite de trois jours, au futur simple.

Exemple :

Le matin, vous visiterez le centre d'études nucléaires, l'après-midi vous irez visiter le monastère de la Grande Chartreuse, célèbre pour sa fameuse liqueur, le soir vous assisterez à un spectacle de danse contemporaine à la maison de la culture.

D. Prospective

 8.

- **Complétez le tableau**
- **Comparez vos idées et discutez-les**

3ᵉ millénaire

ALIMENTATION	AMOUR
Les futurologues ne sont pas entièrement d'accord. Certains prévoient que nous vivrons une pénurie alimentaire généralisée, d'autres que nous trouverons une solution scientifique à tous ces problèmes, que nous cultiverons des plantes hydroponiques et mangerons des pilules. Qui croire ?	
ARTS	DÉPLACEMENTS
PHILOSOPHIE	POUVOIRS
PROBLÈMES	TRAVAIL
Comme l'a dit Romain Gary (écrivain) «Les 20 000 prochaines années seront difficiles». Mais elles le seront comment A mon avis...	Les différences s'aggraveront entre les gens qui auront un travail et ceux qui n'en auront pas, les pays où les citoyens auront six mois de vacances et ceux où les enfants devront travailler pour survivre. Mais peut-être répartirons-nous mieux les richesses ? Est-ce que des révolutions nous y obligeront ?

E. Prescriptions

 9.

On peut utiliser les deuxièmes personnes du singulier et du pluriel du futur pour donner des ordres ou des instructions ou pour écrire un règlement :

– *« Pierre, tu iras à la boulangerie, s'il te plaît et tu achèteras du pain».*

– *« Mademoiselle, vous taperez cette lettre en trois exemplaires s'il vous plaît».*

RÈGLEMENT

Tous les gens prétendent que les jeunes font n'importe quoi, qu'il n'y a plus de discipline dans les écoles, du moins qu'elle n'existe plus. Eh bien, venez chez nous au LEP Maryse-Bastié à Hayange Marspich (Moselle), et vous constaterez par vous-même.

Voici des exemples bien précis de notre règlement intérieur :

– Tu ne fumeras point dans l'établissement et dans la cour extérieure, il faut avoir dix-huit ans ou une autorisation des parents.
– Tu ne sortiras pas comme tu le veux en cas d'absence de professeur.
– Tu ne prendras pas de médicaments sur toi, confie-les à l'infirmière.
– Tu ne prendras pas d'argent au lycée, ou des objets non identifiés scolairement.
– Tu ne mâcheras pas de chewing-gum.
– Tu ne t'appuieras pas contre les murs.
– Tu ne parleras pas mal comme certains adultes le font.
– Tu n'utiliseras pas tes mains pour manger ton poulet.
– Tu ne te placeras pas comme tu veux à la cantine.
– Tu ne diras pas ce que tu penses lors des conseils de classe, car le conseil a toujours le dernier mot.
– Tu seras bien vu dans le lycée si tu te tiens correc-

14

– Tu ne mettras pas de talons aiguilles.
– Tu ne mettras pas de mini-jupe.
– Tu n'abuseras pas de maquillage, reste discrète.
– Tu soigneras ta coiffure (pas de longue mèche) et tu feras des coupes décentes (pas de punk, de rasta...).

Avec ces exemples, vous pouvez voir que l'on cherche à nous faire conserver la discipline scolaire, la bonne tenue, et le savoir-vivre.

Qu'en pensez-vous ?

**Hélène Ruiz et toute la classe
57300 Mondelange**

Le Matin, 25.1.85

• **Observez** : Ici on utilise le « TU » à valeur générale. Les règles sont valables pour tous les lycéens de ce collège.

A. Les dix commandements

Voici une liste d'actions qui peuvent servir à faire les dix commandements du bon danseur ou du mauvais danseur. Atten-tion, selon le cas, aux négations à mettre ou à enlever.

1. Ecraser les pieds de sa partenaire. – **2.** Ne pas suivre exactement le rythme. – **3.** Oublier de diriger. – **4.** Porter un parfum très violent. **5.** Serrer sa partenaire à l'étouffer. – **6.** Lâcher sa partenaire pendant une passe de rock. **7.** Draguer toutes ses partenaires. – **8.** Manger de l'ail avant la soirée. – **9.** Parler de philosophie en dansant. – **10.** Danser un tango comme un paso.

B.

Si vous préférez imaginer vous-même des commandements vous pouvez en faire pour :

– les bons ou les mauvais : parents ; enfants ; séducteurs ; présidents de la République ; coiffeurs ; musiciens ; professeurs ; cuisiniers ; policiers ; etc.

Présent à valeur de futur + expressions de temps, ou futur simple ?

Si un événement est :

       1. réellement très proche dans le temps

       2. subjectivement très proche pour vous

vous pouvez utiliser le présent + une expression de temps pour exprimer le futur

Exemples : Mon frère arrive ce soir

      Dans trois ans je me marie

mais pas : En l'an 3000 il n'y ~~a~~ plus d'hommes   (Trop loin !)
               aura

---

10. A et B ont les mêmes problèmes et les mêmes envies.
– A est décidé à agir rapidement et fixe des dates précises. Dans sa tête, c'est déjà fait : il parle de ses actions futures au présent.
– B a bien envie mais n'est pas vraiment décidé ; ou alors il est décidé mais il ne sait pas quand. C'est encore loin dans son esprit : il parle au futur simple.
Faites parler A et B en utilisant les éléments ci-dessous :

Pour A	Pour A et B	Pour B
Dès ce soir	Ne plus fumer	Dans quelque temps
Pendant les vacances	Se mettre au régime	Peut-être
Le week-end prochain	Arrêter de boire	Bientôt
Le mois prochain	Commencer à réviser	Un de ces jours
Dans deux mois	Se marier	Un jour ou l'autre
Aussitôt que possible	Prendre une année sabbatique	Quand ce sera possible
Après les examens	Faire une grande fête	Quand j'aurai le temps
Dès demain	Apprendre le chinois	La semaine prochaine, qui
L'an prochain	Rester à Grenoble	sait...
Dans deux ans	Faire le tour du monde	Un jour

Futur proche

> – « Qu'est-ce que **tu vas faire** cet été ?
> – **Je vais aller** en Turquie. Sans ma copine...
> – Ah bon ? Qu'est-ce qu'elle va faire ?
> – Travailler avec son amie Martine. Elles **vont vendre** des frites sur une plage.

• **Observez :** les verbes en caractères gras sont au futur proche. D'après vous, comment fabrique-t-on un futur proche ?

🌳 **11. – Répondez en utilisant le futur proche**

• Dans les situations suivantes
– Qu'est-ce que vous allez faire ?
– Qu'est-ce que vous allez éprouver ?
– Qu'est-ce que vous allez penser ?
– Comment est-ce que les autres vont réagir ?

• **Proposez au moins deux phrases en réponse. Si vous n'avez pas d'idées, utilisez celles qui sont entre parenthèses.**

• **Situation 1**
– Un orage terrible vient d'éclater. Il pleut très fort. Que va-t-il se passer ?
– Le vent _____ (casser les branches / emporter les parapluies)
– La pluie _____ (inonder les rues / tremper les passants)
– Les passants _____ (se mettre à l'abri : courir)
– La circulation _____ (ralentir)
– Les pompiers _____ (avoir du travail)
– Mon chien _____ (se cacher sous le divan)
– Je _____

• **Situation 2**
Les Blanc viennent d'acheter une maison de campagne, une vieille ferme. Il y a beaucoup d'aménagements à faire. Ils expliquent tout cela à leurs amis :
– nous avons beaucoup de projets pour cette maison, nous _____ (planter des arbres fruitiers / refaire le toit / installer une cheminée / creuser une piscine / agrandir la terrasse / repeindre le premier étage).

Futur proche et futur simple

• **Lorsque vous énoncez une série d'actions futures, vous pouvez le faire entièrement avec le futur simple mais vous** pouvez aussi marquer la succession en commençant par un futur proche et en continuant au futur simple, par exemple :

Demain je vais travailler jusqu'à 10 h du soir et après, je me coucherai.

ATTENTION ! ne continuez pas à mélanger ces deux temps ensuite : Dans le même texte, il est habituel de continuer au futur simple et dans la même phrase c'est absolument obligatoire.

🌳 **12. – Nous sommes jeudi soir. Enoncez vos projets pour le week-end.**

Exemple : « *Demain soir, je vais sortir : je vais aller voir* Danse avec les loups. *Samedi j'irai passer un moment à la campagne, chez ma sœur mais je rentrerai pour passer la soirée chez des amis. Dimanche je resterai tranquillement à la maison* ».

• Vos projets : _____
• Les projets de vos amis : _____

🌳🌳 **13. – Futur proche et futur simple**

Le forage le plus profond va être effectué en RFA, en Forêt-Noire ou dans le Haut-Palatinat : un puits creusé à 14 km de profondeur, révèle le *Süddeutsche Zeitung* de Munich. Deux cents géoscientifiques participeront aux travaux, le forage devant donner, à défaut de pétrole, des renseignements importants pour l'étude de la croûte terrestre.

Fast-food à Pékin
La première chaîne de fast-food à la chinoise va être inaugurée. 50 000 repas par jour seront ainsi servis, principalement aux écoliers et aux fonctionnaires. Les baguettes ne sont pas prohibées.

Cosy Escalade
Pour les enragés de la grimpe et les hommes-araignées, comme Patrick Edlinger, la nouvelle barre d'escalade « autofixée » en bois torsadé est indispensable. Non seulement les muscles de vos doigts, mains, poignets, bras et torse vont s'endurcir, mais surtout les prises n'auront plus de secret pour vous. Vous la trouverez au Vieux Campeur (329.12.32) en deux versions : fixation par vérins (240 F) ou par scellement (320 F).

14

Ecrivez d'autres entrefilets annonçant des événements futurs à partir des éléments suivants :

1. Projets du président de la République pour la semaine prochaine : se rendre en visite en Afrique, assister à une conférence inter-Etats, avoir un entretien avec les chefs de plusieurs Etats.

2. Une publicité de journal féminin annonce la sortie prochaine d'un nouveau produit-miracle pour maigrir. Objectifs : transformer les gens en quelques jours, affiner la silhouette, faire s'envoler les kilos en trop.

3. Information de l'EDF sur un projet de centrale électrique : implantation près de Lyon – Début des travaux en décembre. Objectif : fournir de l'électricité à toute la région dans trois ans.

4. Ouverture demain de l'exposition « Voyages et Tourisme » à Alpexpo. Inauguration par le maire. Objectifs des agences de voyage : offrir toutes les informations possibles aux Grenoblois, faciliter les réservations, faire connaître des destinations lointaines.

🌲🌲 14. – Présent, futur proche ou futur ?

• Pour exprimer l'idée d'avenir dans les phrases suivantes, choisissez entre : le présent / le futur proche / le futur simple.

1. Ce jour-là Annie était inquiète, elle craignait une catastrophe et elle n'arrêtait pas de répéter :
« Il (se passer) —— quelque chose de terrible, je le sens ».

2. Vous discutez de mariage, certains sont pour et d'autres contre. Marie qui est très traditionaliste déclare soudain :
– Moi, je (se marier) —— à l'église, et en blanc !
Jacques, qui est un fiancé sérieux et très organisé dit :
– Moi, je (se marier) —— dans trois ans, après mes études.

3. Vous demandez des nouvelles de Sophie et on vous apprend qu'elle a des projets, sérieux mais pas définitifs, de séjour aux USA
– Elle (partir) —— aux USA en avril.

4. Vous voulez avoir d'urgence MM. Dupont et Durand mais leur secrétaire vous répond que c'est impossible.
– Désolé, monsieur mais ils (prendre) —— le train dans une heure.

5. Votre fils a oublié sa clé et, derrière la porte, il vous crie de lui ouvrir. Que lui répondez-vous ?
– Je (ouvrir) ——, mon chéri.

6. Vous dînez chez une amie qui a l'air très fatiguée. Au moment de faire la vaisselle, vous vous proposez :
– Laisse, je (faire) ——.

7. Vous êtes journaliste à la météo, vous savez qu'on attend de la pluie pour demain. Comment l'annoncez-vous à la télé :
– Pas de chance demain : il (pleuvoir) —— sur toute la France.

8. Votre mère, qui a écouté la météo, vous voit partir sans parapluie. Elle vous dit :
– Prends ton parapluie, mon chéri : —— (pleuvoir).

9. M. Dupont ne vient pas chaque jour à la même heure au bureau. Personne ne connaît ses horaires précisément. Vous voulez le voir : on vous répond :
– Il n'est pas encore là mais il (venir) —— dans la matinée.

10. Vous attendez un coup de téléphone de votre mari qui est en voyage mais votre fille veut aller au cinéma avec vous tout de suite. Vous lui dites :
– Ma chérie, je ne peux pas sortir maintenant ton père (téléphoner) ——
Très en colère elle vous répond :
– Et après ? s'il ne te trouve pas il (rappeler) ——.

11. Vous espérez un coup de téléphone de votre petit ami, avec qui vous vous êtes disputée. Votre amie Sophie est désolée de vous voir triste et elle dit :
– Allons, ne t'inquiète pas, il (téléphoner) ——
Votre amie Christine est furieuse que vous restiez là à attendre.
– Tu ferais mieux de sortir, tu sais bien qu'il (ne pas téléphoner) ——.

12. Vous racontez à quelqu'un votre programme pour la soirée :
– je (aller) —— au cinéma, ensuite je (dîner) —— —— au restaurant avec des amis.

13. Vous ne connaissez pas encore la Grèce mais vous voulez la visiter un jour ou l'autre.
– Je ne sais pas quand je (pouvoir) —— aller en Grèce, mais je (visiter) —— ce pays.

14. Vous avez décidé depuis déjà longtemps votre programme pour vos prochaines vacances. Vous rêvez d'y être déjà.
– Cet été, nous (partir) —— en Grèce.

15. Vous avez des projets pour cet été ?
– Oui, nous (voyager) —— en Grèce.

16. Quelqu'un vous demande son chemin dans la rue. Vous le lui indiquez :

14

– Vous (prendre) —— la première rue à gauche.
– Puis, vous (traverser) —— le jardin jusqu'à la fontaine, et là vous (demander) —— à quelqu'un d'autre.

Futur antérieur

Dépêchez-vous : les démolisseurs auront tout rasé à l'aube

🌼🌼 **15. – Votre mère veut vous envoyer faire les courses. Vous ne voulez pas y aller tout de suite. Compléter la liste des prétextes au futur antérieur**

J'irai quand j'aurai fini mes devoirs ; quand je me serai coiffé, etc.

🌼🌼 **16. – Un jour lointain vous aurez 90 ans et vous pourrez dire en regardant en arrière votre vie : « J'aurai bien vécu ».**

Qu'est-ce qui, à ce moment-là, vous permettra de faire cette déclaration ? Qu'est-ce que vous aurez fait avant vos 90 ans pour pouvoir le dire ?
Certains diront :
– J'aurai réalisé mes rêves. – J'aurai élevé correctement mes enfants. – J'aurai surmonté intelligemment mes problèmes. – J'aurai été généreux.

–... et vous, que direz-vous ?
(faire de son mieux / beaucoup rire / être le plus gentil possible / essayer de comprendre le monde / bien s'amuser / beaucoup apprendre / devenir quelqu'un de bien / ne pas faire trop de mal / ...

🌼🌼 **17. – Mettre au futur antérieur.**

a) Chez le médecin :
Vous irez mieux quand (finir) ___ ce traitement ; quand (se reposer) ___ ; quand (être opéré) ___.

b) Le monde ira mieux ...
... quand les hommes (comprendre) ___ que la guerre ne sert à rien.
... quand les maladies (être éliminées) ___
... quand les problèmes écologiques (être résolus) ___
... quand les grandes puissances (se décider) ___ à faire la paix.

🌼🌼🌼 **18. – Mettre les verbes entre parenthèses au futur ou au futur antérieur**

a) RECETTE DE CUISINE : LES ŒUFS DURS
Vous (mettre) ___ les œufs dans une casserole d'eau bouillante. Quand ils (cuire) ___ dix minutes vous les (retirer) ___ du feu et vous les (plonger) ___ dans l'eau froide. Vous (pouvoir) ___ enlever leur coquille quand ils (refroidir) ___ cinq minutes.

b) L'ANNIVERSAIRE-SURPRISE
On (préparer) ___ tout en cachette et on (faire) ___ semblant d'avoir oublié l'anniversaire de papa. Bien sûr il (être) ___ un peu triste mais il (ne rien oser dire) ___ Quand on (finir) ___ de manger on lui (souhaiter) ___ bonne nuit. C'est à ce moment-là que maman (arriver) ___ avec le gâteau qu'elle (préparer) ___ et que nous lui (donner) ___ les cadeaux que nous (fabriquer) ___ Déjà là, il (être) ___ très content. C'est à ce moment-là que tous les gens que nous (inviter) ___ (arriver) ___, et on (faire) ___ une fête à tout casser toute la nuit !

🌼🌼🌼 **19.**

• Il peut arriver tant de choses pendant la durée d'une vie humaine, le monde moderne va si vite... A votre avis, qu'est-ce qui aura changé dans cinquante ans, et pourquoi ?
Décrivez l'état futur au futur ou futur simple et sa cause au futur antérieur. Exemple :

– Il n'y aura plus d'éléphant...	car	... on aura tué le dernier en 2021.
– Les femmes ne feront plus d'enfants...	parce que	... les savants auront inventé le médicament qui rend éternel
etc.		

🌼🌼 **20. – Futur antérieur et futur**
• **Composer des phrases avec les éléments suivants :**
Exemple :
Paul – Quand –1 : se laver ; 2 : aller se coucher.
→ Quand Paul se sera lavé il ira se coucher.

1. Elle – Lorsque – 1 : finir son travail ; –

2 : quitter le bureau.

2. Tu – Dès que –1 : terminer la vaisselle ; – 2 : descendre la poubelle.

3. Les enfants – Aussitôt que – 1 : rentrer de l'école ; – 2 : regarder la télévision.

4. Nous – Tout de suite après que – 1 : revenir de vacances ; – 2 : vous téléphoner.

5. Le chat – Dès que – 1 : choisir le bon coussin ; – 2 : faire la sieste.

6. Je – Quand – 1 : retourner à la maison ; – 2 : terminer le dossier Dupont.

7. Il – Lorsque – 1 : rédiger sa thèse ; – 2 : retourner dans son pays pour travailler.

8. Elle – Dès que – 1 : élever ses enfants ; – 2 : reprendre une activité professionnelle.

9. Vous – Lorsque – 1 : se reposer un peu; – 2 : rendre visite au responsable de l'agence.

10. Ils – Quand – 1 : nettoyer l'appartement ; – 2 : le louer pour l'été.

11. Tu – Aussitôt que – 1 : trouver la maison de tes rêves ; – 2 : déménager.

12. Il – Dès que – 1 : rencontrer ma sœur ; – 2 : avoir envie de l'épouser.

Expression de l'avenir verbe devoir

Pour parler d'un événement futur on peut utiliser le présent ou le conditionnel présent du verbe devoir + infinitif.

1. L'événement évoqué est probable mais pas tout à fait certain. La certitude domine.

• **présent de devoir + infinitif**
    « Mon mari doit rentrer d'ici peu »

2. L'événement évoqué n'est pas certain ou il y a un doute sur sa vérité, sa date, son déroulement, ses conséquences. Le doute domine.

• **conditionnel présent + infinitif de devoir**
    « L'avion devrait atterrir dans une heure »

🌳 **21. – Verbe devoir au présent.**

A – Répondez avec le verbe devoir au présent + infinitif.

1. « Le docteur sera bientôt là ?
– Oui, ____ à 14 h .» (arriver).

2. « Tu as des nouvelles de Jacques ?
– Oui, ____ ce soir. » (passer à la maison).

3. « Ce n'est pas aujourd'hui qu'Annie revient de vacances ?

– Si, ____ dans une heure ou deux. » (débarquer à Orly).

4. « Les enfants sont là ?
– Non, mais entre quand même, ____ dans cinq minutes. » (revenir).

5. « Alors, c'est bientôt les vacances ? »
– Oui, nous ____ lundi. (partir).

6. « Tu peux m'accompagner à l'aéroport ?»
– Non, le patron ____ (m'appeler).

7. « Mademoiselle, que dois-je faire ce matin ?
– Vous ____ (recevoir la presse), Monsieur ».

B – Voici le programme de la journée de deux présidents de la République, celui de la France et celui de l'Italie

– Arrivée à 9 h, à Orly, du président italien.
– Discours de bienvenue à 9 h 10 du président français.
– Départ pour l'Elysée, discussion de deux heures.
– Déjeuner à l'Elysée.
– Visite commune du nouveau Centre culturel italien.
– Nouveaux entretiens en fin d'après-midi.
– Dîner à l'Elysée en présence de nombreux artistes des deux pays.

• **Vous êtes le journaliste qui fait le journal radio de 7 heures du matin. Annoncez aux auditeurs le programme des deux chefs d'Etat : le président italien et le président français.**
– Aujourd'hui à 9 h _____.

🌳 **22. – Expression de l'avenir : verbe devoir au conditionnel présent.**

Tout devrait bien se passer

• **Exemple :** *Les Jacquemin, qui partent en vacances, à leur femme de ménage :*
– *Nous devrions être de retour le 16 août. Peut-être le 17. Nous vous téléphonerons pour vous confirmer.*

On utilise le conditionnel présent du verbe devoir + l'infinitif de l'action évoquée. Complétez les dialogues suivants :

1. « Tu sors ? à quelle heure rentres-tu ?» demande madame Dumorest à son fils.
– « Je _____

2. J'aurai une bourse de 6 000 F par mois. Crois-tu que ce sera suffisant pour vivre ? demande Sébastien, étudiant, à un autre étudiant. – Tout est cher à Paris, mais tu _____

3. « Vous avez eu une réponse du ministère ?» demande un professeur ou représentant syndical. – Pas encore, mais normalement _____

14

4. « Alors, ton patron est d'accord pour nos dates de vacances ?» demande Vincent Gauriol à sa femme.
– Je lui ai expliqué notre problème. Il ____ demain.

5. Il y a longtemps que nous n'avons pas de nouvelles des copains de Strasbourg ! dit Victor Delanoux à sa copine.
– Ils n'oublient jamais mon anniversaire. Nous ____ bientôt.

6. Le temps est bien bizarre aujourd'hui, bien orageux, vous ne trouvez pas ?» dit Catherine Maisonneuve à son voisin paysan.
– Pour sûr ! nous ____ avant la nuit.

7. Docteur, quand vais-je de nouveau me sentir en pleine forme ?» demande Marie Giratoire à son chirurgien.
– Si vous vous reposez bien, vous ____ d'ici trois semaines.

8. Les petites ne sont pas encore rentrées de l'école, dit Christian Dabadie, inquiet, à sa femme.
– Elles s'arrêtent toujours chez Nadine pour bavarder. Elles ____ sous peu.

🌳🌳 **23. – Sur le modèle de l'entrefilet suivant, composer des titres et de courts articles avec les éléments proposés. Ou inventez-en, si vous préférez.**

> LA NOUVELLE FUSÉE ARIANE DEVRAIT ÊTRE OPÉRATIONNELLE EN JANVIER.
>
> L'équipe scientifique annonce que, selon toutes probabilités, la construction du nouveau prototype devrait se terminer courant novembre. « Nous devrions pouvoir lancer Ariane XXV en janvier » a déclaré le responsable du projet M. Gaffandie.

1. On annonce l'ouverture de la lune aux touristes pour les années à venir. Les plus gros voyagistes essaient d'obtenir le marché. Le Club Méditerranée semble le mieux placé pour l'obtenir. – **2.** Le climat est très perturbé ces dernières semaines. La météo nationale est de plus en plus prudente. Elle prévoit une amélioration relative sur le Sud-Est en début de semaine, sauf si le cyclone Robert change de route. Elle annonce un week-end acceptable. **3.** L'actrice Laure Chanaron se retirera bientôt de la scène en raison de son grand âge, d'après son entourage. Mais elle montera probablement une école de théâtre. Ses élèves seront probablement d'excellents acteurs. – **4.** Les chefs d'Etat des pays développés se réunissent actuellement en conférence sur l'allégement de la dette du Tiers-Monde. Certains sont pour sa suppression pure et simple. Une amélioration de la situation des pays endettés sera probablement décidée. – **5.** L'écrivain André Mathuvut est candidat à l'Académie française. Il est soutenu par de nombreux académiciens, surtout les plus âgés. Son élection est probable. – **6.** Le château de Versailles prend l'eau, il va falloir refaire entièrement le toit. Les travaux seront probablement longs et coûteux. L'état prévoit un budget de 5 millions de francs. Normalement, les visites ne seront pas interrompues pendant les travaux.

🌳 **24. – Présent de penser, compter + infinitif.**

• **Modélisez les affirmations sur l'avenir suivantes en utilisant les verbes : penser, compter + infinitif.**

• **Exemple :** *Il arrivera demain*

→ Il | compte arriver demain.
   | pense

1. Le président modifiera le texte de loi. **2.** Mon mari rentrera demain soir. – **3.** L'usine licenciera 10 000 personnes. – **4.** J'obtiendrai un crédit. – **5.** Nous déménagerons en août. **6.** Tu viendras demain ? – **7.** Le patron ne recevra personne aujourd'hui. – **8.** Vous finirez bientôt ?

🌳🌳 **25. – *Etre sur le point de***
Exprime un futur proche – ne peut pas s'utiliser avec une expression de temps

Répondez en utilisant le présent de « être sur le point de » et l'infinitif entre parenthèses.

Exemple : *Le train de Paris est déjà parti ? (partir)*
– Non, mais il est sur le point de partir.

1. « Pierre et Sophie sont toujours ensemble ?
– Oui, ils (se marier) ————.»
2. « Vous avancez dans vos recherches sur le vaccin ?
– Oui, nous (découvrir la solution) ———— »
3. « Que pensez-vous de la situation internationale ?
– A mon avis, la guerre (éclater) ———— ».
4. « Alors, quoi de neuf ?
– Je (changer de ville) ———— ».
5. « J'aimerais parler à monsieur ou à madame Duchaussoy.

– Rappelez plus tard, ils (passer à table) —— ».

6. « On manque encore de locaux dans cette université !

– Du calme ! Le ministère (débloquer des subventions) —— ».

7. « C'est décidé, demain je donne ma démission.

– Ah non ! tu (faire une grosse bêtise) —— Réfléchis encore ».

8. « Martin, j'ai une bonne nouvelle pour vous.

– Quoi ?

– Vous (avoir une promotion) —— ».

🌳🌳 **26. Avoir des chances de...**
Etre à deux doigts de... + infinitif.

🌳🌳 **27.**

Fabriquez des micro-dialogues sur le modèle suivant :

Paul : Obtenir l'autorisation de la préfecture.

→ « *A ton avis, Paul a des chances d'obtenir l'autorisation de la préfecture ?*

– Oui, il est à deux doigts de l'obtenir. »

1. Martin : Avoir le poste de Paris. – **2.** Simone : Publier son roman. – **3.** Daniel : Faire une exposition. – **4.** Guy : Partir pour les territoires d'outre-mer. – **5.** Jacques : Devenir directeur. **6.** Les Boufoille : Trouver un sponsor. **7.** Florence : Décrocher un stage. – **8.** Les Maillet : Réussir leur pari.

Présent, passé ou futur ?
Donner des explications

Le futur permet de donner une explication. Vous ignorez les raisons d'un événement, mais vous avez une explication que vous trouvez tout à fait probable. Vous pouvez donner cette explication avec :

     – un futur simple

     – un futur antérieur

     – devoir + infinitif.

Si vous êtes tout à fait sûr de votre explication vous utiliserez de préférence le présent ou un temps du passé.

Exemple : Le poisson rouge a disparu !

→ certitude : – le chat l'a (sûrement) mangé ;

             – c'est (sûrement) le chat !

  probabilité : – ça doit être le chat ;

           – ce sera encore le chat le coupable ;

           – le chat l'aura mangé.

1. Il est en retard d'une heure.

– explications sûres

– explications probables

2. Elle est d'une humeur de chien, ce matin.

– explications sûres

– explications probables

3. Il a perdu la course alors que tout le monde pensait qu'il la gagnerait.

– explications sûres

– explications probables

4. Vous voyez vos enfants rentrer sur la pointe des pieds à la maison avec un gros paquet, en essayant de se cacher.

– explications sûres

– explications probables

Le passé

EXERCICES

- Passé composé
 1, 2, formes
  3 à 7, accord du participe passé (sauf pronominaux)
   8, verbes pronominaux
    9, 10, divers

     - Imparfait
      11 à 13, description, regret, suggestion, habitudes
       14, imparfait, présent
        15, présent, passé composé, futur

         - Imparfait, passé composé
          16 à 20, habitudes / changements
           21 à 25, actions principales / actions secondaires
            26, vision du passé
             27, 28, textes à mettre au passé
              29, créativité

               - Plus-que-parfait
                30, formes
                 31 à 38, plus que parfait et autres temps du passé
                  39 à 42, paragraphes
                   43, 44, 51, divers
                    45 à 49, synthèse
                     50, aspect

15

LE PASSÉ COMPOSÉ

Présentation de la conjugaison

		Passé composé		
		Auxiliaire ÊTRE ou AVOIR au présent	+	Participe passé du verbe
tomber partir venir s'asseoir se couvrir mourir	**Avec** **ÊTRE**	je tu il / elle / on nous nous vous vous ils / elles	**suis** **es** **est** **sommes** **êtes** **sont**	**tombé(e)** **parti(e)** **venu(e)** **assis(es)** **couvert(e)s** **mort(e)s**
manger finir courir comprendre peindre ouvrir	**Avec** **AVOIR**	j' tu il / elle / on nous vous ils / elles	**ai** **as** **a** **avons** **avez** **ont**	**mangé** **fini** **couru** **compris** **peint** **ouvert**

15

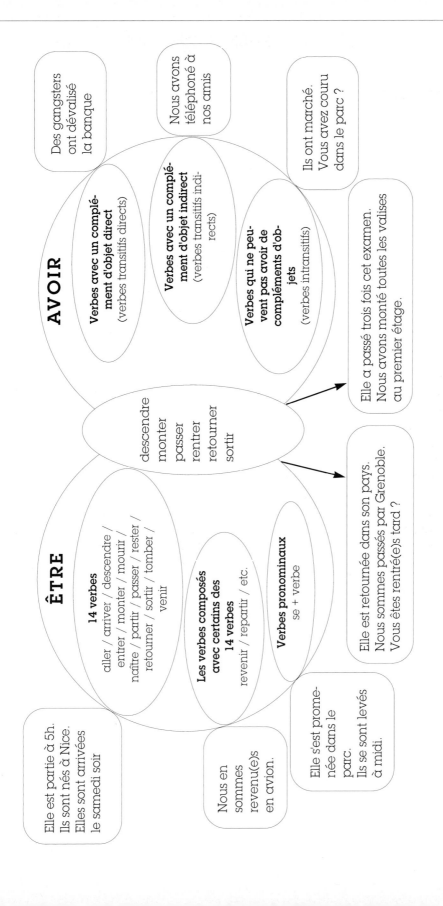

AVOIR

Des gangsters ont dévalisé la banque

Verbes avec un complément d'objet direct (verbes transitifs directs)

Verbes avec un complément d'objet indirect (verbes transitifs indirects)

Nous avons téléphoné à nos amis

Verbes qui ne peuvent pas avoir de compléments d'objets (verbes intransitifs)

Ils ont marché.
Vous avez couru dans le parc ?

descendre
monter
passer
rentrer
retourner
sortir

Elle a passé trois fois cet examen.
Nous avons monté toutes les valises au premier étage.

Elle est retournée dans son pays.
Nous sommes passés par Grenoble.
Vous êtes rentré(e)s tard ?

ÊTRE

14 verbes
aller / arriver / descendre / enter / monter / mourir / naître / partir / passer / rester / retourner / sortir / tomber / venir

Les verbes composés avec certains des 14 verbes
revenir / repartir / etc.

Verbes pronominaux
se + verbe

Elle est partie à 5h.
Ils sont nés à Nice.
Elles sont arrivées le samedi soir

Nous en sommes revenu(e)s en avion.

Elle s'est promenée dans le parc.
Ils se sont levés à midi.

15

165

LES PARTICIPES PASSÉS DES VERBES

15

sons	graphies	– ER (tous les verbes)	– IR	– URE – IRE – AIRE	– DRE	– ENDRE	– TRE – VRE	– OIR (la majorité des verbes) – OIRE
[e]	é	aller → **allé**, manger → **mangé**					naître → **né**, être → **été**	
[i]	i		grossir → **grossi**, finir → **fini**, partir → **parti**, maigrir → **maigri**	rire → **ri**, suffire → **suffi**			suivre → **suivi**	
[i]	is		acquérir → **acquis**, conquérir → **conquis**			apprendre → **appris**, comprendre → **compris**	mettre → **mis**, transmettre → **transmis**	s'asseoir → **assis**
[i]	it			frire → **frit**, interdire → **interdit**, dire → **dit**, conduire → **conduit**, écrire → **écrit**, séduire → **séduit**, prescrire → **prescrit**, traduire → **traduit**				
[y]	u		tenir → **tenu**, courir → **couru**, venir → **venu**, survenir → **survenu**, parvenir → **parvenu**, parcourir → **parcouru**	lire → **lu**, plaire → **plu**, taire → **tu**, conclure → **conclu**	moudre → **moulu**, coudre → **cousu**, résoudre → **résolu**, confondre → **confondu**, perdre → **perdu**	entendre → **entendu**, attendre → **attendu**, défendre → **défendu**, descendre → **descendu**, vendre → **vendu**	battre → **battu**, paraître → **paru**, vivre → **vécu**	avoir → **eu**, pouvoir → **pu**, boire → **bu**, voir → **vu**, devoir → **dû**, vouloir → **voulu**, falloir → **fallu**, recevoir → **reçu**, savoir → **su**, pleuvoir → **plu**, croire → **cru**
[y]	us			inclure → **inclus**				
[ɛ]	ait			faire → **fait**, extraire → **extrait**, distraire → **distrait**				
[ɛ̃]	eint				étreindre → **étreint**, éteindre → **éteint**, peindre → **peint**, feindre → **feint**, atteindre → **atteint**			
[ɛ̃]	aint				craindre → **craint**, contraindre → **contraint**			
[ɛ ʁ]	ert		couvrir → **couvert**, offrir → **offert**, ouvrir → **ouvert**, souffrir → **souffert**					
[ɔ ʁ]	ort		mourir → **mort**					

EXERCICES

🌳 1. – Etre ou avoir ? Telle est la question.
Complétez les phrases avec l'auxiliaire qui convient.

1. L'avion ____ décollé à midi. – **2.** Il ____ arrivé avec beaucoup de bagages. – **3.** Je n' ____ pas bien compris la situation. – **4.** Elle s' ____ réveillée de bonne heure. – **5.** Nous ____ vu de nombreux pays. – **6.** Elles se ____ promenées dans la ville. – **7.** Les deux garçons ____ voulu expliquer la situation mais ils n' ____ pas pu le faire. – **8.** Vous ____ descendu tout seul ? **9.** Je ____ retourné à l'université. – **10.** Anne et Sophie ——— venues en voiture. – **11.** Le ministre de l'économie ____ mort hier soir d'une crise cardiaque. – **12.** Où est-ce que tu ____ né ? – **13.** Mes amis et moi, nous ____ revenus pour tout vous expliquer. – **14.** Le ministre ____ été très content de l'accueil qu'il ____ reçu dans ce pays. – **15.** Excusez-moi, je n' ____ pas pu vous répondre tout de suite. **16.** L'été dernier nous ____ beaucoup souffert de la chaleur. – **17.** Quand est-ce que vous ____ rentré ? Je ____ revenu de Londres la semaine dernière. – **18.** Quand est-ce que tu ____ allé faire ton dossier ? – **19.** Par où est-ce que vous ____ passés ? Nous ____ pris la route de Lyon. – **20.** Ce matin je n' ____ pas entendu sonner mon réveil, je ____ arrivé en retard.

🌳 2. – Trouvez le participe passé.
Complétez les phrases suivantes avec le participe passé qui convient.

1. *être* : J'ai ____ bien contente de recevoir ta lettre. – **2.** *quitter* : Le film était mauvais, il a ____ la salle. – **3.** *finir* : Avez-vous ____ les exercices ? – **4.** *rire* : Le film était comique : nous avons beaucoup ____ . – **5.** *suivre* : J'ai ____ la conférence avec beaucoup d'intérêt.
6. *conquérir* : Son charmant sourire a ____ tout le monde. – **7.** *apprendre* : Pourquoi n'avez-vous pas ____ la leçon ? – **8.** *mettre* : Pour aller danser, elle a ____ sa jolie robe. – **9.** *s'asseoir* : Pour mieux entendre le cours je me suis ____ au premier rang. – **10.** *dire* : Qu'est-ce que vous lui avez ____ ? – **11.** *écrire* : Je suis déçue : il ne m'a jamais ____ . – **12.** *courir* : Il a ____ le 100 mètres en 12 secondes. **13.** *lire* : Il aime tellement Victor Hugo qu'il a ____ toute son œuvre. – **14.** *attendre* : Vous avez ____ longtemps ? – **15.** *vivre* : Nous avons ____ 10 ans à Paris. – **16.** *sauter / avoir* : Elle a ____ en parachute : elle a ____ très peur. **17.** *savoir* : La secrétaire n'a pas ____ me répondre. – **18.** *boire* : Il est malade parce qu'il a trop ____ . – **19.** *pouvoir* : Est-ce que tu as ____ joindre Véronique ? – **20.** *vouloir* : Qu'est-ce qu'ils ont ____ faire ? – **21.** *recevoir* : Avez-vous ____ les nouveaux modèles ? **22.** *raconter / croire* : Il m'a ____ une histoire bizarre, je ne l'ai pas ____ . – **23.** *craindre* : Elle n'a jamais ____ le froid. – **24.** *ouvrir* : Elle n'aime pas la fumée elle a ____ la fenêtre. **25.** *mourir* : Victor Hugo est ____ en 1885.

15

Passé composé et accord du participe passé

A.

Passé composé = ÊTRE au présent + participe passé	
1. 14 verbes et les composés des verbes soulignés. aller / arriver / <u>descendre</u> / <u>entrer</u> / <u>monter</u> / mourir / <u>naître</u> / <u>partir</u> / <u>passer</u> / rester / retourner / <u>sortir</u> / <u>tomber</u> / <u>venir</u> / Redescendre / revenir / parvenir / retomber / devenir / etc. **Exemple :** *ils sont venus avec leurs amis* **2. Verbes pronominaux.** Se lever / s'habiller / se promener / etc. **Exemple :** *Elles se sont promenées dans le jardin*	**Le participe passé s'accorde avec le sujet**

B.

Passé composé = AVOIR au présent + participe passé	
1. Tous les autres verbes (autres que les 14 verbes et les composés de certains d'entre eux) – Nous avons bien man<u>gé</u> – Elles ont man<u>gé</u> les bonbons. – Elles les ont tous man<u>gés</u>. **2. Les verbes : descendre, monter, passer, rentrer, retourner, sortir,** (quand ils sont construits avec un complément d'objet direct) – Avez-vous mon<u>té</u> les valises ? – Oui, je les ai mon<u>tées</u>.	**Cherchez l'objet direct (c.o.d.)** → Pas de c.o.d. ou c.o.d. après le verbe **Le participe passé reste invariable** → Le c.o.d. est placé devant le verbe **Le participe passé s'accorde avec le c.o.d.**

15

🌳 ③ – **Mettez les verbes au passé composé (accord du participe passé des verbes conjugués avec être).**

1. Quand il (mourir) ____ il était très âgé.
2. Pour aller à Paris, ils (passer) ____ par Mâcon.
3. Le petit village où elle (naître) ____ est très joli.
4. Mes sœurs jumelles (naître) ____ en 1970.
5. Alain et Sophie, vous (partir) ____ avec des amis ? – **6.** Quand je (entrer) ____ mon mari parlait avec son directeur. – **7.** Oh ! là ! là ! Patrick, où est-ce que tu (tomber) ____ ? – **8.** Annie a tellement aimé ce film qu'elle (retourner) ____ le voir trois fois. – **9.** Les étudiants (venir) ____ très nombreux pour la conférence. – **10.** Allo ! Pauline, bonjour. Tu (arriver) ____ quand ? Et à quelle heure est-ce que tu (repartir) ____ ? – **11.** Quand elles (entrer) ____ dans la salle, tous les étudiants riaient. – **12.** Les syndicats (ne pas parvenir) ____ à un accord.

🌳 ④ – **Scénarios (cas des verbes conjugués avec être ou avoir selon leur emploi).**

1. RETOUR À LA MAISON
Transformez le scénario suivant en mettant les verbes au passé composé.

– Il sort du bureau. – Il monte dans le bus. – Quelques minutes après il descend du bus. – Il passe chez le boulanger. – Il sort avec du pain. – Il monte l'escalier. – Il rentre chez lui. – Il passe un survêtement. – Il descend la poubelle. – Il sort le chien qui descend en courant. – Il rentre la voiture au garage. – Il retourne chez le boulanger pour acheter des gâteaux. – Il passe un moment avec lui. – En revenant il monte la poubelle. – Il passe le pain au four et le retourne pour le faire griller. Puis il passe un moment devant la télé en attendant sa femme.

2. L'OMELETTE SUCRÉE DE MIREILLE
Ecrivez au passé composé le scénario dont les actions vous sont données dans le désordre (vous pouvez en ajouter d'autres).

Qu'est-ce qu'**elle** a fait ?

– Passer le sucre glace dans le tamis. – Descendre l'omelette avec appétit. – Monter sur une chaise pour attraper la poêle. – Descendre chez l'épicier pour acheter des œufs. – Passer chez le crémier prendre le lait frais. – Retourner l'omelette. Retourner chez l'épicier pour acheter du sucre glace. – Rentrer chez elle. – Rentrer la poêle dans le placard. – Sortir le mixeur pour mélanger les œufs, le sucre et le lait. – Passer cinq minutes à faire cuire l'omelette. – Monter ses courses à la maison. – Sortir pour inviter ses voisins.

3. A VOUS
A votre tour écrivez des scénarios en utilisant uniquement les verbes descendre, monter, rentrer, sortir, passer, retourner soit avec l'auxiliaire être, soit avec l'auxiliaire avoir.

Voici des titres :

a) Les déménageurs. – **b)** Les cambrioleurs. **c)** La promenade.

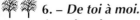 **5. – A compléter.**
Mettez les verbes entre parenthèses au passé composé (accord du participe passé)

1. Nous (manger) ____ des poires. – **2.** Les poires que nous (manger) ____ étaient très mûres. – **3.** J'(aimer beaucoup) ____ les fleurs que vous m'(offrir) ____ la semaine dernière. – **4.** Ma mère et ma sœur (aller) ____ en ville ; elles (faire) ____ des achats. **5.** Ces arbres que vous (voir) ____ sont des chênes centenaires. – **6.** Ils (se rencontrer) __ chez des amis. – **7.** Où (mettre / tu) ____ les livres que je t'(donner) ____ ? – **8.** Mademoiselle, les robes vertes, où les (mettre / vous) ____ ? – **9.** Quand ils (se marier) ____ ils avaient vingt ans. – **10.** Est-ce que tu m'(apporter) ____ les cassettes que je t'(demander) ____ ? – **11.** Alors ces dossiers, vous les (terminer) ____ ? – **12.** Ma secrétaire m'apportera les lettres que j'(écrire) ____ et que j'(oublier) ____ sur la table.

6. – De toi à moi.
Construisez des phrases selon le modèle.

Exemple :
Me donner des livres / les lire
→ *Les livres que tu m'as donnés, je les ai lus.*

1. Acheter une voiture / la conduire. – **2.** Faire des gâteaux / les manger. – **3.** M'offrir des bijoux / les porter. – **4.** M'écrire des lettres / les garder. **5.** M'enregistrer des cassettes / les écouter. **6.** Construire une maison / l'habiter. – **7.** Peindre des tableaux / les admirer. – **8.** Tourner des films / les voir tous.

7. – *Espionnage.*
Vous êtes Jane Bon 007. Vous téléphonez à votre chef de réseau pour lui expliquer ce qui vous est arrivé au cours des dernières 24 heures.

Exemple :

Moi	Eux
recevoir mon ordre de mission	→ l'apprendre

↪ «*j'ai reçu mon ordre de mission, **ils** l'ont appris.*

Moi	Eux
aller à l'aéroport	
voir une voiture derrière moi	
apercevoir deux hommes à l'intérieur	
me garer dans le parking	→ me suivre
prendre mon billet	→ acheter aussi un billet
m'installer dans l'avion	→ s'asseoir derrière moi
préparer un plan pour les semer	
arriver à destination	
sortir rapidement de l'aéroport	
	→ me rattraper
	→ m'obliger à monter dans une voiture
crier et essayer de m'enfuir	→ me baillonner
	→ et m'assommer
me réveiller dans une cave	→ entrer et m'interroger
refuser de parler	→ me frapper
faire la morte	→ sortir
	→ m'enfermer dans la pièce
attendre un moment	
forcer la serrure	
m'enfuir	
prendre une chambre d'hôtel sous un faux nom	

Ne vous inquiétez pas, je pense savoir qui *ils* sont.»

C.

Passé composé = pronom réfléchi + ÊTRE au présent + participe passé	
Les verbes pronominaux non réfléchis	
Le pronom fait partie du verbe **Exemples :** *s'évanouir / s'enfuir / s'en aller / s'occuper de / se douter / etc.* – *Elles se sont évano<u>uies</u>.*	
Les verbes accidentellement pronominaux	**Le participe passé s'accorde avec le sujet**
1. Verbes pronominaux de sens passif **Exemples :** *se généraliser / se construire / se développer / se vendre / etc.* – *De nouveaux immeubles se sont constr<u>uits</u> dans ce quartier.*	
2. Verbes réfléchis → **Le verbe n'a pas de complément d'objet direct** **Exemples** : *se lever / se laver / se promener / se casser / se briser / etc.* *Nous nous sommes le<u>vés</u> à 8 heures.*	
→ **Le verbe a un complément d'objet direct** **Exemples :** *se laver / se casser / se creuser / etc.* – *Est-ce qu'ils se sont lavé les mains ?* – *Oui, ils se les sont lav<u>ées</u>.* *3. Verbes réciproques* Le verbe est toujours au pluriel **Exemples :** *se parler / se dire / s'embrasser / etc.* → **Construction directe du verbe** Paul a embrassé Anne Anne a embrassé Paul → Ils se sont embra<u>ssés</u> (le pronom SE est objet direct)	**Le participe passé s'accorde avec le complément d'objet direct lorsqu'il est placé devant le verbe**
→ **Construction indirecte du verbe** Paul a parlé à Anne Anne a parlé à Paul → Ils se sont par<u>lé</u>	**Le participe passé reste invariable**

15

🌳🌳🌳 **8.** – **Histoires courtes.**
A partir des indications données, construisez de courtes histoires.

1. LES AMIS
se rencontrer → Ils se sont rencontrés
s'écrire _____
se téléphoner → Ils se sont téléphoné
s'oublier _____
se retrouver _____
etc.
2. LES AMOUREUX
se rencontrer _____

se voir souvent _____
se plaire _____
se prendre la main _____
s'embrasser _____
se marier _____
etc.
3. LES HOMMES POLITIQUES À LA TÉLÉVISION
se dire bonjour _____
se poser des questions _____
se répondre _____
se disputer _____
s'expliquer leur point de vue _____
etc.

🌳 **9. – Cinéma.**

Reconstituez une scène d'action d'un film.

1. UN WESTERN

arriver au grand galop _____ ; s'arrêter devant le saloon _____ ; sauter de son cheval _____ ; entrer dans le saloon _____ ; s'accouder au bar _____ ; commander un verre _____

A vous...

2. UN FILM POLICIER

3. UN FILM DE SCIENCE-FICTION

4. UN FILM D'AVENTURE

5. UNE COMÉDIE

6. UN DESSIN ANIMÉ

🌳 **10. – La carte postale.**

1. Lisez la carte postale ci-dessous et dites ce qui s'est passé cette année-là. Vous pouvez ajouter d'autres événements si vous en connaissez.

_1968_

Les étudiants dressent des barricades à Paris : le mouvement gagne et bloque tout le pays pendant deux mois ; une révolte, à Prague, est réprimée par les chars russes ; la guerre civile fait 10 000 morts par jour au Biafra ; Gagarine, premier homme de l'espace, se tue dans un accident d'avion ; Bob Kennedy et Martin Luther King sont assassinés ; la TVA est applicable à tous ; mais heureusement, Jackie Kennedy épouse Onasis : alléluia !

PENDANT CE TEMPS EST NÉ :
 un être exquis,
incomparable :

VOUS

15

2. A votre tour, choisissez quelques événements qui ont eu lieu l'année de votre naissance et écrivez votre carte personnelle. (Ecrivez au passé composé).

_19 ... ..._

Pendant ce temps est né :
un être exquis, incomparable :
MOI

L'IMPARFAIT

Conjugaison de l'imparfait

Pour tous les verbes		
1ère pers. du plur. du prés. de l'indicatif sans – **ons**	terminaisons de l'imparfait	IMPARFAIT
chant – finiss – pouv – pren – nous voy – recev – buv –	**ais** **ais** **ait** **ions** **iez** **aient**	je chantais tu finissais il pouvait elle prenait nous voyions vous receviez ils buvaient elles faisaient
Exception : le verbe **être** a l'imparfait formé sur le radical de la 2e pers. du pluriel du présent de l'indicatif : vous êtes → **j'étais, tu étais...**		

🌳 **11. – Description et habitudes dans le passé.**

A –

l'âge de la pierre

Comment vivaient les hommes préhistoriques ?
Habitat – Nourriture – Vêtements – Formes de vies...

B – Les riches et les pauvres.

Pierre et Jacques, deux nouveaux amis, se racontent comment ils vivaient pendant leur enfance. La famille de Pierre était très pauvre. La famille de Jacques était très riche.

 12 – L'imparfait : Expression du regret.

Jacques Faizant, *Le Point*, juillet 1990

15

Les regrets du Vieux Beau : Ah ! c'était le bon temps.

Quand j'avais cinquante ans de moins, toutes les filles me **tombaient** dans les bras.
Quand j'étais célibataire ——.
Quand je n'étais pas à la retraite ——.
Quand j'étais jeune et beau ——.
Quand j'étais fort ——.
Quand je faisais du vélo ——.
Quand je voyais et que j'entendais bien ——.
Quand j'avais toutes mes dents ——.
Quand je n'avais pas de rhumatismes ——.

1. Complétez les phrases.

2. A votre tour, exprimez les regrets :

– d'une ancienne star ;
– d'un professeur à la retraite ;
– d'un ancien joueur de rugby ;
– d'un général qui fête ses 90 ans ;
– d'une danseuse des Folies Bergères bientôt centenaire.

Observez les vignettes suivantes. De quelle façon les personnages expriment-ils leurs propositions ?

Extrait du « Chanteur de Mexico » Pétillon – Télérama, été 83

A votre tour faites des suggestions :

1. Vos amis manquent d'idées pour occuper leur week-end. Vous, vous en avez beaucoup. Vous ne cherchez pas à les imposer, vous les suggérez.

2. Votre ami Pierre a de gros problèmes avec ses enfants. Suggérez-lui délicatement des moyens, même difficiles, d'y faire face.

3. Vous travaillez dans une petite entreprise qui va mal. Le patron convoque une réunion pour que chacun donne des idées pour redresser la situation. Vous n'êtes pas très sûr que vos idées soient géniales mais vous les suggérez quand même.

4. Vous avez rencontré des gens qui vous sont très sympathiques et vous avez envie de les revoir. Que pouvez-vous leur proposer ?

15

✿ 14. – **Autrefois (imparfait) / Maintenant (présent).**

Le Bohême – Cadre Supérieur
Faites des phrases en opposant la façon de vivre du couple autrefois et maintenant.

Exemple :
Autrefois il avait les cheveux longs, maintenant il va régulièrement chez le coiffeur.

🌳 **15. – Habitude au présent / exception : dans le passé / dans l'avenir.**

Complétez les phrases suivantes.

Exemple. *D'habitude au petit déjeuner je bois du café ; ce matin j'ai bu du thé.*

Exemple. *D'habitude, nous ne buvons pas de vin au dîner ; ce soir nous déboucherons / allons déboucher une bonne bouteille pour nos invités.*

1. Tous les étés nous passons un mois en Bretagne ; l'été dernier _____
2. La plupart du temps elle met des chaussures à talons ; pour cette promenade _____
3. Le plus souvent elles se maquille très discrètement ; mais à cette fête _____
4. Il n'arrête pas de poser des questions ; pour une fois à la dernière réunion _____
5. A Noël, ils vont sur la Côte d'Azur ; exceptionnellement l'hiver prochain _____
6. Habituellement je vais au travail à pied ; demain avec cette neige _____
7. Ordinairement il ne quitte pas sa maison ; pourtant, dans quinze jours _____
8. Le matin nous avons cours à 8 heures mais la semaine prochaine _____

IMPARFAIT / PASSÉ COMPOSÉ

🌳 **16.**– **Une habitude / Un changement**
Exemple :
Quand j'étais enfant, je voulais être star. J'ai changé d'avis quand j'ai grandi.
Sur ce modèle, transformez les éléments suivants en utilisant la personne indiquée entre parenthèses.

1. Etre petit – avoir peur du noir / ma peur disparaître – faire du camping avec des amis. (JE)
2. Etre étudiant – sortir tous les soirs / changer de style de vie – se marier. (NOUS)
3. Etre adolescent – en vouloir au monde entier / son caractère devenir plus agréable – devenir adulte. (IL)
4. Avoir de l'argent – tout dépenser / mon comportement évoluer – me retrouver au chômage pendant quelques mois. (JE)
5. Faire du vélo – être en pleine forme / ta santé se dégrader – cesser de faire du sport. (TU)
6. Etre mariés – se disputer tout le temps / devenir très sympathiques – se séparer. (ILS)
7. Etre femme au foyer – ne s'intéresser à rien / se mettre à faire des études – ses enfants quitter la maison. (ELLE)

8. Travailler dans cette entreprise – être dépressive / décider de faire un autre métier – retrouver la joie de vivre. (VOUS)

🌳 **17. – Habitude au passé / fin d'une habitude.**

Je n'osais pas faire du ski nautique mais...

Au CLUB j'ai osé

Voici ce que disaient ces différentes personnes l'année dernière :

1. Pierre : « Je ne sais pas parler en public, je n'oserai jamais. » – **2.** Martine : « Je n'arrive pas à tenir sur une planche à voile ; j'ai peur de me lancer. » – **3.** Paul : « Je suis timide, je ne prendrai jamais d'assurance. » – **4.** Marc : « Je ne suis pas comédien ; je ne peux pas jouer, même dans une pièce de théâtre amateur. »
5. Annie : « Je ne bronze pas, je ne prends jamais une jolie couleur. » – **6.** Rose : « Je trouve les mini-jupes ridicules. En acheter une, moi ? Jamais ! »

Mais ces personnes sont allées au Club il n'y a pas longtemps et elles ont changé leurs habitudes. Que peuvent-elles dire maintenant ?

Exemple : *Avant, je ne savais pas faire de ski nautique, mais au Club j'ai essayé.*
Pour exprimer la fin de l'habitude vous pourrez utiliser les verbes : essayer, se lancer, chercher à, s'efforcer de, tenter de, avoir le courage de ...
Et vous .....

🌳🌳 **18. – *Le siècle de Pépé.***

La première fois qu'il a quitté son Gers natal, c'était pour aller à la guerre. Celle de 14-18. Depuis Pépé a vu passer les ans, cent en juillet dernier, travaillant dur, le cœur paisible et l'œil vif.

Le changement

Quand j'étais gosse on travaillait pour rien. Ça a commencé à s'améliorer en 1900, 1904, on appelle ça la Belle Epoque. Après mon service, je me suis installé chez mon père. Il avait huit hectares. Quand il est mort, j'ai fait le partage avec mes frères. Et j'ai gardé la maison. Elle était toute démolie. J'ai fait le maçon, le charpentier, n'importe quoi. J'étais assez doué. J'ai profité de l'évolution du temps, on pouvait avoir des choses formidables, une propriété de 30 hectares, pour 60 000 F. J'ai pu la payer de suite, car pendant la guerre ma femme avait mis des sous de côté. Je me levais de bonne heure, j'ai même essayé, mais pas souvent, de labourer la nuit. Je m'en sortais bien. Je ne faisais pas de choses invraisemblables, mais on était strict.

Avant, on ne produisait jamais trop. Ma mère, ma femme élevaient quatre ou cinq oies. Maintenant ma fille et ma petite-fille en gavent trois cents. On est plus à l'aise mais c'est plus complexe. Il ne s'agit pas seulement de produire, il faut vendre. Et économiser, chose qu'on ne fait plus. Nous avions de la petite mécanique. Maintenant la main-d'œuvre reste sur le carreau et ça gueule, même dans l'industrie. Aujourd'hui la vie est plus débonnaire. Il faut reconnaître qu'on n'a jamais été aussi heureux.

Mais on arrive à un moment où on n'écoute plus rien. Les jeunes veulent faire à leur idée et ils n'y arrivent pas toujours.

Les choses ont considérablement évolué pendant la vie de Pépé : Dans la colonne de gauche se trouvent les éléments de la vie d'autrefois. Complétez la colonne de droite, celle de la vie d'aujourd'hui, avec les éléments du texte. Inventez les événements qui ont tout changé entre-temps en économie, en agriculture, dans le mode de vie et placez-les dans la colonne du milieu.

AVANT	ENTRE-TEMPS	AUJOURD'HUI
Quand j'étais gosse, on travaillait pour rien.	Ça a commencé à s'améliorer en 1900.	Aujourd'hui on est plus à l'aise mais c'est plus complexe.
Mon père avait 8 hectares.		J'ai 30 hectares.
Il se levait de bonne heure, il labourait parfois la nuit.		Aujourd'hui la vie est plus débonnaire.
On était strict.		
On ne produisait jamais trop.		
Avant, ma femme et ma mère élevaient quatre ou cinq oies.		
Autrefois il fallait produire.		
Nous avions de la petite mécanique.		
Autrefois les jeunes écoutaient les aînés.		

🌳 **19. – Le monde a tellement changé !**

• **Enumérez les changements qui se sont produits depuis 100 ans sur le modèle suivant :**
AUTREFOIS (avant ; il y a 100 ans, etc.) on se déplaçait beaucoup à pied, MAIS UN JOUR on a inventé les voitures et AUJOURD'HUI la marche à pied est un sport de vacances. Appliquez cela aux thèmes suivants :

TRANSPORTS	SANTÉ	LOISIRS
VOYAGES	VÊTEMENTS	FAMILLE
FEMMES	TRAVAIL	CONFORT

et utilisez le vocabulaire du tableau page 177.

VOCABULAIRE DU CHANGEMENT

Changement en général	Nouveauté
• Changer – Evoluer – Se transformer – Se modifier. • Devenir quelque chose.	• Découvrir • Créer – Inventer • Elaborer – Mettre au point
En plus	**En moins**
• Augmenter – Croître – Grandir – Monter – S'élever. • Prendre de l'importance • Se développer • Se diffuser – Se propager – Se répandre • Se démocratiser – Devenir accessible	• Diminuer – Baisser – Se réduire Disparition • Disparaître • Etre remplacé par
En mieux	**En moins bien**
• Faire des progrès (rapides, foudroyants) Progresser (à pas de géant) • S'améliorer (considérablement) • Se simplifier – Simplifier.	• Se dégrader • Empirer Devenir de pire en pire • Régresser • Se compliquer – Compliquer

※ 20.
Complétez le tableau suivant :
Trouvez la situation d'équilibre ou l'événement, la rupture selon le cas.

Situation d'équilibre		Evénement, rupture de la situation d'équilibre
1. Il marchait dans la rue	**tout à coup**	il a glissé sur une peau de banane.
2. Elle traversait le carrefour	**soudain**	———
3. Elle mangeait du raisin	**brusquement**	elle s'est étranglée avec un pépin.
4. Elle se promenait tranquillement	**à un moment**	———
5. Elle rentrait du cinéma	**c'est alors que**	———
6. ———	**subitement**	elle a senti une main dans son dos.
7. Il jouait au tennis	**soudain**	———
8. ———	**brusquement**	une voiture est arrivée en face.
9. ———	**c'est alors que**	———
10. ———	**tout à coup**	tout le monde s'est levé.
11. ———	**subitement**	———
12. ———	**à un moment**	

Continuez, faites d'autres phrases.

Actions principales / Actions secondaires

Analysez le tableau suivant

A. Actions principales	B. Actions secondaires
Paul s'est levé ▼ et il est allé dans la salle de bain ▼ Christine lui a dit bonjour, il l'a embrassée puis il s'est rasé. ▼ Marie les a appelés. Ils ont déjeuné ensemble et il est parti au travail,	pendant que sa femme, Marie, s'ha-billait, où sa fille, Christine, se lavait. Sa fille chantait. Et pendant ce temps sa femme prépa-rait le petit déjeuner. tandis que Christine revoyait sa leçon. Marie, elle, faisait un peu de ménage en chantonnant. La journée commençait.
La colonne A présente les actions qui font avancer le récit. **Ces actions sont axées sur le personnage principal.**	**La colonne B présente les actions qui ne modifient pas le récit.** **Ces actions introduisent d'autres éléments (cadre, situation, description des lieux ou des personnes).**

✿ **21. Dans le texte ci-dessous retrouvez quelles sont les actions principales et les actions secondaires, puis écrivez le texte au passé.**

Martine sort du taxi avec ses deux grosses valises. Elle entre dans son immeuble et appelle l'ascenseur. Pendant qu'elle l'attend, elle entend des bruits bizarres dans les étages : on traîne des meubles, des casseroles tombent, un bébé hurle, des gens crient. Elle appuie à nouveau sur le bouton de l'ascenseur qui n'arrive toujours pas. Enfin elle comprend : ses voisins déménagent. Elle monte à pied ses deux grosses valises pendant que les déménageurs descendent le piano.

Actions principales Le héros = Martine	Actions secondaires

✿✿ **22. Le photographe**
Voici un extrait du roman de Félicien Marceau, *Creezy*.
Ajoutez à ce texte quelques actions secondaires à l'imparfait.

Actions principales	Actions secondaires
Un jour, j'ai accompagné Creezy à une séance de pose. Là, presque sans parler, le regard ailleurs ou en dedans, en bousculant les meubles, un photographe a fait asseoir Creezy, non sur une chaise mais sur son dossier, il l'a fait grimper sur une échelle, il l'a entourée dans un immense papier vert, la tête seule émergeant, puis il lui a fait passer la jambe dans un trou de papier vert,	C'était rue des acacias, dans un studio, un vaste carré de verre et de ciment. (...) _____ _____ _____ _____ _____ _____ _____

puis il l'a mise dans un cerceau rouge, puis il lui a fait prendre une position de yoga,
puis il a disposé autour d'elle des rubans d'acier,
puis il lui a mis dans les mains un ours en peluche,
puis l'ours en peluche a cessé de lui plaire
et il l'a remplacé par un marteau pneumatique,
puis il a suspensdu un mobile,
puis il a déclenché des éclairages

qui projetaient tantôt sur le plafond, tantôt sur les parois, des Creezy colossales.

D'après Félicien Marceau, *Creezy.*

23. Quand...

Complétez les phrases suivantes en mettant les verbes au passé composé ou à l'imparfait selon le cas.

1. Quand l'acteur est entré en scène, le public (applaudir) ____ la jeune première qui sortait de scène. *a applaudi*
Quand l'acteur est entré en scène, le public (crier sa joie) *a crié* : il l'avait reconnu.
2. Quand je suis rentré chez moi, la radio (marcher) ____ à pleine puissance.
Quand je suis rentré chez moi, mon fils (me sauter) ____ au cou : il était content que je rentre aussi tôt.
3. Quand le téléphone a sonné, je (sursauter) ____
Quand le téléphone a sonné, j'(être) ____ sous la douche.
4. Quand l'orage a éclaté, Lucie (fermer) ____ les fenêtres pour éviter qu'elles claquent.
Quand l'orage a éclaté, Lucie (jouer) ____ au tennis depuis une heure.
5. Quand le train est arrivé, nous (faire) ____ encore la queue au guichet.
Quand le train est arrivé, nous (se précipiter) ____ sur le quai.
6. Quand Alain Prost a passé la ligne d'arrivée, le public (l'acclamer) ____ : il venait de gagner le Grand Prix.
Quand Alain Prost a passé la ligne d'arrivée, son principal adversaire (être) ____ loin derrière lui.
7. Quand ils ont appris la nouvelle, les journalistes (courir) ____ vers le téléphone.
Quand ils ont appris la nouvelle, ses parents (dîner) ____ tranquillement.
8. Quand l'heure du départ est arrivée, elle (discuter) ____ encore au téléphone.
Quand l'heure du départ est arrivée, elle (prendre) ____ son sac et elle (partir) ____ précipitamment.
9. Quand ils se sont mariés, ils (avoir) ____ déjà un enfant.
Quand ils se sont mariés, elle (s'évanouir) ____ tellement elle était émue.
10. Quand la voiture est tombée en panne, nous (rouler) ____ sur l'autoroute.
Quand la voiture est tombée en panne, nous (pousser) ____ la voiture pour sortir de l'autoroute.

24. – Mini-récits.

Voici des successions d'actions principales au passé composé. Ajoutez les actions secondaires, des commentaires, des sentiments et des circonstances à l'imparfait.

1. Hier matin, j'ai manqué le bus et je suis arrivé en retard à mon travail. Je me suis installé à mon bureau et j'ai commencé à lire le courrier. Quelques minutes après, mon patron m'a appelé dans son bureau pour me demander des explications.
2. Pour les vacances d'hiver nous avons loué un studio dans une station de ski. Samedi dernier, le premier jour des vacances, nous sommes partis avec des amis pour aller faire du ski. Nous avons pris la voiture mais à cause de la circulation nous avons mis six heures pour faire 60 km. Nous sommes arrivés très fatigués à 22 heures.
3. Mes filles sont allées à la manifestation du 1er mai. Elles ont rencontré des tas de vieux amis. Elles sont allées boire un pot sur une terrasse. L'après-midi elles sont allées cueillir du muguet et elles ont fini la soirée dans une boîte de nuit. Elles sont rentrées à 4 h du matin.
4. A 26 ans je me suis installé à Lyon. Quelques mois plus tard, j'ai rencontré Marie-Claude. Un an après, nous nous sommes mariés. Nous avons loué un appartement dans le centre ville. Et trois ans plus tard notre premier enfant est né.

15

179

🌳🌳 **25. Racontez.**

→ Seul ou en groupe vous allez élaborer un récit en suivant les indications données ci-dessous. Choisissez une des propositions données dans le tableau A ou inventez-en une autre. Pour écrire votre récit utilisez les tableaux B et C.

A.

Titre du récit	Cadre, situation	Evénements ponctuels
Un mariage mouvementé	– le printemps, le beau temps, – beaucoup de fleurs, – grande église ou petite chapelle ou autre – beaucoup de monde ; vêtements de fête, sourires, joie, – appareils-photos, embrassades, – la mariée en robe blanche, – le marié très ému, etc.	la mariée arrive en retard, elle se dépêche, elle tombe, elle déchire sa robe, elle pleure, on la console, sa mère répare la robe, la cérémonie commence, etc.
Un match de football (ou autre)	– le stade plein de spectateurs, – les cris des spectateurs : ils agitent des drapeaux ou des banderoles, – les joueurs : vêtements, allure, – l'arbitre : il siffle, lève les bras etc.	un joueur fait une faute grave, l'arbitre ne le voit pas, le capitaine de l'équipe proteste, l'arbitre l'expulse, ses co-équipiers apostrophent l'arbitre, l'arbitre explique ses raisons etc.
Au cirque	– la piste, les décorations, la musique, – le chapiteau, les spectateurs, les enfants, etc.	– Les trapézistes entrent, montent au sommet du chapiteau, commencent leur numéro, le porteur manque sa prise, le voltigeur tombe dans le filet, il recommence et réussit. – les clowns entrent sur la piste, racontent des histoires, s'arrosent, ils font hurler de rire les enfants, etc.

15

B.

Décrivez le cadre, la situation – le temps qu'il fait – l'atmosphère – le lieu et son environnement – les personnages (état physique, état psychologique, attitudes) – ce que ces personnages étaient en train de faire. ▼ Imparfait	Dites quels sont les événements ponctuels qui se sont déroulés dans ce cadre situationnel. ↓ Passé composé

C.

Quelques outils pour vous aider			
Indicateur temporels		**Articulateurs du récit**	**Conjonctions**
hier avant-hier la semaine dernière lundi dernier l'année dernière	soudain tout à coup tout d'un coup brusquement à un moment	d'abord tout d'abord puis ensuite alors	– *de temps :* quand lorsque dès que au moment où après que

il y a trois jours	un peu plus tard	enfin	– de cause :
une semaine	quelques minutes après	finalement	parce que
un an	un instant après		comme
en juillet dernier	alors		
en 1985, etc.			

🌳🌳🌳 26. – Passé composé ou Imparfait ?
Observez :

Pourquoi est-ce que tu n'as pas invité Pierre ?

– *J'ai oublié.* (le verbe au passé composé exprime un résultat accompli).

– *Il était malade.* (le verbe à l'imparfait exprime l'état de la personne au moment de l'action).

Répondez aux questions avec une phrase au passé composé et une autre différente à l'imparfait.

1. Maman, tu as encore oublié de laver mon pull-over ! – **2.** Puis-je savoir pourquoi vous êtes arrivé en retard ? – **3.** Tu n'as invité aucune fille à danser au bal, pourquoi ? – **4.** Ton mari n'a pas dit un mot de la soirée, qu'est-ce qui lui a pris ? – **5.** Tiens ! vous voilà enfin, vous deux ! Où est-ce que vous aviez disparu tout l'après-midi ? – **6.** Qu'est-ce que j'ai encore fait de mon trousseau de clés ? – **7.** Pour quelle raison lui as-tu répondu aussi méchamment ? **8.** Pourquoi n'as-tu pas acheté de raisins ? **9.** Comment est-ce que tu as pu te tromper de lunettes ? – **10.** Quelle drôle d'idée de lui avoir offert un parapluie !

🌳 27. – Imparfait ? Passé composé ?
Mettez les verbes à l'infinitif au temps correct.

Une panne malencontreuse
D'habitude, je vais au travail en voiture. Hier, comme mon auto (être) _était_ chez le garagiste, je (vouloir) _voulais_ aller au bureau en bus. Pas de chance, tous les transports en commun (faire) _faisait_ grève ! A ce moment-là, je (penser) _ai pensé_ prendre un taxi. J'ai téléphoné à un taxi, j'ai attendu plus d'une demi-heure : rien. Je (ne

plus savoir) _ne savais plus_ quoi faire ; je (devoir) _devais_ aller travailler.... Finalement, je (décider) _ai décidé_ de m'y rendre à pied. Je suis arrivée avec une heure de retard mais, pour une fois, mon patron (être) _était_ compréhensif !

Le chien de Thomas
– Tiens ! je (ne pas savoir) _ne savais pas_ que tu avais un chien.

– Ah, ma pauvre amie, j'avais toujours dit que je (ne pas vouloir) _ne voulais pas_ de chien à la maison, mais avec les enfants on ne fait pas ce qu'on veut. Donc, il y a une semaine Thomas est revenu de l'école en pleurant. Je (croire) _croyais_ qu'il avait été puni à l'école. Pas du tout... Il venait de croiser le voisin avec un panier qui contenait un petit chien dont il (devoir) _devait_ se débarrasser : il en (avoir) _avait_ déjà cinq. Je (ne pas pouvoir) _ne pouvais pas_ m'empêcher de sourire en écoutant son histoire. Je lui ai dit qu'on allait y réfléchir. Je (penser) _ai pensé_ qu'il oublierait ce chien. Mais quand j'ai vu qu'il n'en dormait plus, il me (falloir) _fallait_ céder. Je (pouvoir bien) _pouvais bien_ lui faire ce plaisir c'est un gentil garçon et ce petit chien est si mignon !

🌳 28. – Mettez les textes suivants au passé (Imparfait – Passé composé).

faisait Romantisme pas mort...
Il fait beau. Heureuse, elle se promène et elle regarde tranquillement les vitrines. Lui, il la suit car il la trouve très séduisante, mais il n'ose pas lui parler. Soudain, elle est heurtée par un vélomoteur qui prend la fuite et elle tombe. Elle se cogne la tête contre le trottoir et tombe dans les pommes. Aussitôt il se précipite et il la prend dans ses bras. Il est très inquiet. Il l'emporte dans une pharmacie voisine. Quand elle se réveille, car elle n'est pas gravement blessée, il la regarde tendrement. Ils se marient trois mois plus tard.

15

🌳🌳 **29. Arrêt sur images.**

Le cinéaste Marcel Carné fait son autoportrait en images

L'ENFANCE

J'ai eu une enfance pauvre et heureuse. Mon père était un ébéniste qui voulait me faire entrer à l'école Boulle. J'ai d'ailleurs pratiqué le travail du bois pendant un an, et c'est ce qui m'a donné le goût du travail bien fait. J'ai perdu ma mère à l'âge de cinq ans. Mon père, qui en avait trente et un, m'emmenait chez ses maîtresses. Il s'est épris d'une marchande de jouets, qui, pour le garder, me faisait toutes sortes de cadeaux. Un jour, elle m'a offert une lanterne magique. Je me souviens que quand il l'a quittée, j'ai éprouvé un gros chagrin de gosse.

Télérama, Novembre 1989.

LA RENCONTRE

J'avais dix-neuf ans. Je travaillais dans une compagnie d'assurance. Des amis me téléphonent : «Viens dîner, il y aura une surprise !» Je me suis retrouvé à côté de Françoise Rosay. Je lui ai tellement parlé de cinéma qu'elle m'a promis de me recommander à Jacques Feyder, son mari. Peu après, j'étais deuxième assistant sur *Les Nouveaux Messieurs*, son dernier film muet. Voilà comment je suis entré dans le monde du cinéma, en 1928. Avec Feyder, j'ai également fait *Le Grand Jeu*, *Pension Mimosa* et *La Kermesse héroïque*. Et quand j'ai tourné mon premier film, *Jenny*, Françoise Rosay en été la vedette

LE FILM

Le film qui m'a marqué à jamais, c'est *La Roue* d'Abel Gance. J'étais fasciné par ce lyrisme, nouveau à l'écran, un peu littéraire dans les sous-titres, peut-être... La scène qui me reste, c'est la mort du jeune garçon, que jouait De Gravone. Il revoit toute sa vie en quelques secondes. C'était le clip avant la lettre !

15

A votre tour, faites votre auto-portrait, sur les mêmes thèmes ou sur les thèmes suivant :

Le professeur	Le 1er grand voyage	L'œuvre d'art

La surprise	Le coup de chance	Le choc

LE PLUS-QUE-PARFAIT

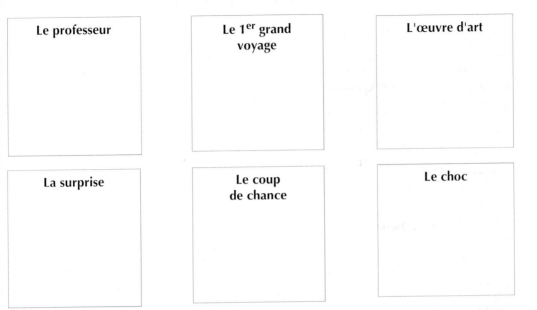

Présentation de la conjugaison				
		Plus–que–parfait		
		Auxiliaire ÊTRE ou AVOIR à l'imparfait	+	Participe passé du verbe
tomber	**Avec**	j'	étais	tombé(e)
partir		tu	étais	parti(e)
venir		il /elle / on	était	venu(e)
s'asseoir	**ÊTRE**	nous nous	étions	assis(es)
se couvrir		vous vous	étiez	couvert(e)s
mourir		ils / elles	étaient	mort(e)s
manger	**Avec**	j'	avais	mangé
finir		tu	avais	fini
courir		il /elle / on	avait	couru
comprendre	**AVOIR**	nous	avions	compris
ouvrir		vous	aviez	ouvert
peindre		ils / elles	avaient	peint

🌳 **30. – Imparfait ? Imparfait passif ? Passé composé ? Plus que parfait ?**

Roman-photo... sans photos

Dans les phrases suivantes, les verbes sont-ils à l'imparfait, à l'imparfait passif, au passé composé ou au plus-que-parfait ?

Verbes à l'imparfait		Verbes à l'imparfait passif
	1. André est rentré à la maison.	
	2. Sa femme Nicole n'était pas là.	
	3. Il l'a cherchée partout.	
	4. Mais elle était partie avec son voisin, Pierre.	
	5. Elle lui avait laissé un mot :	
	6. «Chéri, j'étais exaspérée par tes absences répétées.	
	7. J'avais envie de m'amuser un peu.	
	8/9. Comme Pierre voulait sortir, il m'a proposé de m'accompagner.	
	10/11. J'ai été très contente et j'ai accepté.»	
	12. André ne comprenait pas ;	
Verbes au passé composé	13/14 Nicole lui avait pourtant toujours dit que tout allait bien.	**Verbes au plus-que-parfait**
	15/16. Il découvrait qu'elle était déçue par son existence avec lui.	
	17. Il était bouleversé par cette découverte.	
	18. Il n'avait rien remarqué.	
	19. Il avait été négligent.	
	20. Son bonheur avait pris fin...	
	21. «Coucou, chéri !» Rêvait-il ?	
	22. Avait-il bien entendu la voix de Nicole ?	
	23. Mais oui, c'était bien elle.	
	24. Il n'était pas abandonné par la femme de sa vie.	
	25. Elle était seulement allée à la piscine...	

🌳 **31. – Plus-que-parfait (relation avec l'imparfait).**

1. Le retard (Je)

Il y a un mois vous êtes arrivé en retard au travail (au lycée, à un rendez-vous important...).
Expliquez pourquoi à l'imparfait (descriptions) ou au plus-que-parfait (actions précédant le retard).

Imparfait	Plus-que-Parfait
J'étais fatigué	Je n'avais pas entendu mon réveil.
————	————
————	————

2. Un état bizarre (Il)

Mardi dernier, notre ami Bernard était dans un état très bizarre. Pourquoi ? Qu'est-ce qui lui était arrivé avant ? Répondez au plus-que-parfait.

3. Les divorcés (Tu) (jamais)

Ils ont divorcé il y a cinq ans. Aujourd'hui ils déjeunent ensemble et il (elle) explique pourquoi, il y a cinq ans, il (elle) a quitté l'autre.

Je suis parti(e) parce que pendant tout notre mariage ...
tu ne m'avais jamais offert de fleurs...

4. Le voyage (Ils)

Ça y est ! Ils sont enfin partis faire le tour du monde pour deux ans. Mais avant de partir, ils s'étaient bien organisés. Comment ?

5. La visite présidentielle (Vous)

Quel événement extraordinaire ! La visite du président de la République dans votre ville.
Vous étiez responsable de l'organisation. Malheureusement la visite a été un vrai désastre parce que vous et vos subordonnés l'aviez mal préparée. Maintenant vous faites des reproches à vos subordonnés.

Exemple : *C'est insensé ! Vous n'aviez pas pensé à bloquer la circulation devant le cortège !*

1. C'est incroyable ! (oublier de préparer mon discours d'accueil). – **2.** C'est impardonnable ! (ne pas amener les retraités et les enfants des écoles). – **3.** C'est stupide ! (ne pas vérifier la solidité de l'estrade). – **4.** C'est de la folie ! (ne pas convoquer la télévision). – **5.** C'est impos-

15

sible à croire ! (ne pas s'occuper correctement des liaisons téléphoniques). – **6.** C'est inouï ! (oublier que le président déteste le poisson). **7.** C'est impensable ! (ne pas se souvenir que sa femme déteste le vin rouge). – **8.** C'est scandaleux ! (ne pas faire d'essais avec le micro). **9.** C'est absurde (ne pas penser à repeindre les toilettes). – **10.** C'est criminel ! (ne pas placer de policiers sur les toits).

Antériorité au passé composé ou au plus-que-parfait							
Passé composé	**1**	Ce matin	il	tape va taper a tapé	le dossier qu'il	a préparé	hier
2 **!**		Ce matin	il	tape va taper	le dossier qu'il	a préparé	il y a un mois
			il	**a tapé**		**avait préparé**	il y a un mois
Plus-que-parfait	**3**	Hier	il	a tapé	le dossier qu'il	avait préparé	avant hier
							il y a un mois
							l'année dernière
	4	La semaine dernière	il	a revu	la fille qu'il	avait rencontrée	la semaine d'avant
		L'année dernière					l'année précédente
		Il y a deux ans					un an plus tôt
		En 1990					en 1989
	5	Ce matin il a enfin tapé le dossier qu'il a étudié hier mais que son patron lui avait confié il y a six mois...					

🌲🌲 **32. – La fête.**
(Plus-que-parfait en relation avec le passé composé et l'imparfait).

1. Le mois dernier nous avons organisé une très grand fête avec plusieurs centaines de personnes, un vrai succès malgré quelques problèmes. Racontez la fête.
(Actions = passé composé / descriptions = imparfait)

Pendant la fête
Actions : – Les gens ont dansé toute la nuit. – L'orchestre _____. – Les jeunes _____. – Les adultes _____. – Les journalistes _____. – Nous _____. Etc.

Descriptions : – Tout le monde était bien habillé. – Les garçons _____. – Les filles _____. – La musique _____. – Les boissons _____. – La nourriture _____. – Les serveurs _____. – Nous _____ Etc.

2. La fête a été un vrai succès parce que nous avions fait des préparatifs très soignés. Racontez au plus-que-parfait tout ce que nous avions fait avant cette fête pour qu'elle se passe bien.

Avant la fête
– Coller des affiches. – Prévenir la presse. – Faire des annonces à la radio. – Prévoir tous les styles de musique. – Organiser la sécurité. – Offrir des billets aux gens les plus drôles. – Se préparer moralement et physiquement, etc.
Nous _____

La fête ratée
3. Heureusement que nous avions tout bien préparé car l'année précédente nous avions aussi préparé une fête, mais vraiment ratée. Que s'était-il passé ?
Peu de monde (venir) / Des jeunes (tout casser) / Les filles (pas vouloir danser) / Des loubards (entrer de force) / L'orchestre (mal jouer) / La sono (tomber en panne) / La presse (ne pas se déplacer) / Le buffet (disparaître en une demi-heure) / Les gens (ne pas s'amuser) / Nous (écrouler de fatigue) / Etc.

4. Complétez le texte avec le passé composé, l'imparfait et le plus-que-parfait.

Fayçal Amor, styliste de Pierre d'Alby
Une des fêtes les plus difficiles mais la plus

belle que j'aie jamais organisée a été celle où j'ai réuni mes camarades dispersés dans le monde entier. On (être) ____ une vingtaine, venus de partout, qui (se perdre) ____ de vue depuis trois, cinq ou dix ans et personne ne (savoir) ____ qui d'autre (venir) ____. La surprise (être) ____ totale. Mais la plus belle (se passer) ____ une année où j'(être) ____ amoureux fou. Et heureux, et fier de l'être. J'(organiser) ____ une grande fête de réveillon et soudain j'____ (avoir envie) d'être seul en tête à tête avec elle. J'(laisser) ____ la fête à mes amis et nous (partir) ____ tous les deux pour Londres avec une bouteille de champagne dans la valise. Il (faire) ____ un froid de loup, il (y avoir) ____ du brouillard, pas un seul taxi à l'aéroport. Finalement, nous (trouver) ____ un hôtel, nous (partir) ____ dans la rue. Arrivés dans un parc, Hyde Park je crois, nous (sabler) ____ le champagne.

5. Racontez, vous aussi, votre plus belle fête. Comment s'est-elle passée ? Comment avait-elle été préparée ?

🌴🌴🌴 **33. – Imparfait, passé composé ou plus-que-parfait ?**
Mettez les verbes indiqués au début de chaque série au temps convenable.

1. Rire
a) Quand je suis entrée dans la salle, les gens ____ probablement parce que j'avais mis mon beau chapeau rose.
b) Quand je suis entrée dans la salle, les gens ____ ; j'ai demandé pourquoi : c'était à cause du chapeau de la fille qui était entrée juste avant moi.
c) Je suis retournée à la réunion dans la même salle cette semaine, mais les têtes étaient tristes. Ils ____ la fois d'avant mais seulement à cause de ce chapeau ridicule, et comme la fille n'est pas revenue...

2. Applaudir
a) Quand je suis arrivé au théâtre, les gens ____. On m'a dit que l'acteur venait juste d'entrer en scène. J'étais ravi car j'avais eu peur d'avoir manqué le début de la pièce.
b) Quand l'acteur est entré en scène, les gens ____ parce qu'ils l'attendaient avec impatience.
c) A la sortie, les gens étaient très contents du spectacle. Certains ont dit qu'ils avaient mal aux mains parce qu'ils ____ trop longtemps.

3. Sortir
a) Je me suis aperçu que j'avais perdu ma montre, probablement devant le cinéma et j'ai commencé à la chercher sans la trouver.

Comme tout le monde ____ depuis cinq minutes, quelqu'un avait dû la prendre.
b) J'avais perdu ma montre devant le cinéma et j'ai commencé à la chercher, mais juste à ce moment-là, les gens ____ et m'ont bousculé et je ne l'ai pas trouvée.
c) J'avais perdu ma montre devant le cinéma et j'ai commencé à la chercher, mais comme c'était la sortie de la séance, les gens ____ et me bousculaient. Je l'ai cherchée longtemps mais je ne l'ai pas retrouvée.

4. Oublier
a) «Je vous avais invités à venir dîner hier ! On vous a attendus mais on ne vous a pas vus. Qu'est-ce qui s'est passé ?» – «Oh ! On ____.»
b) «Tu te rappelles la soirée qu'on devait passer chez les Dupont ? Celle où on n'est pas allés ?» – «Oh là là ! Quelle histoire ! On ____ Tu crois qu'ils nous ont pardonnés ?»
c) On est invités chez les Dupont la semaine prochaine. Marque-le dans ton agenda sinon on va encore oublier. – «Pas la peine, l'an dernier j' ____ tout, mais cette année je fais attention, surtout avec eux.»

5. Ouvrir
a) Le 31 décembre nous avons préparé un repas de fête. Nous avions presque fini et nous ____ les huîtres quand l'un de nous s'est aperçu que nous manquions de pain.
b) Quand il est arrivé à la boulangerie, elle fermait. Il était encore tôt mais la boulangère lui a expliqué : « Vous comprenez, Monsieur, nous ____ pour le 24 décembre, alors aujourd'hui, nous faisons la fête.
c) Pendant ce temps nous étions drôlement excités : dans l'une des huîtres que nous ____, nous venions de trouver une perle !

6. Se coucher
a) Vendredi nous étions assez fatigués. C'est normal, c'était une rude période au travail et nous ____ généralement assez tard.
b) Samedi matin au bureau, nous étions dans un triste état car nous ____ très tard vendredi soir.
c) Samedi soir, au lieu d'aller au restaurant, nous ____ à huit heures pour essayer de rattraper le sommeil perdu.

7. S'asseoir
a) Hier soir, ils étaient un peu tristes et quand ils sont arrivés dans la boîte de nuit, ils ____ et ils n'ont pas dansé.
b) Ils s'étaient installés au fond, à leur table habituelle. Ils adoraient les rituels et ils ____ toujours là.
c) Mais hier soir le garçon est venu leur deman-

der de se déplacer car, sans le savoir, ils ____ à une table réservée par quelqu'un d'autre. Incroyable, non ? Ils étaient très fâchés.

8. SE DIRE (Un interrogatoire)

a) « Tout à l'heure, vous nous avez menti : vous racontiez n'importe quoi, vous donniez de fausses pistes. Vous ____ que nous ne savions rien ».

b) « La vérité, la voilà : quand vous avez compris que cette pauvre fille était amoureuse de vous, vous ____ que vous pourriez en profiter ».

c) « Avant le crime, vous ____ que personne ne remarquerait rien car elle n'avait pas de famille. Grave erreur, nous avons des preuves ! »

🌱🌱🌱 **34. – Plus-que-parfait dans les relatives.**

Complétez les phrases suivantes en utilisant le plus-que-parfait. (Attention au sens et à la construction des verbes).

Exemple :

*Quand il y est retourné, il n'a pas reconnu la ville **où il avait fait ses études et qu'il avait adorée.***

1. Après cette expérience il n'a jamais remis les pieds dans cette ville où ____ qui ____ que ____.

2. Nous avons absolument voulu savoir qui était cette fille qui ____ que ____ pour qui ____.

3. Dès que nous l'avons pu, nous avons examiné les photos qui ____ que ____ au dos desquelles ____.

4. Les clients du café se sont tous précipités pour voir l'homme qui ____ que ____ autour de qui ____.

🌱🌱🌱 **35. – Trop tard ! (Plus-que-parfait : insistance sur l'accompli).**

Transformez les éléments proposés sur le modèle de l'exemple.

Exemple :

Il a fini de manger. Je suis passé chez lui.
→ ***Il avait déjà fini** de manger quand je suis passé chez lui.*

1. Il a brûlé les papiers. Il a voulu les récupérer.
2. Le train est parti. Il est arrivé à la gare.
3. Elle a appris la nouvelle. Il lui a téléphoné.
4. Ils ont eu le temps de cacher l'arme. La police est arrivée. – **5.** Les jeunes se sont enfuis. Les gardiens sont entrés dans le magasin. **6.** Les employés ont réglé le problème. Le patron a voulu s'en occuper. – **7.** Elle s'est mariée. Il est revenu d'Afrique pour l'épouser. **8.** Le bateau a coulé. Les secours sont arrivés. **9.** Les enfants ont mangé le gâteau. Les parents ont voulu se servir. – **10.** Le chat a tué l'oiseau. Elle a réussi à le lui enlever. – **11.** Tous les étudiants sont partis. Le professeur est arrivé.

15

🌱🌱🌱 **36. – Plus-que-parfait / Imparfait — Habitude (Insistance sur l'accompli)**
Composez des phrases avec les éléments suivants d'après le modèle ci-dessous. (Variez les sujets). (Attention aux combinaisons).

Exemple : *Quand il avait promené le chien, il prenait un bain.*

Sujets	Expressions de temps	Action n°1	Action n°2
		même sujet pour les deux verbes	
Elle	– dès que – quand	rentrer à la maison lire le journal boire un verre	allumer la télévision sortir faire un tour se mettre à chanter
Je Nous	– toutes les fois que	finir le ménage avoir une journée difficile acheter un nouvelle robe faire un bon repas	s'offrir un petit gâteau gifler les enfants se sentir coupable se mettre au régime
Ils Vous	– quand – aussitôt que	rencontrer un personne intéressante terminer un tableau être méchant	noter sa description dans un journal le mettre en vente s'excuser
Ils Elles	– chaque fois que – lorsque	être trop gentil trop travailler faire une promenade vider son sac	devenir agressif tomber malade s'arrêter à la pâtisserie se sentir plus léger

✿✿ **37. – Grande première !**
Sur ce modèle, transformez les éléments suivants.
Exemple :
Il l'a emmenée à Nice. C'était la première fois qu'elle voyait la mer.
→ **quand il l'a emmenée à Nice, elle n'avait jamais vu la mer**.

1. Il nous a a offert des billets, c'était la première fois que nous allions à l'opéra. – **2.** Il m'a passé le volant, c'était la première fois que je conduisais. – **3.** Il vous a embauché comme vendeur. C'était la première fois que vous travailliez dans le commerce. – **4.** Elle nous a promenés en haute montagne. C'était la première fois que nous mettions un pied en altitude. **5.** Ils ont émigré en Australie. C'était la première fois qu'ils partaient si loin. – **6.** Ils sont allés au bal du président. C'était la première fois qu'ils assistaient à une grande réception. **7.** Nous les avons rencontrés dans la jungle. C'était la première fois que nous voyions des pygmées. – **8.** Ils sont allés à ce safari. C'était la première fois que vous les rencontriez. – **9.** Elle t'a invité au restaurant. C'était la première fois que tu goûtais de la cuisine indonésienne. **10.** Tu les as rencontrées à Paris. C'était la première fois que tu rencontrais des femmes aussi amusantes.

✿✿ **38. – Une réussite exemplaire (Plus-que-parfait / Subordonnées de cause)**

A. Reliez les phrases données en utilisant *car* ou *parce que*.
Exemple :
Cet homme a eu beaucoup de chance : le patron de Renault l'a vu ramasser une aiguille et lui a donné un emploi.
→ *Cet homme a eu un emploi **car / parce que** le patron de Renault l'avait vu ramasser une aiguille.*

1. Il a empêché la femme de son patron de tomber : il a eu une promotion. – **2.** On lui a donné une information confidentielle : il a obtenu un très gros contrat. – **3.** Il a rencontré un homme d'affaires américain au golf : il a monté une entreprise aux USA. – **4.** Il a rendu service à un magnat de la presse : il a épousé l'héritière d'un consortium de journaux. – **5.** Il a placé judicieusement l'héritage de sa femme : leur fortune a quadruplé. – **6.** Ils ont acheté beaucoup de tableaux contemporains : ils se sont retrouvés à la tête d'une collection extraordinaire. – **7.** Ils ont revendu leur collection : ils ont pu se retirer des affaires assez jeunes. – **8.** Ils ont acheté une île privée : ils ont fini leur vie sous les cocotiers.

B. Maintenant reformulez vos réponses avec *comme*. Attention à l'ordre des éléments.

✿✿ **39. – Plus-que-parfait — Antériorité dans le passé**

A. Observez.

a)
> 1. A 8 heures je me suis levé
> 2. A 8 heures 30 j'ai pris mon petit déjeuner
> 3. A 9 heures je suis arrivé au travail

→ **Vous racontez trois actions qui se suivent dans le temps.**
Vous utilisez le passé composé.

b)
> Je suis arrivé à 9 heures à mon travail. Avant je m'étais levé et j'avais pris mon petit déjeuner.

→ **C'est la même histoire, mais racontée autrement ; vous commencez par la fin (3) = action au passé composé. Puis vous remontez dans le temps (1 et 2) = actions au plus-que-parfait.**

B. Ecrivez.
Faites deux récits de la même histoire en suivant les indications données.

Attention ! Pensez à structurer votre récit en utilisant des expressions de temps : d'abord / ensuite / puis / après / enfin / finalement juste avant / avant / auparavant / un peu plus tôt.

Récits A = 1, 2, 3, 4 Passé composé	Eléments à utiliser	Récits B = 4, 1, 2, 3 4 = passé composé 1, 2, 3 = plus-que-parfait
Je _____	1. se réveiller très tôt 2. préparer les enfants 3. déposer les enfants à l'école 4. arriver au travail	Je _____
Nous (fém.) _____	1. se lever à l'aurore 2. prendre le car pour les Deux-Alpes 3. s'amuser comme des folles sur les pistes 4. retourner très tard à Grenoble	Nous _____
Vous (m/pl.) _____	1. tomber en panne sur l'autoroute 2. laisser la voiture dans un garage 3. passer la nuit à l'hôtel en attendant 4. récupérer la voiture chez le mécanicien	Vous _____
Elle _____	1. voler dans un supermarché 2. casser des cabines téléphoniques 3. insulter des agents de police 4. finir dans un centre de redressement	Elle _____
Ils _____	1. partir en vacances en voiture 2. perdre les clés, les papiers, l'argent et la voiture 3. dormir sous les ponts 4. rentrer en stop	Ils _____
Tu (masc.) _____	1. casser un joli vase 2. se faire mal en tombant 3. se disputer avec sa mère 4. éclater en sanglots	Tu _____

15

🌳🌳🌳 40. – Entrefilets.

Observez l'emploi des temps dans ces deux entrefilets. Pourquoi trouve-t-on de nombreux plus-que-parfait ? Quel est l'ordre chronologique des événements ?

Décès de Roland Laudenbach

Le fondateur des éditions de la Table Ronde, Roland Laudenbach, est mort mercredi à Paris à l'âge de 69 ans. Né le 20 octobre 1921 à Paris, il avait fondé en 1944 les éditions de la Table Ronde, dont le nom, trouvé par Jean Cocteau, faisait référence au cercle d'hommes de lettres qui entourait Laudenbach. Il était devenu une figure de l'édition en publiant Montherlant, et ceux qu'on appela les «hussards» (Michel Déon, Antoine Blondin, Jacques Laurent), défenseurs contre l'existentialisme d'une nouvelle littérature «de droite». Roland Laudenbach devait diriger sa maison d'éditions jusqu'en 1986, date à laquelle il avait démissionné. Licencié en philosophie, Roland Laudenbach, qui fut attaché au service scénarios de Pathé-Cinéma en 1941, avait notamment écrit, pour le cinéma, le scénario de *la Minute de vérité*, réalisé par Jean Delannoy (1952), et, pour la télévision, celui du *Louis XI* d'Alexandre Astruc. Il avait aussi écrit trois romans sous le pseudonyme de Michel Blaspart, et une pièce de théâtre, *Bille en tête*, qui fut jouée au début des années 50 par son oncle, Pierre Fresnay. Ses obsèques seront célébrées ce matin, à 10 h 30, en l'église de Bourdonné (Yvelines).

Huissier condamné

Un huissier de justice, qui avait réclamé 4 716,17 F à une mère de famille pour un chèque impayé de 225 F, a été condamné à payer 1 500 F de dommages et intérêts à la victime. Le tribunal de Lyon a estimé que l'huissier, Mme Nadine Poncet, aurait dû demander au tribunal d'évaluer le montant des frais de poursuite dès lors que les intérêts avaient atteint la somme due au départ, c'est-à-dire 225 F. Josiane Perenet, de Vaulx-en-Velin, dans la banlieue lyonnaise, et élevant seule ses trois enfants, avait établi le 27 février 1989 un chèque sans provision de 225 F. Avec l'accumulation des actes et divers frais de justice, l'huissier avait fini par exiger quelque 4 700 F, la débitrice ayant versé entre-temps 1 125 F. L'huissier, ne pouvant recouvrer cette somme, a fait saisir les meubles. Une semaine plus tard, un comité de soutien avait récupéré, par la force, les objets dans un hôtel des ventes.

Samedi 12 et dimanche 13 janvier 1991
Libération

🌴🌴 **41. – Manifestation pacifiste.**
Faites quatre fois le récit de cette manifestation en suivant les indications proposées. Attention aux temps ; ils changent selon l'ordre du texte.

Récit 1 : (1, 2, 3, 4, 5, 6, 7)	**Récit 2 :** (7, 1, 2, 3, 4, 5, 6)
Récit 3 : (1, 2, 3, 5, 6, 7, 4)	**Récit 4 :** (4, 1, 2, 3, 5, 6, 7)

Manifestation pacifiste

1. Rassemblement place Victor-Hugo à 17 h.
2. Discours de la présidente du mouvement pour la paix.
3. Défilé paisible par le cours Berriat et le cours Jean-Jaurès.
4. Quelques incidents entre des jeunes incontrôlés et la police vers 18 h place de la Bastille.
5. Arrivée de la manifestation place Grenette à 18 h 30.
6. Discours des diverses associations représentées.
7. Dispersion dans le calme à 19 h 30.

🌴🌴🌴 **42. – Sur le modèle de ces deux textes de l'exercice 40, écrivez, vous aussi, deux articles avec les éléments ci-dessous.**

A – Eléments informatifs : une évasion qui surprend tout le monde.

1. Monsieur Pamalin a mené une vie sans histoires jusqu'en 1985 : Employé municipal efficace, époux discret, père de famille attentionné, pêcheur à la ligne le dimanche.
2. 1985 : Décide bizarrement de devenir riche sans plus attendre pour pouvoir émigrer au Brésil (son rêve d'enfance). Consulte différentes personnes de son entourage, devient mauvais père et mauvais époux.
3. 1986 : Passe une annonce dans la presse locale et régionale.
Texte : «Devenez riche en un instant ! Le truc pour 20 francs...» Il reçoit des milliers de réponses et de billets de vingt francs. N'envoie rien en retour.
4. 1987 : Quelques clients déçus portent plainte et monsieur Pamalin est arrêté pour escroquerie et placé en prison préventive juste la veille de son départ pour le Brésil.
5. 24 juin 1988 : Procès et condamnation à deux ans de prison.
6. 30 juin 1988 : Evasion en hélicoptère de la prison de Fleury-Mérogis. On ne connaît pas encore ses complices.

Ordre du texte : 6 / 5 / 1 à 4
Date de parution de l'article : 1er juillet 1988.

B – Eléments biographiques de l'acteur Robert Newman :

1. 1920, naissance.
2. Premier film, un western : *L'homme de la montagne*.

3. 1943-1945 : aviateur dans l'armée.

4. 1946-1950 : série de grands films. *La nuit sombre* (1946), *Les damnés du petit train* (1947), *Tirez le premier* (1949), *A moi les petits déjeuners sauvages* (1950).

5. Premier mariage avec Marilyn Hayworth, divorce six mois plus tard.

6. Deuxième mariage avec Rita Monroe, divorce deux jours plus tard.

7. Troisième mariage, définitif celui-là, avec Michèle, une française.

8. 1955 : fondation d'une association de protection des bébés canards.

9. 1956 : début d'une longue et fertile carrière théâtrale, poursuivie jusqu'à sa mort. Quelques titres : *Le jour du supermarché* (1957), *Quand la pluie vient avec le facteur* (1960), *Les petits hommes bleus* (1965), et, parmi les plus grands succès de ces dernières années, l'inoubliable : *Maman cuisinait mieux que toi, mon amour.*

10. 1960-1990 : activités écologiques et politiques variées : fondation d'une nouvelle association («L'herbe ne sera pas rouge»), élection comme sénateur de l'État du Michouri, ministre de la culture, proposé pour le prix Nobel du dévouement, prix de l'individu le plus populaire de l'hémisphère nord, pour ne citer que quelques points.

11. 12 janvier 1991 : décès dans sa maison de Beverly Beach, à soixante et onze ans.

12. Obsèques à Hollywood, en présence de nombreuses personnalités et de quelques canards reconnaissants, le 15 janvier 1991.

Ordre du texte : 11, 1 à 10, 12.
Date de parution de l'article : 16 janvier 1991, Paris.

🌳🌳 43. – Explications.
Passé composé / Imparfait / Plus-que-parfait

Sur le modèle, donnez des explications aux faits suivants.
Attention certains verbes (mais pas tous, à cause du sens) admettent plusieurs constructions.
Exemple :
J'ai très mal joué : j'étais fatigué (état).
> *j'avais mal dormi (action antérieure).*
> *j'ai perdu confiance au milieu du match (événement accompli).*

1. Il a raté son examen (être angoissé / ne pas assez travailler / mal comprendre le sujet).
2. Elle a quitté son mari (en avoir assez / la battre la veille / se décider en une nuit). – **3.** Tu

as cru ce qu'il t'a raconté ? (être convaincant / en avoir déjà entendu parler / avoir des doutes). – **4.** Je me suis mis en colère contre les enfants (être fatigué / être insupportables / perdre son contrôle). – **5.** Nous avons raté le train (être en retard / oublier l'heure / se tromper de gare). – **6.** Je ne vous ai pas téléphoné (téléphone en dérangement / oublier de le noter sur mon agenda / ne pas avoir le temps). **7.** Je n'ai pas été surpris de son mariage (en rêver depuis longtemps / m'en parler / tout préparer avec lui).

🌳🌳🌳 44. – Phrases stéréotypes.

A – Les quelques phrases au plus-que-parfait qui suivent sont des stéréotypes couramment utilisés en français parlé. En groupe cherchez leur sens et dans quelle situation on peut les dire.

1. Je ne t'avais rien demandé ! – **2.** Tu me l'avais juré ! – **3.** Il m'avait cherché ! – **4.** Personne n'avait rien vu venir. – **5.** Je ne t'avais rien promis. – **6.** Je te l'avais bien dit. – **7.** Je vous avais prévenu. – **8.** Les spécialistes l'avaient prédit.

B – Fabriquez des mini-dialogues pour utiliser chacune de ces phrases.

45 – Histoires.
Mettez ces histoires aux temps du passé qui conviennent.

🌳 **1.** – Il m'arrive une drôle d'histoire : comme je roule en direction de Lyon, un motard m'arrête. Obéissant, je me gare sur le bord de la route et je lui montre les papiers de la voiture. Il a l'air très nerveux et il regarde tout le temps derrière lui. Je trouve ça plutôt bizarre. Puis il me demande de sortir de la voiture pour regarder les pneus et tout d'un coup il prend le volant et part avec ma voiture ! je suis tellement étonné que je ne réagis même pas. Heureusement un autre motard arrive et je comprends ce qui s'est passé : c'est un faux motard qui a volé un uniforme et une moto pour s'enfuir... Ils l'arrêtent et je retrouve ma voiture, qui est en bon état.

🌳 **2.** – Nous marchons dans la rue et soudain nous entendons des cris sur la droite. Nous allons voir ce que c'est mais nous ne comprenons pas tout de suite. Il y a un gros camion aux portes ouvertes sur un trottoir et des gens qui courent partout. Ils essaient tous de rentrer

15

dans les immeubles et, dans les magasins nous voyons des têtes apeurées qui regardent la rue. Quelqu'un nous crie en courant de ne pas rester là si nous ne voulons pas nous faire manger : un lion s'est échappé du camion. Nous commençons à regarder autour de nous et nous ne voyons pas le lion. Où est-il ? Tout d'un coup nous nous apercevons qu'il est juste derrière nous. Nous avons très peur mais il nous regarde gentiment et au lieu de nous sauver, nous lui parlons. Il s'assied et nous écoute. Son maître arrive et le fait remonter dans le camion : il a simplement oublié de fermer la porte et est allé boire un pot au café. Les gens qui ont été si peu courageux avec le lion le sont maintenant beaucoup plus avec son maître et lui font des reproches. Assis sur son derrière le lion regarde tout ça avec un air très calme...

🌳 **3. – Frissons.** Il la (suivre) ____ depuis un moment. Elle (être) ____ sûre qu'il (vouloir) ____ la tuer. Autrefois ils (s'aimer) ____ mais elle l'(quitter) ____ pour continuer ses études. Lui, il (ne pas comprendre) ____ qu'une femme préfère des études à un mari. Il (ne pas être) ____ très moderne. Elle (penser) ____ qu'il (ne jamais lui pardonner) ____. Et maintenant il la (suivre) ____ Elle (se sentir) ____ paniquée. Que (falloir) ____ -il faire ? Elle (pouvoir) ____ demander de l'aide, mais qui la croirait ? Il (avoir) ____ l'air si bien élevé. Brusquement elle (tourner) ____ au coin de la rue et (se mettre) ____ à courir en regardant de temps en temps derrière elle. Un chien (passer) ____ malencontreusement par là. Elle (ne pas le voir) ____ et elle (tomber) ____ la tête contre un arbre. L'homme qui la (suivre) ____ (écarter) ____ les passants, (la ramasser) ____ et (l'emporter) ____. Elle (mourir) ____ de peur. L'air préoccupé, il (ne rien dire) ____. Il (la déposer) ____ dans sa voiture et il lui (dire) ____. «Chérie, tu as l'air fâchée contre moi, pourquoi ?».

🌳🌳 **46. – Qu'est-il devenu ?**
Complétez le texte avec les temps qui conviennent. (présent compris)

Il y a vingt ans, il (être) ____ boucher à Laval. Aujourd'hui il (avoir) ____ ses habitudes chez Maxim's. Jean-Claude Bouttier (faire son chemin) ____. Il (ne pas être) ____ le meilleur sur le ring : Carlos Monzon (lui prendre) ____ le titre de champion du monde mais il (devenir) ____ un très bon homme d'affaires. Il (installer) ____ ses bureaux dans un quartier chic. Il (déjà vendre) ____ 50 000 flacons de son eau de toi-

lette. Sa collection de jogging (être exposée maintenant) ____ dans des grands magasins. Il (décider) ____ autrefois d'être boxeur : il (le faire) ____. Il (rêver aussi) ____ de gagner beaucoup d'argent : il (y arriver) ____. Aujourd'hui il (se considérer) ____ comme un homme heureux. Son maître d'école (lui dire) ____ qu'il (n'être) ____ bon à rien. Cette déclaration (le traumatiser) ____ à l'époque. Aujourd'hui il (en rire) ____ de bon cœur et il (déclarer) ____ : «j' (peut-être réussir) ____ à cause de ces paroles. Elles (me mettre en colère) ____ et je (tout faire) ____ pour donner tort à mon instituteur. Je lui (devoir) ____ de grands remerciements.» Et il (éclater) ____ de rire. Je vous (le dire) ____ : c'(être) ____ un homme heureux !

🌳🌳🌳 **47. – Histoire d'eau**
Mettre les verbes entre parenthèses aux temps du passé qui conviennent. Pour vous aider : actions au passé composé, actions antérieures au plus-que-parfait, description, état, durée à l'imparfait.

Il y avait longtemps que nous ____ (décider) d'aller nous installer à la campagne. Aussi, quand finalement nous ____ (trouver) une maison, nous l' ____ (acheter) sans hésiter. Nous ____ (être) très contents. Le précédent propriétaire ____ (faire) beaucoup de travaux et la maison ____ (être) en bon état. C'est du moins ce qu'il nous ____ (sembler) jusqu'au jour où il ____ (pleuvoir) énormément dans toute la région. L'eau ____ (couler) dans la salle à manger. Nous ____ (penser) qu'il y ____ (avoir) une fuite dans le toit, aussi nous ____ (monter) au grenier que nous ____ (ne pas visiter) avant, grosse erreur. Nous y ____ (trouver) des casseroles et des cuvettes que le précédent propriétaire ____ (installer) là pour des cas de ce genre et qui, ce jour-là, ____ (ne pas suffire) à arrêter le déluge, exceptionnel il est vrai. Nous les ____ (vider) et ____ (replacer) sous les fuites. Pauvre toit ! Des tuiles ____ (se déplacer) à cause du vent et nos casseroles ____ (être) un bien pauvre remède. Finalement la pluie ____ (s'arrêter) mais il en ____ (tomber) tellement que toute la maison ____ (être inondée). Voilà un problème qui ne nous ____ (ne pas arriver) en appartement. Si, une fois, quand le voisin du dessus ____ (oublier) de fermer le robinet de sa baignoire et qu'il ____ (inonder) les plafonds. Dans le fond je préfère l'eau du ciel à l'eau du bain de mon voisin : elle est sans doute plus propre.

15

🌳🌳🌳 **48. – Pasta storia.**

1. Dans le texte suivant mettez les verbes aux temps qui conviennent : passé composé, imparfait, plus-que-parfait ou présent.

GASTRONOMIE

PASTA STORIA

Le petit moineau (l'omelette aux pâtes)

Quand je — dans la cuisine, j'— tout de 1,2
suite — que la cage — vide, et j'— vers 3,4
Suzanna. Je me — à son tablier et j'— 5, 6
«*Suzanna, où — Pepito ?*» Pepito, c'— le 7, 8,9
nom du petit moineau que j'— deux 10
semaines plus tôt. Il — du nid sur le pavé 11
froid de la cour et il — de toutes ses 12
forces quand je l'— dans ma paume. Je 13
l'—, — je lui — à manger du pain trempé 14,15,16
dans du lait, et comme maman m'— 17
qu'il ne supporterait pas le voyage jusqu'à
la maison, je l'— chez Suzanna, qui lui 18
— une cage et Pepito —. J'— : «*Où* 19,20,21,22
Pepito, Suzanna ?» Suzanna — les coudes 23
rayés dans la casserole d'eau bouillante et
elle — en me passant la main dans les 24
cheveux : «*Il — tellement mieux que je* 25
lui — la liberté.» Elle — quatre œufs avec 26,27
du lait, et — devant moi une planche de 28
bois et un couteau : «*—, nous allons faire* 29
une omelette aux pâtes.» J'— la tête et — 30,31
à découper les quatre tranches de salami,
la mozzarelle et le basilic. J' — : «*Mais il — tout petit, il ne — même pas voler... Ta-ta-* 32,33,34
ta, mon Giovanni, les pierrots, ça — très vite, et ça — voler d'instinct.» Elle — les coudes 35,36,37
rayés, — les pâtes avec les œufs et les restes, et — du doigt un oiseau posé sur un fil de 38,39
téléphone : «*Tiens, guarda, c'est peut-être celui-là, là-haut, sur le toit, qui pépie.*» J'— la 40
fenêtre, je lui — un signe de la main et il s'—. Suzanna de nouveau — mes cheveux, et 41,42,43
elle — l'omelette dans une poêle beurrée. Quand maman — me chercher, elle — : «*Il* 44,45,46,47
sage ?», et — : « *Il n'— pas —, pour le moineau ?*» Suzanna — les gros yeux à maman, et 48,49,50
—, sans me regarder : « Ma no. *Voyons, pourquoi veux-tu qu'il pleure ?*» Mais moi, j'— 51, 52
tout —, et je me — à pleurer. 53

Giovanni D'AREZZO *Evénement du Jeudi,* 11.2.1991

1	entrer	16	donner	29	tenir	42	s'envoler
2	voir	17	dire	30	hocher	43	caresser
3	être	18	laisser	31	commencer	44	verser
4	courir	19	acheter	32	protester	45	revenir
5	s'accrocher	20	disparaître	33	être	46	demander
6	crier	21	redemander	34	savoir	47	être
7,8,9	être	22	être	35	grandir	48	ajouter
10	recueillir	23	jeter	36	savoir	49	pleurer
11	tomber	24	sourire	37	égoutter	50	faire
12	piailler	25	aller	38	mélanger	51	répondre
13	prendre	26	rendre	39	désigner	52	comprendre
14	réchauffer	27	battre	40	ouvrir	53	se mettre
15	caresser	28	poser	41	faire		

2. Racontez, vous aussi, un souvenir d'enfance.

15

❀❀❀ 49. – Ecrit : Journal de voyages

ROUTE US ONE, FLORIDE

Il roule depuis trois ou quatre heures. L'horloge de la voiture indique minuit passé. La mer est quelque part au-delà de ses phares. Il a faim mais tout est fermé. Il conduit sans se faire trop de soucis, comme quelqu'un qui a un billet de 100 dollars en poche. Dans la nuit, il aperçoit la lueur d'une enseigne K Mart. K Mart, comme 7-Eleven, c'est l'assurance de trouver à toute heure des sandwiches, des sodas et de quoi fumer. Il gare la voiture et entre faire son marché. Il est seul avec le caissier. Les néons et les réfrigérateurs bourdonnent. *«14.90»*, dit l'homme. Il lui tend son unique billet de 100 dollars. *«On n'accepte pas les coupures de plus de 20 dollars après la tombée de la nuit. A cause des agressions. C'est comme ça.»*
Il reprend la route et tente de casser son billet en faisant de l'essence un peu plus loin. *«100 dollars ? Vous plaisantez*, dit le pompiste. *Avec ça, la nuit, c'est comme si vous n'aviez rien.»* Il demande ce qu'il peut faire pour manger. *«Attendre le jour»*, répond l'autre.

MIAMI, FLORIDE, BUREAU DE LOCATION DE VOITURES CARNIVAL

Il n'aime pas les airs affectés du préposé. Il regarde sa facture. 38 dollars taxes comprises. La voiture était formidable. Il va la regretter. *«Cash ou carte de crédit ?»* demande le gandin. En guise de réponse, il sort son billet de 100 dollars. *«Désolé, nous refusons ces coupures. Dans cette ville, la plupart sont fausses.»*
Il sourit. Il ne discute pas. Il sait combien peut être parfois complexe l'usage du monde. Il a pour la première fois le sentiment qu'il ne va pas pouvoir dépenser son argent, qu'un gros billet va lui faire faire des économies.

MIAMI, FLORIDE, DADE MEDICAL CENTER, 2500 FLAGER STREET

Cela fait trois jours qu'il souffre et qu'il a de la fièvre. C'est dimanche. Tous les cabinets médicaux sont fermés. Le portier de l'hôtel lui conseille l'hôpital sur Lejeune Boulevard. Il monte dans sa voiture. Il roule vers la guérison.
A l'entrée, l'hôtesse lui demande ce qu'il veut. Il répond qu'il désire voir un médecin. Elle l'adresse aux urgences. Là, une seconde réceptionniste lui demande son nom et réclame 200 dollars d'avance. *«C'est une caution, un dépôt de garantie*, dit-elle. *Si le médecin ne vous hospitalise pas on ne vous fera payer que la consultation et on vous rendra la différence.»*
Il explique qu'il n'a pas cette somme sur lui. Elle répond qu'elle est désolée mais qu'il faut voir ailleurs. Il repart dans sa voiture et enfile des rues au hasard. Sur Flager, il tombe sur une clinique à l'enseigne modeste. Dade Medical Center. Il sonne. Un Cubain lui ouvre et le fait asseoir.
«Une consultation ? 40 dollars, ça vous va ?» Bien sûr que ça lui va. Le médecin est sympathique et respire la compétence. Demain il sera guéri. Le Cubain lui établit une facture en bonne et due forme. A la place du nom, il inscrit le mot «touriste». *«100 dollars ! Vous êtes un homme riche, señor. Ni le docteur ni moi n'avons de quoi changer ce gros billet. Allez à la pharmacie Eckerd, de l'autre côté de la rue, acheter vos médicaments. Eux auront de la monnaie. Ensuite, vous reviendrez me payer.»*
En rentrant à l'hôtel, il se sent déjà en pleine forme. Il se demande quand même comment font les habitants d'un pays si riche pour avoir aussi peu d'argent dans les poches.

Extrait du *Nouvel Observateur*

1. Mettez les textes ci-dessus au passé.

2. Sur ce modèle faites, vous aussi, un journal de voyage au passé.

15

La décomposition de l'action : l'aspect

Au présent

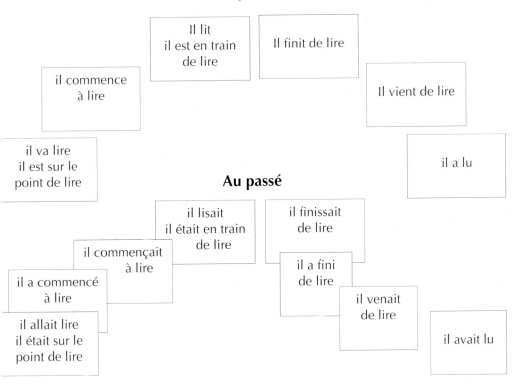

il commence
à lire

Il lit
il est en train
de lire

Il finit de lire

Il vient de lire

il va lire
il est sur le
point de lire

il a lu

Au passé

il lisait
il était en train
de lire

il finissait
de lire

il commençait
à lire

il a fini
de lire

il a commencé
à lire

il venait
de lire

il allait lire
il était sur le
point de lire

il avait lu

 **50. – Décomposez les actions suivantes :**

1. Au présent

2. Au passé
Mettre son manteau. – Laver le chien. – Repeindre une maison. – Boire une bouteille de Coca-Cola.
– Corriger les devoirs. – Taper le courrier. – Sauter un obstacle.

51. – Lettre.
Lisez le texte ci-après et, à votre tour, écrivez un texte

à l'écrivain
au chanteur
au poète
au sportif
à l'homme
à la femme
à l'événement
à l'objet
etc.

qui a changé votre vie.

Ami Lazarillo,

Il y a bien longtemps que je t'ai rencontré et je n'ai jamais oublié l'impression que m'ont fait les premiers mots de cette rencontre, *«je naquis dans la rivière de Tormes, et c'est pourquoi on me donna mon surnom».* Alors j'écoutais tes aventures extraordinaires, tes ruses, tes mauvaises farces pour te venger du maudit aveugle qui t'avait si fort maltraité et je crois bien qu'aucune autre histoire ne m'a à la fois tant captivé et tant effrayé.

Quand on est enfant, on soupçonne facilement que le mal est au dehors, que seul un mince écran vous en sépare, et que bien peu de choses pourraient vous lancer dans ce chaos. Pourtant, grâce à toi, je découvrais que la vérité et la vie étaient là justement, au dehors, dans ces rues, dans ces avenues infinies, avec tous ces visages, tous ces noms, avec la faim qui ronge le ventre et la méchanceté qui ferme les portes.

Dans l'abri douillet de l'appartement de ma grand-mère, je lisais tes vicissitudes, et il me semblait que j'avais connu tout cela, que j'avais guetté le pain, et humé le vin de la cruche de l'aveugle, et caché la clef du coffre dans ma bouche. Tout cela, je n'avais pas trop de peine à l'imaginer, parce que j'avais encore dans la

J.M.G. LE CLEZIO
Le roman *Onitsha* (Gallimard) doit paraître ce printemps (voir p. 16)

à

LAZARILLO DE TORMES
Texte anonyme espagnol (1554). Ce récit picaresque à la première personne qui met en scène un gamin pauvre de Castille est considéré comme le premier vrai roman de la littérature espagnole (Bordas ou dans l'anthologie *Le roman picaresque*, à la Pléiade).

bouche le goût du premier pain après la guerre et que je n'avais d'autre papier à dessiner que les carnets de rationnement de mon grand-père. Le frisson, c'était de partager un peu (très peu, mais cela suffisait) ton extraordinaire itinéraire de la faim.

Ami Lazare, j'ai bien aimé lire l'histoire de ta vie, il me semble que je m'en souviens comme si elle était mienne. Il n'y a pas de conte qui m'a donné plus de plaisir et plus d'inquiétude, en décrivant avec des mots si simples des choses tellement hors du commun.

J'ai eu envie de t'écrire beaucoup plus tard. C'était en 1979

ou 1980, je ne sais plus. Je t'avai un peu oublié. La vie, les voyages et le monde moderne m'avaien éloigné de Salamanque et de Tolè de. Je ne veux pas dire que le monde était devenu meilleur, m même différent, mais peut-être que j'avais perdu le regard d'enfant qu était le tien, ce regard à la foi effrayé et audacieux, qui guette e ruse avec les périls et les pièges de la vie. C'est alors que je t'ai ren contré de nouveau.

Dans une ruelle d'Uruapan (une petite ville du centre du Mexique à la limite des terres chaudes, au bord d'une rivière qui aurait bien pu être celle de Tormes), tu des cendais lentement. Sur ton épaule gauche s'appuyait la main d'un mendiant aveugle, et tu le guidais le long du mur, vers la place où i allait s'asseoir pour jouer de la gui tare et implorer la charité (qui tou jours s'envole au ciel). Tu es passé tout près de moi, un bref instan nos regards se sont croisés, et j'a reconnu ton coup d'œil aigu et craintif à la fois, ce regard qu voyait doublement pour toi et pour ton maître. Comme tu ralentissais un peu la marche, l'aveugle a eu peur et il t'a donné une bourrade, et vous êtes repartis tous les deux jusqu'à ce que les mouvements de la foule vous cachent à mes yeux. Lazarillo, mon ami, tu es donc tou jours là, tu n'as pas changé, le monde est resté le même, avec sa cruauté et son appétit de vivre, ses enfants errants et ses hidalgos crève-la-faim. C'est toi qui vas nous écrire, du Mexique ou d'ailleurs, parle-nous, on a besoin d'entendre ta voix, maintenant.

J.M.G. Le Clézio

Le conditionnel

16

EXERCICES

1. Formes du conditionnel présent

Racines du futur + terminaisons de l'imparfait

Verbes	Futur	Imparfait	Conditionnel présent
venir	je **viendr** ai	je ven **AIS**	je viendrais
aller	tu **ir** as	tu all **AIS**	tu irais
finir	il **finir** a	il finiss **AIT**	il finirait
savoir	nous **saur** ons	nous sav **IONS**	nous saurions
être	vous **ser** ez	vous ét **IEZ**	vous seriez
avoir	ils **aur** ont	ils av **AIENT**	ils auraient
pouvoir	je **pourr** ai	je pouv **AIS**	je pourrais
faire ...	tu **fer** as	tu fais **AIS**	tu ferais

2. Formes du conditionnel passé

Conditionnel présent
de l'auxiliaire   + participe passé du verbe
ÊTRE ou AVOIR

Conditionnel présent de ÊTRE ou AVOIR	Verbes	Passé composé des verbes	Conditionnel passé
je serais	aller	je suis allé	je serais allé
	venir	tu es venu	tu serais venu
	chanter	il a chanté	il aurait chanté
tu aurais	faire	nous avons fait	nous aurions fait
	voir	vous avez vu	vous auriez vu
	écrire	ils ont écrit	ils auraient écrit
	se lever	ils se sont levés	ils se seraient levés

16

VALEURS DU CONDITIONNEL EN INDÉPENDANTES

Le conditionnel présente l'action comme éventuelle, imaginaire ; ou encore dépendant d'une condition (phrases avec si).

Dans la concordance des temps, le conditionnel est un temps et il exprime le futur du passé.

198

Si ta voiture a commencé, j'aurais aimé de vous voir.

	CONDITIONNEL PRÉSENT	**CONDITIONNEL PASSÉ**
Nouvelles incertaines Doutes	*Sur le présent* ■ La navette rejoindrait l'atmosphère à 16 h. ■ Aurait-il une nouvelle voiture ?	*Sur le passé* ■ La navette se serait écrasée dans l'antarctique. ■ Se serait-il trompé.
Imaginer	*Le présent et le futur* Je serais le roi et tu serais la reine. Demain nous partirions sur la lune...	*Le passé* Elle aurait eu une robe de bal et elle aurait dansé toute la nuit.
Projets hypothétiques	Il serait intéressant de construire des abris anti-atomiques. Ils protégeraient la population.	
Futur du passé	*après un moment du passé* Il était fatigué. Dans cinq minutes il s'arrêterait de travailler.	*Futur antérieur du passé* Après un moment du passé et avant une action à venir : Il regarda sa montre : il aurait fini avant son arrivée.

EMPLOIS LIMITÉS À CERTAINS VERBES :

Politesse

> ### ORDRE FORMEL
>
> **Pouvoir – vouloir**
> ■ Pourriez-vous me remplacer ?
> Voudriez-vous

> ### DEMANDE ATTÉNUÉE
>
> **Avoir – Connaître – Pouvoir –**
> – Auriez-vous des géraniums ?
> – Pourriez-vous me renseigner ?
> – Vous serait-il possible de venir ?
> – Sauriez-vous où je peux trouver Marie ?
> – Me permettriez-vous de vous poser une question ?
>
> **Être – Savoir ...**
> – Auriez-vous connu un certain Pierre Michard ?
> – Auriez-vous vu un petit chat noir ?
> ■ les possibilités de verbes sont très nombreuses : elle correspondent à toutes les demandes possibles au passé composé, atténuées :
> – Aurais-tu pris mon pull bleu ?

> ### CONSEIL
>
> **Devoir – Il faut**   *A posteriori*
>
> – Tu devrais sortir un peu.
> – Il faudrait que tu sortes.
> – A votre place, je partirais quelques jours.
>
> – Tu aurais dû lui parler.
> – Il aurait fallu que tu sortes.
> – A ta place, je l'aurais giflé !

16

Elle a beaucoup mangé, dans 5' elle serait malade (condi pré)

		SUGGESTION
		Aimer – Dire – Plaire – Pouvoir – Vouloir
	Aimeriez-vous sortir ? Ça te plairait de sortir ? Vous voudriez un verre ?	Ça vous aurait dit de sortir ? Vous auriez pu sortir.
		REPROCHE
		Devoir – Pouvoir
	– Tu devrais te laver de temps en temps ! – Tu pourrais me laisser tranquille deux minutes !	– Tu n'aurais pas dû dire ce que tu pensais. – Vous auriez pu vous en occuper vous-même.
Souhait	**Aimer – Désirer – Souhaiter – Apprécier – Préférer – Vouloir** – Je préférerais un café. – J'aimerais te voir.	
Regret		**Aimer – Souhaiter – Apprécier – Préférer – Vouloir** J'aurais préféré un peu plus de temps libre. J'aurais aimé être un artiste.

EXERCICES

🌳 **1. – Conditionnel – Imaginer un futur irréel.**

Le monde idéal
(idées d'une jeune Coréenne)

A. Lisez :

> Dans le monde idéal, les contes pour enfants disparaîtraient parce que le monde des contes serait réalisé.
> Mais on ne pourrait pas se bercer d'illusions non plus.
> Personne ne se battrait pour la liberté car tout le monde l'aurait. Ce serait la fin des militants.

Ce n'est pas un fait.

B. Mettez les verbes entre parenthèses au conditionnel :

1. L'idée du vice (ne pas exister) ____ et par conséquent la vertu (être démodée) ____.
2. Personne ne (essayer) ____ de chercher le bonheur car on (ne pas savoir) ____ ce que c'est.
3. La sagesse apportée par le malheur (disparaître) ____ avec lui.
4. La jalousie et la haine qui ont créé tant de conflits (se volatiliser) ____.
5. Les violences (s'éteindre) ____, il (ne plus y avoir) ____ de jeunes gens qui (se tuer) ____ pour des idées éphémères.
6. Dans ce monde-là, nous (ne pas avoir peur) ____ les uns des autres car nous (savoir) ____ que nous sommes tous semblables.
7. Vous (pouvoir) *pourriez* venir dans mon pays et je (pouvoir) *pourrais* venir dans le vôtre sans être traité d'étranger.

16

200

J'aimerais bien
J'aurais aimé si ; j'avais appris à nager.
J'aurais aimé lire des livres.

🌳 2. – Futur du passé.

Aujourd'hui tel qu'on le voyait hier

Quand les hommes du passé découvraient notre présent, voici comment ils le voyaient. De quoi sourire, inciter à la modestie, mais aussi admirer.

«La circulation dans la ville future»
(L'Illustration *6-10-1934*)

«Les donjons flottants» et «Aéro-paquebot»
(dessins de Robida parus en 1883 dans
Le XXᵉ siècle, la vie électrique*)*

Machine volante
(publié dans Scientific American, *1877)*

Revue de science-fiction
(novembre 1929)

Le Point n°581
7 novembre 1983

• **Comment les hommes du passé imaginaient-ils notre avenir ?**

Pour eux, nous aurions d'étranges véhicules, nous ....

3. – Futur du passé – Récit.

Mettez les verbes entre parenthèses au conditionnel, pour exprimer le futur du passé.

Avec mon frère, Patrick, nous attendions toujours le week-end avec joie. Nos parents nous emmenaient à la campagne, dans la maison de vacances familiale. Dès le jeudi soir nous nous mettions à compter les heures qui nous séparaient de ces deux jours dont nous connaissions le programme par cœur et que nous nous répétions à l'avance : samedi matin, 9 heures, toute la famille monterait dans la voiture, direction le Vercors. Pendant tout le trajet Patrick et moi ferions des concours. Celui des deux qui (compter) _____ le plus de voitures rouges, ou bleues, (gagner) _____. Bien entendu, nous (essayer) _____ de tricher et nous nous (disputer) _____, cela faisait partie du jeu. Les parents (se fâcher) _____ et nous (menacer) _____ de nous interdire de faire du vélo. Nous (faire) _____ semblant d'avoir très peur de cette punition et nous (être) _____ sages comme des images jusqu'à l'arrivée, mais nous (rire) _____ en cachette. Dès notre arrivée là-haut nous nous (précipiter) _____ vers nos bicyclettes et nous (partir) _____ en exploration. Il y (avoir) _____ de l'herbe et des fleurs, on (entendre) _____ les oiseaux chanter. On (s'arrêter) _____ à la ferme et les fermiers nous (donner) _____ du lait encore tiède, nous (avoir) _____ peut-être la chance d'assister à la naissance d'un petit veau ou alors ils nous (emmener) _____ faire les foins, ou ils nous (montrer) _____ quels champignons on pouvait ramasser sans danger. Quand nous (rentrer) _____, couverts d'herbe et sentant la vache, maman (faire) _____ semblant de nous trouver dégoûtants et elle nous (mettre) _____ dans un grand bain bien chaud avec de la mousse. On (jouer) _____ à la mer, l'eau (déborder) _____ un peu. Papa (venir) _____ nous sécher et nous (passer) _____ tous à table, nous (manger) _____ comme des trous, nous nous (régaler) _____ avec la tarte aux pommes. Ah oui, c'était vraiment difficile de ne pas penser au week-end dès le jeudi soir...

4. – Souhaits.

• **Mettez les verbes indiqués au conditionnel présent.**

J'aimerais bien être un homme mais...

1. Je n'_____ plus d'excuses pour sécher le bureau tous les mois.

2. Je _____ ma roue toute seule.

3. Je ne me _____ peut-être pas réformer.

4. Un costume rose _____ mauvais genre.

5. Je ne _____ plus passer deux heures devant la glace.

6. Je ne _____ pas d'avoir les jambes poilues.

7. Je _____ obligé de faire la vaisselle pour aider ma femme.

8. Je _____ tomber amoureux d'une fille comme moi.

9. Mon Sébastien _____ sur l'occasion pour séduire cette garce d'Isabelle.

10. Je _____ du 43.

11. Ce _____ dommage avec mes possibilités.

12. Je _____ peut-être chauve.

13. Je _____ prendre le volant pour les longs trajets.

14. Ce n'est pas cela qui me _____ supporter un match de foot.

15. Il _____ me payer cher.

16. D'après l'INSEE, je _____ moins longtemps.

Cosmopolitan

1. avoir – **2.** changer – **3.** faire – **4.** faire – **5.** pouvoir – **6.** supporter – **7.** être – **8.** pouvoir – **9.** sauter – **10.** chausser – **11.** être – **12.** devenir – **13.** devoir – **14.** faire – **15.** falloir – **16.** vivre.

5.

• **Complétez le tableau de la page suivante avec le conditionnel passé**

• **Faites un tableau du même genre sur un souhait et ses inconvénients.**

Par exemple :

– être président de la République

– être la plus belle femme du monde

– ne jamais travailler

– avoir une famille nombreuse

mais si vous avez une meilleure idée, travaillez sur votre idée.

16

J'aurais aimé être le premier humain sur la lune mais...

1. devoir   • j'____ faire beaucoup d'entraînement physique et je déteste ça.
2. falloir   • il ____ que je porte un de ces affreux scaphandres qui ne ressemblent à rien.
3. pouvoir   • j'____ y laisser ma peau et j'y tiens trop.
4. avoir   • j'____ trop peur là-haut dans l'espace.
5. exiger   • j'____ d'emmener mon chien et ça n'____ sûrement pas ____ à la Nasa.
6. plaire
7. rater   • j'____ mon feuilleton préféré à la télé.
8. ne pas s'adapter • Je ne me ____ à la fusée ; je fais de la claustrophobie.
9. tomber   • Je ____ sûrement ____ dans un cratère.
10. être   • j'____ trop célèbre et ne suis pas vraiment fait pour ça.

 6.

CINQUANTE CHOSES QUE JE VOUDRAIS FAIRE AVANT DE MOURIR

PAR GEORGES PEREC

Je voudrais monter en bateau-mouche.
Me décider à jeter un certain nombre de choses que je garde sans savoir pourquoi je les garde.
Ranger ma bibliothèque une bonne fois pour toutes.
Faire l'acquisition de divers appareils électroménagers. Une machine à laver le linge par exemple. J'ai essayé, c'est très commode.
M'arrêter de fumer avant qu'un médecin me dise : vous savez...
M'habiller de façon différente, me faire confectionner un costume trois pièces avec un gilet.
Aller vivre à l'hôtel.
Vivre à la campagne.
Aller vivre assez longtemps dans une grande ville étrangère, à Londres, par exemple. Mais ça, je le ferai sans doute.
Je fais aussi des rêves de temps et d'espace comme par exemple : passer par l'intersection de l'équateur et la ligne de changement de date. Y passer à midi.
Aller au-delà ou au moins jusqu'au cercle polaire.

Vivre une expérience hors du temps.
Sans heure, sans point de repère temporel.
Faire un voyage en sous-marin.
Faire un long voyage sur un navire.
Faire un voyage en ballon, en dirigeable.
Aller aux îles Kerguelen. A cause du nom, de la distance, de l'éloignement et parce que c'est un piton rocheux. Ou à Tristan da Cunha.
Aller au Maroc, à Tombouctou, à dos de chameau en 52 jours.
Il y a des choses que je voudrais avoir le temps de bien découvrir :
Aller dans les Ardennes. Aller à Bayreuth. Aller à Prague, à Vienne ou au Prado.
Boire du rhum trouvé au fond de la mer, du rhum de 1650.
Avoir le temps de lire Henry James.
Voyager sur des canaux. En chaland, en péniche.
Il y a aussi des choses que j'aimerais apprendre :
Trouver la solution du cube hongrois (...)
Apprendre à jouer de la batterie, faire du jazz.
Apprendre une langue étrangère, l'italien serait pour moi le plus simple.
Apprendre le métier d'imprimeur.
Faire de la peinture. C'est d'ailleurs ce que je voulais faire au départ.
Il y a bien sûr des choses non liées à mon travail d'écrivain, des projets :
Ecrire pour les tout petits enfants entre six mois et quatre ans, ceux qui ne savent pas lire.
Ecrire un roman de science-fiction.
Ecrire un scénario de film d'aventures avec 5 000 Kirghizes cavalant dans la steppe. Faire un film grandiose.
Ecrire un vrai roman-feuilleton. Fournir ma copie tous les jours. Comme Simenon qui s'installait dans le hall de son journal et qui écrivait là.
Travailler avec un dessinateur de BD.
Ecrire des chansons. Pour Anna Prucnal.
Planter un arbre pour le regarder pousser.
Et puis il y a des choses impossibles que j'aurais

16

aimé faire, comme me saouler avec Malcolm Lowry.

Ou faire la connaissance de Vladimir Nabokov. Ça fait trente-sept choses seulement, mais ça suffit !

Extrait de l'émission de Bertrand Jérôme, *Mi-figue, mi-raisin*, diffusée en novembre 1981 sur France Culture, avec Jacques Bens. Retranscrit avec l'aimable autorisation de Bertrand Jérôme et celle de la Société des gens de lettres.

Télérama n°2070 – 13 septembre 1989

• **Faites vous aussi votre liste** = J'aimerais... Je voudrais... Je désirerais... Ça me plairait de... Ça me dirait de... Ce serait super de... J'adorerais... + infinitif.

• **Reformuler au conditionnel présent :** «Si j'avais le temps je rangerais ma bibliothèque une bonne fois pour toutes...

 7. – Conditionnel passé.

Jacques Faizant, *Le Point* n°870 – 22 mai 1989

Madame Lecagneux et madame Bizet auraient adoré être des stars. Malheureusement pour elles, la vie en a décidé autrement, mais ça n'empêche pas de rêver. Reprenez la bande dessinée à partir de l'image 3 et reformulez leurs commentaires en utilisant le conditionnel passé. Exemple :

Image 3 – J'aurais été célèbre... J'aurais lu mon nom sur la façade des cinémas... Ça m'aurait posée dans le quartier...

 8. – Regrets : Verbe devoir au conditionnel passé.

Comment se rendre malheureux sans l'aide de quiconque

Verbe DEVOIR

Le secret pour pouvoir vraiment vous torturer avec le passé consiste à être capable de regretter tout ce que vous avez pu faire et tout ce que vous n'avez pas fait depuis le jour de votre naissance jusqu'à il y a cinq minutes.
Voici quelques suggestions pour vous aider à dresser votre propre liste de regrets :
1. J'aurais dû me marier quand j'en ai eu l'occasion
2. Je n'aurais pas dû les laisser mettre de la crème Chantilly sur mon millefeuille.
3. J'aurais dû tenir bon et obtenir plus d'argent.
4. J'aurais dû travailler davantage au lycée et prendre moins de bon temps.
5. Je n'aurais pas dû accepter de venir ici ce soir.

Manuel du parfait petit masochiste – Virgile, Points

Verbe POUVOIR

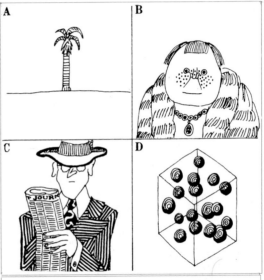

Quelques exemples classiques d'occasion ratées
A. Vous auriez pu acheter du terrain à Saint-Tropez avant le seconde guerre mondiale. – **B.** Vous auriez pu épouser la brave fille riche qui était dans votre classe. – **C.** Vous auriez pu acquérir des actions IBM en 1939. – **D.** Vous auriez pu inventer le surgelé.

1. Définissez quelles personnes ci-dessus, ont les regrets.

2. Etablissez une liste de regrets pour les personnes suivantes :
a) un vieil homme d'affaires, qui a travaillé comme un fou toute sa vie et été très dur avec les autres.
b) une employée de banque qui rêvait d'être chanteuse et n'a pas osé.

16

 9. – Proposer.

Michel Oliver :

dimanche que diriez-vous
d'un bon pâté
de foies de volailles ?

CONDITIONNEL / PROPOSER

– Aimeriez-vous – Voudriez-vous – Désireriez-vous	prendre un petit verre ? un petit verre.
– Que diriez-vous – Que penseriez-vous	de prendre un petit verre ? d'un petit verre

– Ça vous plairait de prendre un petit verre ?
– Un petit verre ça vous plairait ?

– Non ? alors | préféreriez-vous...
aimeriez-vous mieux | aller au cinéma ?

– Toujours non ? alors, on pourrait faire une balade

– Encore non ? quand même, j'aimerais
je voudrais | vous revoir bientôt

SITUATIONS DE RÉEMPLOI

• Proposez à des personnes difficiles diverses idées :
  – pour le week-end
  – pour la soirée
  – pour un menu
  – pour des vacances
  – pour un lieu de rendez-vous

• Un vendeur (de meubles, de livres, de disques ou autres) face à un client hésitant

10. – Conditionnel – Conseil : formes atténuées.

Utilisez les expressions suivantes pour donner des conseils aux jeunes femmes ci-contre :

– Si vous voulez ____, il faudrait que vous ____
– Vous devriez ____
– Vous pourriez ____
– Il faudrait ____
– Il serait nécessaire ____
– Moi, je ferais ____
– A votre place, je ferais ____
– Si j'étais vous, je ferais ____

1. Marie-Paule : «Vite, une idée sympa pour une invitation de dernière minute.»
2. Sophie : «Qu'est-ce que je fais pour ne pas devenir folle avec tous les ennuis que me font les gosses, mon mari et les copains ?»
3. Laurence : «Un travail, bien sûr, c'est ce que je veux... Mais quel genre de travail ?»
4. Annette : «Aujourd'hui je sais! Mais demain et après-demain, comment lui refuser encore un rendez-vous ?»
5. Edith : «Demain, je rencontre le président de la République. Mais, qu'est-ce que je peux bien lui raconter ?»
6. Valérie : «Un truc pour maigrir qui soit efficace ?»

16

11. **Nouvelles non confirmées**

> L'amour serait une forme de stress que certains supporteraient mieux que d'autres

Comme chez nous

Les premières statistiques soviétiques sur le suicide ont été publiées dans *Meditsinskaïa Gazeta* : 54 000 citoyens se seraient donné la mort en 1987, soit 19 pour 100 000 habitants. Contre 9 en Grande-Bretagne, 12 aux Etats-Unis et 22 en France. Il y aurait trois fois plus de suicides d'hommes que de femmes et six fois plus dans les pays baltes que dans le Caucase.

La dernière acquisition du zoo de Barcelone s'appelle Alberto Vidal. Ce comédien espagnol a établi ses quartiers dans la cage à singes du zoo, avec téléphone et machine à écrire. Les niños lui jettent cacahuètes et pesetas. L'acteur espagnol, dit-on, écrirait ses mémoires.

Autriche : crash

Probablement en raison d'un épais brouillard, un avion de tourisme de la compagnie régionale autrichienne Rheintalflug, ayant à son bord 11 personnes dont le ministre des Affaires sociales autrichien, Alfred Dallinger, s'est abîmé jeudi en fin de matinée dans le lac de Constance, à un kilomètre de la localité de Rorschach (nord-est de la Suisse). Il n'y aurait aucun survivant, selon la police locale.

 Le Parlement britannique va légiférer sur les procréations artificielles et la recherche sur l'embryon humain. Le gouvernement propose la création d'une Haute Autorité chargée de contrôler les recherches sur des embryons âgés de moins de 14 jours. Il serait interdit de les conserver plus longtemps. Interdite aussi toute manipulation de clonage (remplacement du noyau d'un ovule par un noyau prélevé sur un autre ovule ou sur une cellule). En cas de procréation artificielle, la mère de l'enfant serait toujours la femme qui a accouché et le père serait le mari de cette femme, quelle que soit l'origine de l'ovule et du spermatozoïde qui ont permis la conception.

- Repérez les conditionnels dans ces entrefilets. Pourquoi l'utilise-t-on ?

- **Hospitalisation de Johnny Halliday**
  L'hospitalisation du célèbre rocker serait due à une crise cardiaque qui s'expliquerait par la grande fatigue de sa tournée en France, et pourrait marquer la fin de sa carrière.

- Sur ce modèle, développez les titres suivants en donnant des explications et des informations que vous considérez comme possibles mais pas certaines.

1. Découverte d'une nouvelle molécule anti-douleur aux USA.
2. Disparition de la femme de Mick Jagger.
3. Déraillement du train Lyon-Vintimille.
4. Catherine Deneuve abandonnerait le cinéma.
5. Réunion secrète des terroristes européens à Marseille.

12. – Conditionnel présent – Ecrit – Projets hypothétiques.

1. En groupe, mettez-vous d'accord sur un projet que vous voudriez réaliser :
centre de loisirs dans un village de montagne; maison de jeunes dans un quartier défavorisé; voiture absolument écologique... ou toute autre idée qui vous convient mieux.

2. Ecrivez une lettre au président de la République en imitant la structure de la lettre de Léo-Paul (page suivante) et exposez votre projet :
ce que ce serait, ce que ça permettrait, à quoi ça ressemblerait, combien ça coûterait... Utilisez de nombreux conditionnels : politesse, souhait, description du projet.

16

• Léo-Paul, 11 ans, a une grande inquiétude : si un nouveau déluge se produisait ?

Il passe beaucoup de son temps libre à faire la liste des animaux à sauver, et à mettre dans des bouteilles des messages des gens qu'il connaît, pour qu'ils ne soient pas oubliés si cela se produisait...

Il décida pourtant à l'occasion de Noël d'écrire au président de la République. Dans une enveloppe où il avait simplement écrit : «Général de Gaulle, Elysée, Paris », il glissa cette lettre :

Monterville-les-Bains, le 20 décembre 1963.
Cher Général,
Cette année, j'ai eu onze ans et je n'ai rien demandé pour Noël à mes parents, parce que c'est de vous que je veux obtenir une faveur. Quand je vois toutes les violences, toutes les guerres, celle de l'Algérie qui vient de se terminer, celle du Viêt-Nam qui continue, je suis certain que le Dieu des catholiques ne restera pas indifférent. Déjà, je vois des signes de son irritation : Monsieur H., le président de l'ONU que j'aimais beaucoup, est mort, le président Kennedy également, et même Jean XXIII n'y a pas échappé. J'ai peur que ça aille un jour jusqu'à un deuxième déluge et j'aimerais que la France soit le pays qui ait prévu de sauver le monde vivant. Pouvez-vous donc prévoir, à proximité du zoo de Vincennes, un énorme avion à réaction, stationné en permanence, pouvant emporter un exemplaire de chaque race d'animaux ? Le gardien et la gardienne du zoo **représenteraient** la race humaine et s'occuperaient de la nourriture et des soins pendant le voyage. Une piste d'atterrissage **pourrait** également être aménagée vers la mer de Glace, à proximité du mont Blanc qui, entre parenthèses, ne fait que trois cent soixante mètres de moins que le mont Ararat où Noé avait échoué avec son arche, ce qui fait que toute cette affaire **resterait** entièrement française.
Bon, je vous quitte parce que je ne vois plus rien à dire. Je vous souhaite, ainsi qu'à Madame de Gaulle un joyeux Noël et une bonne année 1964.

Léo-Paul Kovski.

Au mois de janvier, une lettre intrigua tous les employés de la poste de Monterville qui se la repassèrent les uns après les autres pour essayer de percer son secret : Elle était adressée à Léo-Paul Kovski, et, sur le coin gauche de l'enveloppe, imprimé en lettres à relief : PRÉSIDENCE DE LA RÉPUBLIQUE. Bien avant que Léo-Paul sût qu'une telle lettre l'attendait, toute la ville parlait du Général qui avait envoyé un courrier au jeune Kovski. Quand il rentra de l'école à midi, Léo-Paul trouva sur la table de la cuisine, à côté du couvert que sa mère lui avait préparé avant de partir pour l'hôpital, la fameuse lettre venant de Paris. Avant de la décacheter, Léo-Paul la regarda, la soupesa, la caressa même et essaya d'imaginer de quel décor elle pouvait provenir et quelles mains l'avaient touchée. Il ferma les yeux, il la respira une dernière fois avant de l'ouvrir. Il sortit une feuille dactylographiée, pliée en quatre et qu'il mit bien à plat sur la table avant de la lire :

Cher jeune Léo-Paul,
Je vous remercie pour votre lettre, dont j'ai pris bonne note, et tiens à vous assurer que tout ce qui est en mon pouvoir sera fait pour mener au mieux, dans la réalité, votre suggestion. Merci également pour vos vœux. Je vous prie d'accepter les miens, non seulement pour l'année en cours, mais pour qu'un avenir radieux et à votre mesure vous attende, à condition que vous fassiez tout, je dis bien *tout* pour y accéder.
Le président de la République.

Sous cette dernière ligne aux lettres imprimées, il y avait manuscrite et à l'encre la signature prestigieuse : Charles de Gaulle.

Léo-Paul relut plusieurs fois la lettre, à haute voix pour que les murs l'entendent, pour que sa chambre, la cuisine, le réchaud à gaz, tout le décor qui vivait avec lui chaque jour entende bien ce qu'un président de la République lui avait écrit, à lui, Léo-Paul Kovski, fils d'un cheminot-mireur de bouteilles et d'une aide-soignante-femme de ménage. Il eut envie de pleurer quand il prononça en déliant bien les mots : Cher / jeune / Léo-Paul / Charles / de Gaulle. Il ne mangea pas et rangea son couvert. Avant de repartir en classe, il replia le courrier extraordinaire et glissa l'enveloppe sous son maillot de corps, contre sa peau.

Quand il se retrouva dans la rue, qu'il entendit le crissement de la neige sous ses pieds, il porta la main vers son cœur, vers la lettre et se demanda s'il avait neigé aussi à Paris.

Yves SIMON
Océans

16

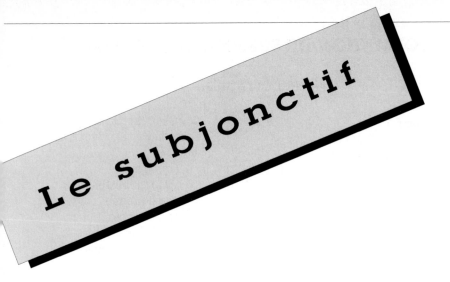

Le subjonctif

17

EXERCICES

FORMATION DU SUBJONCTIF PRÉSENT

1. Verbes réguliers

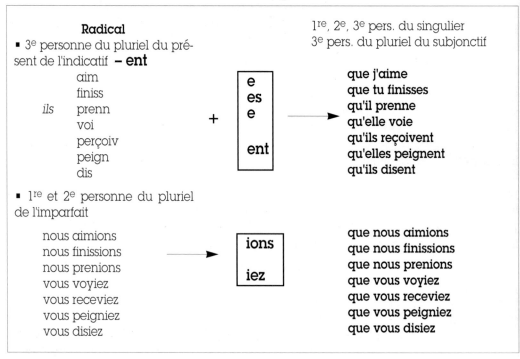

Radical

- 3ᵉ personne du pluriel du présent de l'indicatif **– ent**

ils	aim
	finiss
	prenn
	voi
	perçoiv
	peign
	dis

+

| e |
| es |
| e |
| ent |

1ʳᵉ, 2ᵉ, 3ᵉ pers. du singulier
3ᵉ pers. du pluriel du subjonctif

que j'aime
que tu finisses
qu'il prenne
qu'elle voie
qu'ils reçoivent
qu'elles peignent
qu'ils disent

- 1ʳᵉ et 2ᵉ personne du pluriel de l'imparfait

nous aimions
nous finissions
nous prenions
vous voyiez
vous receviez
vous peigniez
vous disiez

| ions |
| iez |

que nous aimions
que nous finissions
que nous prenions
que vous voyiez
que vous receviez
que vous peigniez
que vous disiez

2. Verbes irréguliers

Avoir	Être	Aller	Faire	Falloir
que j'aie	que je sois	que j'aille	que je fasse	
que tu aies	que tu sois	que tu ailles	que tu fasses	
qu'il ait	qu'il soit	qu'il aille	qu'il fasse	qu'il faille
que nous ayons	que nous soyons	que nous allions	que nous fassions	
que vous ayez	que vous soyez	que vous alliez	que vous fassiez	
qu'ils aient	qu'ils soient	qu'ils aillent	qu'il fassent	

Pleuvoir	Pouvoir	Savoir	Valoir	Vouloir
	que je puisse	que je sache	que je vaille	que je veuille
	que tu puisses	que tu saches	que tu vailles	que tu veuilles
qu'il pleuve	qu'il puisse	qu'il sache	qu'il vaille	qu'il veuille
	que nous puissions	que nous sachions	que nous valions	que nous voulions
	que vous puissiez	que vous sachiez	que vous valiez	que vous vouliez
	qu'ils puissent	qu'ils sachent	qu'ils vaillent	qu'ils veuillent

17

LE SUBJONCTIF

Il exprime une action non encore réalisée ou une attitude subjective.

A. Après certains verbes

1. Expression des sentiments

Le doute		La crainte (On utilise le **ne** explétif)		Le souhait	
je doute je ne crois pas il est possible il se peut il est impossible il n'est pas possible il est improbable	qu'il vienne **(subjonctif)**	je crains j'ai peur il est à craindre je tremble	qu'il ne vienne **(subjonctif)**	je souhaite j'aimerais (bien) je prie je voudrais je désire	qu'il vienne **(subjonctif)**
Attention : il est probable qu'il **viendra**		Pour dire le contraire, on emploie la négation **ne...pas.** je crains qu'il ne vienne pas		Attention : J'espère qu'il **viendra**	

Le regret		L'ordre et la défense		Le jugement impersonnel / moral	
je regrette je suis désolé quel dommage	qu'il ne vienne pas **(subjonctif)**	je veux j'ordonne je conseille je permets je demande j'interdis je ne veux pas	qu'il vienne **(subjonctif)**	il faut il ne faut pas il est regrettable il est juste il est temps il est absurde etc.	qu'il vienne **(subjonctif)**

2. Expression d'une opinion

La déclaration

Verbes : déclarer, dire, raconter, annoncer...

Phrases affirmatives négatives ou interrogatives	il (ne) déclare (pas) il (ne) dit (pas) il (n') affirme (pas) (ne) déclare-t-il (pas) (ne) dit-il (pas) (n') affirme-t-il (pas)	qu'il est beau. qu'il est beau?

(indicatif)

Le jugement personnel, intellectuel

Verbes : croire, penser, trouver, supposer, deviner, s'imaginer, compter, être sûr, espérer...

Phrases affirmatives	il croit il pense il est sûr il espère	qu'elle est belle **(indicatif obligatoire)**
Phrases négatives ou interrogatives	il ne croit pas il ne pense pas il n'est pas sûr croit-il pense-t-il	qu'elle soit belle qu'elle vienne ?

(subjonctif)

Remarque : Il est important de comprendre qu'il existe une marge de choix réelle dans ce cas : toute nuance d'appréciation (donc de subjectivité) entraîne le subjonctif.

17

Notes	**a)** Certains verbes demandent une construction plus compliquée :

<table>
<tr><td rowspan="3">Notes</td><td>a) Certains verbes demandent une construction plus compliquée :

je m'attends
je m'oppose à ce qu'elle vienne
je tiens</td></tr>
<tr><td>b) Quand le sujet est le même dans les deux propositions, on met la seconde à l'infinitif parfois précédé par de
Ex. Je souhaite réussir – je suis heureux de venir</td></tr>
<tr><td>c) Après les verbes : ordonner, demander, écrire, défendre, dire, empêcher, persuader, permettre à quelqu'un de faire quelque chose.
On utilise aussi une construction infinitive : j'ordonne à ma fille de ranger sa chambre.</td></tr>
</table>

B. Après certaines conjonctions

1. Expression du temps	2. Expression de la cause (fausse ou supposée)
je lis **en attendant** / **jusqu'à ce** / **avant** qu'elle (ne) vienne **(subjonctif)** Attention ! Avec **après que** il faut **l'indicatif.** Je lis après qu'elle *est partie*	je ne l'aime pas **non qu**'il soit désagréable / **ce n'est pas qu**'il soit désagréable... / **soit qu**'il soit idiot **soit que** je sois difficile... **(subjonctif).** mais parce que + **indicatif**

3. Expression du but	4. Expression de la conséquence
Cet anglais parle français **pour que** / **afin que** / **de façon que** / **de sorte que** / **de manière que** je comprenne Il parle lentement **de crainte que** / **de peur que** je ne comprenne pas Parlez plus clairement **que** je comprenne **(impératif)** **(subjonctif)**	Il est **trop** jeune **pour qu**'on puisse lui confier ce travail. Il est **assez** intelligent **pour qu**'on lui fasse confiance **(subjonctif)**

5. Expression de la condition / l'hypothèse	6. Expression de l'opposition / la concession
J'irai **à condition que** / **à supposer que** / **en supposant que** / **pourvu que** / **en admettant que** / **à moins que (ne)** tu viennes aussi Je l'aurai **soit que** je l'achète **soit que** vous me l'offriez **(subjonctif)**	je l'aime **quoiqu'** / **bien qu'** il soit... **(subjonctif)** Autres conjonctions du même ordre : **quelque...que** / **si... que** / **pour...que** / **tout... que** / **qui que** / **encore que** / **quoi que** / **quel que** / **où que** / **sans que**

7. Autres cas	Si quelqu'un doit le faire **autant que** ce soit moi. **(subjonctif)**

17

C. Dans les propositions relatives

1. Après certains verbes comme chercher, vouloir, désirer...et quand l'antécédent est **indéterminé** ou précédé d'un **indéfini** on utilise le **subjonctif**.

   Je **cherche** quelqu'un (un homme / une femme) qui **sache** faire la cuisine.

Quand l'existence de l'antécédent est **certaine** on a **l'indicatif**.

   J'**ai rencontré** quelqu'un (un homme / une femme) qui **sait** bien faire la cuisine.

2. Quand le pronom relatif est précédé d'un superlatif ou d'expressions comme : **seul, unique, premier, dernier...**
et que l'on veut exprimer une opinion subjective, on utilise le **subjonctif**.

   C'est le plus bel homme que je connaisse

Mais si l'on constate simplement une réalité, on utilise l'**indicatif**.

   C'est le meilleur étudiant qui a obtenu la bourse.

EXERCICES

1. – Le subjonctif – Réflexion grammaticale.

1. Quand viennent-ils ? – **2.** Il faut qu'elle vienne. – **3.** Elle doute que tu partes avec nous. **4.** Est-ce que c'est sûr que tu pars avec nous ? **5.** Il est certain qu'ils boivent trop. – **6.** Il faudrait qu'ils boivent moins. – **7.** Il exige que je finisse son travail. – **8.** Les verbes du premier groupe finissent en **er**. – **9.** Il est impossible que nous prenions la voiture. – **10.** Je ne pense pas que tu connaisses cette jeune fille. – **11.** Elle est arrivée au moment où nous prenions le thé. **12.** Depuis quand connaissiez-vous la vérité ? **13.** Il est douteux, dans ce cas, que vous fassiez des progrès. – **14.** Je suis sûr qu'ils vont à la mer cet été. – **15.** Je croyais que vous faisiez du ski. – **16.** Leur père ne veut pas qu'elles aillent voir ce film. – **17.** Il est indispensable que vous soyez d'accord. – **18.** J'étais persuadée que vous étiez encore en vacances. – **19.** Je regrette que vous ayez tellement d'ennuis. – **20.** Pourquoi aviez-vous peur de lui ?

Observez

• **Quels sont les verbes au présent et ceux à l'imparfait ? (les autres sont au subjonctif)**
• **Eventuellement, essayez de déterminer ce qui entraîne l'emploi du subjonctif.**

2. – Mettez les verbes à l'infinitif au subjonctif présent :

1. Il est temps qu'il (apprendre) à se servir de cet appareil. – **2.** Je suis étonné qu'elle (craindre) autant la chaleur. – **3.** Il a recommandé que nous (ne pas ouvrir) les portes avant huit heures. – **4.** Il y a peu de chances qu'il (recevoir) un avis favorable. – **5.** Je désire que tu (se mettre) au travail. – **6.** Le docteur a exigé qu'elle (voir) un autre spécialiste. – **7.** Cela me surprend que vous (ne pas connaître) encore votre voisine. – **8.** Il déplore que ses étudiants (se servir) si peu de leur dictionnaire. – **9.** Je crains qu'il ne (attendre) encore longtemps. **10.** Je suis enchantée que ce bijou vous (plaire). **11.** Pourquoi interdit-il qu'on (écrire) avec un crayon ? – **12.** Il vaudrait mieux que votre femme (s'asseoir); elle a l'air fatiguée.

3. – Même travail.

1. Etes-vous certaine qu'elle (pouvoir) venir ? **2.** Malheureusement, je crains qu'il ne (faire) pas beau. – **3.** Il est possible que Sophie (être) au courant. – **4.** Crois-tu qu'elle (avoir) entièrement raison ? – **5.** Les agriculteurs aimeraient bien qu'il (pleuvoir) un peu plus. – **6.** Il est douteux qu'elles (savoir) la vérité. – **7.** Elle voudrait que son mari (aller) consulter une voyante. **8.** Il est peu probable qu'il (vouloir) lui rendre ce service. – **9.** Je ne suis pas sûr qu'il (falloir) être aussi intransigeant. – **10.** J'ai peur que vous (ne pas vouloir) me prêter votre voiture.

17

SUBJONCTIF PRÉSENT *OU* SUBJONCTIF PASSÉ

Simultanéité
Postériorité   *ou*   Antériorité

Passé	Présent	Futur
1. Hier, Monsieur Dupont était heureux	**2.** Aujourd'hui, Monsieur Dupont est heureux	**3.** Demain, Monsieur Dupont sera heureux
son fils **a)** avait réussi **b)** réussissait **c)** réussirait	son fils **a)** a réussi **b)** réussit **c)** réussira	son fils **a)** aura réussi **b)** réussira
Hier, Monsieur Dupont était heureux → que son fils **a) ait réussi** **b) c) réussisse**	Aujourd'hui, Monsieur Dupont est heureux → que son fils **a) ait réussi** **b) c) réussisse**	Demain, Monsieur Dupont sera heureux → que son fils **a) ait réussi** **b) c) réussisse**

a) l'action de la subordonnée a lieu **avant** l'action de la principale :
antériorité = subjonctif passé

b) l'action de la subordonnée a lieu **au même moment** que l'action de la principale
simultanéité = subjonctif présent

c) l'action de la subordonnée a lieu **après** l'action de la principale :
postériorité = subjonctif présent

✿✿ **4. – Subjonctif présent ou subjonctif passé ?**

1. Je souhaiterais qu'elle (aller) à sa rencontre. **2.** Je regrette qu'elle (ne pas encore finir) son travail. – **3.** Pierre doute que ses parents (rentrer déjà). – **4.** Vous n'avez pas encore été remboursés ? C'est scandaleux qu'on (mettre) si longtemps à le faire. – **5.** Faut-il que nous (prendre) le bus ou le métro ? – **6.** Il exige que vous (terminer) avant 17 heures. – **7.** Je ne pense pas que Marianne (partir déjà). Tu peux lui téléphoner. – **8.** Il est dommage qu'on (ne pas peindre) avant de poser la moquette. – **9.** – «Voilà ma nouvelle voiture!» – Je suis contente que vous (pouvoir) en changer. – **10.** Les vacances approchent, il est indispensable que vous (prendre) vos réservations. – **11.** Ses parents sont désolés qu'elle (échouer) à son examen. **12.** Est-il nécessaire que nous (emporter) des vêtements chauds ?

I. Ordre – Interdiction – permission

✿✿ **5. – En utilisant les verbes falloir, vouloir, demander, ordonner, exiger, permettre, autoriser, vouloir bien, admettre, défendre, interdire, refuser, s'opposer à... suivis du subjonctif ou de l'infinitif, trouvez ce que disent ces personnes dans les situations suivantes :**

Exemples :
Il est dix heures du soir, la mère à son fils de huit ans
*– Il est tard, il faut que tu **ailles** te coucher.*
*– Je ne veux pas que tu **restes** si tard devant la télévision.*
*– Je te défends **de regarder** des heures la télévision.*

1. Au bureau, le chef à un employé toujours en

retard. – **2.** Un couple explique à un architecte comment doit être leur maison. – **3.** Un directeur d'école explique à des parents d'élèves le règlement du pensionnat. – **4.** Un client très malade a demandé à son médecin l'autorisation de faire un sport violent. Le médecin n'est absolument pas d'accord. – **5.** Madame Martin, avant de partir au travail, explique à Karen, jeune fille au pair, ce qu'elle doit faire avec les enfants. – **6.** Les Dupont partent pour quelques jours; leur fils Alain leur demande s'il peut inviter des copains en leur absence. Réponse des parents.

🌳🌳 6. – Elaboration de dialogues.

– SITUATION 1

La discussion est violente entre Anne et son père. Elle a 16 ans, des idées très définies sur ce qu'elle veut faire ; elle veut le faire très librement et sans contrôle. Son père, malheureusement, est du type ultra traditionnel.

– SITUATION 2

Un nouveau patron très énergique vient d'arriver pour redresser une petite entreprise mal organisée. Il donne ses ordres. Les employés, qui avaient d'autres habitudes, essaient de l'assouplir. Rien à faire.

II. Les sentiments

🌳 7. – Transformez ces phrases en utilisant le subjonctif présent (les sujets des deux verbes sont différents).

Nicole Garcia avoue aimer qu'on la reconnaisse dans la rue, qu'un homme l'aborde pour lui demander un autographe, qu'on la trouve belle.

« J'aime qu'on me regarde »

1. Quand on me fait des compliments, j'adore ça. – **2.** Il aime quand on lui fait des cadeaux. **3.** Quand tu boudes, ça m'exaspère. – **4.** Tu me prends pour un imbécile. J'ai horreur de ça. **5.** Viens près de moi... j'en ai envie. – **6.** Ne nous accompagne pas à cette conférence; on aimerait mieux ça. – **7.** Dis-moi la vérité. Si, si, je préfère. – **8.** Quand on est gentil avec lui, il apprécie beaucoup. – **9.** Tu restes au lit toute la journée. Je n'aime pas beaucoup ça ! – **10.** Ne t'en va pas, ça m'arrangerait.

🌳🌳🌳 8. – Transformez ces phrases en utilisant le subjonctif présent, ou l'infinitif présent si les deux sujets sont les mêmes :

1. Quand on fait les courses à ma place, je suis ravie ! – **2.** Je les taquine souvent ; j'adore ça. **3.** Je suis en retard, je le regrette infiniment. **4.** Il fait trop froid dehors, il le craint. – **5.** Elle est placée devant, elle aime mieux ça. – **6.** Il ne sait rien faire de ses dix doigts ; elle ne peut pas le supporter. – **7.** Tu me dis ça seulement maintenant ; je suis surpris. – **8.** Il veut toujours commander, ça m'exaspère. – **9.** Il pleut encore. J'en ai vraiment assez! – **10.** Je ne peux pas vous aider, j'en suis désolée. – **11.** Ça me fait plaisir, vous êtes là. – **12.** Il faut partir; c'est dommage.

🌳🌳🌳 9. – Faites de ces deux phrases une seule phrase avec le subjonctif passé.

Exemple. *On ne t'a pas prévenu ? c'est regrettable.*
Il est regrettable qu'on ne t'ait pas prévenu.

1. Vous avez décidé de vous marier. Nous en sommes très heureux. – **2.** Mon patron m'a refusé une augmentation ; je suis furieuse. **3.** Vous avez gagné ce concours. Nous en sommes fiers. – **4.** Tu m'as raconté des histoires ! Je n'apprécie pas du tout ! – **5.** Ils ne sont pas venus; finalement j'aime mieux ça. – **6.** Elle lui a dit ses quatre vérités; il est furieux ! – **7.** On leur a fait une visite surprise ; ça leur a fait très plaisir. – **8.** Elle est arrivée encore en retard; ses parents étaient furieux. – **9.** On a encore égaré mon dossier ; je suis exaspéré. – **10.** La mairie vous a accordé une bourse ? Je m'en réjouis.

🌳🌳🌳 10. – Transformez ces phrases en utilisant le subjonctif présent ou passé :

Exemple. *Madame Chardin est ravie : son mari a obtenu une promotion.*
Madame Chardin est ravie que son mari ait obtenu une promotion (les sujets des deux verbes sont différents).

1. Je suis désolée : mon mari a été grossier. **2.** Ils sont désespérés : leur fils a disparu. – **3.** Il est fou de joie : sa femme est sortie de l'hôpital. **4.** Je suis surpris : les enfants veulent venir avec nous. – **5.** Nous sommes honteux : la conversa-

17

tion a mal tourné. – **6.** C'est dommage : Pierre ne peut pas prendre de vacances cette année. **7.** Nos parents sont satisfaits : nous avons réussi notre bac. – **8.** Nous sommes extrêmement inquiets : ils ne nous a pas téléphoné depuis huit jours. – **9.** Ta mère est très fière : tu as réagi comme il le fallait. – **10.** Il est fou de rage : elle lui a posé un lapin. – **11.** Elle est vraiment déçue : nous ne lui avons pas fait signe. **12.** Le directeur est très fâché : les dossiers ne sont pas prêts.

🌳🌳🌳 **11. – Faites de ces deux phrases une seule phrase avec l'infinitif passé. Attention! les deux sujets sont les mêmes mais il y a antériorité.**

Exemple :

J'ai oublié de lui souhaiter son anniversaire; je suis ennuyée.

Je suis ennuyée d'avoir oublié de lui souhaiter son anniversaire.

1. Je n'ai pas réussi ma mayonnaise. J'en suis désolée. – **2.** Elle n'a pas été sélectionnée; elle est très déçue. – **3.** Ils ont raté cette affaire; ils sont fous de rage. – **4.** Elle est triste; elle a cassé le vase de cristal. – **5.** Il a oublié son rendez-vous; il est gêné. – **6.** Tu as menti à ta sœur; tu as honte. – **7.** Ils sont très satisfaits ; ils ont fini leur livre à temps. – **8.** Il est très ennuyé; il a perdu son portefeuille. – **9.** Il n'a pas été invité; il est horriblement vexé. – **10.** J'ai pu me libérer pour cette soirée; je m'en réjouis.

🌳🌳🌳 **12. – Faites de ces deux phrases une seule phrase.**

Attention !

Subjonctif présent ? Subjonctif passé ? Infinitif présent ? Infinitif passé ?

1. Il prend des risques ; sa mère est angoissée. **2.** Son mari lui fait des cadeaux ; elle adore ça. **3.** Elle a obtenu une mauvaise note; elle en est dépitée. – **4.** Revenez la semaine prochaine ; j'aimerais mieux ça. – **5.** Nous ne changerons pas d'avis ; elle le déplore. – **6.** Tu as réparé la machine à laver ? j'en suis ravie. – **7.** J'ai gagné le gros lot ? je n'en reviens pas! – **8.** Vous me téléphonez en pleine nuit; je déteste ça. **9.** Il sera réélu ? ça m'étonnerait beaucoup. **10.** Nous sommes stupéfaits, nous pourrons quand même obtenir un prêt. *de pouvoir obtenir*

🌳🌳 **13. – Remplacez le nom par un verbe au subjonctif :**

Exemple :

Elle a apprécié l'augmentation de son salaire.

→ *elle a apprécié que son salaire soit augmenté.*

1. Je suis heureux de son départ. – **2.** Nous souhaitons son bonheur. – **3.** J'ai peur du mauvais temps. – **4.** Nous regrettons l'échec de Pierre. – **5.** Je suis surpris par le beau temps. **6.** Il est fier de la réussite de son fils. **7.** J'appréhende son retour. – **8.** Elle craint la mauvaise humeur de son patron. – **9.** Il apprécie la modification du règlement. – **10.** Nous attendons avec impatience la vente de notre appartement.

🌳🌳🌳 **14. – Deux constructions sont possibles avec le verbe <u>trouver</u> + certains adjectifs :**

Exemple :

Il a oublié de surveiller les enfants; je trouve ça impardonnable.

→ *Je le trouve impardonnable d'avoir oublié de surveiller les enfants.*

→ *Je trouve impardonnable qu'il ait oublié de surveiller les enfants.*

a) Transformez au subjonctif :
1. Je la trouve détestable d'avoir agi comme ça. **2.** Je le trouve gentil d'avoir pensé à moi. **3.** Je vous suis reconnaissant d'avoir répondu à ma lettre. – **4.** Il nous trouve dégoûtants de l'avoir laissé tomber. – **5.** Vous les trouvez injustes d'avoir critiqué Pierre. – **6.** Le patron vous trouve courageux d'avoir assumé cette responsabilité.

b) Transformez à l'infinitif :
1. Je trouve très courageux que vous ayez plongé pour sauver cet enfant. – **2.** Je trouve gentil qu'ils aient pensé à inviter ta mère. – **3.** Il trouve détestable qu'ils se soient moqués de cette pauvre fille. – **4.** Je trouve honnête qu'il ait reconnu son erreur. – **5.** Je trouve peu scrupuleux que vous ayez trompé notre client. – **6.** Je trouve grossier qu'elle soit partie sans prévenir.

c) Utilisez les deux constructions :
1. Il a cru ces mensonges. Je trouve cela méprisable. – **2.** Il t'offre des fleurs. Tu le trouves gentil. – **3.** Elle tient souvent compagnie à sa grand-mère. Nous la trouvons sympathique. **4.** Ils se sont mis en colère. Vous trouvez cela idiot. – **5.** Tu as démissionné ? Je te trouve insensé. – **6.** Ils ont insulté leur mère. Leur père trouve cela impardonnable.

17

III. Le souhait

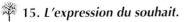
15. *L'expression du souhait.*

Le Point, octobre 1983

Il y a beaucoup de choses que l'on souhaiterait que les autres fassent. Imaginez les souhaits d'un mari et les réactions de sa femme (ou l'inverse), ceux d'une mère et les réactions des enfants (ou l'inverse), les remarques à faire à des amis, à des collègues de travail, etc.
Vous utiliserez :
je voudrais que, j'aimerais que, j'aurais envie que, je désirerais que, ça me ferait plaisir que.

16. – Relatives **Indicatif ?** → réalité
subjonctif ? → souhait

A. Sur le modèle de la situation 1, continuez les situations 2, 3, 4.

Réalité	Souhaits
1. Oh, que je suis malheureux ! J'ai une femme... – qui ne **sait** pas faire la cuisine. – que je n'**aime** pas. – avec qui je m'**ennuie**. – sur qui je ne **peux** pas compter. – dont je ne **suis** pas fier.	Oh, comme je voudrais une femme... – qui **sache** faire la vaisselle. – que je **puisse** aimer. – avec qui je ne **m'ennuie** pas. – sur laquelle je **puisse** compter. – dont je **sois** fier.
2. Je suis un pauvre petit garçon ! J'ai des parents ____	Ah ! ce que je voudrais avoir des parents ____
3. J'habite un appartement affreux. C'est un appartement ____	Je voudrais trouver une maison ____
4. Mes voisins sont effrayants ! Ce sont des gens ____	Ah ! si je pouvais avoir des voisins ____

B. Et maintenant, compliquons un peu les choses. Vous pouvez rêver de deux types de choses.

1. De choses que vous n'avez pas mais que vous connaissez, qui existent. Dans ce cas-là vous utiliserez l'indicatif après le pronom relatif.

Exemple :

*Je voudrais **la** nouvelle Lamborghini <u>qui</u> **fait** du 250 kilomètres à l'heure.*

2. De choses que vous ne connaissez pas encore ou qui n'existent pas (comme dans l'exercice précédent). Dans ce cas vous utiliserez le subjonctif.

Exemple :

*J'aimerais **une** voiture <u>qui</u> ne **fasse** absolument aucun bruit.*

Complétez le tableau suivant :

1. Mon rêve existe, je l'ai rencontré	2. Mon rêve n'existe que dans ma tête
L'ÎLE DE MES RÊVES	
Je souhaite acheter la jolie petite île «Lola» – qui ____ dans les Caraïbes (être) – où on ____ du cheval sous les palmiers (faire) – sur laquelle ____ les oiseaux migrateurs (venir) – que peu de gens ____ (connaître) – dans laquelle ____ une rivière (courir) – à laquelle une belle Espagnole ____ son nom (donner) – que j'____ cet été (visiter) – dont le catalogue ne ____ rien (dire)	Je souhaite acheter une île – qui ____ dans une mer chaude (être) – où il n'y ____ pas de serpents (avoir) – sur laquelle ____ des orchidées (pousser) – que personne ne ____ (connaître) – dans laquelle ____ une ou deux rivières (courir) – à laquelle je ____ donner le nom que je veux (pouvoir) – –

IV. Le subjonctif et l'expression de la pensée.

La certitude → Indicatif		Le doute → Subjonctif	
je crois je pense j'affirme je suis sûr je suis certain il est probable il est vraisemblable	**qu'il viendra**	il est douteux je ne crois pas je ne pense pas je ne suis pas sûr je ne suis pas certain il est peu probable il est peu vraisemblable il est possible	**+ qu'il vienne**

✿✿✿ **17. – Complétez les phrases suivantes :**

1. Tu as vu Jacques ces derniers temps ?
– Je crois que...
– Je ne crois pas que...
2. Il a promis de venir nous aider
– mais je pense que...
– je ne pense pas que...
3. Marc devait s'occuper de l'itinéraire de notre randonnée
– et je suis certain que...
– mais je ne suis pas certain que...
4. Il ne nous a pas donné de ses nouvelles
– je suis sûr que...
– mais il est possible que...
5. Le gouvernement a promis des mesures sociales
– il est vraisemblable que...

– mais il est douteux que...
6. Je vais demander de l'argent aux parents
– il est probable que...
– mais je doute que...
7. Nous lui avons conseillé de ne pas divorcer
– mais je pense que...
– et il est peu probable que...
8. Je lui demanderai de vous recevoir
– mais il est peu vraisemblable que...
– et il est bien possible que...

✿✿✿ **18. – Répondez ou réagissez aux questions et affirmations suivantes avec diverses formules exprimant une opinion, une pensée teintée, selon votre choix, de certitude ou de doute.**

1. A quelle date pensez-vous partir ?

2. A votre avis, est-ce qu'ils obtiendront satisfaction ?

3. Les hommes vont-ils vraiment conquérir l'espace ?

4. Certains croient que les extraterrestres sont déjà parmi nous ; et vous ?

5. Dîner correctement à n'importe quelle heure de la nuit, c'est possible dans votre ville ?

6. Il s'est enfui avec la caisse ? Vous en êtes sûrs ?

7. L'œil au beurre noir de Pierre, c'est sa femme ?

8. Les hommes sont tous semblables, dit-on...

9. On m'a dit qu'il fallait être très élégant pour cette soirée. A votre avis ?

10. Ils vont bientôt nous inventer un truc pour modifier le climat, vous allez voir...

11. J'ai toujours dit que la meilleure solution avec les fortes têtes, c'était la répression !

12. Il y aurait beaucoup moins de problèmes en France si on renvoyait tous les étrangers chez eux.

13. Mon fils de 24 ans veut absolument rester à la maison. J'ai décidé de déménager. Bonne solution, non ?

14. On m'a dit que vous aviez l'intention de démissionner en avril ?

15. Il paraît que Robert Redford serait en réalité une femme...

Les conjonctions suivies du subjonctif

Relations logiques / Conjonctions	Conjonctions toujours suivies du subjonctif	Conjonctions suivies du subjonctif si les sujets des deux verbes sont différents	Prépositions de remplacement + infinitif si les deux sujets sont les même
But		pour que afin que de façon que de manière que de sorte que de peur que de crainte que	pour afin de de façon à de manière à en sorte de de peur de de crainte de
Opposition Concession	bien que quoique quelque...que si...que pour... que qui que, où que, quoi que quel que encore que	sans que	sans
Condition Hypothèse	à supposer que en supposant que en admettant que pourvu que pour peu que si tant est que pour autant que soit que...soit que...	à condition que à moins que	à condition de à moins de
Temps	jusqu'à ce que d'ici à ce que du plus loin que	avant que en attendant que	avant de en attendant de
Cause	non que ce n'est pas que soit que... soit que		
Conséquence		trop + adjectif / adverbe pour que trop de + nom pour que	trop + adjectif / adverbe pour trop de + nom pour

17

19. – Révision des emplois du subjonctif.

Complétez en utilisant un subjonctif.

1. Je resterai là jusqu'à ce que ——
2. Je lirai un livre en attendant que ——
3. Il viendra à condition que ——
4. Il était déjà parti avant que ——
5. J'ai vraiment tout fait pour que ——
6. Elle l'adore bien que ——
7. Ne vous inquiétez pas pour les enfants, nous ferons tout afin que ——
8. J'irai te chercher à la gare à moins que ——
9. Elle a frotté le carrelage jusqu'à ce que ——
10. Nous irons à Paris en voiture pourvu que ——.

20. – Même exercice.

1. Le professeur est très fier que _subj_
2. Il a volé, il est juste qu'il _subj_.
3. Tu as vexé grand-mère; j'ai peur que _il ne soit fâché_
4. Fumer ici? Ah ça non! J'interdis que _subj._
5. Il est vraiment regrettable que _subj._
6. Elle s'étonnait que ——
7. Encore un vol de voiture dans le quartier, il est inadmissible que ——
8. Il cherche désespérément une femme qui ——
9. Il l'a promis mais je ne pense pas que ——
10. Nous sommes partis en retard, il est impossible que ——.

21. – Indicatif ou subjonctif ? Mettez les verbes entre parenthèses au mode qui convient :

1. J'espère que vous (être) satisfait de votre choix. – 2. Il est possible qu'il (se rendre) à Paris la semaine prochaine. – 3. Je souhaite que vous (demander) un autre devis. – 4. Il est probable qu'il (ne jamais retrouver) un travail aussi intéressant. – 5. Heureusement que tu (pouvoir) le prévenir à temps que la séance de travail était annulée. – 6. Il lui a semblé que le public (réagir) favorablement. – 7. Il paraît que tous les modèles défectueux (être bientôt retirés) du marché. – 8. Elle se demandait si son mari (aimer) _aimerait_ son cadeau. – 9. Je doute que cette couleur (plaire) à votre fille. – 10. Je suis heureuse que l'heure du rendez-vous (convenir) à tout le monde. – 11. Il est probable que cette information (être confirmé) mais il est douteux qu'on (connaître) un jour toute la vérité sur cette affaire. – 12. Le président demande que vous (s'abstenir) de fumer pendant la réunion.

22. – Terminez les phrases. Attention ! Indicatif ou subjonctif.

1. Le professeur a conseillé que tous les étudiants ——
2. Le Premier Ministre a déclaré hier que ——
3. Le parti communiste ne pense pas que ——
4. Les parents de Nicole exigent qu'elle ——
5. Je partirai dès que ——
6. Je n'en suis pas sûre mais il est probable que ——
7. Nous sommes tous bien contents que ——
8. Nos parents ont beaucoup travaillé pour que ——
9. Avez-vous annoncé aux étudiants que ——
10. Je regrette infiniment que ——
11. En cette saison, il est rare que ——
12. Croyez-vous que Pierre ——.

23. – Même exercice.

1. Je suis certain que nos amis ——
2. Nous pensons qu'il viendra à condition que ——
3. Mon fils est l'enfant le plus intelligent que ——
4. Avez-vous déjà vu un Français qui ——
5. Je vous recevrai après que ——
6. Ce petit restaurant est le seul qui ——
7. Il a changé de voiture bien que ——
8. J'ai rencontré l'autre jour un Anglais qui ——
9. J'ai lu tout ce livre en attendant que ——
10. Je suis à la recherche d'une robe qui ——
11. Estimez-vous réellement que ——
12. Elle s'est fait teindre les cheveux de sorte que ——.

L'expression du temps

18

EXERCICES

CONJONCTIONS ET PRÉPOSITIONS

Mode	Antériorité	Simultanéité	Postériorité
INDICATIF	Avant le moment où En attendant le moment où Jusqu'au moment où	<u>Moment précis</u> Quand Lorsque Au moment où le jour où <u>Durée courte</u> comme alors que tandis que <u>Durée longue</u> pendant que alors que { nuance tandis que { d'opposition <u>2 actions évoluent parallèlement</u> à mesure que <u>2 actions durent ensemble</u> aussi longtemps que tant que <u>Habitude</u> toutes les fois que { 2 actions chaque fois que { se répètent ensemble quand + { présent { imparfait <u>Point de départ de 2 actions</u> depuis que maintenant que	<u>Succession de 2 faits</u> Après que Une fois que <u>Succession rapide de 2 faits</u> Dès que Aussitôt que Sitôt que
SUBJONCTIF	Avant que Jusqu'à ce que En attendant que		
INFINITIF	Avant de En attendant de	Au moment de	Après + infinitif passé
PARTICIPE PRÉSENT		En	

18

Expression de la date

Nous avons rendez-vous	mardi ce mardi mardi 25 (janvier) le mardi tous les mardis
Elle est née	un mardi (de janvier) un mardi 25 janvier le mardi 25 janvier en janvier au mois de février en hiver, en été, en automne, au printemps en 1968 au XIXe siècle

Les prépositions de temps

Antériorité	Moment précis	Point de départ d'un événement	Durée	Postériorité
<u>avant</u> son arrivée <u>en attendant</u> l'été <u>jusqu'à</u> lundi	<u>à</u> midi / Noël <u>en</u> hiver <u>au moment de</u> l'accident	<u>dès</u> son retour <u>depuis</u> leur mariage <u>à partir de</u> cette semaine <u>d'ici à</u> samedi	<u>dans</u> un mois <u>depuis</u> quelques jours <u>pendant</u> le voyage <u>durant</u> <u>au cours de</u> cette annonce <u>lors de</u> partir <u>pour</u> un mois finir <u>en</u> une semaine	<u>après</u> sa naissance

Expression du temps – *Marqueurs temporels*

Par rapport au moment du locuteur	Par rapport à un autre moment (passé ou futur)
jadis autrefois naguère il y a un(e) an(née) l'an(née) dernier(ère) la semaine passée l'autre jour avant-hier hier ce matin aujourd'hui en ce moment à l'heure actuelle/actuellement ce mois-ci ce soir demain après-demain la semaine prochaine l'an / l'année prochain(e)	jadis autrefois naguère un(e) an(née) avant / auparavant l'année précédente / d'avant la semaine précédente / d'avant un jour l'avant-veille la veille ce matin-là ce jour-là à ce moment-là alors ce mois-là ce soir-là le lendemain le surlendemain la semaine suivante / d'après l'année suivante / d'après

18

Expression de la date

 1.

LA FEMME AUX CLEFS D'OR

Pour la première fois, une femme vient d'être nommée chef de réception d'un hôtel 4 étoiles luxe de Paris. Danielle Stoll trente-quatre ans, a effectué toute sa carrière dans l'hôtellerie : elle débute au Trianon Palace, hôtel 3 étoiles de Paris, après un BTH passé à Bourges. Elle est ensuite nommée première attachée de direction féminine à l'hôtel Intercontinental où elle passe deux ans et demi avant de partir un an au Canada, à l'hôtel Bonaventure. Enfin, elle revient à Paris pour s'occuper de la «main-courante» au Georges V, et est présente à la réouverture du Scribe en 1981. C'est en ce même endroit qu'elle vient d'être promue, accédant ainsi à l'AICR, Amicale internationale des sous-directeurs et chefs de réception des grands hôtels, en tant que premier membre féminin. Une ascension irrésistible... même pour un des derniers bastions masculins !

• **Repérez tous les éléments qui permettent d'organiser les événements dans le temps.**

• **Rédigez un court article sur la carrière de Pierre Tronchet avec les éléments ci-dessous :**

Pierre Tronchet
Date de naissance : 1950
Etudes : licence de droit, réussite au concours de la police : 1972.
   – 1973 : inspecteur dans la police à Nevers
   – 1976 à 1978 : stagiaire dans la police new-yorkaise.
   – 1979 : stagiaire dans la police
   – 1980 : inspecteur principal à Lyon
   – 1985 : promotion : chef de la police judiciaire au Quai des Orfèvres à Paris.

2. – Rédigez des entrefilets à partir des éléments donnés ci-dessous. Utilisez les expressions de temps adaptées. Cherchez la précision.

1. Publié le 17 avril 1990 Accident : voiture et moto Campus Devant le restaurant universitaire 16 avril 1990 / 14 heures	
2. Publié le 2 mai 1990 Réunion du Conseil de l'Europe Strasbourg Objet : les surplus agricoles Dates : 8 mai, 9 h → 15 mai, 17 h horaires : 9 h-12 h et 14 h-17 h	
3. Publié le 24 mai 1990 Procès du cambrioleur Pierre Jacquet : 25 mai 1990 Arrestation : 8 novembre 1989 Prison préventive : 10 novembre 1989 → 24 mai 1990 Peine prévisible : 3 mois de prison	
4. Publié le 16 juin 1990 Syndicat CGT de la SNCF Grève à la SNCF Quand : le 20 juin Durée : inconnue	
5. Publié le 28 juin 1990 Départs en vacances Encombrements : 31 juin et 10 juillet Heures les plus chargées : 9 h-16 h Conseils de Bison Futé : éviter de rouler à ces heures	

18

🌳 🌳 **3. – Expressions de temps.**

EMPLOIS DU TEMPS

Michel, ouvrier d'usine		Danièle, scénariste de films		Basile, «branché» parisien	
6h	réveil	8h	réveil en musique, aérobic	6h	coucher
6h30	départ au travail			12h	premier réveil
7h	entrée à l'usine	8h30	petit déjeuner dans la salle de bains	14h	réveil définitif
7h30	début du travail			16h	choix difficile d'une tenue
10h	pause-café	9h30	début du travail : rendez-vous par téléphone	16h30	petit déjeuner au café-tabac du coin
10h15	reprise du travail			17h	série de coups de téléphone
12h	déjeuner à l'usine	10h30	rendez-vous avec un metteur en scène	18h	un pot dans un café avec un copain
14h	reprise du travail	12h30	déjeuner avec les enfants		
18h	sortie de l'usine	14h30	écriture de scénarios	19h	au vernissage d'une exposition de peinture
18h30	arrivée à la maison	19h	sur le tournage d'un film aux studios de Boulogne	21h	dîner (invité) dans un restaurant chic
19h	bricolage				
20h	dîner à la maison	20h	apéritif à la cafétéria des studios	22h30	cinéma
20h30	télévision	20h30	courses chez le fleuriste d'un supermarché	1h	dans une fête branchée
22h	toilette			2h30	dans une boîte de nuit
23h	au lit	21h	dîner chez des amis	4h	dans un club privé
		24h	au lit	5h30	retour par le premier métro
				6h	au lit

1. Prenez l'emploi du temps d'une personne et racontez-le en utilisant des expressions d'antériorité.

Exemple : *Après s'être réveillé à 6 h, Michel part au travail à 6 h 30.*
A 10 h 15 dès qu'il a bu son café, il se remet à travailler, etc...

2. Comparez les emplois du temps de ces trois personnes.

Exemple : *A l'heure où Michel se lève, Basile se couche. Pendant ce temps-là, Danièle dort, etc.*

Expression du temps

🌳 **4. – Récrivez ce texte de Camus au passé et à la troisième personne du singulier :**

Ce jour-là, sa mère était morte...

Aujourd'hui, maman est morte. Ou peut-être hier, je ne sais pas. J'ai reçu un télégramme de l'asile : «Mère décédée. Enterrement demain. Sentiments distingués.» Cela ne veut rien dire. C'était peut-être hier.

L'asile de vieillards est à Marengo, à quatre-vingts kilomètres d'Alger. Je prendrai l'autobus à deux heures et j'arriverai dans l'après-midi. Ainsi, je pourrai veiller et je rentrerai demain soir. J'ai demandé deux jours de congé à mon patron et il ne pouvait pas me le refuser avec une excuse pareille. Mais il n'avait pas l'air content. Je lui ai même dit : «Ce n'est pas de ma faute.» Il n'a pas répondu. J'ai pensé alors que je n'aurais pas dû lui dire cela. En somme, je n'avais pas à m'excuser. C'était plutôt à lui de me présenter ses condoléances. Mais il le fera sans doute après-demain, quand il me verra en deuil. Pour le moment, c'est un peu comme si maman n'était pas morte. Après l'enterrement, au contraire, ce sera une affaire classée et tout aura revêtu une allure plus officielle.

J'ai pris l'autobus à deux heures. Il faisait très chaud. J'ai mangé au restaurant, chez Céleste, comme d'habitude. Ils avaient tous beaucoup de peine pour moi et Céleste m'a dit : «On n'a qu'une mère.» Quand je suis parti, ils m'ont accompagné à la porte. J'étais un peu étourdi parce qu'il a fallu que je monte chez Emmanuel pour lui emprunter une cravate noire et un brassard. Il a perdu son oncle, il y a quelques mois.

Extrait de l'Etranger – *Camus*

18

	+ Date (point de départ de la durée)	+ idée de durée			
		le verbe est au présent (verbes de durée)	le verbe est à l'imparfait (verbes de durée)	le verbe est au passé composé (verbes sans durée)	le verbe est au plus-que-parfait (verbes sans durée)
DEPUIS	1950 Depuis son mariage il <u>habite</u> à Paris il <u>habitait</u> à Paris il <u>a quitté</u> Marseille il <u>avait quitté</u> Lyon	Depuis trois ans il <u>habite</u> à Paris	Depuis trois ans il <u>habitait</u> à Paris	Depuis trois ans il <u>a quitté</u> Lyon	Depuis trois ans il <u>avait quitté</u> Lyon
IL Y A + durée + QUE		(C'est la durée du verbe habiter qu'on mesure ; elle se prolonge jusqu'au présent)	(C'est la durée du verbe habiter qu'on mesure, elle se prolonge jusqu'à un moment précis du passé)	(C'est la durée écoulée entre le moment de quitter et le présent qu'on mesure)	(C'est la durée écoulée entre le moment de quitter et un moment précis du passé qu'on mesure)
		Il y a trois ans qu'il <u>habite</u> à Paris.	Il y avait trois ans qu'il <u>habitait</u> à Paris.	Il y a trois ans qu' il <u>a quitté</u> Lyon.	Il y avait trois ans qu'il <u>avait quitté</u> Lyon.
IL Y A + durée			Il y a trois ans, il <u>habitait</u> Lyon. (Il y a + durée en tête de phrase, précède un verbe qui exprime une durée ou un état.)	Il <u>a quitté</u> Lyon il y a trois ans (Il y a + durée indique qu'une action a eu lieu un certain temps avant le moment présent	

L'expression de la durée

🌳 **5. – Depuis / il y a**
Exemple :
Il pleut <u>depuis</u> une heure/il pleuvait <u>depuis</u> une heure :
l'action de pleuvoir a duré un certain temps (une heure) et continue au moment où le locuteur s'exprime (présent) ou jusqu'au repère dans le passé.
Il est parti <u>il y a</u> une heure :
l'action de partir a eu lieu un certain temps (une heure) avant le moment où le locuteur s'exprime.
<u>Il y a</u> une heure, il pleuvait :
l'action de pleuvoir se déroule dans le passé ; «il y a» indique un repère dans ce passé.
Complétez par l'expression correcte.
1. ____ deux ans les jupes étaient bien plus courtes. – **2.** Ils ne vont plus sur la Côte d'Azur ____ bien longtemps. – **3.** Je l'ai rencontré ____ une dizaine d'années. – **4.** Il garde le lit ____ plusieurs jours. – **5.** Le facteur a apporté une lettre recommandée ____ une heure. – **6.** Elle ne sortait plus car, ____ plusieurs jours, il soufflait un vent glacial. – **7.** Quelle pluie ! Quand je pense que ____ un mois nous étions sur la plage à nous faire bronzer. – **8.** On ne la voyait plus parce que ____ trois semaines elle était en cure à Luchon.

🌳 **6. – Depuis / Depuis que**
Reformulez les phrases suivantes en remplaçant «depuis + nom» par «depuis que + verbe», attention au temps de ce dernier.
Exemple :
Depuis la rupture de leurs fiançailles, ils ne se sont pas revus.
→ *depuis qu'ils ont rompu leurs fiançailles, ils ne se sont pas revus.*

1. Depuis le retour du beau temps, les paysans passent leurs journées dans les champs.
2. Depuis l'enlèvement du milliardaire, la police

18

est sur les dents. – **3.** Depuis sa chute à ski, Marielle marchait avec une canne. – **4.** Depuis le départ des voisins, la vie lui semblait bien triste. **5.** Depuis sa nomination au Conseil d'Etat, il est devenu d'un prétentieux ! – **6.** Depuis son mariage, Sylvie a complètement coupé les ponts avec ses amis. – **7.** Depuis sa défaite aux élections, il est très morose. – **8.** Depuis l'expiration du délai, il n'a toujours pas réglé son loyer.

Expression d'une durée écoulée jusqu'au présent

🌳 **7. – Depuis, il y a... que, voilà... que, cela fait... que.**

Exemple :

Nous sommes arrivés dans cet immeuble en 1981.

> *Il y a dix ans que nous habitons cet immeuble.*
→ *Voilà dix ans que nous habitons cet immeuble.*
> *Cela fait dix ans que nous habitons cet immeuble.*
> *Nous habitons cet immeuble depuis dix ans.*

L'action d'habiter n'est pas terminée au moment où le locuteur parle et le verbe «habiter» implique une idée de durée ; on va donc utiliser le présent.

Reformulez les phrases suivantes en mettant en évidence la durée écoulée entre la date indiquée et le moment du locuteur avec les expressions indiquées ci-dessus.

1. Pierre a épousé Sophie le 15 juin 1980.
2. Gérard est devenu médecin en 1985.
3. On a restauré l'église au XIXᵉ siècle.
4. Ils ont décidé de vivre ensemble en 1990.
5. Elle n'est arrivée qu'hier. – **6.** La paix a été signée le 10 mars 1990. – **7.** Le beau temps est revenu avant-hier. – **8.** Les frontières ont été fixées au XIVᵉ ou au XVᵉ siècle.

Expression d'une durée écoulée jusqu'à un moment précis du passé

🌳🌳 **8. – Depuis, il y avait... que, voilà... que, cela faisait... que.**

Exemple :

Gilles avait rendez-vous avec Marielle à 11 heures. A midi elle n'était toujours pas là.

> *Cela faisait une heure qu'il l'attendait.*
→ *Voilà une heure qu'il l'attendait.*
> *Il y avait une heure qu'il l'attendait.*
> *Il l'attendait depuis une heure.*

L'action d'attendre n'est pas terminée dans le passé. De plus le verbe «attendre» implique une idée de durée ; on va donc utiliser l'imparfait.

Reformulez les phrases suivantes en mettant en évidence la durée écoulée et en utilisant les expressions ci-dessus.

1. Simone est rentrée chez elle; à six heures elle a mis des œufs à cuire pour une salade, elle a commencé à faire couler un bain, elle a mis un disque, elle a téléphoné à son ami Yves. A huit heures, elle était toujours au téléphone...
2. Guy est arrivé à deux heures chez Dominique pour préparer un exposé qu'ils devaient présenter ensemble la semaine suivante. A huit heures ils se sont arrêtés ; ils étaient épuisés. Pourquoi ?
3. Pierre Duval est parti en Australie. Il a préféré ne pas louer la petite villa où il habite. Il est revenu après cinq ans d'absence. Il s'est rendu chez lui mais dans quel état il a trouvé sa maison !!!

Durée écoulée depuis un événement passé jusqu'au présent

🌳🌳 **9. – Depuis, il y a... que, voilà... que, cela fait... que.**

Jean-Claude arrive à la gare ; il veut prendre le TGV de 17 heures pour Paris. Il ne voit pas le train ; il s'informe auprès d'un employé de la SNCF qui lui répond : Mais, Monsieur, il y a vingt minutes qu'il est parti ce train!

> *cela fait vingt minutes qu'il est parti...*
> *voilà vingt minutes qu'il est parti...*
> *il est parti depuis vingt minutes ce train !*

C'est la durée écoulée depuis le départ du train qui est cette fois évaluée ; le verbe «partir» ne contient pas d'idée de durée ; il est donc au passé composé. Les verbes fonctionnant ainsi sont les verbes arriver, décéder, descendre, disparaître, monter, mourir, naître, parvenir, parvenir, rentrer, repartir, retourner, revenir, sortir.

Trouvez ce que disent les personnes ; vous

18

utiliserez les expressions indiquées ci-dessus.

1. Sabine rencontre son amie Martine mariée avec Fabrice, tendrement enlacée au frère de ce dernier, Luc. Elle n'y comprend plus rien, mais Martine lui explique la situation. Que lui a-t-elle dit ? (rencontre de Fabrice avec une autre fille...)

2. Madame Trognon a décidé à cinquante ans d'adopter deux caniches. Elle a toujours refusé à son mari et à ses enfants de prendre un animal à la maison. Que s'est-il donc passé ? (Monsieur Trognon a quitté le domicile conjugal...)

3. Gabriel qui se déplaçait toujours en Mercédès roule depuis une semaine à vélo. Qu'est-ce qui a pu lui arriver ? (vol, accident, raison de santé...)

Durée écoulée depuis un événement passé jusqu'à un moment précis du passé

🌳🌳 **10. – Depuis, il y avait... que, voilà... que, cela faisait... que.**

Sophie aurait bien voulu revoir son cher professeur de piano. Comme elle devait se rendre à Nancy, elle est allée sonner chez lui. C'est sa fille qui lui a ouvert. Hélas, cela faisait deux ans qu'il avait disparu.

> *il y avait deux ans qu'il avait disparu.*
> *voilà deux ans qu'il avait disparu.*
> *il avait disparu depuis deux ans.*

On évalue la durée écoulée entre un événement passé et un moment précis du passé. Le verbe ne contient pas d'idée de durée, on le met donc au plus-que-parfait.

Vous reformulez les phrases suivantes quelque temps plus tard (en utilisant les expressions indiquées ci-dessus).

Exemple :

Le 15 juin 1987 un restaurant chinois avait ouvert au coin de la rue. Que direz-vous en prenant comme repère le 15 août 1987.

> → *cela faisait deux mois qu'un restaurant chinois avait ouvert au coin de la rue.*
> *il y avait deux mois qu'un restaurant...*
> *cela faisait deux mois qu'un restaurant...*
> *depuis deux mois un restaurant...*

1. Le soleil s'était levé. Plusieurs heures après →

2. Robert avait annoncé à sa femme sa décision de partir en Australie. Une semaine plus tard →

3. Etant donné son état de santé, elle avait arrêté de fumer. Trois ans plus tard, elle ne fumait toujours pas →

4. On avait commencé les travaux de démolition de l'usine le 1er septembre. Le 1er février →

5. Il avait décidé de ne plus manger de viande. Deux mois plus tard →

6. Le 3 octobre 1850, il avait débarqué avec toute sa famille aux Etats-Unis. Le 3 octobre 1860 →

7. Elle était arrivée chez elle. A peine cinq minutes plus tard, le téléphone sonnait →

8. Il avait renoncé aux voyages à cause de l'état de sa femme. Cinq ans après →

Expression d'une durée écoulée jusqu'au présent

🌳🌳 **11. Cela fait... que, voilà... que, il y a ... que, depuis...**

Monsieur Carton, paysan, se lamente : la pluie est tombée en mars, avril. Mai, juin, juillet, c'est la sécheresse : cela fait trois mois qu'il n'a pas plu.

> voilà trois mois qu'il n'a pas plu.
> il y a trois mois qu'il n'a pas plu.
> il n'a pas plu depuis trois mois.

On évalue la durée écoulée entre un moment passé et le présent mais c'est un verbe qui exprime la durée et à la forme négative : le verbe est au passé composé. Par contre on dira : cela fait trois mois qu'il ne pleut plus.

Vous utiliserez les expressions indiquées ci-dessus pour dire ce que madame Lacoste reproche à son mari et ce que monsieur Dupont reproche à sa secrétaire.

1. Madame Lacoste en a plus qu'assez. Son mari rentre de plus en plus tard du bureau ; plus de sorties ni de repas au restaurant ; jamais de vacances ; plus de femme de ménage ; un appartement exigu ; ... bref rien ne va plus. Mais, ce soir, madame Lacoste va dire tout ce qu'elle a depuis si longtemps sur le cœur à son mari. Tous ses griefs lui reviennent à la mémoire et elle se rappelle bien quand cela a commencé.

– Il ne lui souhaite pas son anniversaire → **ça fait quatre ans que tu ne m'as pas souhaité mon anniversaire.**

– il ne lui achète pas de fleurs → ...

18

- il ne lui offre pas de parfum → ...
à vous maintenant.

2. Monsieur Dupont trouve que cette fois-ci sa secrétaire a dépassé les bornes : toujours en retard, le courrier pas classé, des fleurs fanées sur son bureau, pas de réponses aux clients, des promesses de renseignements non tenues... et ça fait bientôt une année que ça dure ! Il va lui donner ses huit jours ; mais, avant, elle va l'entendre !
- le bureau est sale → **il y a trois mois que vous n'avez pas nettoyé votre bureau.**
- l'eau des fleurs n'est pas changée →
- elle n'arrive pas à l'heure →
Vous continuez.

Expression de la durée

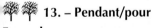 **12. – Complétez.**
Dès/dès que/depuis/depuis que.

1. ____ ton départ, il n'a pas cessé de pleuvoir. **2.** Vous voudrez bien prendre contact avec notre représentant, ____ réception de cette lettre. – **3.** ____ sa femme est partie, il boit comme un trou. – **4.** ____ il a eu vent de cette affaire, il a voulu en profiter. – **5.** ____ les premiers jours de son mariage, il se montra odieux envers elle. – **6.** ____ il était soigné, ses migraines disparaissaient. – **7.** Nous avons quitté Paris avec la pluie mais ____ Lyon, c'est la neige qui nous a gênés. – **8.** Il te fera signe ____ il aura reçu ton télégramme. – **9.** ____ son arrivée, il a couru retrouver ses copains. **10.** ____ sa mère est partie, le bébé n'a fait que pleurer. – **11.** Elle pourra sortir ____ elle aura terminé ce travail. – **12.** Cher ami, je vous écris ____ Tahiti, je suis en vacances ____ quelques jours. – **13.** Nous partirons ____ la fin de la course. – **14.** ____ il avait fini de manger, il s'endormait.

13. – Pendant/pour

Exemples :
Il s'est absenté pendant une semaine (**on évalue une durée terminée au passé**)
Il s'absente (s'absentera) pendant une semaine (**on évalue une durée qui se terminera dans le futur**)
Il s'absentait pendant une semaine (**idée d'habitude**).
Ils sont partis pour un mois. **On évalue le terme d'une durée. Le verbe peut être à un temps du présent, du passé et du futur.**

Seuls le verbe être et les verbes synonymes de partir acceptent cette construction.
a) Complétez les phrases avec l'expression correcte.
b) Indiquez celles où «pendant» pourrait être supprimé.

1. Ils s'en vont ____ un semestre au Canada. **2.** Elle te téléphonera ____ la matinée. – **3.** Je vous envoie ____ un mois en stage dans une entreprise allemande. – **4.** Retéléphonez la semaine prochaine, ils sont ____ quelques jours à Paris. – **5.** Nous allons jouer aux cartes ____ la soirée; voulez-vous vous joindre à nous ? – **6.** Il restait ____ des heures immobile à la fenêtre à contempler le ciel. – **7.** Il est nommé ____ une durée indéterminée au Quai d'Orsay. – **8.** Chaque année elle partait ____ trois semaines au Club Méditerranée. – **9.** Il a été gardien ____ plusieurs années dans cet immeuble. – **10.** Un incident technique s'est produit ____ l'atterrissage.

14. – En/dans.
«La voiture sera prête dans quelques heures.» **On évalue une durée future à partir du moment du locuteur.**
«Le garagiste a réparé (répare, réparera) la voiture en trois heures.» (**On évalue la durée nécessaire à la réalisation de l'action**).
Complétez les phrases suivantes avec l'expression correcte :

1. Je reviens ____ cinq minutes. – **2.** Il a fait l'aller-retour ____ une heure. – **3.** Ce devoir doit se faire ____ temps limité. – **4.** Patiente un peu, j'aurai terminé ____ quelques minutes. – **5.** Il avait réalisé ce film ____ un temps record. – **6.** Je n'aurais jamais cru que ____ si peu de temps il fasse tant de progrès. – **7.** Il a pris cette décision ____ trois secondes. – **8.** Il a bâclé son travail ____ un quart d'heure. – **9.** Autrefois, on allait à Paris ____ une journée; maintenant , on y va ____ trois heures et demie; ____ quelques années, on s'y rendra sans doute ____ moins de trois heures. **10.** On commence à construire ici et, ____ une décennie, cet endroit sera sans doute méconnaissable.

Simultanéité

**15. – Les actions suivantes se passent en même temps. Reliez-les en choisissant des expressions du tableau. Attention, il y a plusieurs solutions pour certaines phrases, une seule pour d'autres. Attention aussi aux temps que vous utiliserez. (Certaines phrases ne peuvent pas être composées avec le présent.)

1. On lui fait une critique	Il se met en colère.
2. Je prends l'avion	J'ai peur.
3. Elle s'évanouit	Le dentiste lui arrache une dent.
4. Ella boit tout le whisky	Nous sommes au cinéma.
5. La tempête se déclenche	Ils sont en mer.
6. Il s'enfuit par derrière	Les policiers fouillent l'entrée.
7. La chaleur augmente	Les voyageurs vont vers le sud.
8. Il perd ses lunettes	Il marche dans les dunes.
9. Je ne dis rien	Il reste là.
10. Il chante	Il conduit.
11. Il refuse de parler	Vous le traitez en coupable.
12. Nous faisons la sieste	Les enfants sont chez nous.

🌳🌳🌳 **16. – Répondez aux questions suivantes en utilisant :**

au moment où, à l'instant où, à la seconde où, le jour où, l'heure où.

1. Quand est-ce que vous avez compris qu'on avait volé votre portefeuille ? – **2.** Quand est-ce que votre moto fait ce bruit bizarre ? – **3.** Quand la police a-t-elle bloqué la rue ? – **4.** Martine est ressortie furieuse de la pièce où était son fiancé et leur amie Françoise. Elle est sûrement arrivée à un mauvais moment ? – **5.** Quand t'es-tu aperçu que tu n'avais plus tes clés ? – **6.** Tu as eu une contravention injuste pour un feu rouge, je crois ? – **7.** Je dois donner l'argent pour acheter cette maison quand je signerai les papiers ? – **8.** Vous avez eu de la chance de tirer le premier... il avait une main sur le revolver.

🌳 **17. – Pendant que + verbe à l'imparfait.**

Ma moitié d'orange

Ils étaient faits pour vivre heureux ensemble mais ils ne se sont jamais rencontrés car ils n'avaient pas les mêmes habitudes.

En effet

Elle	Lui
Pendant qu'elle étudiait à la bibliothèque	Il travaillait dans les cafés
Maintenant, à vous	
1. Faire de l'aviron	**1.** Naviguer sur un voilier
2. Aller à la discothèque	**2.** Assister à des concerts
3. Jouer au tennis	**3.** S'entraîner au basket
4. Voyager en stop	**4.**
5. Se dorer au soleil	**5.**
6. Faire la planche	**6.**

Faites des phrases.

🌳🌳 **18. – Comme, alors que, tandis que.**

Pauvre Monsieur Lebidois !

Qu'est-il donc arrivé à monsieur Lebidois ? Comme il marchait à petits pas, tranquillement dans la rue, un pot de géranium est tombé sur sa tête et l'a assommé.

Sur ce modèle et en utilisant les expressions de temps ci-dessus, répondez aux questions en expliquant comment s'est passé l'événement.

1. Comment madame Dugrand a-t-elle été mordue par ce chien ? – **2.** Comment Isabelle a-t-elle fait connaissance de son mari ? – **3.** De quelle façon avez-vous découvert le cambriolage ? – **4.** Dans quelles circonstances avez-vous vu cet OVNI ? – **5.** Mais comment avez-vous pu découvrir une vache dans l'ascenseur ? **6.** Comment avez-vous découvert que votre femme était une sorcière ? – **7.** Comment a eu lieu le naufrage de votre voisin ? – **8.** Votre fils a un œil au beurre noir ; que lui est-il arrivé ?

Expression de l'antériorité

🌳🌳 **19. – Avant, avant que, avant de.**
Reformulez les phrases suivantes en remplaçant «avant» par «avant que» ou «avant de». Attention aux modes.

Exemples :

Il est revenu avant le coucher du soleil

→ *Il est revenu avant que le soleil se couche/soit couché* (**les deux sujets sont différents → avant que + subjonctif**).

18

Mon grand-père boit une tisane avant son coucher

→ *Mon grand-père boit une tisane avant de se coucher* (**les deux sujets sont les mêmes** → **avant de + infinitif**).

1. Je vous téléphonerai avant votre départ. **2.** Avant l'augmentation des impôts, le premier ministre a convoqué le Conseil. – **3.** Avant le démarrage, vous devez tirer le starter. – **4.** Il avait rassemblé toutes ses troupes avant l'invasion des Pays-Bas. – **5.** Avant l'évasion du prisonnier, son complice lui avait fait parvenir des armes. **6.** Avant l'atterrissage de l'avion, les passagers bouclent leur ceinture. – **7.** Avant son aveu, personne ne le soupçonnait. – **8.** Avant la construction d'une maison, il faut demander un permis.

Antériorité, Postériorité

🌲🌲 **20. – Dès que, aussitôt que, à peine... que, une fois que.**
Transformez les phrases suivantes.

Exemple :
Quand le professeur entre dans la salle, les élèves arrêtent de bavarder.
→ *Dès que le professeur entre dans la salle, les élèves arrêtent de bavarder.*

1. Quand le film a commencé, les gens se sont tus. – **2.** Quand Sophie sera arrivée, il cessera de bouder. – **3.** Quand le soleil brille, elle s'installe dehors pour bronzer. – **4.** Quand il avait trouvé des informations intéressantes, il les communiquait à ses collègues. – **5.** Quand Pierre parle politique, c'est la dispute dans la maison. – **6.** Quand le garagiste a réparé le pneu, il a remonté la roue. – **7.** Quand il avait fini ses corrections, il partait se promener. – **8.** Quand il avait labouré et fumé la terre, il semait le blé.

🌲🌲 **21. – Antériorité ? Postériorité ?**
– 8 h : les propriétaires ont fermé la porte de la cave.
– 8 h 10 : ils sont partis
→ **Dès que** les propriétaires ont fermé la porte de la cave, ils sont partis.
→ Les propriétaires sont partis **après avoir** fermé la porte de la cave.

Reliez les deux éléments par diverses expressions de temps marquant que l'une a lieu avant ou après l'autre dans le temps. Attention toutes ne sont pas possibles. Attention aussi aux modifications de structure. Utilisez des temps différents.

Action 1 dans le temps	Action 2 dans le temps
1. les gangters / sortir de prison	faire un hold-up
2. je / être à Paris	je / te téléphoner
3. nous / maintenir notre action	le gouvernement / prendre une décision
4. il / être pompiste	il / entrer à l'université
5. elles / finir leurs études	elles / chercher du travail
6. le directeur / revenir de voyage	nous / vous fixer un rendez-vous
7. Paul / tapisser la chambre	il / poser la moquette
8. Sabine / finir son régime	je / lui acheter un joli maillot de bain
9. l'alarme / se déclencher	la police / arriver
10. les clients / payer leur note	ils / faire leurs achats

🌲🌲 **22. – Antériorité ? Simultanéité ? Postériorité ?**
Terminez les phrases suivantes avec diverses expressions de temps :

Exemple :

Elle l'a aimé { *jusqu'à sa mort.*
trois jours
dès qu'elle l'a vu
avant de le connaître
au premier coup d'œil

1. L'avion a décollé ____
2. Je te raconterai tout ____
3. Il a fait du sport ____
4. Il écrivait une thèse ____
5. Nous ne passerons pas à table ____
6. Il n'a pas dit un seul mot ____
7. Il ne vous donnera pas d'autorisation de sortie ____
8. Il avait décidé de partir au Togo ____
9. Il faudra que vous suiviez un régime sévère ____.
10. Elle s'était maquillée soigneusement ____.

18

✿✿✿✿ **23. – Antériorité-Postériorité**
Indicatif ? Subjonctif ? Infinitif présent ? Infinitif passé ? Nom ?

Complétez avec l'expression qui convient :

1. Nous prendrons patience _____ le magasin ouvre.

2. Je lirai un peu _____ tu sois prête.

3. _____ tu auras fini, nous pourrons partir.

4. Il a changé d'avis _____ avoir étudié le dossier.

5. Il a dit n'importe quoi _____ savoir quel était le problème.

6. Nous devrions tout ranger _____ les invités arrivent.

7. Un peu de courage ! Tu sais bien que nous devons travailler _____ six heures.

8. Il serait plus prudent de partir _____ la nuit.

9. J'ai compris ce qu'il voulait vraiment seulement _____ Marie m'a expliqué sa pensée.

10. J'ai horreur de sortir du lit tôt, surtout l'hiver _____ le lever du soleil.

11. Ils sont sortis de la pièce _____ nous sommes arrivés.

12. _____ la voiture sera réparée, nous filerons dans le midi.

13. _____ arrivés à la maison, ils se sont précipités pour piller le frigo.

14. La jeune fille gardera le bébé _____ les parents reviennent du cinéma.

15. Je te le répéterai _____ tu n'auras pas pris la décision d'arrêter de fumer.

Le discours rapporté

19

	Style direct	Style indirect
1. Ordre des mots Ponctuation	Sylvie dit à Pierre, l'instituteur : «Mon fils a de la fièvre et il n'ira pas à l'école.» «Mon fils a de la fièvre, dit Sylvie à Pierre, et il ne pourra pas aller à l'école.» «Mon fils a de la fièvre et il n'ira pas l'école,» dit Sylvie à Pierre. «Pourra-t-il rattraper son retard ?» demande Sylvie.	Sylvie dit à Pierre, l'instituteur, que son fils a de la fièvre et qu'il n'ira pas à l'école. Sylvie demande à Pierre s'il pourra rattraper son retard
	Le message est précédé par deux points et il est introduit et fermé par des guillemets. **Le verbe introducteur peut se mettre avant, au milieu ou à la fin du message.** **Notez l'inversion du verbe par rapport au sujet dans ces deux derniers cas.**	**Le verbe introducteur précède obligatoirement le message.** **Les deux points sont remplacés par un mot de subordination (ici : que et si)** **Les guillemets, les points d'interrogation ou d'exclamation disparaissent. L'inversion (ou est-ce que) de l'interrogation est remplacée par l'ordre normal des mots.**

2. Modalité de la phrase et mot de subordination	*Assertion*
	Le directeur dit à ses employées : «Les bureaux seront fermés la semaine prochaine.»
	
	Question
	«Pourrez-vous rattrapez votre travail ?»
	«Quel moment vous conviendra le mieux ?»
	«Qu'est-ce que vous préférez ?»
	
	Ordre
	«Avertissez le concierge.»
		Assertion :
		mot de subordination = que
		Le directeur dit à ses employés **que** les bureaux seront fermés la semaine prochaine.
		
		Question : **mot de subordination = si, lorsque la question porte sur le verbe. Le même mot interrogatif s'il y en a un.**
		Il leur demande **si** elles pourront rattraper leur travail, **quel** moment leur conviendra le mieux et **ce qu**'elles préfèrent.
		
		Ordre : **mot de subordination =**
		  que + subjonctif
		  de + infinitif
		Il leur dit **d'**avertir le concierge
		Il dit **qu'**elles avertissent le concierge

3. Changements des pronoms personnels et des pronoms et adjectifs possessifs	Bernard dit à son frère Luc : «J'ai perdu mes clés : peux-tu me prêter les tiennes ?»	Bernard dit à son frère qu'il a perdu ses clés et lui demande s'il peut lui prêter les siennes. **Mais si c'était Luc qui rapportait les paroles de son frère, on aurait :** Bernard me dit qu'il a perdu ses clés et me demande si je peux lui prêter les miennes. **Le changement dépend donc de la personne qui rapporte le message.**

	1. Le verbe introducteur est

au présent
à l'impératif
au futur
au conditionnel présent

Aucun changement de temps du verbe au style indirect

Monsieur Martin demande à son voisin : «Est-ce que le facteur **est passé ?**» | Monsieur Martin demande à son voisin si le facteur **est passé**.

	2. Le verbe introducteur est

à un des temps du passé de l'indicatif ou au conditionnel passé

a) Le verbe du message est :
– à l'imparfait
– au plus-que-parfait
– aux conditionnels présent ou passé

pas de changement de temps

Ex : Sébastien a demandé à Irène : « C'**était** bien cette fête ?»
«Tu **avais prévenu** les amis de mon absence ?»
«Tu **pourrais** me dire qui était là ?»
«J'**aurais tant aimé** être avec vous.»

Sébastien a demandé à Irène si cette fête **était** bien,
si elle **avait prévenu** les amis de son absence,
si elle **pourrait** lui dire qui était là ; il a ajouté qu'il **aurait tant aimé** être avec eux.

4. Changements de temps

b) Le verbe du message est
– au présent ————▶ **Imparfait**
– au passé composé ————▶ **Plus-que-parfait**
– au futur ————▶ **Conditionnel présent**
– au futur antérieur ————▶ **Conditionnel passé**

Ex : Valérie a téléphoné à ses parents :
«J'**ai raté** mon train ;
il n'y en **a** plus ce soir ;
je **reviendrai** demain ;
j'**aurai bientôt fini** ces voyages.»

Valérie a téléphoné à ses parents qu'elle **avait raté** son train qu'il n'y en **avait** plus ce soir-là qu'elle **reviendrait** le lendemain et qu'elle **aurait bientôt fini** ces voyages.

	3. Cas de l'impératif

Quel que soit le temps du verbe introducteur, si le verbe du message est à l'impératif, il change au style indirect :

Impératif
▶ de + infinitif
▶ que + subjonctif

Ex : Le père dit à son fils : «**Aide ta** sœur.»
Le père a dit à son fils : «**Aide ta** sœur.»

Le père dit/a dit à son fils
{ **d'aider** sa sœur.
{ **qu'il aide** sa sœur.

5. Changements de certains mots si le verbe introducteur du message est à un temps du passé	Il y a un(e) an(née).................... l'an(née) dernier (dernière)........... la semaine passée..................... avant-hier................................. hier....................................... ce matin................................. aujourd'hui.............................. en ce moment /actuellement...... ce mois-ci............................... ce soir................................... demain................................... après-demain........................... la semaine prochaine................. l'an(née) prochain(e).................. dans un(e) an(née)..................... tout à l'heure........................... ici.. etc.	un(e) an(née) avant/auparavant l'année précédente/d'avant la semaine précédente/d'avant l'avant-veille la veille ce matin-là ce jour-là à ce moment-là ce mois-là ce soir-là le lendemain le surlendemain la semaine suivante/d'après l'année suivante un(e) an(née) après/plus tard quelque temps avant/après (selon le texte) là
6. Les verbes du discours rapporté sont nombreux et nuancés	Le maire a déclaré : «De nouveaux bâtiments sociaux vont être construits.»	Le maire a déclaré **(affirmer, assurer, répéter, raconter, attester, garantir, promettre...)** que de nouveaux bâtiments sociaux allaient être construits.
	Un adjoint a demandé : «La date est-elle déjà fixée ?»	Un adjoint a demandé **(interroger, vouloir savoir, questionner, poser une question...)** si la date était déjà fixée.
	Le maire a répondu : «Nous allons la fixer au prochain conseil municipal.»	Le maire a répondu **(rétorquer, riposter...)** qu'ils allaient la fixer au conseil municipal suivant.
	Un membre de l'opposition a dit : «Il faudra que cette date soit respectée !»	Un membre de l'opposition a dit **(demander, vouloir, exiger, ordonner/souhaiter, être d'avis/proposer, suggérer, conseiller...)** qu'il faudrait que cette date soit respectée.

19

EXERCICES

🌳 1. – Ordre des mots et ponctuation
Mettez les phrases suivantes au style indirect :
Ex. *Elle dit : «Le chat a mangé le camembert».*
→ *Elle dit que le chat a mangé le camembert.*

1. Pierre demande à son frère : «Est-ce que les voisins sont rentrés ?»
2. Paul dit : «Il fait très froid.»
3. Le passant demande : «Quelle heure est-il ?»
4. Le policier ordonne aux manifestants : «Dispersez-vous !»
5. Elle demande : «Pourquoi ce bébé pleure-t-il tant ?»
6. Il ordonne aux élèves : «Taisez-vous !»
7. Il voudrait savoir : «Combien le client a-t-il payé la réparation de la voiture ?»
8. Madame Rouvel demande : «Qui est-ce qui a cassé la sonnette ?»
9. Le pompier au public : «Evacuez la salle !»
10. Il veut savoir : «Qu'est-ce que les enfants mangent à quatre heures ?»
11. Elle se demande : «Qu'est-ce qui a bien pu faire ce bruit ?»

🌳 **2. – Changement de pronoms et d'adjectifs.**
Mettez les phrases suivantes au style indirect.

Exemple. *Le concierge dit : «Je n'aime pas les locataires bruyants.»*
→ *Le concierge dit qu'il n'aime pas les locataires bruyants.*

1. Ils nous disent : «Vous devez partir.»
2. Elle me dit : «Tu me mens.»
3. Pierre me promet : «Mon patron essaiera de faire quelque chose pour ta fille.»
4. Ils nous font savoir : «Notre voiture est tombée en panne à quelques kilomètres de chez vous.»
5. Le ministre déclare : «Nous réglerons ce problème quand nous aurons étudié les dossiers.»
6. Elle leur affirme : «Vous réussirez certainement.»
7. Vous nous dites : «Nous ne pourrons pas venir vous aider.»
8. Ma mère me répète tout le temps : «Il ne faut pas que tu sortes seule le soir.»
9. Les étudiants déclarent au maire : «Nous ferons notre manifestation même si vous l'interdisez.»
10. Pierre me dit : «Je ne suis pas d'accord avec toi.»

🌳🌳 **3. – Qui rapporte le message ?**
Mettez les phrases suivantes au style indirect ; le verbe introducteur sera toujours au présent.

Exemple. *Madame Brun à son fils Anatole :*
– Anatole, tu dois ranger ta chambre avant l'arrivée de tes amis ! Anatole tu entends ce que je dis ?
– Mais oui, maman! Tu me dis que je dois ranger ma chambre avant l'arrivée de mes amis, je ne suis pas sourd.

1. Le père à son fils : «Pourrais-tu mettre mes lettres à la poste ?»
Le fils rapporte ces paroles à Sylvie.
2. Nicolas à André : «J'ai rencontré tes parents chez mon oncle.»
André à René
René à Paul
3. Madame Thibaud à sa fille : «Si tu vas au marché, rapporte-moi une laitue et une douzaine d'œufs.»
Madame Thibaud à sa voisine
La fille à une amie

4. Bernard à Marc : «Tu te souviens du jour où je t'avais enfermé dans la cave ?»
Marc à son père
Bernard à Hélène
5. Raphaël à Robert : «J'ai oublié de souhaiter à Anne son anniversaire. Comment me faire pardonner ?»
Robert à Anne
Anne à sa mère
6. Le journaliste à la radio : «Tous les trains sont en grève; évitez de prendre votre voiture.»
Un parisien à sa femme
Un Belge à un collègue

🌳🌳🌳 **4. – Changements de pronoms et d'adjectifs.**
Le message est rapporté par différentes personnes.
Mettez au style indirect.

Madame Legrand explique à Marianne, la jeune fille qui s'occupe des enfants, qu'elle doit s'absenter pour quelques jours avec son mari et elle lui laisse ses consignes avant de partir.

«Ce soir, vous irez chercher les enfants à l'école. Vous leur expliquerez que je dois partir quelques jours avec leur père pour notre travail. Je vous laisse ma voiture pour que vous perdiez moins de temps. Voici mes clés; vous avez bien votre permis de conduire dans votre sac ? Rappelez à Sylvie qu'elle doit prendre ses médicaments : elle aurait tendance à les oublier. Yves doit penser à rapporter son survêtement. Je crois vous avoir tout dit. Ah ! s'il y a un message pour moi ou pour mon mari, dites qu'on me rappelle dans quelques jours.»

1. En fait, Marianne est tout à fait étourdie et deux heures après, elle ne se souvient plus de rien. Elle demande à Madame Martin la femme de ménage, qui était là quand Madame Legrand lui a laissé ses consignes, de lui rappeler ce qu'elle a à faire.
Madame Legrand vous dit d'aller chercher...

2. Marianne transmet aux enfants ce qui les concerne.
Votre mère me charge de vous dire qu'elle doit partir...

Concordance des temps

🌳 **5. – Mettez la phrase complète au passé.**

Exemple :

Je crois qu'il arrive le 12.
→ Je croyais qu'il arrivait le 12.

1. Vous dites qu'il passait vous voir tous les soirs ? – **2.** Vous savez qu'il est parti en voyage et qu'il ne reviendra pas avant huit jours. – **3.** Ils disent que les soldats sont arrivés en camion et qu'ils seront bientôt repartis. – **4.** Il prétend qu'il avait tout de suite compris la vérité. – **5.** On raconte que tu vendras la ferme quand ton père sera mort. – **6.** Je t'affirme qu'elle t'aime et qu'elle viendra à ton rendez-vous. – **7.** Elle dit qu'elle préférerait des fleurs. – **8.** Tu dis qu'il a réussi son permis de conduire et qu'il va s'acheter une moto.

✿ 6. – Mettez les phrases suivantes au style indirect.

Exemple :

J'ai répondu : «Je suis pressé».
→ J'ai répondu que j'étais pressé.

1. J'ai expliqué à l'étudiant : «Il faut d'abord aller à la préfecture.»
2. Ton fils m'a dit : «Je ferai ce qu'il me plaira quand il me plaira.»
3. La radio a annoncé : «On n'a pas retrouvé les terroristes.»
4. Ce soir-là, nous disions : «Nous ne serons pas absents longtemps.»
5. Le journaliste a écrit : «Les terroristes se sont enfuis avec une voiture volée, ensuite ils l'ont abandonnée.»
6. La radio a annoncé : «Les policiers ont cherché partout les gangsters mais ils ne les ont pas trouvés.»
7. Il a déclaré : «Les habitants de ce village seront sauvés.»
8. Elle m'a affirmé : «Il n'aime pas les romans policiers.»

✿ 7. – Mettez les phrases suivantes au style indirect.

1. Il lui a affirmé : «Mais oui, Madame, j'embauche aussi des femmes.»
2. Elle m'a dit : «Il vient dîner tous les soirs ici.»
3. Tu m'avais dit : «Il est venu et il est reparti tout de suite.»
4. Il me disait : «Gilles s'est levé à cinq heures, ensuite il est parti et on ne l'a pas revu.»
5. Claude m'a dit : «Je n'ai pas osé avouer à mes parents que leur voiture était complètement cassée.»
6. Elle m'a expliqué : «Nous allons partir pour un mois à la mer quand Colette sera revenue de son stage.»
7. Sa mère m'a dit : «Ils ont décidé de ne plus se voir parce qu'ils n'avaient plus rien à se dire.»
8. Je crois qu'il a dit : «Quand maman aura terminé la vaisselle, elle pourra te donner un coup de main.»

✿✿✿ 8. – Les verbes introducteurs
Mettez les phrases suivantes au style indirect.

Vous pourrez utiliser les verbes :

demander / exiger / prier / souhaiter / reconnaître / admettre / avouer / accepter / refuser / déclarer / annoncer / expliquer / répéter / confirmer / nier / promettre / garantir / certifier / assurer.

Vous mettrez le verbe introducteur à un temps du passé.

1. Monsieur Goude à son fils : «Tu vois, tu dois tenir ton marteau comme ça.»
2. Un touriste à un passant : «Pardon, Monsieur, où se trouve la gare ?»
3. Pierre à son frère : «C'est vrai, tu as raison.»
4. Luc à sa mère : «C'est moi qui ai cassé le vase, maman.»
5. Un homme politique : «Je n'ai jamais fait de telle déclaration à la presse.»
6. Pierre à Anne : «Ce n'était pas lui, j'ai dû me tromper.»
7. Monsieur Blanc à son fils : «Non, je ne te prêterai plus la voiture.»
8. Le professeur aux élèves : «Vous vous taisez immédiatement!»
9. Mathilde à ses amies : «J'attends un bébé.»
10. Le président : «La séance est ouverte.»
11. Simone à son fils : «Je veux bien que tu dormes chez ton copain.»
12. Thérèse au téléphone : «Nous revenons bien, samedi, par le TGV de 21h.»
13. Un serveur à un groupe de jeunes : «S'il vous plaît, pouvez-vous faire moins de bruit.»
14. Un commerçant : «Comme je vous l'ai déjà dit, nous n'avons pas cet article.»
15. La vendeuse : «Soyez tranquille, Madame, cette machine est tout à fait silencieuse.»

19

🌳🌳 9. – Quel verbe utiliser au style indirect ?

STYLE DIRECT	STYLE INDIRECT Le verbe introducteur est au présent | il dit que | il demande si / de | il répond que	STYLE INDIRECT Le verbe introducteur est au passé | il a dit que | il a demandé si / de | il a répondu que
1. Pierre à sa mère : «J'aime le chocolat.»		
2. Nicole à ses amis : «Je n'irai pas au cinéma.»		
3. Alain à Karine : «Tu viendras avec moi ?»		
– Karine : «Non, je ne peux pas.»		
4. Yves à Paul : «Est-ce-que ta mère est arrivée ?»		
– Paul : «Non, pas encore.»		
5. Philippe à sa sœur : «Qui est-ce qui est venu ?»		
6. Anne à Sylvie : «Qui partira avec toi ?»		
7. Bernard à Anne : «Qu'est-ce que tu veux ?»		
8. Paul à Jean : « Qu'est-ce qui s'est passé et de quoi parliez-vous ?»		
9. Nadine à son mari : «Ne pars pas tout de suite.»		
10. Yves à Marc : «A qui a-t-elle téléphoné et pourquoi a-t-elle fait ça ?»		
11. Claude à Marc : «Quelle était sa fleur préférée ?»		
12. Pierre à ses amis : «Entrez vite.»		
13. Luc à ses voisins : «Où irez-vous en vacances ?»		
14. Aline à sa fille : «Veux-tu m'apporter un verre d'eau ?»		

🌳🌳 10. – Il n'y a pas de dialogue impossible.

Deux personnages, objets ou animaux qui n'auraient, en temps normal, aucune raison de se rencontrer ont l'occasion de discuter.

Rapportez leur conversation au style indirect.

Exemple :

Maradona discute toute la nuit avec un aspirateur. Que se sont-ils dit ?
Une grenouille se retrouve au bord d'une rivière avec un sac poubelle. A vous...

🌳🌳 11. – Variations temporelles.

Lorsqu'on rapporte les paroles de quelqu'un le jour même, mais quelques heures après le moment où celles-ci ont été pro-noncées ou bien le lendemain de ce jour, certains changements (de temps, d'expressions temporelles) n'auront pas à être effectués. Par contre, si le décalage entre le moment de l'énonciation et l'instant où l'on rapporte le message est important, toutes les modifications indiquées dans le tableau seront faites.

Complétez le tableau suivant. Attention à certaines expressions caractéristiques de l'oral et qui ne peuvent passer telles quelles au discours rapporté.

Exemple :

– «Ça va ?» – «Bof !»
→ *Il lui a demandé comment ça allait, et son ami lui a répondu que ça allait moyennement.*

19

Message au style direct	Message rapporté peu de temps après	Message rapporté longtemps après
17 novembre 1985 à 9 heures Simon à Jean : ça y est, j'ai reçu ma nomination ; je pars demain pour Paris.	**17 novembre 1985 à 18 heures** Jean à sa femme : Simon m'a raconté qu'il a enfin reçu sa nomination et qu'il part demain à Paris.	**25 juin 1990 à 12 heures** Jean à un collègue qui lui demande des nouvelles de Simon : ce matin-là, Simon m'avait dit qu'il avait enfin reçu sa nomination et qu'il partait le lendemain à Paris.
10 octobre 1985 le matin Pierre à Nicolas : j'en ai vraiment assez de ce travail. Hier, encore, rien n'était prêt pour la rentrée ; je vais changer de boulot !	**10 octobre 1985 le soir** Nicolas à Lise :	**20 septembre 1987** Nicolas parle de Pierre à Marc :
1er juin 1988 dans la matinée Sébastien à Nathalie : Quelle histoire ! Le week-end dernier Jacques a failli être tué dans un carambolage sur l'autoroute.	**1er juin 1988 au dîner** Nathalie parle de Jacques à son mari :	**28 septembre 1990** Nathalie parle de Jacques à Marie :
12 avril 1986 à midi Paul se plaint à Bernadette : En ce moment c'est la série noire ! Avant-hier, j'ai cassé ma voiture, hier ma femme a cassé la sienne et aujourd'hui mon fils se casse la jambe.	**12 avril 1986 vers 20 heures** Bernadette raconte à son frère les malheurs de Paul et de sa famille.	**6 mois plus tard** Bernadette parle de Paul à un ami commun.
29 avril 1984 Alain à Béatrice : A partir du mois prochain, je travaille comme plombier dans une petite entreprise et, si tout va bien, je serai définitivement embauché dans six mois.	**30 avril 1984** Béatrice à sa sœur Anne.	**25 février 1988** Béatrice à Benoit

🌳🌳 **12. – Comment ont-ils accepté ou refusé ?**

Situation : Après toute une journée ensemble, Marc propose à ses amis

> et si vous veniez tous dîner chez moi ce soir ?

JACQUES : – Ouais ! c'est une idée géniale

PAUL : – C'est vraiment gentil de ta part. Je t'aiderai si tu veux

PIERRE : – D'accord. Qu'est-ce que j'apporte ?

MICHEL : – J'ai un rendez-vous...

JEANNE : – Oh ! quel dommage, je dois aller voir ma mère ce soir.

SOPHIE : – Bof, pourquoi pas ?

ANNIE : – Non merci, ça ne me dit rien du tout

LAURE : – Si ça te fait plaisir

ROSELYNE : – Passer la soirée ensemble ? Ah ça non ! je vous ai assez vus !

ROLAND : – Ça, c'est l'idée du siècle !

étaient-ils	ont-ils	se sont-ils

- enchantés
- ravis
- enthousiasmés
- contents
- sans enthousiasme
- froids
- gentils
- de mauvaise humeur
- agressifs
- embarrassés
- sincèrement désolés
- serviables
- reconnaissants
- désolés

- sauté sur l'occasion
- trouvé l'idée sympathique
- accepté | sans hésiter
  avec | enthousiasme
  plaisir
  reconnaissance
  par | gentillesse
  désœuvrement
  chaleureusement
- refusé | avec | regret
  embarras
  froidement
  sèchement
  catégoriquement
- proposé | un coup de main
  de participer

- jetés sur l'idée
- excusés | gentiment
  maladroitement
  sincèrement
  avec un prétexte
  sans délicatesse

JACQUES | ex : Jacques s'est jeté sur l'idée avec l'enthousiasme
Jacques, enthousiamé, a accepté sans hésiter
Jacques, enchanté par l'idée, a sauté sur l'occasion.

PAUL

🌳🌳 13. – Comment ont-ils réagi ?

• <u>Situation</u> : d'habitude le petit frère (Raphaël) est très admiratif vis-à-vis de son grand frère (Raymond). Mais aujourd'hui Raymond a, sans le faire exprès, cassé un jouet de Raphaël. Celui-ci explose :

• <u>Dialogue</u> :
Raphaël (en colère) – Pauvre crétin !
Raymond (surpris) – Euh...
Raphaël (agressif) – Tu pourrais répondre, au moins !
Raymond (qui a retrouvé ses moyens) – Maintenant ça suffit! Tais-toi, ou je te donne une gifle !

• **Rapportez les paroles, les sentiments et les attitudes des deux frères à l'aide des éléments suivants.**

Pour Raphaël	Pour Raymond
1. en colère / hors de lui / furieux	1. surpris / stupéfait / renversé (fam) / estomaqué (fam)
	vexé, blessé, ulcéré
– se mettre en colère exploser sortir de ses gonds – attaquer / agresser / insulter / injurier	2. ne rien trouver à répondre / ne pas savoir quoi dire / rester sec / rester bouche bée / rester sans réaction / rester muet / bafouiller

3. répondre sur le même ton / rétorquer du tac au tac /
4. sortir de sa réserve / cesser d'être conciliant / se montrer ferme / devenir combatif / menacer

avec agressivité, violence, colère, méchanceté, force, fermeté

19

🌳🌳 14. – Inquiétude.

• <u>Situation</u> : Marie est convoquée par son patron. C'est la première fois. Elle se confie à une collègue et amie, Anne :

MARIE – Anne ! le patron veut me voir. Qu'est-ce que ça veut dire ?
ANNE – Je ne sais pas, moi. Peut-être rien.
MARIE – Non, non... je sens quelque chose de pas très clair dans cette histoire.
ANNE – Je ne crois pas, tu dramatises toujours tout.
MARIE – Tout de même, je ne me sens pas tranquille ! Il ne m'a jamais convoquée.

ANNE – Allons, allons, ne t'affole pas.
Il veut peut-être te confier d'autres responsabilités.

MARIE – Tu crois ? J'ai plutôt peur qu'il trouve que je ne suis pas à la hauteur.

ANNE – Tu ne vas pas recommencer à te dénigrer. Tu fais du bon travail, tu le sais.

MARIE – Tu sais bien que je n'en suis jamais sûre.

ANNE – Cesse de te poser des questions inutiles, tu te fais du mal, du mal pour rien. Tu n'es plus une enfant, quand même !

• A l'aide des éléments de lexique suivants transcrivez en discours rapporté le dialogue de Marie avec Anne.

Eléments de lexique :
adjectifs :
– nerveuse / inquiète / craintive / paniquée

– peu sûr d'elle / incertaine / hésitante / sceptique
– calme / compréhensive / rassurante / maternelle
– ferme / décidée / catégorique.

verbes :
1. avoir l'impression / le sentiment / la sensation / une interprétation
2. exprimer une inquiétude / de l'appréhension / de la crainte / de l'agacement
3. se poser des questions / réconforter / remonter (parlé)
4. désapprouver / blâmer / critiquer
5. réprimander / sermonner / secouer (f. parlé) / houspiller

adverbes :
– gentiment / doucement / calmement / patiemment
– fermement / catégoriquement.

15. – Le discours rapporté et les textes de presse.
Relevez les expressions qui servent à rapporter le discours.

1 LIBYE
Visite roumaine
Le chef de l'Etat et du PC roumains, Nicolae Ceaucescu, est arrivé hier à Tripoli pour une visite officielle à l'invitation du colonel Mouamar Kadhafi, **a rapporté** Radio-Tripoli. Elle **a ajouté** que cette visite s'inscrit dans le cadre des relations de coopération qui existent entre les *«deux pays frères»*.
– ... **a rapporté** Radio-Tripoli
– Elle **a ajouté** que ...

2 Tous en même temps
Le cabinet israélien a fait savoir hier au terme de sa réunion hebdomadaire qu'il n'était pas question pour lui de renoncer au principe d'un retrait simultané de toutes les forces étrangères stationnées au Liban.
Les officiels israéliens ont formellement démenti des informations de presse affirmant qu'Israël pourrait retirer ses troupes du Liban avant que Palestiniens et Syriens n'en fassent autant.

3 RENAULT
La CGT s'inquiète de l'usine mexicaine
La fédération de la métallurgie CGT demande la réunion d'un comité central d'entreprise extraordinaire de Renault pour examiner la situation industrielle et financière de l'usine de moteurs Rimex installée au Mexique.
La CGT assure que le PDG, Georges Besse, *«a admis au conseil d'administration (mardi 26) que la situation au Mexique était critique»*. Selon la CGT, cette usine *«a coûté une fortune»*.

4 UNESCO
Le Japon reste
Le Japon n'a pas l'intention de quitter l'UNESCO, a déclaré hier à Tokyo, le ministre japonais des Affaires étrangères Shintaro Abe. Le ministre, qui répondait au Parlement à une question d'un député socialiste japonais, a précisé que son pays entendait demeurer au sein de l'organisation des Nations unies pour la Science et la Culture afin d'y œuvrer en faveur de réformes. Lors de la session spéciale du conseil exécutif de l'UNESCO pour examiner les conséquences du retrait des Etats-Unis de l'Organisation, le délégué japonais avait laissé planer la menace d'un départ de son pays.

5 URSS
Gorbatchev veut renforcer l'ordre
Le numéro un soviétique, Mikhail Gorbatchev, a mis l'accent sur la nécessité de *«renforcer l'ordre et la discipline»* en URSS, dans un message de remerciements à l'occasion de son élection au secrétariat général. Le texte de cette lettre, publié hier par l'agence TASS, affirme également qu'il faut *«élever le niveau de l'organisation, obtenir de hauts résultats dans le travail pour le bien de la patrie»*. En pareille occasion, le message de Constantin Tchernenko, le 28 février 1984, à la suite de son élection au poste de secrétaire général, se contentait d'indiquer qu'il fallait *«garantir l'avance de notre pays dans tous les domaines du progrès économique et social»*.

6 TCHAD
Offensive du Gunt
«La ville de Biltine, à quelque 700 km à l'est de N'Djamena, est tombée aux mains du gouvernement d'union nationale du Tchad dirigé par Goukouni Oueddei après un combat très meurtrier», annonce un communiqué du représentant en Europe du Gunt, reçu hier à Bruxelles. Selon ce communiqué, *«les forces du Gunt ont poursuivi les combattants»* (du président tchadien).

7 GRECE
Sartzetakis a prêté serment
Le nouveau président grec, Christos Sartzetakis, a réaffirmé à Athènes, après avoir prêté serment devant le Parlement, son intention de coopérer avec *«tous les Grecs sans exception »* pour la prospérité de la Grèce. « *Je crois qu'avec le travail, la coopération et le soin de tous les grecs, sans aucune exception et aucune discrimination, notre pays peut (aller) et ira de l'avant»*, a-t-il dit dans une brève déclaration au président du Parlement grec, Yannis Alevras, qui l'accueillait au palais présidentiel.

19

8 TCHAD **Hernu veille** Charles Hernu estime que le nombre de soldats lybiens au Tchad est *«inférieur à 4 550 mais supérieur à ce qu'il devrait être»*. *«C'est pourquoi la vigilance de nos armées est totale et que j'en informe régulièrement le président de la République»*, a souligné le ministre de la Défense, qui s'exprimait hier sur Europe 1 : *«L'appareil militaire français est tel, a-t-il poursuivi, qu'aujourd'hui où nous n'avons plus le contingent Manta au Tchad, nous*	*surveillons mieux le Tchad que lorsqu'il y était.»* 9 **Espagne** **Zizanie au PC** L'ancien secrétaire général du Parti communiste espagnol, Santiago Carrillo, a été relevé de ses fonctions de porte-parole du groupe parlementaire communiste par le comité central. Cette sanction fait suite à des déclarations de Santiago Carrillo dans lesquelles il dénonçait le *«plan de scission»* mis en œuvre par la direction du PCE et annonçait la création d'une	*«plate-forme d'unité à l'intérieur du parti»*. Dans un communiqué, le comité central du PCE menace d'exclure des organisations de direction du parti Carrillo et ses fidèles si ces derniers ne rectifient pas leur position dans un délai de quinze jours. 10 **...et menace la Suisse** Le Jihad islamique a averti la Suisse que ses intérêts seraient menacés si elle achetait des armes à Israël, dans un appel téléphonique reçu dimanche à Beyrouth par une agence	de presse étrangère. Selon le communiqué, l'organisation a appris qu'un contrat pour la vente d'armes à la Suisse par Israël était en cours de négociations. Le communiqué recommande au gouvernement suisse *«de ne pas conclure la transaction en cours visant à acheter à Israël des armes et des avions de reconnaissance sans pilote, comme nous avons appris que Berne entendait le faire».*

🌿🌿 **16. – Formulez une phrase complète pour rapporter les déclarations faites au journal *Le Matin* par les personnes suivantes.**

Vous choisirez parmi la liste des verbes suivants celui qui vous paraît le plus adapté à la situation. Plusieurs formulations sont possibles.

croire / penser / juger / estimer / être convaincu / déclarer / se déclarer / interroger / se demander / refuser / manifester son opposition / souligner / conclure / révéler / confier / annoncer / mettre en garde / lancer une mise en garde, un cri d'alarme / proposer / lancer une proposition / accepter / attirer l'attention sur.

1.
Rencontre avec Gorbatchev

Oui à un sommet en septembre à New York pour mettre sur la table l'ensemble des problèmes Est-Ouest.

Ronald Reagan

2.
C'est notre sensibilité qui change d'échelle

J.-F. Lyotard
directeur du musée Beaubourg

3.
Faut-il rétablir la proportionnelle ?

Un député de l'opposition

4.
La droite n'a pas de programme

Monsieur Marchelli, président de la Confédération générale des cadres

19

5.
Il n'y a aucune excuse pour l'apartheid

Nadine Gordimer
Ecrivain d'Afrique du Sud

6.
Pas de recentrage autour du PS

André Rossinot
Président du Parti radical

🌳🌳🌳 **17. – Vous êtes le journaliste qui a fait l'interview d'Alain Decaux et de Ménie Grégoire. Vous devez maintenant écrire un article, mais il ne peut pas être sous cette forme.**

– Dans chaque réponse, relevez les informations qui vous paraissent les plus importantes et que vous voulez garder.

– Quelles phrases souhaitez-vous conserver au style direct ?

– Ecrivez l'article.

Exemple.

Alain Decaux, qui est un infatigable travailleur, vient de publier un livre à l'occasion du centenaire de Victor Hugo. Il m'a expliqué les raisons qui l'ont poussé à écrire ce livre parmi lesquelles...

Nous avons rencontré...

Alain Decaux

Comme Victor Hugo, à qui il vient de consacrer son dernier livre, Alain Decaux est un infatigable travailleur. Deux passions l'animent : l'histoire et sa famille...

«*Mon plus grand défaut ? La faiblesse, avoue A. Decaux. J'ai du mal à dire non car j'essaie toujours de faire plaisir.*»

• **En dehors du fait que 1985 est le centenaire de sa mort, quelles sont les raisons qui vous ont poussé à écrire un livre sur Victor Hugo ?**

J'avais 14 ans quand mon père m'a offert *Les Misérables*. En terminant ce livre, j'avais les larmes aux yeux. J'étais bouleversé, anéanti. Ce fut une révélation. J'ai lu ensuite tous ses romans, toutes ses pièces, tous ses poèmes. L'œuvre me passionnait et l'homme me fascinait. Je me demandais comment il avait pu, en plus d'une vie politique et privée très absorbante, écrire autant. J'ai voulu en savoir plus. J'ai fouillé dans les bibliothèques, je suis allé partout où il a vécu... et j'ai écrit ce pavé d'un millier de pages. Cinq ans de travail.

• **A quel âge avez-vous décidé de devenir historien ?**

A 10 ans, j'ai écrit un petit roman de huit pages. A 11, j'ai fait une pièce à partir du *Comte de Monte-Cristo* de Dumas. C'est à ce moment-là que j'ai su que je serais écrivain. Je voulais écrire, l'histoire me passionnait, j'ai donc écrit sur l'histoire. Un journaliste m'a dit plus tard : «Vous avez un don pour rendre l'histoire vivante. Votre vocation c'est cela !». Je l'ai écouté...

• **Vous n'êtes pas le seul historien à écrire des livres ni à faire de la radio. Mais personne ne sait aussi bien que vous se servir de la télévision. Comment faites-vous pour nous captiver ainsi ?**

Après avoir réuni et étudié toute la documentation sur un sujet, je prépare un plan que je termine quelquefois deux heures avant la répétition de 16 h. Je récite d'une traite. A la fin, on me dit presque toujours qu'il y a une demi-heure de trop. Le soir, pour l'enregistrement, je recommence et sans avoir fait le moindre exercice, je parle exactement le temps qu'il faut. Je suis incapable d'expliquer cela. Comment j'accroche les téléspectateurs ? En les regardant dans les yeux !

• **Votre métier vous laisse-t-il le temps de faire autre chose ?**

J'ai deux passions : mon métier et ma famille, c'est-à-dire ma femme et mes trois enfants. Je

19

fais un peu de course à pied de temps en temps, pour m'oxygéner. A part ça, je n'ai aucun «hobby», ou marotte (pour employer un mot admis à l'Académie française).

• Le présent vous intéresse-t-il ?

Je peux rester des jours et des jours sans lire les journaux. C'est sûr, j'ai besoin de recul par rapport aux événements. Pour cette raison, je n'aimerais pas être journaliste ! ■

Eric Lamon

Nous avons rencontré...

Ménie Grégoire

Avec deux millions d'auditeurs chaque matin, Ménie Grégoire est la femme la plus écoutée de France. Mais «Allo, Ménie, Bobo», c'est fini... pour l'instant.

Pour Ménie Grégoire, l'important est de briser la solitude.

tion, le viol ou l'inceste. Ces sujets tabous, enfin, on osait en parler à l'antenne ! De nombreuses femmes m'ont écrit pour me dire que, grâce à ces émissions, elles avaient pu franchir des caps difficiles.

• Depuis bientôt quatre ans, vous nous parlez chaque matin sur l'antenne de RTL de l'actualité politique, économique et sociale. Où est donc la Ménie à qui l'on pouvait confier ses problèmes de cœur, de couple et de sexe ?

Les émissions auxquelles vous faites allusion ont duré quinze ans. En juillet 1981, la direction de RTL m'a demandé d'y mettre fin et de faire autre chose. J'avais toujours eu envie de présenté l'actualité d'une façon plus «vécue». Avant, c'étaient les gens qui, à travers leurs témoignages, rendaient compte des évolutions de la société. Maintenant, je parle directement de ces évolutions. La seule différence, c'est que je n'ai plus de contact avec les auditeurs...

• Manquez-vous beaucoup à votre ancien public ?

Quand j'ai arrêté mes émissions, il y a eu un concert de lamentations. Beaucoup m'ont dit que je les abandonnais ! Mais je n'y étais pour rien... Ils continuent à m'écrire ou à téléphoner. Ma secrétaire les oriente vers des psychologues ou des organismes qui peuvent répondre à leurs questions.

• On a beaucoup contesté vos émissions. Etaient-elles vraiment utiles ?

Je le pense, car elles ont permis à beaucoup de gens de s'exprimer. J'ai reçu jusqu'à 5 000 lettres par jour sur des sujets comme la masturba-

• Les femmes ne sont-elles pas capable de résoudre seules leurs problèmes ?

Bien sûr que oui : elles ont pris beaucoup d'autonomie. Mais le besoin de se confier reste. Ce ne sont plus des conseils qu'elle demandent, des lignes de conduites. Ce qu'elles veulent, c'est échanger leurs expériences. Etablir des contacts humains, briser la solitude...

• Quels sont vos projets ?

Je prépare un livre qui sera publié en janvier prochain. Je vais également analyser pour une université américaine le demi-million de lettres que j'ai reçues pendant mes quinzes années d'émissions. Nous essaierons de voir comment la famille a évolué en France par rapport aux Etats-Unis.

• Vous reverra-t-on bientôt à la télévision ?

Si j'ai arrêté *Avec le temps* sur FR3, c'est parce que je manquais d'autonomie. Je veux pouvoir m'exprimer librement et redevenir une confidente. J'attendrai qu'une chaîne privée m'en donne la possibilité. ■

Eric Lamon

19

🌳🌳 18.

Leur voiture heurte Jeanne d'Arc :
deux morts

Un virage mal négocié, une voiture de grosse cylindrée lancée à toute vitesse, à 5 h 35, rue des Pyramides, Paris-1er, et c'est l'accident mortel. Les deux passagers de la «CX», Jean-Marie Hugo, vingt-six ans, originaire de Cannes-La Bocca (Alpes-Maritimes) passager à l'arrière, et Roland Lelaidier installé à la place avant et domicilié dans le 17e, sont morts. Le conducteur du véhicule, lui, est sorti indemne de la voiture disloquée, immobilisée contre un pilier dans un angle de la place des Pyramides après avoir heurté, hier matin, le socle de la statue de Jeanne d'Arc.

«J'ai entendu des crissements de pneus, raconte le concierge à l'hôtel *Regina,* tout proche. *Instinctivement, je me suis dirigé vers la fenêtre. Je n'ai vu qu'un éclair de phare et j'ai entendu le bruit de la masse de tôle qui s'écrasait sur le colonne. Cela ressemblait à une explosion. Je me suis précipité et j'ai très vite compris.*

---

1. Extraire les informations sur l'accident

– Heure :
– lieu :
– conducteur :
– passagers :
– type de la voiture :
– cause de l'accident :
– déroulement de l'accident :
– état de la voiture :
– état du conducteur :
– état des passagers :
– témoin :
– informations apportées par le témoin :...

2. Comparez le témoignage direct du concierge et sa version en discours rapporté (ci-dessous).

Le seul témoin, le concierge de l'hôtel Régina, tout proche des lieux de l'accident s'est dirigé instinctivement vers la fenêtre lorsqu'il a entendu les crissements de pneus. Il n'a vu qu'un éclair de phares et a entendu comme une explosion au moment où la masse de tôle s'écrasait sur la colonne. C'est seulement après s'être précipité dehors qu'il a compris ce qui s'était passé.

3. Mettez en scène l'interrogatoire du conducteur par la police. Prenez des notes et faites-en le rapport en discours rapporté.

ou

4. Vous êtes journaliste. Transcrivez en discours rapporté cette version du témoignage du conducteur :

Le témoignage oral du conducteur :

«Je suis encore très choqué. Je ne sais pas ce qui s'est passé vraiment. On avait fait la fête, on avait un peu bu. Quand j'ai vu le virage j'ai cru pouvoir le prendre correctement. C'est là que je me suis aperçu que j'allais trop vite, je n'ai pas pu redresser la voiture. Elle a dérapé. Il y a eu un premier choc, puis un deuxième. J'étais sonné. Ce n'est qu'en sortant de la voiture que j'ai compris. C'est affreux. Jamais plus je n'aurai de voiture aussi puissante.»

🌳🌳 **19. – Rédigez un article de faits divers d'accident à partir des éléments suivants :**

– heure : 18 h
– lieu : croisement du cours Jean-Jaurès et du cours Berriat, Grenoble
voiture fautive : Peugeot 104
– conducteur de la 104 : Paul Robert / 24 ans / habite 24 rue Millet à La Tronche
– faute du conducteur de la 104 : a brûlé le feu rouge du cours Jean-Jaurès au niveau du cours Berriat
– accident : la 104 a heurté de plein fouet une 2 CV venant du cours Berriat et allant vers le centre ville.
– conductrice de la 2 CV accidentée : Marie Dussolier, 22 ans / habite 2 rue Chopin, Saint-Martin-d'Hères

CONSÉQUENCES DE L'ACCIDENT :
2 CV : côté gauche enfoncé
conductrice de la 2 CV : blessée aux jambes et à la tête / état satisfaisant
circulation : bloquée pendant une demi-heure.

TÉMOINS :
Nombreux et tous d'accord : la 104 était en tort. Un témoin, Renaud Marquet : «J'étais arrêté au feu rouge qui marque le croisement du cours Jean-Jaurès avec le cours Berriat quand j'ai vu une voiture me dépasser par la gauche. J'ai à peine eu le temps d'avoir peur, l'accident était déjà arrivé. La 104 a brûlé le feu rouge et a percuté de plein fouet la 2 CV qui venait du cours Berriat. Après quelques secondes, le temps de réaliser, je me suis précipité vers l'accident pour voir ce que je pouvais faire. La jeune femme était blessée, alors j'ai couru dans un café appeler Police secours.»

19

✳✳ 20. – Discours rapporté et texte romanesque.

Voici un extrait de *L'Etranger* d'A. Camus. Repérez les passages au style indirect. Puis transposez-les au style direct.

«Masson a dit immédiatement qu'il y avait un docteur qui passait ses dimanches sur le plateau. Raymond a voulu y aller tout de suite. Mais chaque fois qu'il parlait, le sang de sa blessure faisait des bulles dans sa bouche. Nous l'avons soutenu et nous sommes revenus au cabanon aussi vite que possible. Là, Raymond a dit que ses blessures étaient superficielles et qu'il pouvait aller chez le docteur. Il est parti avec Masson et je suis resté pour expliquer aux femmes ce qui était arrivé. Mme Masson pleurait et Marie était très pâle. Moi, cela m'ennuyait de leur expliquer. J'ai fini par me taire et j'ai fumé en regardant la mer.
Vers une heure et demie, Raymond est revenu avec Masson. Il avait le bras bandé et du sparadrap au coin de la bouche. Le docteur lui avait dit que ce n'était rien, mais Raymond avait l'air très sombre. Masson a essayé de le faire rire. Mais il ne parlait toujours pas. Quand il a dit qu'il descendait sur la plage, je lui ai demandé où il allait. Masson et moi avons dit que nous allions l'accompagner. Alors, il s'est mis en colère et nous a insultés. Masson a déclaré qu'il ne fallait pas le contrarier. Moi, je l'ai suivi quand même.»

✳✳✳ 21. – Discours rapporté et théâtre
Mettez cet extrait du *Voyage de Monsieur Périchon* de Labiche au style indirect. Attention aux verbes introducteurs.

PERRICHON.

(Tirant de sa poche un petit carnet.) Tiens, ma fille, voici un carnet que j'ai acheté pour toi.

HENRIETTE.

Pour quoi faire ?...

PERRICHON.

Pour écrire d'un côté la dépense, et de l'autre les impressions.

HENRIETTE.

Quelles impressions ?...

PERRICHON.

Nos impressions de voyage ! Tu écriras, et moi je dicterai

MADAME PERRICHON.

Comment ! vous allez vous faire auteur à présent ?

PERRICHON.

Il ne s'agit pas de me faire auteur... mais il me semble qu'un homme du monde peut avoir des pensées et les recueillir sur un carnet !

MADAME PERRICHON.

Ce sera bien joli !

PERRICHON, à part.

Elle est comme ça, chaque fois qu'elle n'a pas pris son café !

UN FACTEUR,

poussant un petit chariot
chargé de bagages.

Monsieur, voici vos bagages. Voulez-vous les faire enregistrer ?...

PERRICHON.

Certainement ! Mais avant, je vais les compter... parce que, quand on sait son compte... Un, deux, trois, quatre, cinq, six, ma femme, sept, ma fille, huit, et moi, neuf. Nous sommes neuf.

LE FACTEUR.

Enlevez !

PERRICHON,
courant vers le fond.

Dépêchons-nous !

19

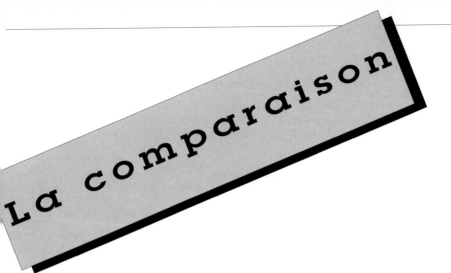

La comparaison

20

LA COMPARAISON 1

	La comparaison porte sur :		
	un adjectif / un adverbe (adj)　　　(adv)	un nom (n)	un verbe (v)
La supériorité	**Plus + adj　que** 　　　**+ adv** Anne est plus <u>grande</u> que Nicole. L'avion va plus <u>vite</u> que le train. **Attention aux irréguliers !** Les adjectifs **Bon** → **meilleur...** 　　　　　**que** **Mauvais** → **plus mauvais...** 　　　　　**... que** 　　　　　**pire.. que** – Les champagnes sont meilleurs que les vins mousseux. – Ses notes sont pires que celles de son frère.	**plus　　de** **davantage de** **+ n que** Nous avons davantage (plus de) de <u>travail</u> que lui. ▪ L'adverbe 　**Bien** → **mieux que** – L'équipe de football de Marseille joue mieux que celle de Grenoble.	**v + plus que** Nous <u>travaillons</u> plus que lui.
L'infériorité	**moins + adj　que** 　　　　**+ adv** Il est moins <u>attentif</u> que son frère. Il comprend moins <u>facilement</u> que lui.	**moins + n　que** Ils cultivent moins de <u>blé</u> que leur voisin.	**v + moins que** Elle <u>mange</u> moins que moi.
L'égalité	**aussi + adj　que** 　　　　**+ adv** Cette robe est aussi <u>chère</u> que ce pantalon. Il conduit aussi <u>brusquement</u> qu'elle.	**autant de + n　que** Elle achète autant de <u>pain</u> que nous.	**v + autant que** La Renault 5 <u>consomme</u> autant que la Peugeot 205.
L'insistance	encore } **plus + adj que** beaucoup } **moins + adv** bien **tout aussi + adj　que** 　　　　　**+ adv** Ce problème est bien plus <u>difficile</u> que l'autre. Pierre court tout aussi <u>vite</u> que toi.	encore } **plus** beaucoup } **moins de + n que** bien **tout autant de + n que** Nous avons beaucoup plus de <u>difficulté</u> avec lui qu'avec vous. Nous aurons tout autant de <u>soleil</u> à Nice qu'à Sète.	encore } **plus** **v +** beaucoup } **moins (que)** bien **v + tout autant que** J'aimerais <u>voyager</u> encore plus. Il <u>travaille</u> tout autant que son père.

20

LA COMPARAISON 2

	La comparaison porte sur :		
	un adjectif / un adverbe (adj)　　　(adv)	**un nom** (n)	**un verbe** (v)
La différence	**plutôt + adj que** Ce manteau est plutôt <u>noir</u> que gris.	**Un(e) autre + n que** Elle a une autre allure que la tienne.	**v + autrement que** Elle travaille autrement que moi.
L'identité		**le / la même**⎫ **les mêmes**　⎬ **+ n que** Il a les mêmes cheveux que sa mère.	
La ressemblance	**adj + comme** Elle est <u>jolie</u> comme un cœur.	**ressembler à** **se ressembler** 　　　⎡ **égal à** 　　　⎮ **équivalent à** **être** ⎮ **pareil à** 　　　⎮ **semblable à** 　　　⎮ **identique à** 　　　⎣ **comparable à** Sa <u>robe</u> était pareille à un arc-en-ciel. <u>Jean</u> ressemble à Jacques.	**comme** + nom/pronom 　　　　　phrase **comme si** 　　　**quand** 　　　**lorsque** 　　　**le jour où** 　　　**au moment où** 　　　+ phrase **comme pour** 　　　+ infinitif 　　　　nom / pronom **comme avec** 　　　+ nom / pronom **comme avant** + nom 　　　**après** 　　　**pendant** Il <u>mange</u> comme quatre. Il <u>travaille</u> comme il l'a toujours fait. Il <u>criait</u> comme si on l'avait battu. On fait la fête <u>comme quand</u> on était jeunes.

20

LA COMPARAISON 3

	La comparaison porte sur :		
	un adjectif / un adverbe (adj) (adv)	un nom (n)	un verbe (v)
La progression dans la comparaison	de plus en plus toujours plus chaque fois plus | + adj de moins en + adv moins toujours moins chaque fois moins	de plus en plus de toujours plus de chaque fois plus de | + n de moins en moins de toujours moins de chaque fois moins de	v + | de plus en plus toujours plus chaque fois de moins en moins toujours moins chaque fois moins
	Elle est de plus en plus belle. Je prépare ce gâteau chaque fois plus vite.	Elle a toujours plus de charme. Nous avons chaque fois moins de problèmes.	Je travaille de plus en plus. Je comprends chaque fois moins.
			plus plus plus + v (et) moins + v moins moins moins plus Plus elle travaille, (et) plus elle est fatiguée. Plus elle apprend, (et) moins elle sait.

Les superlatifs

	L'expression de l'intensité porte sur :		
	un adjectif / un adverbe (adj) (adv)	un nom (n)	un verbe (v)
Les superlatifs absolus (le plus haut degré de qualité)	très + adj bien + adv super hyper extra archi + adj si (exclamation) **extrêmement** **drôlement, etc.**	beaucoup de beaucoup trop de bien trop de | + n énormément de	v + | beaucoup beaucoup trop bien trop si bien énormément
	Ce film était très drôle, super drôle, si drôle !	Il y a énormément (beaucoup) d'étudiants.	Elle chante si bien ! Il mange beaucoup trop.

20

le plus + adj la moins + adv (+ de) les	le plus de le moins de + n	v + le plus le moins
Les superlatifs relatifs (degré de qualité le plus haut ou le plus bas dans un ensemble)	Jean est le plus <u>sympathique</u> (de tous). Ces livres sont les moins <u>intéressants</u> (de ceux que tu m'as prêtés) C'est Alain qui court le plus <u>rapidement</u>. **Attention aux irréguliers !** Degré de qualité le plus haut : Les adjectifs : **Bon** → **le/la meilleur(e)** → **les meilleur(e)s** **Mauvais** → **le/la plus mauvais(e)** → **les plus mauvais** → **le/la/les pire(s)** L'adverbe : **Bien** → **le mieux**	Dans le groupe, c'est Sophie qui a le plus de <u>vitalité</u> et Claude qui a le moins d'<u>énergie</u>.	C'est Sophie qui <u>travaille</u> le plus.

Remarque :
certains adjectifs portent en eux l'idée superlative et ne peuvent donc se mettre au superlatif.
→ excellent / unique / exquis / hideux / etc.

Comparer

1 **Nous avons conçu nos appartements comme des maisons**

2 *A comme Amour*

3 *Le Carré Frais, c'est un fromage aussi simple que du lait, de la crème et du sel. Il est aussi frais que tout ce qui vient du jardin*

4 **Créer et construire en cinquante ans, autant que nous l'avons fait pendant toute notre histoire.**

5 Quand on veut partir, on sait plus ou moins ce qu'on trouvera, plus ou moins ce qu'on fera.
Avec le Club en juin, on sait : le sport, la mer, les gens, la fête, c'est : plus, plus, plus, plus. Et moins cher.

20

6 Avec Aer-Lingus, un jour de voyage en moins, c'est un jour d'Irlande en plus.

7 Vous attendiez une informatique plus douce, plus juteuse, plus séduisante, plus chaleureuse, moins chère ?

Vous êtes mûr pour Apricot.

Jamais des ordinateurs personnels n'ont été aussi agréables d'emploi. Aussi riches en possibilités. Aussi économes de votre temps, de votre fatigue, de votre argent.

Beaucoup ont affiché de telles ambitions. Mais aucun n'est allé aussi loin qu'Apricot.

Et c'est à ses fruits qu'on reconnaît le succès.

8 Plus il y aura d'ordinateurs, plus il y aura de voleurs.

9 L'homme le plus riche d'Amérique achetait les présidents.

10 Un astronaute dans l'espace porte plus d'or qu'une duchesse de l'opéra.

11 Envisageons le pire.
Pour Kléber, la meilleure performance, c'est la confiance des constructeurs.

12 Les plaisanteries les plus bêtes sont toujours les meilleures.

EXERCICES

🌳🌳 **1. – Analysez les textes 1 à 12 et remplissez le tableau suivant :**

Texte n°	Notez le moyen de comparaison utilisé	Sur quel mot porte la comparaison ? (adjectif, adverbe, nom, verbe)
1		
2		
3	**aussi... que**	simple / frais (des adjectifs)
4		
5		
6		
7		
8		
9		
10	**plus... de**	or (un nom)
11		
12		

20

2. – Plus ou moins.
Faites des phrases comme dans l'exemple.
Exemple :
Alain travaille 8 heures par jour, Stéphane travaille 7 heures.
→ *Alain travaille **plus** longtemps **que** Stéphane.*
→ *Stéphane travaille **moins qu'**Alain.*

1. Une Ferrari peut rouler à 200 km/h, une Peugeot 205 peut rouler seulement à 150 km/h. **2.** En France il y a environ 56 millions d'habitants, en Espagne, il y en a environ 39 millions. **3.** Stendhal est mort à 59 ans, Victor Hugo est mort à 83 ans. – **4.** Grenoble est à 600 km de Paris, Lyon est à 500 km. – **5.** Un sportif de haut niveau s'entraîne intensivement tous les jours, un sportif moyen s'entraîne deux ou trois fois par semaine. – **6.** Charles de Gaulle a été président de la République française de 1958 à 1969, Georges Pompidou, qui lui a succédé, a été président de 1969 à 1974.

3. – Exprimez l'égalité.
Complétez les phrases suivantes avec :
aussi... que, autant de... que, autant... que, autant que, autant.

1. J'aime ____ les films policiers ____ les films poétiques. – **2.** Ils ont acheté ____ boissons ____ il est nécessaire. – **3.** Valérie court ____ vite ____ les autres. – **4.** Nous allons ____ au cinéma ____ au théâtre. – **5.** Ils se sont montrés ____ désagréables ____ leurs voisins. – **6.** Elle mange ____ ____ moi. – **7.** La Renault «Clio» coûte ____ cher ____ la Peugeot 205. – **8.** Elle fait la cuisine ____ bien ____ sa mère. – **9.** En été, il y a ____ de vacanciers à Nice ____ à Cannes. – **10.** Maintenant Jacques travaille moins, mais il gagne ____.

4. – Exprimez la supériorité.
Complétez les phrases suivantes avec :
plus... que, plus de... que (de), davantage de... que (de), plus que.

1. Ma nouvelle voiture consomme ____ ____ la précédente. – **2.** Les Français mangent ____ viande ____ pain. – **3.** Il y a ____ alcool dans le cognac ____ dans le vin. – **4.** Mes enfants aiment ____ les frites ____ les épinards. – **5.** Les prix sont ____ avantageux dans les grands magasins ____ dans les petites boutiques. **6.** Jean est intelligent et travailleur, il a ____ chances de réussir ____ Paul qui est paresseux.

7. Le TGV (train à grande vitesse) est ____ rapide ____ un train ordinaire. – **8.** En France, il pleut ____ en Bretagne ____ en Provence. **9.** Dépêchons-nous, nous aurons ____ vite fini ____ les autres. – **10.** Les stations de ski accueillent aujourd'hui ____ vacanciers ____ autrefois.

5. Exprimez l'infériorité.
Complétez les phrases suivantes avec :
moins... que, moins de... que (de), moins que.

1. J'achète ____ fruits en conserve ____ fruits frais. – **2.** Les roses se conservent ____ longtemps ____ les tulipes. – **3.** Les places de cinéma coûtent ____ cher ____ les places de théâtre. – **4.** Les légumes surgelés sont ____ bons ____ les légumes frais. – **5.** Dans la ville il y a ____ circulation entre 9 heures et 11 heures ____ entre 17 heures et 19 heures. – **6.** Elle a ____ difficultés à parler anglais ____ à parler allemand. – **7.** Nous mangeons beaucoup ____ pain ____ vous. – **8.** Mon fils dépense bien ____ ____ ma fille. – **9.** Pierre Corneille est ____ connu ____ Victor Hugo. – **10.** Elle vient me voir ____ souvent ____ sa sœur.

6. – Exprimez l'insistance.
Complétez les phrases et variez les moyens de comparaison.

Toute la famille Atout, sauf le fils, a un complexe de supériorité ; ils sont les meilleurs et tout ce qu'ils ont est mieux que ce qu'ont les autres, en particulier leurs voisins, la famille Supin, auxquels ils se comparent sans cesse. Qu'est-ce qu'ils disent ? Continuez les listes.

LE PÈRE :
– Je travaille beaucoup plus que monsieur Supin.
– Je gagne _____

LA MÈRE :
– Madame Supin a bien moins de bijoux que moi.
– Les vêtements qu'elle porte _____

LA FILLE :
– Je suis beaucoup plus belle que leur fille.
– Mes résultats aux examens _____

LE FILS, LUI, PENSE QU'IL Y A PEU DE DIFFÉRENCES :
– Le fils Supin est tout aussi intelligent que moi.
– Ses petites amies _____

20

255

🌳🌳 **7. – Meilleur, mieux...**

Complétez les phrases suivantes avec :
bien / meilleur / moins bon / mieux / moins
mauvais / plus mauvais / pire /

1. Au concert

«J'adore ce morceau de jazz ! Il est nettement _____ que le précédent.

– Tu as raison, le premier morceau était _____ que celui-ci.

– Mais il était _____ que celui qu'on a entendu la semaine dernière. Tu te rappelles les couacs ?

– Oh, là, là : une vraie catastrophe. Mais je crois que la façon de jouer du groupe qui était venu à Noël était encore _____ !

– Ceux-là, on devrait leur interdire de jouer. N'importe quel amateur débutant joue _____ qu'eux.

– Oh ! oui, on pourrait leur donner le prix du _____ groupe de jazz français !

– On est un peu durs quand même, c'est difficile de _____ jouer.

– Quand on ne joue pas _____ on ne fait pas de concert !»

2. Dans le bureau du patron

«Cette année nous avons un _____ bilan que l'année dernière, nous n'avons pas _____ géré notre budget.

– C'est vrai, les ventes de téléviseurs ont été _____ _____ que celles de l'année dernière.

– Et c'est encore _____ pour les camescopes !

– A votre avis, quelle serait la _____ solution pour améliorer notre chiffre d'affaires ?

– Il vaudrait peut-être _____ utiliser la publicité et _____ prévoir l'évolution du marché.

– Ne pensez-vous pas qu'il serait bon, aussi, d'engager de _____ vendeurs et de _____ les former ?

– Je crois que c'est une bonne idée. Il faut travailler dans ce sens pour avoir de _____ résultats.»

🌳🌳 **8. – Comparez...**

Faites des comparaisons sur les éléments donnés.

1. Un petit village / une grande ville

Comparez :
– le cadre de vie. – le prix des loyers, des maisons, des appartements. – la pollution. – les loisirs. – les spectacles. – les magasins. – etc.

2. Une star du cinéma / une grande sportive

Comparez :
– leur vie. – leurs sorties. – leur alimentation. – leurs revenus. – les soins donnés à leur corps. etc.

3. Comparez:
– une moto et une voiture. – un médecin et un mécanicien. – etc.

🌳🌳 **9. – Exprimez la différence.**

A. Répondez aux questions suivantes.

Exemple : *A ton avis ce manteau est gris sombre ou noir ?*
→ *A mon avis il est **plutôt** noir **que** gris.*

1. Ses cheveux sont châtains ou blonds, qu'est-ce que tu en penses ? – **2.** Tu crois qu'elle est timide ou seulement réservée ? – **3.** Dans votre pays il fait chaud ou il fait froid ? – **4.** En général, pour voyager, tu prends le train ou l'avion ? – **5.** A la télévision tu regardes les films ou les documentaires ? – **6.** Pour les vacances, vous préférez aller à la mer ou à la montagne ?

B. Transformez les phrases comme dans les exemples.

Exemples :

Anne et Nathalie, les deux secrétaires, travaillent d'une manière différente.
→ *Anne travaille **autrement que** Nathalie.*
Ces deux étudiants, Alain et Thierry, ont un bon style mais très différent l'un de l'autre.
→ *Alain a **un autre** style **que** Thierry.*

1. Paul et Sophie ont des opinions très différentes sur le sujet. – **2.** Mes parents ont chacun une philosophie différente de la vie. – **3.** Mon frère et moi n'avons pas les mêmes amis. – **4.** Un chanteur de rock et un chanteur d'opéra ne chantent pas de la même façon. – **5.** Les adultes et les enfants n'ont pas du tout les mêmes goûts. – **6.** Madeleine et Christine se souviennent de leur voyage mais chacune en garde un souvenir différent.

🌳 **10. – Les sœurs jumelles.**

Valentine et Virginie sont deux sœurs jumelles. Elles se ressemblent d'une manière étonnante et ont exactement les mêmes goûts.

Faites une petite description des deux sœurs.

Valentine a les mêmes cheveux blonds que Virginie. Elles ont exactement la même taille _____

✿✿ 11. – Les téléviseurs.

Les téléviseurs présentés ci-dessous ont de nombreuses ressemblances. Ils sont presque identiques.

Pour chaque élément comparé faites une phrase en utilisant :

égal / équivalent / pareil / semblable / identique / etc.

	Téléviseurs	
	JVC	PHILIPS
Dimension de l'écran	55 cm	55 cm
Dimensions du téléviseur	51 x 47 x 48 cm	51 x 47,5 x 47 cm
Commande	télécommande infra-rouge	télécommande infra-rouge
Forme de l'écran	tube écran plat coins carrés	tube écran plat coins carrés
Puissance musicale	7 watts	5 watts
Consommation	80 Wh	70 Wh
Poids	24 kg	24 kg
Garantie	2 ans	2 ans
Prix	3990 francs	3990 francs

✿✿ 12. – C'est l'Européen.

a) Observez bien la bande dessinée ci-contre.

Que montre-t-elle ? A votre avis, pourquoi le dessinateur fait-il ces comparaisons ?

b) A vous...

En choisissant un trait caractéristique des habitants de chaque région de votre pays, faites le portrait de ce que pourrait être «l'habitant type» de votre pays.

Wolinski, *Le Nouvel Observateur*

20

🌴🌴🌴 **13. – Comparaison et expressions idiomatiques.**

«Dormir comme un loir» – « Têtu comme une mule»

Il existe en français de nombreuses expressions idiomatiques qui ont cette structure.

Les comparaisons sont faites sur un verbe ou sur un adjectif suivis de <u>comme</u> et d'un élément donnant une sorte d'image.

A. Beaucoup de ces images sont données par des noms d'animaux.

Quelques-unes d'entre elles vous sont proposées dans l'exercice ci-dessous.

Associez les verbes suivants aux noms d'animaux proposés.

Aidez-vous des définitions.

Verbes : dormir / chanter / siffler / être fait / courir / sauter / souffler /

Adjectifs : têtu / gai / paresseux / bavard / frisé / rusé / sale /

Dormir comme un loir	Loir : petit animal rongeur qui se niche dans le creux des arbres ou des rochers et qui ne sort pas de tout l'hiver.
... comme un rat	Rat : petit mammifère rongeur à très longue queue que l'on attrape avec un piège.
... comme un rossignol	Rossignol : petit oiseau passereau qui charme par ses mélodies très harmonieuses.
... comme un cabri	Cabri : petit de la chèvre qui se déplace presque toujours en faisant des bonds.
... comme un merle	Merle : oiseau passereau au plumage noir qui émet un son aigu et modulé.
... comme un phoque	Phoque : mammifère amphibie aux membres courts et palmés, au cou très court et au pelage ras qui respire très fort.
... comme une gazelle	Gazelle : mammifère d'Afrique à longues pattes fines qui se déplace très vite.
Têtu comme une mule	Mule : hybride de l'âne et de la jument qui a la réputation de ne pas bien obéir.
... comme une pie	Pie : oiseau à plumage noir qui fait toujours beaucoup de bruit.
... comme un pinson	Pinson : petit oiseau passereau qui chante tout le temps.
... comme un lézard	Lézard : petit reptile saurien qui aime rester immobile au soleil.
... comme un cochon	Cochon : animal domestique souvent malpropre.
... comme un renard	Renard : mammifère carnivore sauvage à pelage très fourni qui a une réputation d'adresse et de fourberie.
... comme un mouton	Mouton : animal domestique à toison laineuse et bouclée.

B. Associez les verbes ou les adjectifs de la colonne I aux éléments de la colonne II.

Chaque comparaison donne une idée de forte intensité.

«Etre rouge comme une tomate» = être très très rouge

I		comme	II	
1. mentir	9. heureux	a. un ogre	i. Job
2. fumer	10. jolie	b. un cœur	j. un roi
3. manger	11. bête	c. un turc	k. un bossu
4. rire	12. maigre	d. un coquelicot	l. le jour
5. fort	13. blond	e. Hérode	m. un pompier
6. riche	14. rouge	f. un arracheur de dents	n. les blés
7. vieux	15. belle	g. ses pieds	o. un haricot
8. pauvre	16. pâle	h. Crésus	p. un linge

1	2	3	4	5	6	7	8	9	10	11	12	13	14	15	16

20

C. Complétez les situations données avec les expressions idiomatiques suivantes :

- être accueillant comme une porte de prison.
- être rouge comme une tomate.
- crier comme un putois.
- être comme un coq en pâte.
- manger comme un oiseau.
- parler comme une vache espagnole.
- arriver comme un cheveu sur la soupe.
- être muet comme une carpe.
- pousser comme un champignon.
- être bête comme chou.
- se voir comme le nez au milieu de la figure.

1. Arrête de courir, repose-toi un peu, regarde ton visage, <u>tu es rouge comme une tomate</u>.
2. Imagine comme il est bien : il vit encore chez ses parents, sa mère prépare ses repas, lave ses vêtements, range sa chambre, il ____.
3. C'est un secret, d'accord, je ne dirai absolument rien, je ____.
4. Ecoute-le protester, il n'est vraiment pas content, il ____.
5. Il est en France depuis longtemps mais il ne fait pas d'efforts pour apprendre la langue, il ____.
6. Comme elle est grande, votre fille ! Eh ! oui, elle a beaucoup grandi, elle ____.
7. Tu n'y arrives pas ! Et pourtant cet exercice est très simple, il ____.
8. Elle a été très malade, elle est encore très fatiguée, elle ne peut presque rien avaler, alors elle ____.
9. Cette secrétaire n'est pas sympathique, on n'ose pas aller lui demander des renseignements, elle ____.
10. Il ment, c'est évident, ça ____.
11. Tu te rends compte le culot qu'elle a ! Hier soir, c'était notre anniversaire de mariage ; j'étais tranquillement avec mon mari en train de dîner, elle ____ et elle est restée à nous raconter ses problèmes jusqu'à minuit.

D. En utilisant des expressions idiomatiques étudiées en A, B et C, faites le portrait :

– d'un enfant que vous aimez bien
– d'un vieux monsieur très sympathique
– d'un jeune homme
– d'une amie à vous
– de votre père
– de votre mère
– d'un professeur
– etc.

 14. – Imaginez des comparaisons.
Vous pouvez, vous aussi, faire vos propres comparaisons.
Terminez les phrases proposées en laissant libre cours à votre imagination.

1. Cette femme est belle comme ____.
2. Ce gâteau est bon comme ____.
3. Cette voiture est rapide comme ____.
4. Il travaille comme ____.
5. Elle marche comme ____.
6. Elles se ressemblent comme ____.
7. Ce petit village dans la vallée est comme ____.
8. Dans ce ballet Marion dansait comme ____.
etc.

🌳🌳 **15. Comme si...**

Comme si	+ imparfait
	+ plus-que-parfait
(= comparaison + hypothèse)	

Transformez les phrases suivantes en utilisant <u>comme si</u>.

Exemple :
On entend un bruit de pas dans la maison ; elle est peut-être hantée.
→ *On entend un bruit de pas dans la maison <u>comme si elle était hantée</u>.*

1. Marianne court très vite ; on a l'impression qu'elle est poursuivie par une bête sauvage. Marianne court ____.
2. L'homme a avalé son repas en cinq minutes ; il n'a peut-être pas mangé depuis deux ou trois jours. L'homme ____.
3. C'est la première fois qu'il s'occupe du bébé et pourtant on a l'impression qu'il a fait ça toute sa vie. Il s'occupe ____.
4. Murielle agit d'une manière enfantine ; on dirait qu'elle a cinq ans. Murielle ____.
5. Elle a sauté en parachute, elle a eu peur et elle nous a insultés, pourtant on ne l'a pas forcée. Elle nous a insultés ____.
6. Une petite fille orpheline a été recueillie par une famille. Les enfants l'aiment beaucoup ; on a l'impression que c'est leur sœur. Les enfants l'aiment ____.

 16. Comme quand...

Comme	quand lorsque au moment où le jour où	+ indicatif
	(= comparaison + temps)	

20

Terminez les phrases en tenant compte de la situation donnée et en utilisant comme quand / comme lorsque / comme au moment où / comme le jour où /

1. Il y a trois ans, leur fils a obtenu son doctorat ; pour fêter cet événement ils avaient organisé une grande soirée. La fête d'hier soir était exactement la même. Hier soir ils ont organisé ____.

2. La première fois que j'ai vu ce tableau, j'ai été très émue. Je l'ai revu la semaine dernière et mon émotion a été la même. J'ai été émue ____.

3. La première fois que ses parents sont partis en voyage en le laissant seul, il s'est senti libre ; il a eu la même impression pendant son voyage en bateau. Il s'est senti libre ____.

4. Pendant sa jeunesse, il allait à l'université et il étudiait beaucoup. Dernièrement il a fait un stage et, là aussi, il a dû beaucoup étudier. Il a étudié ____.

5. Il y a quelques semaines, il a sauté en parachute pour la première fois et il a eu une sensation étonnante. Hier en plongeant de cinq mètres dans la piscine, il a eu la même sensation. Il a eu une sensation étonnante ____.

6. Le 30 juin 1965, il a obtenu son diplôme d'ingénieur et il a été très satisfait. La semaine dernière, il a été élu député et il a eu la même satisfaction. Il a été satisfait ____.

 17. – Comme avant...

> **Comme** avant
> après **+ nom**
> pendant
> (= comparaison + temps)

Terminez les phrases comme dans l'exemple.
Exemple :
Le mois passé, j'ai fait du bateau comme pendant mes vacances d'été 1991.

1. Hier soir il était heureux ____.
2. La veille des élections il était excité ____.
3. Quand je l'ai rencontré, il avait l'air fatigué ____.
4. Après la naissance de sa fille, elle a fait un régime ____.
5. Dimanche dernier, il a gagné la course, il était fier ____.
6. A son spectacle elle a dansé ____.

 18. – Comme pour...

> **Comme pour   + infinitif**
> (Comparaison + but)

Terminez les phrases comme dans l'exemple.
Exemple :
Elle faisait ses courses le samedi, elle s'habillait comme pour aller danser.

1. A chaque repas elle se préparait ____.
2. Il conduit très vite ____.
3. Cette jeune femme travaille beaucoup ____.
4. Il a pris beaucoup de photos ____.
5. Le député s'est installé devant le micro ____.
6. Quand il se disputait avec sa femme il prenait sa valise ____.

19. – Plus...plus ou moins...moins.
Faites plusieurs phrases à partir des éléments donnés. Utilisez :

plus...plus, plus...moins, moins...moins, moins...plus.
(Attention au sens des phrases, tous les cas ne sont pas toujours possibles.)
Exemple : *Je le vois / je l'aime*
→ *Plus je le vois, plus je l'aime*
→ *Moins je le vois, plus je l'aime*
→ *Plus je le vois, moins je l'aime*

1. Je le fréquente / je l'apprécie
2. Il travaille / je le vois
3. Il étudie ce dossier / il trouve des erreurs
4. Il sort / il a envie de sortir
5. Il répète l'exercice / il comprend
6. On boit / on est triste
7. On s'aime / on risque les disputes
8. Elle grandit / elle est insupportable
9. Je suis en vacances / j'ai envie de travailler
10. Elle fait du sport / elle maigrit
etc.

20. – Evolution.
A partir des informations données ci-après, faites des phrases en montrant bien la progression dans la comparaison. Utilisez : de plus en plus... / de moins en moins... / chaque année plus... / chaque année moins... /

Exemple :
Le nombre des mariages en France est chaque année moins important.

En France :	1970	1978	1985
Nombre annuel des mariages	394 000	355 000	269 000
Nombre de personnes de moins de 20 ans	33,2 %	31,2 %	29,1 %
Nombre de personnes de 21 à 64 ans	54 %	55 %	58 %
Nombre annuel des naissances	850 000	737 000	769 000
Nombre de personnes tuées sur la route	15 100	12 100	10 400
Construction de logements	456 000	445 000	271 000
Taux de départ en vacances d'hiver	16,5 %	20,5 %	24,9 %

source : «Tableaux de l'économie française» 1986

21. – Questions.

a) Répondez aux questions suivantes :

1. Quelle est la chose la plus importante du monde ? – **2.** Qu'est-ce que vous aimez le moins faire ? – **3.** Quel est, à votre avis, le pire événement de l'année ? – **4.** Où aimez-vous le mieux passer vos vacances ? – **5.** Qu'est-ce qui vous fait le plus rire ? – **6.** Quel est votre meilleur souvenir d'enfance ? – **7.** Qu'est-ce qui vous met le plus en colère ? – **8.** Quel est pour vous le pire défaut ?

b) A votre tour, faites des questions sur ce modèle et posez-les à vos camarades.

22. – Le plus..., le meilleur – Le moins..., le pire.

Terminez les phrases suivantes en utilisant :

le / la plus... / le / la meilleur(e)... / le / la moins... / le / la pire... /

Exemple :

Mon accident de voiture
– a été le pire moment de mon existence.
– restera le plus mauvais souvenir de ma vie.
– a été le moins dramatique de tous mes ennuis.

1. Le jour de son licenciement ____.
2. L'arrivée du premier homme sur la lune ____.
3. La destruction de la nature ____.
4. L'invention de la voiture anti-pollution ____.
5. La pièce que nous avons vue samedi dernier ____.
6. La naissance de ma fille ____.
7. La destruction du mur de Berlin ____.
8. L'ouverture de l'Europe en 1992 ____.

23. – Logique.

Complétez les phrases suivantes :

1. Eric n'est pas aussi intelligent que François qui l'est moins que Jean. Qui est le plus intelligent ? ____.
2. Nathalie parle mal l'anglais mais elle le parle mieux que Jacqueline et surtout que Sylvie qui le parle très mal. Qui parle le mieux l'anglais ? ____.
3. Une rose est autrement plus belle qu'une marguerite mais pas tant qu'une orchidée. Quelle est la moins belle fleur ? ____.
4. Mon devoir est mauvais, le tien est très mauvais mais celui de Daniel est pire encore. Quel est le plus mauvais devoir ? ____.
5. La blessure de Jacques est moins mauvaise que celle de Jean mais plus grave que celle de Georges. Qui est victime de la plus grave blessure ? ____.

24. – Publicité

1. Analyse de la publicité. (page suivante)
– Quel est le produit ?
– Observez le texte ; comment le produit est-il mis en valeur ?

2. A vous...
A votre tour (seul ou en groupe), élaborez une publicité pour un ou plusieurs des produits suivants :
– Les voitures Renault
– Les parfums Yves Saint-Laurent
– Les chocolats Lanvin
– Les stylos Waterman
– Les bicyclettes Peugeot
– Les chaussures Bally – Etc.

20

Quels que soient vos besoins, en matière de micro-ordinateur, vous trouverez forcément chez Victor le P.C. portable le plus performant. Chacun des 13 portables de la gamme Victor, en effet, peut se vanter d'être le meilleur dans sa catégorie.
Choisissez.

Du 86P à moins de 10 000 F à la solidité des coques en magnésium des 1 500, la gamme des portables Victor est un formidable catalogue de performances et d'idées. Nous conseillons à qui vous savez de méditer là-dessus.

Le portable le plus intelligent.

Non seulement le GRID PAD peut se passer de clavier mais, en plus, il reconnaît votre écriture. Aucun micro ne possède un Q.I. aussi élevé.

Le portable le plus secret.

Le 1537 de Victor est un 386 à usage militaire, conçu avec la norme «Tempest» ; il permet de communiquer sans risques de brouillage ni d'espionnage.

Le portable le plus autonome.

4 heures d'autonomie, qui dit mieux ?... Pas de réponses ? Le 1450 de Victor reste donc convaincu.

Le portable le plus pratique.

C'est le GRID 1720, il pèse moins de 3 kg et son format note book lui permet de se glisser dans n'importe quel attaché-case.

Le portable le plus portable.

C'est forcément le M88 de Victor. Pourquoi ? Parce qu'il tient dans une main et vous laisse l'autre libre pour travailler. Voilà pourquoi !

Le portable le plus compétitif.

A moins de 25 000 F le V386PX offre le meilleur rapport prix performance du marché.

Le portable le plus classique.

Pionnier des portables, le V86P est un hit de la micro-informatique. Il n'a pas quitté le «top 50» des ventes depuis sa création.

Le portable avec souris intégrée.

Avec le 1550 de Victor, ne traînez plus votre souris avec vous, elle est encastrée dans la coque et ultra simple d'utilisation.

Le portable le plus modulable.

2 slots disponibles sur le 1535 équipé d'un 386DX, il conjugue puissance et évolution.

Le portable le plus beau.

Avec ses lignes et son design à faire pâlir qui vous savez, le 1810 ne se contente pas d'être beau : il est aussi très malin, son disque dur amovible en est la preuve.

VICT🜨R
Micro-Ordinateurs Professionnels

20

🌳🌳 **25. – Exprimez l'intensité.**

Complétez les phrases avec :

très / trop / beaucoup / beaucoup trop

1. Elle voulait voir le directeur, mais elle est arrivée ____ tard, il était déjà parti.

2. Du champagne ? Mais oui j'en veux, je l'aime ____.

3. Vous êtes ____ jolie, mais votre robe est un peu ____ longue.

4. Mon mari a ____ mal à la gorge parce qu'il a fait son exposé en parlant ____ fort.

5. Pendant trois heures, tout le monde s'est ennuyé ; je pense que son discours était ____ long.

6. Qu'est-ce qu'il y a pour le déjeuner ? J'ai ____ faim.

7. Je vais vite prendre quelque chose à manger, je ne peux plus attendre. J'ai ____ faim.

8. Cette voiture est très chère mais il peut l'acheter, il a ____ d'argent.

9. Vous travaillez tous les soirs jusqu'à 20 heures, le samedi, le dimanche et vous êtes fatigué ? Ça ne m'étonne pas, vous travaillez ____.

10. Le lait est ____ bon pour la santé, il faut en boire ____.

🌳 **26. – Consommation.**

Années	Pain	Pommes de terre	Légumes secs	Sucre	Viande	Fromage
Evolution de la consommation de divers aliments en France Consommation moyenne en kilos par personne et par an						
1930	114,4	182	6,3	21	42	5
1960	79	118	3,9	29	75	8,8
1970	61	98	2,3	36	89	13,7
1980	60,5	82	1,4	36	103	17,3
1987	57,3	73	0,9	36	103	22,2

D'après le journal *MGEN* n° 131 octobre 1990

Regardez bien le tableau ci-dessus et faites toutes les comparaisons possibles.

Exemples :

– *De 1930 à 1987 les Français ont toujours consommé plus de pommes de terre que de pain.*

– *En 1930 les Français consommaient deux fois plus de viande que de sucre.*

– *Les Français ont consommé autant de viande en 1980 qu'en 1987.*

A vous...

20

263

🌳🌳 27. – Les femmes cadres.

A. Lisez cet article et soulignez tous les moyens utilisés pour faire des comparaisons (comparatifs, superlatifs, lexique).

«Il est extrêmement difficile de concilier vie familiale et vie professionnelle pour un cadre féminin», explique Jacqueline Huppert-Laufer, professeur à HEC et auteur du livre *Les femmes cadres en entreprise*. Sans doute faudrait-il une gestion plus fine des relations humaines pour les femmes cadres. Une femme n'est pas piégée par la maternité de vingt-cinq à soixante-cinq ans. Afin de rentabiliser le potentiel des femmes cadres, il faudrait peut-être privilégier la deuxième mi-temps de la vie lorsqu'elles sont en partie débarrassées des contraintes familiales...

Point de départ : de plus en plus de femmes diplômées, qualifiées, quittent l'entreprise parce que l'institution ne s'adapte pas au fait qu'elles ont une carrière familiale autant que professionnelle. Analyse : les femmes ne peuvent pas s'aligner sur le modèle de carrière masculin. Il leur faut un emploi du temps spécifique. Aux entreprises donc de leur offrir des modalités de gestion du temps plus flexibles... Faute de quoi il y aura un gâchis collectif.

A l'heure où les recruteurs mélangent les nationalités, les formations, ils ne peuvent se permettre de laisser de côté la moitié de la population. Toutefois, si la féminisation c'est bien, la mixité, c'est mieux. Car féminisation égale toujours dévalorisation. Une école recrute-t-elle plus de filles, le diplôme est moins coté. Une équipe est-elle constituée de nanas, elle est considérée par ses supérieurs comme plus pantouflarde.

«Dans les grandes écoles de commerce, remarque Patrick Basile, les filles sont meilleures élèves que les garçons. Et plus tard, on a souvent envie de les recruter en priorité. Elles sont plus mûres, plus décidées. La nouvelle génération féminine est très prometteuse.» Mais même si d'aucuns pensent que la tortue finissant toujours par dépasser le lièvre, la femme peut un jour dépasser l'homme, il n'en reste pas moins que la dernière longueur est toujours la plus dure. Mieux vaut donc se souvenir du portrait que faisait d'elle-même Edith Grimm, l'ex-présidente d'une grande société internationale : «Ressemble à une jeune fille, agi comme une femme, pense comme un homme et travaille comme un cheval.»

D'après Le parcours des combattantes
Revue *Challenges* (février 1991)

B. Répondez aux questions suivantes :
– Pourquoi les femmes quittent-elles l'entreprise?
– Qu'est-ce que les entreprises devraient faire pour les femmes cadres ?
– Que se passe-t-il si une école recrute plus de filles que de garçons ?
– Comment une équipe de femmes est-elle considérée ?
– Pourquoi les recruteurs ont-ils envie, plus tard, de recruter des femmes en priorité ?
– Que pensez-vous de la dernière phrase ? «Ressemble... comme un cheval.»

C. A votre avis...
– Dans quels types de professions trouve-t-on le plus ou le moins de femmes ? Pourquoi ?

20

Condition
Hypothèse

21

Condition – Hypothèse : Phrases avec si

21

	dans...	Hypothèse ou condition de réalisation située	Conséquence située...	dans	Exemples	Valeurs
POSSIBLE	PRÉSENT IMMÉDIAT	SI + PRÉSENT	+ IMPÉRATIF	AVENIR IMMÉDIAT	si ton voisin est bruyant, appelle la police	conseil
			+ PRÉSENT	AVENIR IMMÉDIAT	si tu m'embêtes, je te quitte !	menace
			+ PRÉSENT		si vous avez de l'argent nous pouvons déjeuner	proposition soumise à condition
	AVENIR		+ FUTUR	AVENIR	s'il fait beau demain, j'irai à la piscine	projet ferme sous condition
					si tu veux, la semaine prochaine nous pourrons aller au théâtre	forte probabilité
			+ CONDITIONNEL PRÉSENT		si tu veux, la semaine prochaine nous pourrions aller au théâtre	éventualité
			+ PRÉSENT	PRÉSENT	s'il a réussi, il doit être content	on ne sait pas s'il a réussi : hypothèse
			+ IMPÉRATIF		si tu as fini ton travail, viens avec nous	condition accomplie, conséquence immédiate
	PASSÉ	SI + PASSÉ COMPOSÉ	+ PASSÉ COMPOSÉ	PASSÉ	s'il a réussi, il a sûrement fêté ça.	on ne sait pas ce qui s'est passé
			+ FUTUR	AVENIR	s'il a réussi, il réussira tout le reste !	condition passée remplie, conséquence future certaine
			+ FUTUR ANTÉRIEUR		si tu as fini avant 4 h, tu auras fait vite.	condition et conséquence
IRRÉEL	AVENIR	SI + IMPARFAIT	+ CONDITIONNEL PRÉSENT	AVENIR	si je rencontrais un gentil garçon, je me marierais	c'est possible mais pas certain du tout : éventualité – souhait
	PRÉSENT		+ CONDITIONNEL PRÉSENT	PRÉSENT	si j'étais martien, je parlerais martien	mais je ne suis pas martien et je ne parle pas martien – Hypothèse – Souhait
	PASSÉ CONTINUANT AU PRÉSENT		+ CONDITIONNEL PASSÉ	PASSÉ	si je ne te connaissais pas aussi bien, je ne t'aurais rien demandé	si + imparfait marque ici l'habitude. Elle continue après la réalisation de la conséquence. RARE.
	PASSÉ	SI + PLUS-QUE-PARFAIT	+ CONDITIONNEL PASSÉ	PASSÉ	si nous avions étudié, nous aurions réussi	mais nous n'avons pas étudié (Regret)
					si tu avais été gentil, j'aurais passé une bonne soirée.	(Reproche)
			+ CONDITIONNEL PRÉSENT	PRÉSENT	si nous avions étudié, nous serions diplômés	mais nous n'avons pas étudié (hier) et nous ne sommes pas diplômés (aujourd'hui).

- **Remarque** : le verbe placé tout de suite après si est toujours à l'indicatif.

- **Condition ou hypothèse ?** c'est la situation et le sémantisme qui déterminent l'hypothèse ou la condition, pas seulement les temps employés
– *Si tu me donnes ton pull, je te donne ma robe (à condition que...)*
– *Si tu vois de jolies cerises, tu en prends un kilo (au cas où...)*
– *Si tu n'es pas gentil, je te donne une gifle (sois gentil, sinon...)*
– *S'il fait beau le dimanche, je vais à la campagne (quand, chaque fois que...)*

Attention : **2 imparfaits: habitude, condition et conséquence répétées dans le passé**

- **Autres sens de si :**
– oui, après une question négative *(tu n'aimes pas le vin ? – **si** !)*
– discours rapporté : *il m'a demandé **si** j'aimais le vin.*
– conséquence : *il fait **si** froid **que** nous avons les pieds gelés.*
– concession : ***si** gentil **soit-il**, il n'est pas capable de réussir.*

EXERCICES

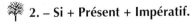
1. – Corpus.
Quels temps sont utilisés dans ces phrases avec si ?
Si + ... + ...

1. Si on ne m'avait pas cambriolé, j'aurais pu écouter la radio, j'aurais su que le métro était en grèves je n'aurais pas perdu la journée à courir partout et je serais de meilleure humeur maintenant.
2. Si vous avez acheté cet ordinateur, vous avez fait une mauvaise affaire et vous le regretterez longtemps...
3. Si nous étions en vacances, en ce moment nous aurions les pieds dans l'eau et nous jouerions au volley...
4. Si les grands de la classe t'ennuient, dis-le moi. Et si les petits ne veulent pas jouer avec toi, je suis là pour t'aider.
5. Si je décroche le rideau, il va tomber sur le radiateur et il fondra à cause de la chaleur, ce sera l'incendie et il faudra appeler les pompiers...
6. Si vous étiez un nuage vous planeriez au-dessus des plus beaux paysages du monde.

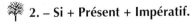
2. – Si + Présent + Impératif.

Ah ces satanés voisins !

A. Sur le modèle suivant donnez des conseils aux personnes suivantes pour résoudre leurs problèmes avec leurs voisins.
Exemple :
Mon voisin du dessus inonde régulièrement mon appartement (déménager).

→ *Si ton voisin du dessus inonde régulièrement ton appartement, déménage !*

1. Mon voisin du dessous écoute de la musique à pleine puissance à minuit.
- (faire plus de bruit que lui) ———
- (appeler la police) ———
- (descendre lui dire qu'il exagère) ———

2. Ma voisine du dessus marche constamment avec des talons aiguilles.
- (lui payer une moquette) ———
- (lui acheter des pantoufles) ———
- (lui signaler qu'elle dérange) ———

3. Mon voisin du sixième occupe trop souvent ma place de parking.
- (lui dire que ça suffit comme ça) ———
- (occuper sa place de parking) ———
- (mettre un mot sur sa voiture) ———

4. Mon voisin du rez-de-chaussée reçoit des gens très bizarres.
- (l'espionner pour en savoir plus) ———
- (le laisser vivre sa vie) ———
- (se renseigner auprès des autres habitants) —

B. Sur ce modèle, donnez aussi des conseils aux personnes suivantes qui vous disent :

1. «Je suis trop gros...». – **2.** «Je déteste faire le ménage...». – **3.** «Mon patron est odieux...». – **4.** « Mon fils se drogue...».

3. – Si + Présent + Impératif.

Les fugitifs

Cet homme est poursuivi par la mafia car il connaît trop de secrets gênants. Il est obligé de prendre de grandes précautions et de donner des consignes très précises à sa famille, en danger comme lui.

– J'arriverai normalement à Paris à cinq heures. **Si je ne suis pas là** à cinq heures, ne m'attendez pas, fuyez immédiatement.

Sur ce modèle, et en utilisant les éléments proposés, complétez les déclarations de notre homme.

1. Je <u>téléphonerai à dix heures</u>. (quitter la ville)
→ Si _____ !
2. Vous <u>recevrez la lettre</u> dont je vous ai parlé demain. (déménager)
→ Si _____ !
3. Je <u>reviendrai dans trois jours</u>. (contacter la police)
→ Si _____ !
4. Vous <u>aurez un télégramme</u> dimanche. (changer d'hôtel)
→ Si _____ !
5. Je vous <u>apporterai de l'argent</u> demain. (se réfugier chez maman)
→ Si _____ !
6. Je <u>frapperai trois coups, puis deux coups</u>. (fuir par la fenêtre)
→ Si _____ !

4. – Si + Présent + Présent

Menace : **Si tu me frappes, je m'en vais !**
• **Complétez en menaçant l'autre**

1. Si tu me prends mes affaires, je te pique les tiennes !
2. Si tu me réveilles à minuit ——.
3. Si tu oublies de m'écrire ——.
4. Si tu tombes amoureux d'un(e) autre ——.
5. Si tu ne fais rien pour m'aider ——.
6. Si tu n'es pas plus gentil ——.

5. – Si + Présent + Présent = hypothèse sur le futur immédiat.

> **Si j'ai le pouvoir...**
> Je réduis au silence total les propagandistes racistes, révisionnistes et intégristes.
> J'autorise les changements de nom patronymique sans procédure inquisitoriale.
> Je supprime tous les lobbies. Le mérite personnel devrait être nécessaire et suffisant pour l'obtention de promotions.
> Je donne mission aux services secrets de répandre au Japon les idées de loisir pour rendre moins dangereuse leur concurrence.
> Je fais avaler une pendule savoyarde à l'inventeur de l'heure d'hiver, puis je le découpe en fuseaux horaires.

• **Et vous ?**

6. – Si + Présent + Futur

Exemple : – *«Je vais demander une augmentation à mon patron».*
→ *«Et s'il refuse, qu'est-ce que tu feras ?»*

Sur ce modèle, réagissez aux déclarations suivantes, en utilisant les indications entre parenthèses.

1. «J'ai décidé de quitter mon emploi et de monter une boîte d'électronique.»
→ (Tu – se casser la figure – devenir) _____ ?
2. «Nous allons vendre notre appartement, acheter un bateau et partir faire le tour du monde.»
→ (Vous – perdre le bateau – vivre où ?) _____ ?
3. «Ils veulent partir en voyage sans argent ou presque.»
→ (Ils – avoir des problèmes – revenir comment ?) _____ ?
4. «Elle pense que la carrière est plus importante que la vie de la famille.»
→ (Son fiancé – penser le contraire – accepter cela facilement) _____ ?
5. «Il pense qu'une femme doit suivre son mari partout pour l'aider dans sa carrière.»
→ (Sa femme – refuser de déménager – Il, divorcer) _____ ?
6. «Vous devez dîner avec moi ce soir, mademoiselle.»
→ (Je, refuser – vous, licencier) _____ ?

7. – Si + Présent + Futur.

«Si le film est trop court, j'y mettrai un rêve.» (Buñuel)

Sur le modèle suivant, proposez plusieurs actions possibles en réponse aux phrases suivantes :

Exemple :
– *Ta petite amie t'est infidèle, je crois. Que vas-tu faire ?*
→ *Si elle me trompe vraiment, je la quitterai !*
→ *Si c'est vrai, je serai très triste.*
→ *Si ce n'est pas vrai, je te casserai la figure !*
→ *Si tu me racontes des histoires, tu auras des problèmes.*

Utilisez les suggestions proposées :

A. Les étudiants sont difficiles cette année, monsieur le directeur. Qu'allons-nous faire ?
• (être inquiets – les rassurer) _____
• (avoir des propositions constructives – les appliquer) _____

• (manifester – essayer de les calmer) _____
• (tout casser – faire appel aux forces de l'ordre) _____

B. La situation est très grave, monsieur le président : notre ennemi principal est sur le point de nous attaquer. Que devons-nous faire ?

• (l'ennemi : ne pas relâcher la tension.
Nous : utiliser le téléphone rouge) _____
• (l'ennemi : refuser la négociation.

Nous : se mettre en état d'alerte rouge) _____
• (l'ennemi : augmenter son trafic aérien.
Nous : envoyer des chasseurs) _____
• (l'ennemi : déplacer des troupes au Nord.
Nous : envoyer la cinquième armée) _____
• (l'ennemi : devenir vraiment menaçant.
Nous : utiliser les sous-marins) _____
• (la situation : s'aggraver encore.
Nous : faire preuve d'imagination) _____
• etc.

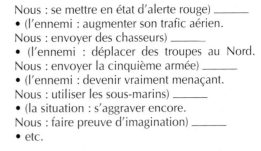 **8. – Si + Présent + Futur.**

IF

Si tu peux voir détruit l'ouvrage de ta vie
Et sans dire un seul mot te mettre à rebâtir
Ou perdre en un seul coup le gain de cent parties
Sans un geste et sans un soupir
Si tu peux être amant sans être fou d'amour
Si tu peux être fort sans cesser d'être tendre
Et, te sentant haï, sans haïr à ton tour
Pourtant lutter et te défendre
Si tu peux supporter d'entendre tes paroles
Travesties par des gueux pour exciter des sots
Et d'entendre mentir sur toi leurs bouches folles
Sans mentir toi-même d'un mot
Si tu peux rester digne en étant populaire
Si tu peux rester peuple en conseillant les rois
Et si tu peux aimer tous tes amis en frère
Sans qu'aucun d'eux soit tout pour toi
Si tu sais méditer, observer et connaître
Sans jamais devenir sceptique ou destructeur
Rêver, mais sans laisser ton rêve être ton maître
Penser sans n'être qu'un penseur
Si tu peux être dur sans jamais être en rage
Si tu peux être brave et jamais imprudent
Si tu sais être bon, si tu sais être sage
Sans être moral ni pédant
Si tu peux rencontrer Triomphe après Défaite
Et recevoir ces deux menteurs d'un même front
Si tu peux conserver ton courage et ta tête
Quand tous les autres les perdront
Alors les Rois, les Dieux, la Chance et la Victoire
seront à tout jamais tes esclaves soumis.
Et, ce qui vaut mieux que les Rois et la Gloire
tu seras un homme, mon fils.

Rudyard Kipling

21

• **En vous inspirant du très beau texte de Rudyard Kipling, formulez les conseils que vous voudriez donner à votre fils ou à votre fille pour qu'ils deviennent, par exemple :** *un excellent médecin. Un merveilleux chanteur. Un peintre de talent. Un père de famille attentif. Un chercheur de haut niveau. Un musicien talentueux. Un président de la République inspiré.*

✿✿ 9. – Phrases avec SI.

• **Notez les conditions et les conséquences. Quels temps sont utilisés ?**

Cabu – *Pilote*

21

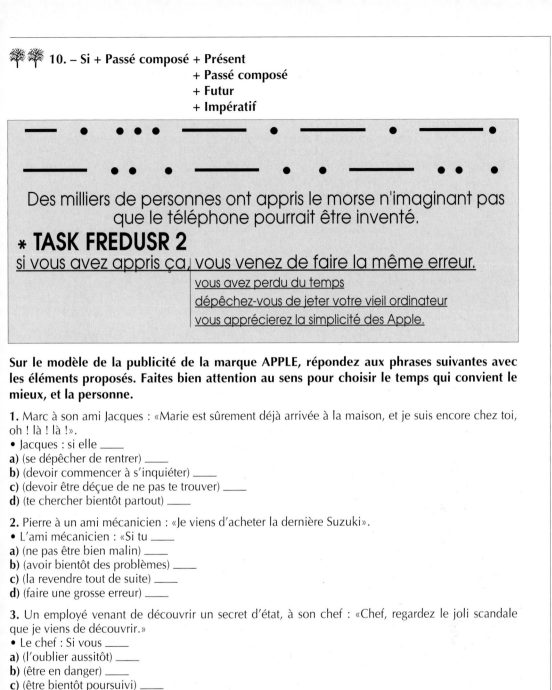

10. – Si + Passé composé + Présent
+ Passé composé
+ Futur
+ Impératif

Des milliers de personnes ont appris le morse n'imaginant pas que le téléphone pourrait être inventé.

* TASK FREDUSR 2

si vous avez appris ça, vous venez de faire la même erreur.

vous avez perdu du temps

dépêchez-vous de jeter votre vieil ordinateur

vous apprécierez la simplicité des Apple.

Sur le modèle de la publicité de la marque APPLE, répondez aux phrases suivantes avec les éléments proposés. Faites bien attention au sens pour choisir le temps qui convient le mieux, et la personne.

1. Marc à son ami Jacques : «Marie est sûrement déjà arrivée à la maison, et je suis encore chez toi, oh ! là ! là !».
• Jacques : si elle _____
a) (se dépêcher de rentrer) _____
b) (devoir commencer à s'inquiéter) _____
c) (devoir être déçue de ne pas te trouver) _____
d) (te chercher bientôt partout) _____

2. Pierre à un ami mécanicien : «Je viens d'acheter la dernière Suzuki».
• L'ami mécanicien : «Si tu _____
a) (ne pas être bien malin) _____
b) (avoir bientôt des problèmes) _____
c) (la revendre tout de suite) _____
d) (faire une grosse erreur) _____

3. Un employé venant de découvrir un secret d'état, à son chef : «Chef, regardez le joli scandale que je viens de découvrir.»
• Le chef : Si vous _____
a) (l'oublier aussitôt) _____
b) (être en danger) _____
c) (être bientôt poursuivi) _____
d) (avoir signé son arrêt de mort) _____

21

🌳🌳 **11. – Reformulez les promesses d'Europ Assistance en utilisant des phrases avec si. Attention, vous devrez imaginer une partie des éléments nécessaires.**

Exemples pour l'image 1

Si votre baignoire est bouchée
Si vous avez des problèmes de plomberie
Si vous avez laissé tomber une bague dans la tuyauterie

⎤
⎦ *Nous avons des plombiers à votre disposition.*
Nous vous enverrons un plombier

1

Envoi plombier

2

Dépannage télévision

3

Envoi réparateur

4

Renseignements vacances

5

Garde d'enfants

6

Informations fiscales

7

Urgence santé

8

Conseils administratifs

9

7 jours sur 7

10

Hébergement hôtel

11

Envoi d'un proche
à votre chevet

12

Conseils loisirs

13

Location
véhicule utilitaire

14

Informations juridiques

15

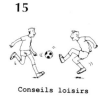

Relations
parents/enfants

16

Aide ménagère à domicile

17

Livraison médicaments
à domicile

18

Orientation scolaire

19

Envoi d'ambulance

20

Dépannage serrurerie

21

Inondations

22

24 heures sur 24

23

Garde d'animaux

24

Etc,etc,etc...

12. – Si + Imparfait + Conditionnel présent – Possible.

Un caractère de cochon

«S'il avait meilleur caractère, nous nous entendrions mieux avec lui.»

Sur ce modèle construisez des phrases en prenant les idées dans les deux colonnes suivantes. Faites des phrases avec «il» et «nous» (ou : vous et nous / vous et je. Dans ce cas, attention aux modifications de pronoms).

1. LUI

– Ne pas se mettre en colère toutes les cinq minutes
– Ne pas être de mauvaise humeur le matin
– Etre plus tolérant
– Accepter plus facilement les défauts des autres
– Ne pas crier quand on le contrarie
– Sourire plus souvent
– Parler moins agressivement
– Avoir plus de patience avec les autres
– Se fâcher moins souvent pour rien
– Accepter de temps en temps d'avoir tort.

2. NOUS

– Avoir moins souvent envie de l'étrangler
– Etre plus à l'aise avec lui
– Ne pas avoir peur de ses réactions
– Lui parler avec moins de précautions
– Se disputer moins souvent avec lui
– Le trouver plus agréable
– Lui offrir plus de cadeaux
– Lui faire plus de bisous
– Lui dire plus souvent des gentillesses
– Ne pas partir en claquant la porte.

Une partie des éléments de la colonne 2 peuvent servir à inverser le raisonnement.
Exemple :
«Si nous lui faisions plus de bisous, il se fâcherait moins souvent pour rien.»
A vous de trouver les combinaisons qui ont un sens.

13. – Ah, si j'étais !.. par Catherine Rihoit.

Si j'étais...

CHRONIQUE DU FANTASME DE LA MÉGALOMANIE ET DES RÈGLEMENTS DE COMPTES IMAGINAIRES

Si j'étais Marilyn, je serais très belle mais si fragile !
Si j'étais Dieu, je serais bien embêtée.
Une nuit j'ai rêvé que j'étais Napoléon. Je plantais le drapeau américain au sommet de l'Annapurna. Je ne me sentais pas à mon aise.
Si j'étais Mme Thatcher, je me croirais obligée de porter des drapeaux tartignolles.
Si j'étais une fleur, ça ne serait pas le myosotis.
Si j'étais Groucho Marx, je serais assez contente. Jerry Lewis, ça pourrait aller aussi.
Si j'étais Mme Curie, je serais sur les timbres-poste.
Si j'étais Voltaire, je serais sur les billets de banque. Arrête, j'en peux plus !
Si j'étais un homme, je ne pourrais pas être une femme.
Si j'étais Calamity Jane ou Annie du Far-West, j'aurais des beaux pistolets, ah ! là ! là !
Si j'étais Jeanne d'Arc, je m'occuperais de mes moutons au lieu d'aller causer à ces Anglais qui ne méritent pas tant, ah non !
Si j'étais Elvis, ah, si j'étais Elvis ! Malgré sa fin tragique !

Les gens qui sont quelqu'un d'autre ont toujours une fin tragique.
Si j'étais moi, ah, si j'étais moi ! (Tais-toi, c'est pas ça qu'on te demande).
Si j'étais Casanova, je me rangerais des voitures. Ce qu'il a fait.
Si j'étais Chandler, ah, si j'étais Chandler, je boirais moins pour écrire plus, nom de Dieu !
Si j'étais James Dean. Point.
Si j'avais pas envie d'être quelque chose. Point.
Si j'étais une rivière, je roulerais sur le monde.
Si j'étais un brin d'herbe, je ferais gaffe aux vaches.
Si j'étais Superman, je ne voudrais plus jamais redescendre.
Si j'étais jeune, je ne referais pas les mêmes conneries. J'en ferais d'autres.
Si j'étais pêcheuse de perles, je les garderais pour moi.
Si j'étais tout, j'attraperais une indigestion.
Si j'étais la petite sirène, je m'achèterais des talons plats.
Si j'étais la petite marchande d'allumettes, je détesterais tout le monde.
Si j'étais les Etats-Unis d'Amérique, j'aimerais mon Arizona.
Si j'étais la mer, je changerais tout.
Si j'étais un rêve, je me réveillerais.
Si j'étais un platane, j'en aurais marre de l'école.

21

Si j'étais normale, ça ne serait pas plus gai.

Si j'étais romancière, je serais absolument tout ce que je veux.

J'aurais des tas de personnages, tout ce monde-là marcherait à la baguette.

Ça serait dans leur intérêt.

Les personnages qui seraient vraiment très gentils, je leur donnerais une suite au prochain numéro.

Les autres, tant pis pour eux.

Ça serait comme ça. Quand je n'aurais plus envie d'être quelqu'un d'autre, je refermerais le cahier.

Silence jusqu'à demain.

On se console comme on peut.

1. Votre chronique personnelle :

Si j'étais ——
Si ——
Si ——
Si ——
Si ——
Si ——
Si ——
Si ——
Si ——
Si ——

2. Faites des questions pour les autres :
• que feriez-vous si vous étiez —— ?

 14.

EXCLUSIF

Les patrons européens et l'éthique

Pour *Le Nouvel Observateur*, la Sofres a posé deux questions à son panel Euro-Décideurs, composé de 1 000 personnalités représentatives des milieux économiques et financiers européens (1) :

Les cadres européens sont-ils prêts à exécuter un ordre qui serait contraire à leurs convictions morales ? Les réponses font apparaître dans tous les pays un front de refus. Les Britanniques se montrent légèrement plus souples. Quant aux Italiens, aux Néerlandais et aux Espagnols, le quart d'entre eux comptent sur leur débrouillardise pour échapper au dilemme. Mais cette moralité se dégrade quand il s'agit de l'entreprise : un cadre européen sur deux (54 %) serait d'accord pour exécuter un ordre même s'il était préjudiciable «*à la bonne marche de son entreprise*» (voir question 2). Ce sont les Français (67 %) et les Anglais (71 %) qui céderaient le

plus facilement. Alors que Néerlandais et Espagnols se montrent les plus fermes. Une fois de plus les Italiens comptent sur leur malice pour s'en tirer. Dès l'école, le futur cadre, en France et en Grande-Bretagne, apprend à se soumettre à l'autorité. Des années plus tard, on retrouve ce comportement dans l'entreprise. Au contraire, les Italiens, qui ont plus souvent fait carrière sur le terrain, apprennent à se débrouiller, au sens anglo-saxon du verbe *to manage*. Le management à l'italienne a l'avenir pour lui en cette époque qui demande de la souplesse.

«*Français et Anglais ont de strictes positions morales affichées, mais dans l'entreprise ils se soumettent : c'est chez eux que l'écart entre morale personnelle et morale en entreprise est le plus grand*», commente Muriel Humbert-Jean, directeur de la Sofres.   *P.F.*

(1) Enquête en novembre-décembre 1990. Taux de réponse : 60 %.

1 – *Si l'on vous demandait d'exécuter un ordre contraire à vos convictions morales, quelle serait, personnellement, votre réaction ?*

	Grande-Bretagne	France	Benelux	Allemagne	Espagne	Italie
Vous respecteriez l'ordre donné, et vous feriez ce qui vous est demandé...	1	2	–	1	–	–
Vous essaieriez de discuter, mais vous céderiez si l'on insistait..........	22	15	14	12	10	6
Vous discuteriez et vous refuseriez de céder, même si l'on insistait......	64	67	58	62	59	66
Sans refuser ouvertement, vous vous arrangeriez pour ne pas faire ce qui vous est demandé................	13	13	25	17	28	23
Non réponse..............................	–	3	3	8	3	5

21

2 – Si l'on vous demandait d'exécuter un ordre que vous jugez préjudiciable à la bonne marche de l'entreprise, quelle serait, personnellement, votre réaction ?

	Grande-Bretagne	France	Benelux	Allemagne	Espagne	Italie
Vous respecteriez l'ordre donné, et vous feriez ce qui vous est demandé..............	2	1	–	–	–	–
Vous essaieriez de discuter, mais vous céderiez si l'on insistait.........	71	67	58	52	39	38
Vous discuteriez et vous refuseriez de céder, même si l'on insistait......	17	16	14	32	38	26
Sans refuser ouvertement, vous vous arrangeriez pour ne pas faire ce qui vous est demandé..............	10	12	20	12	22	31
Non réponse...........................	–	4	8	4	1	5

• **Quelles sont vos propres réponses ?**
• **Rédigez un sondage au conditionnel sur des thèmes qui vous semblent importants.**

🌱🌱 **15. – Si + Imparfait + Conditionnel présent.**

Préparez NOËL avec nous
«Et si Jésus revenait...»

Il y a 2 000 ans, dans une crèche de Bethléem en Judée, naissait un enfant dont le message allait révolutionner le monde. Il s'appelait Jésus. Après avoir exercé le métier de charpentier, ce Jésus, fabuleux communicateur, s'est mis à prêcher la Bonne Nouvelle, guérissant les malades, témoignant de la tendresse de Dieu pour ceux qui étaient dans la peine.

Dieu, il a osé dire qu'il le connaissait intimement et qu'il était même son Père. Du coup, il s'est heurté aux autorités religieuses de son pays qui l'ont livré à l'occupant romain. Il a été crucifié sous Ponce-Pilate. Il est ressuscité. Il est toujours vivant.

Forts de ce message, qui s'adresse à tous les hommes de tous les temps, nous avons décidé à *La Vie*, de nous lancer dans une aventure formidable. Avec nous. Grâce à vous. En lisant les Evangiles, en essayant de comprendre le sens des événements de notre monde et de notre vie, ne nous est-il pas arrivé de nous poser la question : «Et si Jésus revenait...»

Si Jésus revenait :
• Dans quel pays naîtrait-il ?
• Quelle profession choisirait-il d'exercer ?
• Où parlerait-il pour délivrer son message ?
• Quelles images, quelles comparaisons, quelles paraboles utiliserait-il ?
• A quels problèmes s'attaquerait-il en priorité ? L'argent ? La drogue ? L'exclusion ? La prostitution ? Etc.

Essayez de répondre à ces questions. La contribution de chacune ou de chacun nous intéresse, quel que soit votre âge, votre sensibilité. Mais **NOUS NOUS ADRESSONS SPÉCIALEMENT AUX JEUNES :** écoliers, lycéens, étudiants. Ils peuvent nous répondre individuellement ou à plusieurs, après avoir réfléchi en équipe de catéchèse ou d'aumônerie.

En tout état de cause, **FAITES VITE. VOS RÉPONSES DOIVENT IMPÉRATIVEMENT ÊTRE POSTÉES AVANT LE 1er DÉCEMBRE.** Nous comptons, en effet, les publier dans le numéro de Noël, où elles prendront place à côté d'autres contributions sur le thème «Et si Jésus revenait». Un numéro spécial, à déguster et à garder !
Adressez vos réponses à : La Vie, Spécial Noël, Malesherbes Publications, BP 63, 75826 Paris Cedex 17.
– Indiquez, en haut de votre lettre, votre nom, prénom, âge et votre adresse complète. Précisez, le cas échéant, si vous souhaitez garder l'anonymat.
– N'écrivez que sur un côté de vos feuilles de papier pour faciliter le dépouillement.

La Vie n° 2307 – 16 novembre 1989

1. Sur le modèle d'enquête proposé par le journal *La Vie*, construisez vous aussi un questionnaire concernant un important personnage disparu qui vous intéresse. Vous êtes libre de choisir qui vous souhaitez : aussi bien Marylin Monroe, Elvis Presley ou James Dean que Gandhi, Marx ou Victor Hugo, par exemple.

2. Répondez par écrit au questionnaire de *La Vie*, à votre propre questionnaire, ou à celui d'un de vos camarades.

16. – Avenirs-fictions.

– Que se passerait-il si, tout d'un coup, l'argent disparaissait ?

– Que se passerait-il si la vie se déroulait à l'envers ? (nous naîtrions vieux et mourrions nourrissons)

– Que se passerait-il si nous ne pouvions plus mentir ?

– Que se passerait-il si la terre devenait vraiment une poubelle ?

– Que se passerait-il si le climat se refroidissait brutalement ?

Que se passerait-il si les grenouilles prenaient le pouvoir ?

– Tout autre thème de scénario est le bienvenu.

• **Rédigez un texte décrivant dans le détail ce qui se passerait dans ces circonstances. Envisagez les conséquences dans tous les domaines : politique, économie, relations humaines, conditions matérielles, changements de valeurs...**

• **Utilisez dans la rédaction de votre texte le maximum d'expressions d'hypothèse et de condition.**

17.

Ces dessins sont extraits de l'émission TF 1 – « le Nouvel Observateur» «la Liberté ou la Terreur» proposée et présentée par Patrick Poivre d'Arvor sur une idée de Jacques Julliard, réalisée par Roland Portiche.

A. Continuez.

B. Histoire-Fictions.

• Que se serait-il passé si Christophe Colomb n'avait pas découvert l'Amérique ?

• Que se serait-il produit si les Indiens d'Amérique avaient conquis l'Europe ?

• Que serait-il arrivé si l'humanité n'avait pas inventé le communisme ?

• Vous pouvez aussi choisir un épisode historique de votre propre pays et imaginer ce qui se serait passé s'il n'avait pas eu lieu ou avait eu une autre conclusion.

🌳 18. – Irréel du passé, deux sujets, une négation.

Faites une seule phrase avec les deux en utilisant si + plus-que-parfait + conditionnel passé, selon le modèle suivant :

Si j'étais né au XVIIIe siècle, tu n'aurais pas eu la joie de me connaître.

1. Les Gaulois ; être plus disciplinés / Les Romains ; les vaincre.
2. La police ; arriver plus vite / La bagarre ; devenir générale.
3. Ce film ; être vraiment nul / Le public ; se précipiter pour le voir.
4. Le conducteur du bus ; respecter le code de la route / La police ; l'arrêter.
5. Les enfants ; faire moins de bruit / Leur mère ; les punir.
6. Les amis de Marie ; arriver plus tôt / Le rôti ; brûler.

🌳 19. – Irréel du passé, un sujet, une négation.

Faites une phrase avec les deux en mettant la négation dans la phrase avec si.

Exemple :

Si le gardien du musée n'avait pas fait attention en reculant, il aurait cassé le vase Ming.

1. La manifestation ; être interdite / rassembler plus de monde.
2. Ce spectateur ; sortir avant la fin / voir la meilleure partie du spectacle.
3. Ce film avoir autant de publicité / attirer moins de spectateurs.
4. L'autoroute ; être détourné / détruire une des plus belles zones naturelles de la région.
5. Pierre ; avoir un grave accident en 1989 / émigrer en Australie.
6. Nous ; laisser la porte ouverte / posséder toujours notre chaîne hi-fi.

🌳🌳 20. – Irréel du passé, double négation, un seul sujet.

Reliez les éléments suivants en une seule phrase selon le modèle suivant :

Si Einstein n'avait pas été génial, il n'aurait pas découvert la théorie de la relativité.

1. Tabarly ; affronter les éléments / faire le tour du monde en solitaire.
2. Picasso ; être un artiste exceptionnel / peindre une œuvre aussi gigantesque.
3. James Dean ; conduire comme un fou / se tuer au volant.
4. Napoléon ; aimer autant le pouvoir / essayer de conquérir l'Europe.
5. Onassis ; croire à sa réussite / devenir milliardaire.
6. Marilyn Monroe ; mourir si mystérieusement / devenir une star aussi mythique.

🌳🌳 21. – Irréel du passé, double négation, deux sujets.

Reliez les éléments suivants en une seule phrase selon le modèle suivant :

Si les parents n'avaient pas construit le mur de Berlin, les enfants n'auraient pas été obligés de le démolir.

1. Le système d'alarme ; tomber en panne / Les malfaiteurs ; voler des toiles irremplaçables.
2. Les savants ; inventer la bombe atomique / L'humanité ; se mettre à craindre la mort de la planète.
3. La médecine ; trouver le remède de la lèpre / De nombreux malades ; guérir.
4. Les Indiens d'Amérique du sud ; être divisés / Les Espagnols ; les vaincre aussi rapidement.
5. Vous ; nous inviter / nous ; voir ce magnifique spectacle.
6. Nous ; vous rencontrer / vous ; s'ennuyer beaucoup dans cette soirée.

🌳🌳 22. –

Si + Plus-que-parfait + Conditionnel présent + Conditionnel passé

Une fête à tout casser

Exemple :

– *Les enfants se sont couchés à quatre heures du matin, hier.*

– *Ce matin, ils se sont endormis en classe.*

– *Ce soir, ils sont encore fatigués.*

Reliez les éléments précédents pour faire une phrase avec une hypothèse portant sur le passé (si + plus-que-parfait). Conséquences, l'une passée (conditionnel pas-

sé), l'autre dans le présent (conditionnel présent)

→ | Si les enfants s'étaient couchés plus tôt ____
____ moins tard ____
| Si les enfants ne s'étaient pas couchés si tard
____ ils ne se seraient pas endormis en classe ce matin.
____ ils ne seraient pas fatigués ce soir.

Maintenant appliquez ce modèle aux éléments suivants :

1. Jacques a trop bu.
Ce matin, il a été malade.
Ce soir, il a encore mal au foie.
→ Si ____

2. Marie a beaucoup dansé.
Elle s'est beaucoup amusée pendant la soirée.
Elle a des courbatures aujourd'hui.
→ Si ____

3. Les premiers arrivés ont mangé tout le buffet.
Les derniers arrivés n'ont rien eu à manger.
Les premiers arrivés ont mal au ventre aujourd'hui.
→ Si ____

4. Les musiciens ont chanté toute la nuit.
La fête a été superbement réussie.
Ils ont une extinction de voix aujourd'hui.
→ Si ____

5. Paul est resté dans son coin timidement.
Il s'est ennuyé.
Il a le cafard aujourd'hui.
→ Si ____

6. Sébastien et Annette se sont plu.
Ils ont passé la soirée ensemble.
Ils ont l'air très heureux aujourd'hui.
→ Si ____

🌳🌳🌳 **23. –**
Si + Plus-que-parfait + Conditionnel présent
+ Conditionnel passé
... Avec des si ...
Transformez les éléments suivants en phrases avec :

1. Si + plus-que-parfait + conditionnel présent (conséquence actuelle).

2. Si + plus-que-parfait + conditionnel passé (conséquences dans le passé).

Exemple :
Il a réussi sa thèse
→ **1.** *Il a trouvé un travail passionnant*

→ **2.** *Il est professeur d'université aujourd'hui*

→ *S'il n'avait pas réussi sa thèse :*
1. ... *il n'aurait pas trouvé un travail passionnant.*
2. ... *il ne serait pas professeur d'université aujourd'hui.*

! *Attention au sens et aux négations nécessaires à enlever ou à ajouter.*

1. Il n'a pas fini sa thèse :
→ **1.** Il est au chômage.
→ **2.** Il n'a pas pu avoir le poste à Paris.
→ Si ____

2. Elle a beaucoup voyagé :
→ **1.** Elle connaît bien le continent asiatique.
→ **2.** Elle a rencontré toutes sortes de gens.
→ Si ____

3. Il a émigré en France :
→ **1.** Il a changé de nationalité.
→ **2.** Il n'est plus turc.
→ Si ____

4. Elle a rencontré un séduisant Espagnol :
→ **1.** Elle a émigré en Espagne.
→ **2.** Elle parle espagnol couramment.
→ Si ____

5. Il a raté son bus le mercredi 14 décembre 1988 :
→ **1.** Il a rencontré Marie dans le métro.
→ **2.** Il n'est plus célibataire.
→ Si ____

6. Elle s'est fâchée avec ses parents l'hiver dernier :
→ **1.** Elle a dû déménager.
→ **2.** Ils ne l'aident plus financièrement.
→ Si ____

7. Les enfants se sont gavés de bonbons tout l'après-midi :
→ **1.** Ils ont eu mal au cœur.
→ **2.** Ils n'ont plus faim ce soir.
→ Si ____

8. Il a eu un grave accident en janvier :
→ **1.** Il a raté un contrat important.
→ **2.** Il boite un peu aujourd'hui.
→ Si ____

🌳🌳 **24. – Phrases avec si, synthèse**
Et si nous refaisions le monde ?
Associez les éléments de la première colonne à ceux de la deuxième colonne pour faire des phrases complètes.
Attention : 1) aux temps. 2) au sens.

21

1. S'il avait eu plus de courage...

2. Si elle avait moins peur de l'autorité...

3. Si les hommes apprennent à protéger la nature...

4. Si on autorisait la consommation des drogues douces...

5. Si les liaisons internationales s'améliorent encore...

6. Si les progrès techniques avaient été moins rapides...

7. Si la couche d'ozone continue à diminuer...

8. Si les richesses étaient mieux réparties...

9. Si les scientifiques avaient pensé aux conséquences...

10. Si les gens avaient moins peur de la vie...

11. Si on n'avait pas inventé l'électricité...

12. Si les Indiens d'Amérique avaient connu le cheval...

13. Si votre vie vous ennuie...

14. Si l'intolérance augmente...

15. Si vous avez acheté une maison près du nouvel aéroport...

A ... certaines civilisations auraient peut-être été préservées.

B ... on s'éclairerait toujours à la bougie.

C ... comment résisterons-nous aux radiations ?

D ... la terre deviendra un village.

E ... ils prendraient plus de risques intelligents.

F ... les Espagnols les auraient moins facilement décimés.

G ... il y aurait peut-être moins de drogués.

H ... elle oserait demander une augmentation à son patron.

I ... il y a encore de l'espoir pour l'humanité.

J ... il serait parti faire le tour du monde.

K ... ils n'auraient peut-être pas mis au point les manipulations génétiques.

L ... il y aurait moins de misère.

M ... vous avez fait une mauvaise affaire.

N ... un conflit mondial éclatera.

O ... changez-la !

🌳🌳 **25. – Phrases avec si – synthèse**
Complétez avec les temps qui conviennent.

1. Si le vent (être) ____ bon, nous partirons demain matin. – **2.** Si le vent (être) ____ bon, nous aurions avancé plus vite. – **3.** Si le vent (être) ____ bon toute la semaine, nous pourrions gagner la course. – **4.** Si tu (vouloir) ____ , nous pouvons aller au cinéma. – **5.** Si tu (vouloir) ____ , tu pourrais être ingénieur. – **6.** S'ils (vouloir) ____ , ils auraient pu devenir ingénieurs. **7.** Si Pierre (ne pas arriver) ____ à l'heure, il doit être en train de prendre un bain. – **8.** Si vous me (casser les pieds) ____ , attention à vous ! – **9.** Si tu (ne pas me casser les pieds) ____ je ne t'aurais pas giflé ! – **10.** Si tu (ne pas perdre) ____ ton sac, tu ne serais pas obligée de faire toutes ces démarches administratives. – **11.** Si vous (ne pas vouloir) ____ y aller, il fallait le dire. – **12.** Si ta voiture (tomber en panne) ____ tous les deux jours, changes-en !

🌳🌳 **26. – Phrases avec si – synthèse**
Complétez avec les temps qui conviennent.

1. Si j'avais su que tu venais, je (préparer) ____ un gratin dauphinois. – **2.** Si tu disais quelquefois ce que tu penses, on (ne pas être) ____ obligé de toujours te le demander ! – **3.** Si tu veux mes disques, (me prêter) ____ tes chaussures bleues. – **4.** S'ils n'avaient pas pris l'autoroute, ils (ne pas avoir) ____ cet accident. **5.** S'ils s'étaient mariés, ils (être) ____ plus heureux. **6.** Si l'équipe de Marseille a gagné, la ville (devoir) ____ être folle de joie en ce moment. **7.** Si vous n'avez rencontré personne d'intéressant, vous (devoir) ____ vous ennuyer toute la soirée. – **8.** Si tu as cassé ta glace, (acheter) ____ une autre ! – **9.** Si elle allait plus souvent chez le dentiste, elle (ne pas souffrir) ____ des dents. – **10.** S'ils croient que nous allons céder, ils (se tromper) ____ ! – **11.** Si nous réussissons à monter ce projet, vous (pouvoir) ____ y participer avec nous. – **12.** Si la terre était plus grande, les populations (émigrer) ____ encore plus loin.

21

VALEURS	si + imparfait → conditionnel présent	si + plus-que-parfait → conditionnel passé	si + présent → impératif présent futur	si + passé composé → présent passé composé futur	VALEURS
excuse	Si je savais où trouver des produits péruviens il y en aurait sur la table.	Si j'avais su que tu étais malade je ne t'aurais pas dérangé.	si je te dérange, excuse-moi	Si je t'ai réveillé, je suis désolé.	excuse
hypothèse	Si j'allais à cette soirée, je rencontrerais peut-être le prince charmant.	Si tu n'étais pas allé à cette soirée, nous ne nous serions jamais rencontrés.	Si je vais à cette soirée, je vais rencontrer des gens nouveaux.	S'il est allé à cette soirée, il a dû la rencontrer.	hypothèse
justification	Si les gens étaient gentils avec moi, je serais gentil avec eux.	Si elle m'avait souri une seule fois de la soirée, je ne l'aurais pas laissée tomber.	Si on me cherche on me trouve !	Si je l'ai frappé c'est qu'il m'avait provoqué. (si à valeur de cause)	justification
déduction	S'il voulait lui parler discrètement, il ne l'emmènerait pas dans le plus grand café de la ville.	Si elle était repassée chez elle, elle aurait pris son imperméable : ce jour-là, il pleuvait.	Si elle veut échapper à la police, elle évitera les gares et les aéroports.	Si elle a retiré tout son argent de la banque, c'est qu'elle veut s'enfuir. (si à valeur de cause)	déduction
regret souhait	Si mon mari était plus gentil, je serais plus heureuse.	Si j'avais été plus gentil avec ma femme, elle n'aurait pas divorcé.	Si je gagne ce voyage, je reste là-bas.		souhait
			Si je n'ai pas de billet d'avion, je prendrai le train.		décision
remerciement	Si tout le monde faisait la cuisine aussi bien que toi, ce serait super	Si tu n'avais pas été là, je n'aurais pas réussi à déplacer ce meuble.	Si tu ne me donnes pas un coup de main, je n'y arriverai pas.	Si tu as fini, est-ce que tu peux aller faire les courses ?	demander de l'aide
reproche	Si tu arrivais quelquefois à l'heure, ce serait gentil pour moi !	Si tu ne m'avais pas dérangé dix fois j'aurais déjà fini !	Si tu ne fais pas attention, tu vas te faire écraser.	Si tu as fait ça tu vas avoir des problèmes !	avertissement mise en garde menace

🌳🌳🌳 **27. – Phrases avec si – valeurs. Utilisez des phrases avec si pour répondre aux phrases suivantes :**

1. «Tu aurais pu acheter du pain.
– (Vous vous excusez) _____.»
2. «Tu ne fais jamais de gâteaux.
– (Vous vous justifiez) _____.»
3. «Tu n'as pas été très aimable avec mes invités.
– (Vous répondez par un reproche) _____.»
4. «Finalement, je n'ai pas envie d'aller à la fête de la musique.
– (Vous faites une hypothèse) _____.»
5. «L'assassin a dû passer par la fenêtre _____ pourtant, elle est minuscule _____ !
– (Vous faites une déduction) _____.»
6. «Et voilà, les enfants sont prêts à aller se cou-

cher : propres, en pyjama et ils ont mangé !
– (Vous remerciez) _____.»
7. «Regarde comme ces chaussures sont belles !
– (Vous faites un souhait) _____.»
8. « Toujours aussi beau, ton ex-mari !
– (Vous émettez un regret) _____.»
9. «Tu achètes encore un billet de loto ! Tu ne gagnes jamais....
– (Vous vous justifiez) _____.»
10. «Est-ce qu'il y a encore quelque chose à faire ?
– (Vous demandez de l'aide) _____.»
11. «Allez, ma petite dame, donnez-moi votre sac.
– (Vous menacez) _____.»
12. «Heureusement que j'étais là l'autre jour, quand les cambrioleurs ont voulu entrer chez vous.

21

– (Vous remerciez) ____.»
13. «Marc perd le moral depuis qu'il est au chômage.
– (Vous faites une prévision) ____.»
14. «Je ne trouverai peut-être pas de place libre pour Athènes le 29 juillet, madame.
– (Vous formulez une décision) ____.»

15. «Dimanche à 5 h nous avons été pris dans un embouteillage monstre, en rentrant sur Paris.
– (Vous formulez une hypothèse) ____.»
16. «Vraiment, je n'aime pas beaucoup te voir travailler aussi dur dans un bar...
– (Vous exprimez un souhait) ____.»

LA CONDITION – L'HYPOTHÈSE

Comment exprimer la condition	
1. – Par SI	
si + présent / passé composé → présent / impératif / futur / futur antérieur **(Pour plus de détails, voir chapitre sur si)**	– Si tu es prêt, nous partons. – Si tu es prêt, partons. – Si tu es prêt, nous partirons. – Si c'est prêt, tu auras fini ce travail rapidement
sinon = condition négative présent / impératif sinon + futur / futur proche	– Dépêche-toi | sinon nous | allons rater le train – il faut faire vite | | raterons le train
2. – Par des conjonctions + subjonctif	
à condition que **pourvu que** + subjonctif **pour peu que** (= il suffit que)	– Nous partirons à condition qu'il n'y ait pas de grève. – J'irai te chercher à la gare pourvu que tu me fasses savoir l'heure d'arrivée de ton train. – Pour peu qu'on lui fasse un compliment, elle se met à rougir.
3. – Par des prépositions	
a) + infinitif à condition de faute de `}` = si (ne ... pas) + une autre à défaut de `}` solution à moins de = sauf si au risque de **b) + nom** avec sans moyennant	– Nous irons en Chine à condition d'avoir un visa. – Faute de trouver une chambre d'hôtel, – A défaut de trouver une chambre d'hôtel, vous pourrez toujours aller dans un camping. – A moins d'avoir un travail de dernière minute, je serai chez vous à 7 heures précises. – Au risque de te vexer, je n'aime pas beaucoup ta robe. – Avec un peu de patience, tu y arriveras. – Sans lunettes, je n'arriverai pas à lire. – Vous obtiendrez ce service moyennant un pourboire.
4. – Autres moyens	
Gérondif + verbe au futur **verbe au présent et̲ +** `{` présent `/` futur	– En travaillant davantage, tu réussiras à ton examen. – Tu lui fais une remarque anodine **et** | elle pleure | elle pleurera

21

281

Comment exprimer l'hypothèse

1. – Par SI

si + imparfait — conditionnel présent
conditionnel présent

plus-que-parfait — conditionnel passé

sinon + conditionnel (= autrement)
(Pour plus de détails, voir chapitre sur si)

– Si tu mangeais moins, tu maigrirais.
– Si tu avais travaillé davantage, tu aurais ton diplôme.
– Si tu avais travaillé davantage, tu aurais réussi.
– Elle n'avait pas dû venir, sinon elle aurait laissé un mot.

2. – Par des conjonctions

a) + subjonctif
à supposer que
en supposant que
en admettant que

soit que... soit que

à moins que (+ ne) = sauf si

b) + conditionnel
au cas où
dans le cas où
pour le cas où
dans l'hypothèse où

– Nous pourrions aller faire une promenade en montagne, à supposer qu'il fasse très beau.

– Soit que tu veuilles voir une pièce de théâtre, soit que tu préfères l'opéra, je pourrais te prendre des places.

– C'est Pierre qui t'accompagnera, à moins que cela ne te déplaise.

– Au cas où il aurait un malaise, il faudrait le faire hospitaliser.

3. – Par des prépositions

a) + infinitif
faute de / à défaut de
à moins de
(le verbe principal est au conditionnel)

b) + nom
avec
moyennant
sans
en l'absence de   le verbe qui suit est
faute de   au conditionnel
à moins de
en cas de

– Faute de revenir le vendredi soir, vous devriez être là le samedi avant midi au plus tard.
– A moins de prendre un train rapide, vous ne pourriez pas être présent à la réunion.

– Avec (moyennant) cinq cents francs de plus, vous auriez un travail beaucoup plus soigné.
– En l'absence des locataires, il faudrait laisser le paquet au concierge.
– A moins d'un travail inattendu, il pourrait vous emmener à l'aéroport.
– En cas de retard, nous n'aurions pas la correspondance.

4. – Autres moyens

gérondif + verbe au conditionnel

verbe au conditionnel + verbe au conditionnel

– En revenant une semaine plus tôt, tu lui ferais plaisir.

– Tu me l'aurais dit, je serais allé te chercher

21

🌳🌳 **28. – A condition que / pourvu que**
Transformez les phrases sur le modèle suivant :

Exemple :

Si vous me téléphonez, nous pourrons manger ensemble.
→ *Nous pourrons manger ensemble* à *condition que vous me téléphoniez.*
pourvu que...

1. Si vous arrosez beaucoup votre pommier, il va reverdir. – 2. Si votre mari suit un régime sévère, il pourra éviter les médicaments. – 3. Si tu mets bien ton adresse au dos de l'enveloppe, on te répondra. – 4. Si elle a fini son travail avant 6 heures, je l'emmènerai au cinéma. – 5. J'irai faire des courses avec toi si, bien sûr, tu peux te libérer. – 6. Si tu sais quels sont les outils nécessaires, mon mari te donnera volontiers un coup de main. – 7. Si elle veut faire un effort, tout ira bien. – 8. S'il a compris comment se rendre au rendez-vous, nous le suivrons.

🌳🌳 **29. – Terminez les phrases suivantes avec :**
à *condition que + subjonctif (si les sujets des deux verbes sont différents)*
ou
à *condition de + infinitif (si les sujets des deux verbes sont les mêmes)*
Exemples :
Tu peux utiliser ces médicaments à condition, bien sûr, qu'ils ne soient pas périmés.
Ils ne feront plus d'heures qu'à condition d'être augmentés.

1. Nous arriverons à la gare à temps ____
2. Nous danserons jusqu'à cinq heures du matin ____
3. Il reviendra ____
4. Elle a accepté ce travail ____
5. Vous aurez des horaires plus souples ____
6. Les ouvriers cesseront la grève ____
7. Ils vous prêtent l'appartement ____
8. Tu auras une voiture ____

🌳 **30. – Au cas où.**
Reformulez les phrases suivantes en remplaçant *si* ou *peut-être* **par** *au cas où*
Exemples :
Si je ne suis pas là, demande la clé à la voisine.
→ *Au cas où je ne serais pas là, demande la clé à la voisine.*
Il viendra peut-être ; je vais lui laisser un mot.

→ *Au cas où il viendrait, je vais lui laisser un mot.*

1. Si tu n'as pas assez d'argent, tu peux en demander à grand-mère. – 2. Si tu décides de venir, tu trouveras la clé sous le paillasson. 3. S'il téléphone pour moi, voici ce qu'il faut lui dire. – 4. Vous souhaitez peut-être regarder la télévision, je vais vous montrer comment elle marche. – 5. La manifestation se dirigera peut-être sur l'Elysée ; les policiers ont bloqué les rues. – 6. Marie voudra peut-être rentrer plus tôt ; nous allons prendre deux voitures. 7. Elle n'a peut-être pas bien compris les consignes ; il vaudrait mieux les laisser par écrit. – 8. Vous ne recevrez peut-être pas votre mandat assez tôt ; je vous avancerai l'argent.

🌳🌳 **31. – Les bons conseils.**
Prolongez les phrases suivantes avec *au cas où*.

1. Voici notre numéro de téléphone ____
2. Prenez des contacts avec un autre employeur ____
3. Soyez prudents sur la route ____
4. Prends ta carte bleue ____
5. Ne faites pas de bruit en rentrant ____
6. Rédige tout de suite ta conclusion ____
etc.

🌳🌳 **32. – Avec / Sans / Si**
Reformulez les phrases suivantes en utilisant si + présent
    si + imparfait
    si + plus-que-parfait
Attention aux verbes que vous serez obligés d'ajouter et à leurs temps
Exemples :
Avec un peu d'ail, ta salade sera plus relevée.
→ *Si tu ajoutes un peu d'ail, ta salade sera plus relevée.*
Sans une explication, cette lettre aurait été inacceptable.
→ *S'il n'y avait pas eu d'explication, cette lettre aurait été inacceptable.*

1. Sans chapeau, tu risques d'avoir une insolation. – 2. Avec un peu plus de sucre, tes fraises auraient été meilleures. – 3. Avec davantage d'attention, tes résultats seront meilleurs. 4. Avec de la gentillesse, tu obtiendras tout ce que tu voudras. – 5. Sans ponctuation, ce texte serait incompréhensible. – 6. Sans une salade

21

copieuse, ton repas aurait été insuffisant. – **7.** Avec un galon, cette nappe sera moins triste. – **8.** Avec quelques lignes de moins, ton devoir serait parfait. – **9.** Sans l'aide de son oncle, le député, il n'aurait jamais obtenu ce poste. – **10.** Avec cinq centimètres de plus, ta jupe serait plus élégante.

🌴🌴 33. – Sinon : menace ou alternative ?

Trouvez une suite aux phrases suivantes en exprimant soit une menace soit une alternative à la situation indiquée.

Exemples :

– Laisse ton frère tranquille, sinon tu vas recevoir une paire de claques. = menace
– Nous téléphonerons sinon nous laisserons un message au gardien. = alternative

1. Le policier à l'automobiliste : je vous conseille de vous calmer, sinon ____
2. Les parents : nous essaierons de revenir avant vendredi, sinon ____
3. La couturière : je pense pouvoir faire des manches longues, sinon ____
4. Le père d'Anne : tu rentreras avant minuit, sinon ____
5. Le docteur au malade : il faut faire un régime, sinon ____
6. Le voisin : en juillet mon fils va essayer de travailler à la banque, sinon ____
7. Le plombier : on peut mettre la douche dans cet angle, sinon ____
8. La mère de Nicolas : tu t'occuperas de ton chien, sinon ____

🌴🌴 34. – Sauf si → A moins que.

Reformulez les phrases suivantes en remplaçant sauf si par
– à moins que + subjonctif (si les sujets des deux verbes sont différents)
– à moins de + infinitif (si les sujets des deux verbes sont les mêmes)

Exemple : *Nous reviendrons à pied,*
                    sauf s'il pleut.
                    sauf si nous sommes trop fatigués.
→ *Nous reviendrons à pied ,*
        à moins qu'il ne pleuve.
        à moins d'être trop fatigués.

1. Je serai libre à cinq heures, sauf si, au dernier moment, mon patron veut me faire taper des lettres urgentes. – **2.** Attends-moi devant la poste, sauf s'il fait trop froid. – **3.** Il ne sera pas

à la réunion, sauf s'il est prévenu aujourd'hui. – **4.** Sauf si nous trouvons un raccourci, nous ne serons jamais de retour pour le dîner à l'heure. – **5.** Nous nous reverrons donc le 28 octobre, sauf s'il y a grève des trains. – **6.** Il va être obligé d'abandonner ce projet, sauf s'il reçoit une aide de la région. – **7.** Je préférerais la semaine prochaine, sauf si cela vous dérange. – **8.** Elle ira l'année prochaine à l'université, sauf si elle a raté son bac.

Condition – Hypothèse et Gérondif
(les sujets des deux verbes sont les mêmes)

🌴🌴 35. – Reformulez les phrases suivantes en remplaçant si + verbe par un gérondif.

Exemple :

Si tu es aussi bavarde, tu risques de fâcher tes amis.
→ *En étant aussi bavarde, tu risques de fâcher tes amis.*

1. Si tu marches trop vite, tu tomberas. – **2.** Si elle avait réfléchi, elle aurait trouvé la solution du problème. – **3.** Si vous mettiez un miroir sur ce mur, vous éclairciriez la pièce. – **4.** S'il parlait un peu plus distinctement, il se ferait mieux comprendre. – **5.** Si nous plantions un arbre devant la terrasse, nous aurions plus d'ombre pour manger l'été. – **6.** Si ton père prenait un fortifiant, il retrouverait son dynamisme.

🌴🌴 36. – Reformulez les phrases suivantes en remplaçant le gérondif par :
si + | présent
    | imparfait
    | plus-que-parfait
selon le temps du verbe de la principale

Exemple :

En se teignant les cheveux, elle paraîtrait dix ans de moins.
→ *Si elle se teignait les cheveux, elle paraîtrait dix ans de moins.*

1. En relisant plus soigneusement, tu éviterais bien des fautes. – **2.** En y allant en voiture nous aurions perdu moins de temps. – **3.** En étant un peu plus sociable, tu te ferais des amis. – **4.** En traversant ainsi, tu risques d'être renversé par une voiture. – **5.** En arrivant en avance, tu auras les meilleures places. – **6.** En ajoutant de la cannelle, elle aurait donné plus de goût à sa compote.

21

Cause
Conséquence

Exercices

- *Cause*

1, comme – **2,** puisque – **3,** en effet – **4,** à cause de – **5,** synthèse – **6,** c'est que

7, 8, ce n'est pas que... mais

9, 10, pour – **11,** sous prétexte que – **12,** étant donné que – **13,** en raison de – **14,** à la suite de / du fait de / en raison de – **15,** à force de

16, faute de – **17,** à

18 à 23, participe présent

24, faire + infinitif / rendre + adjectif

25, synthèse

26 à 32, formes d'intensité (d'autant plus / d'autant moins)

- *Conséquence*

33, alors – **34,** donc – **35,** résultat – **36,** c'est pourquoi – **37,** du coup

38, 39, 40, de sorte que / si bien que

41, 42, synthèse

43, d'où – **44,** sans / sans que – **45,** par conséquent – **46,** aussi

47, synthèse

- *Formes d'intensité*

48, au point que – **49 à 52,** tellement / si / tant... que

53 à 58, trop / assez... pour

- *Cause / conséquence*

60, 61, relier cause et conséquence

62 à 64, causer, provoquer, entraîner

65, rédaction de paragraphes

22

A. LA CAUSE

Expressions	Suivies de...	Nuance	Place dans la phrase	Exemples
Parce que	Indicatif	cause inconnue de l'interlocuteur	– après la principale – en début de réponse – forme emphatique	– Tu viendras **parce que** je le veux. – Tu viendras ? – Oui **parce que** Papa le veut. – **C'est parce que** tu le veux que je viens
Car	Indicatif	dans une argumentation	– après la principale	L'interdiction du tabac est justifiée **car** il est mauvais pour la santé.
En effet	Indicatif	explique ce qui est juste avant	– après la principale – après une virgule ou un tiret	Le directeur a démissionné. **En effet**, on lui a proposé un poste plus intéressant.
Puisque	Indicatif	cause présentée comme connue de l'interlocuteur	– après la principale – en début de réponses dans des phrases stéréotypes	– J'irai à ta place **puisque** tu ne te sens pas bien. – Tu m'embêtes ! – **Puisque** c'est comme ça, je pars !
Comme	Indicatif	intensité sur la cause cause connue de tous	– au début de la phrase	**Comme** c'est le 1er mai, personne ne travaille.
Etant donné que	Indicatif	la cause est un fait constaté	– au début de la phrase	**Etant donné que** le chômage augmente vous aurez des problèmes pour trouver un emploi.
D'autant plus (moins) que	Indicatif	deux causes s'ajoutent	– après la principale – après une virgule	Il travaille dur, **d'autant plus que** sa femme est infirme.
Ce n'est pas parce que mais...	Indicatif	la première cause est contestée, la seconde est affirmée	– au début de la phrase puis au milieu	**Ce n'est pas parce qu'**il était ivre qu'il a eu un accident **mais parce qu'**il pensait à autre chose.
Sous prétexte que	Indicatif	cause contestée : le locuteur n'y croit pas	– après la principale	La direction a augmenté le temps de travail **sous prétexte que** les commandes sont importantes.
Sous prétexte de	Infinitif			Il s'absente le vendredi soir **sous prétexte d'**aller au club.
Pour	Infinitif passé	récompenses	– après la principale	Les étudiants ont reçu des félicitations **pour avoir bien réussi** leur examen.
Pour		punitions		Le chauffard a été condamné à 2 000 F d'amende **pour dépassement** de vitesse.
A cause de	Nom	sens général (ou défavorable)	– après la principale – en début de réponse – forme emphatique	– Il a déménagé **à cause de** son travail. – Il est parti, pourquoi ? – **A cause de** toi. – **C'est à cause d'**elle qu'il est tombé malade.

		cause technique, juridique, scientifique	– après la principale	Les routes de Savoie sont bloquées **en raison du** mauvais temps.
En raison de				
Du fait de				Il n'a pas pu participer à la course **du fait de** son grand âge.
Grâce à	**Nom**	cause positive, conséquence favorable	– après la principale – en début de réponse – forme emphatique	– Il a trouvé un emploi **grâce à** son père. – Il a trouvé comment ? – **Grâce à** son papa ! – **C'est grâce à** son père qu'il a trouvé son job.
A force de		cause répétée avec insistance	– après la principale – forme emphatique	– Il est devenu riche **à force de** travail. – **C'est uniquement à force** de travail qu'il a réussi.
Faute de		cause manquante	– après la principale – en début de phrase	– Ils ne sortent jamais **faute** d'argent. – **Faute d'**argent, ils ne sortent jamais.
Participe présent		écrit soutenu	– en début de phrase	**Etant** fatigué, je ne pourrai me rendre à votre invitation.

EXERCICES

🌳 1. – Comme

Des difficultés de s'alimenter

Martin est fin gourmet, alors il ne mange que des produits naturels.

→ *Comme Martin est fin gourmet, il ne mange que des produits naturels.*

1. Patrick a fait un régime amaigrissant, alors il a changé ses habitudes alimentaires. – **2.** Les Martinaud sont végétariens, alors ils ne consomment pas un gramme de protéines animales. – **3.** Les Achard sont devenus écologistes, alors ils ont changé leurs habitudes de consommation. – **4.** Martin refusait de manger des produits industriels, alors il n'a pas pu manger à la cafétéria aujourd'hui. – **5.** Sa femme avait acheté des produits surgelés, alors il a refusé de passer à table. – **6.** Les invités avaient expliqué leur régime, alors leur hôtesse leur a préparé un menu spécial.

🌳 2. – Puisque (cause connue de l'interlocuteur; ou présentée comme connue)

« *Je suis affreusement fatigué, je n'ai pas envie de sortir.*

– *Bon, d'accord, restons à la maison* **puisque tu es fatigué.**»

Sur ce modèle, complétez les phrases suivantes :

1. – Cela me ferait plaisir de vous voir pour mon anniversaire; c'est possible ?
– D'accord maman, nous viendrons ____
2. – Papa, j'aurai 18 ans le mois prochain. Est-ce que je pourrai partir en Espagne cet été ?
– Tu feras comme tu voudras ____
3. – Je pense que je vais réussir mon permis. Tu peux me réserver la voiture pour ce dimanche ?
– D'accord, ma fille, ____
4. – Je suis plus intelligent que toi!
– Ah bon, alors trouve la solution à ce problème ____ !
5. – Mon papa, il est plus riche que le tien.
– Ah oui? Quand est-ce que tu nous paies des bonbons, ____ ?!
6. – Tes amis ne sont pas intéressants.
– Ah bon... Alors je ne t'emmènerai pas chez eux samedi soir, ____
7. – C'est simple comme bonjour !
– Parfait! Répare la machine à laver toi-même ____
8. – Les comiques ne me font pas beaucoup rire
– Dommage... Je ne vais pas t'emmener au spectacle de Devos ____, n'est-ce pas ma chérie ?

🌳 3. – En effet

• **Transformez selon le modèle suivant :**

Paul a raté l'autobus : il est arrivé en retard au bureau

→ *Paul est arrivé en retard au bureau; en effet, il avait raté l'autobus*

• Attention aux temps!

1. Mr Durand a dû partir pour une urgence. Il ne pourra pas présider le conseil. – **2.** Le comptable n'a pas pu rassembler les documents. La réunion est annulée. – **3.** Le conseil d'université n'a rien décidé. Le déménagement de la bibliothèque est reporté. – **4.** Le ministère débloquera des fonds en juin. L'université pourra bientôt construire de nouveaux locaux. – **5.** Le secrétaire général a oublié le dossier. Il n'a pas transmis les informations au ministre. – **6.** Chaque discipline veut plus de pouvoir que les autres. Toutes les sections se disputent constamment. **7.** Le ministère projette une nouvelle réforme. Les deux premières années seront bientôt réorganisées. – **8.** La majorité a voté contre. La proposition du conseil a été refusée.

🌱 **4. – A cause de + nom**

• **sur ce modèle, complétez les phrases suivantes :**

elle est partie en courant à cause
> *du froid*
> *de Paul*
> *de l'arrivée de Paul.*

1. Ils ont changé de quartier ＿＿
2. Le chien s'est mis à aboyer ＿＿
3. Le député n'a pas été réélu ＿＿
4. Les viticulteurs ont bloqué les routes ＿＿
5. Elles se sont disputées ＿＿
6. Il n'avait jamais voyagé ＿＿
7. Le village va s'agrandir ＿＿
8. L'usine sera fermée en décembre ＿＿.

🌱 **5. – Parce que / car / en effet / comme / à cause de**

Une croisière surprenante

De nombreuses personnes se retrouvent à bord du Neptune, magnifique paquebot, pour une croisière dans le Pacifique.

A. Qui est à bord du Neptune et pourquoi ?
Choisissez des personnages et faites-les parler :

Exemples :

– *Je suis le commandant Jacques Cousteau et je suis venu parce que je suis invité comme conférencier.*
– *Je suis le chancelier Helmut Kohl –*

Comme j'étais très fatigué après la réunification de l'Allemagne, j'ai décidé de prendre des vacances.
– *Je suis le peintre Cézanne – D'habitude je ne peins que la Provence – J'ai choisi de venir à cause de mon amour des belles lumières...*

B. Qui rencontre qui et pourquoi ?

Exemple :

Le commandant Cousteau a discuté avec Cézanne toute une nuit – En effet, lui aussi il peint, mais en secret.

(tomber amoureux de / se prendre d'amitié pour / se disputer avec / insulter / avoir de l'intérêt pour / danser avec / refaire le monde avec...)

C. Certains quittent le Neptune, d'autres restent, pourquoi?

Exemples :

Le missionnaire a quitté le navire car il ne supportait pas la musique disco.
Helmut Kohl est resté à bord en raison de la projection d'un film sur lui dans le salon numéro 3.

D. Tous les passagers décident de rester définitivement dans le Pacifique. Pourquoi ?

Exemples :

– *Le premier ministre japonais a décidé de s'installer dans les îles à cause de la douceur de vivre.*

(s'installer – changer de vie – abandonner la civilisation – ne pas revenir – laisser tomber le passé – se reconvertir – devenir...)

🌱🌱 **6. – C'est que + indicatif**

A. *Quand une mère donne une gifle à son enfant,* **c'est qu'elle est énervée.**

• **Complétez :**

1. Si le président est préoccupé, c'est que ＿＿
2. S'il n'a pas pu rentrer chez lui hier soir, c'est que ＿＿

B. Répondez en utilisant «c'est que» pour exprimer la cause.

1. – Pourquoi est-il parti sans rien dire à personne ?
– Si ＿＿
2. – Pourquoi le gouvernement nous a-t-il

caché la vérité sur cet accident nucléaire ?

– ____

3. – Pourquoi ton mari se met-il en colère aussi souvent ?

– Si ____

4. – Pourquoi ne parle-t-elle jamais dans les groupes ?

– Si ____

5. – Pourquoi y a-t-il des marées ?

– Si ____

🌳 **7. – Ce n'est pas parce que... mais parce que...**

La première cause est contestée, la seconde présentée comme juste.

Deux amis discutent des motivations des hommes politiques. Ils ne sont pas d'accord : Fabien pense qu'ils sont en général dévoués au bien public.

Victor pense qu'ils cherchent tous des avantages personnels. Ecoutez-les :

FABIEN :

– *«Je ne te crois pas, Victor. Ce n'est pas parce qu'ils veulent avoir des avantages personnels qu'ils sont devenus politiciens, c'est parce qu'ils veulent le bien du pays.»*

VICTOR :

– **«Mais non, ce n'est pas parce qu'ils veulent le bien du pays qu'ils ont fait de la politique, c'est parce qu'ils aiment le pouvoir !»**

etc.

Voici les arguments qu'utilisent Fabien et Victor, faites le dialogue.

– améliorer les conditions de vie des concitoyens	– vouloir s'en mettre plein les poches
– faire avancer la démocratie	– faire avancer leurs affaires
– favoriser l'Europe	– favoriser leurs petits camarades
– conserver au pays un statut de grande puissance	– être en contact avec les puissants de ce monde
– travailler à la paix	– manipuler les gens
– croire au progrès	– adorer mentir
– s'intéresser sincèrement à l'évolution du monde	– s'intéresser seulement à conserver leurs privilèges
– être désintéressés	– être intéressés
– être dévoués aux autres	– être considérés comme des notables
– vouloir servir le peuple	– avoir besoin d'adoration

🌳🌳 **8. – Ce n'est pas que + subj. mais**

• La famille Boutoille veut absolument marier la fille aînée, Sophie. Mais Sophie, qui est très indépendante refuse tous les prétendants. Ecoutez-les :

– *«Celui-ci devrait te plaire : il est très gentil !*

– *Non, il ne me plaît pas. Ce n'est pas qu'il ne soit pas gentil (qu'il soit méchant) mais il est plus petit de moi.»*

• **Trouvez les mille autres façons de refuser de Sophie.**

La cause présentée comme fausse	La vraie cause du refus
trop petit	idiot
inintelligent	trop laid
riche	arrogant
d'une famille modeste	incapable de travailler de ses dix doigts
plein de qualités	fanatique de football
trop beau	sans humour
célèbre	alcoolique

etc.

(attention aux négations dans certains cas)

🌳🌳🌳 **9. – Prépositions. Pour + infinitif passé : Cause**

Sic transit gloria mundi...

Exemple :

• *Pour quelle raison les enfants ont-ils été récompensés ?*

→ *Les enfants ont été récompensés*

... pour avoir bien travaillé à l'école.

... pour être restés très sages pendant la messe.

... pour s'être bien lavé les dents tous les jours.

etc.

1. a – Les comédiens ont été félicités. Pour quelle raison ?

b – Les comédiens ont été sifflés. Pour quelle raison ?

2. a – Les politiciens ont été applaudis. Pour quelle raison ?

b – Les politiciens ont été hués. Pour quelle raison ?

3. a – Les journalistes ont été remerciés. Pour quelle raison ?

b – Les journalistes ont été critiqués. Pour quelle raison ?

22

10. – Prépositions.

Pour	+ infinitif passé	cause
	+ nom	

Délinquants divers

> **• Observez :**
> Jean a été condamné à cinq ans de prison
>   pour vol à main armée
>   pour avoir dévalisé une banque
>   parce qu'il avait dévalisé une banque.
> Ces trois phrases ont le même sens. Ici, la préposition **POUR** exprime la cause. La forme «pour + infinitif passé» s'utilise principalement à l'écrit.

• Voici les méfaits d'autres délinquants. Faites en des titres de journaux.

Exemple :

«Le gang des postiches avait pillé la Banque de France. Ils ont été condamnés à 15 ans de prison».

→ *Le gang des postiches condamné à 15 ans de prison ferme pour le pillage de (pour avoir pillé) la Banque de France.*

1. Un chauffard avait conduit en état d'ivresse. Il a été condamné à une suspension de permis d'un an.
2. Un «loubard» avait volé le sac à main d'une vieille dame. Il a été puni de six mois de prison avec sursis.
3. Des jeunes ont été condamnés à huit jours de prison avec sursis. Ils avaient brisé les vitres d'une cabine téléphonique.
4. Un meurtrier a été condamné à la prison à perpétuité. Il avait tué un gendarme.
5. Une clinique a été condamnée à indemniser un malade. Les responsables avaient fait une grave erreur médicale.
6. Un homme politique a été légèrement condamné. Il avait utilisé de fausses factures dans le financement de sa campagne électorale.

 11. – Sous prétexte que...

A. Un patron raconte à des amis toutes les excuses imaginaires – en tout cas, lui, il ne les croit pas vraies – que ses employés utilisent pour manquer le travail.

– *Valentin a manqué une semaine **sous prétexte que** sa maison avait brûlé. C'était la troisième fois qu'elle brûlait en six mois !*

• Reformulez

1. Ernest a dit que sa femme accouchait d'un troisième enfant, et elle a 58 ans !
2. René a dit que son fils avait eu l'appendicite, mais c'était faux.
3. Agnès a prétendu qu'elle faisait une dépression nerveuse. Elle était aux sports d'hiver.
4. Augustin a raconté qu'il avait une extinction de voix; c'était du bluff.
5. Victor a prétexté que sa femme était hospitalisée. Il est veuf !
6. Timothée a dit qu'il avait eu un grave accident de voiture. Je l'ai vu au café avec sa copine !

B. Complétez les phrases suivantes :

1. Ils ont pris la voiture de leur père sous prétexte que ____. En réalité ____
2. Il a puni durement son fils sous prétexte que ____. En réalité ____
3. Elles ne sont pas allées, au rendez-vous sous prétexte que ____. En réalité ____
4. L'éditeur a refusé le livre sous prétexte que ____. En réalité ____
5. Il est venu à l'improviste sous prétexte que ____. En réalité ____

 12. – Etant donné que (insistance sur le lien logique entre cause et conséquence)

Logique, Logique!

Les policiers sont mieux équipés, les criminels leur échappent moins facilement.

→ ***Etant donné que les policiers sont mieux équipés,** les criminels leur échappent moins facilement.*

1. La pression des groupes écologistes augmente. Les constructeurs automobiles améliorent leurs moteurs. – **2.** Les liaisons par satellite se multiplient. L'information circule plus vite. **3.** Nous sommes dans un pays démocratique. Les lois doivent être votées par le parlement. **4.** Les environs du ministère seront surveillés. Les manifestants ne pourront pas arriver jusque-là. – **5.** Le président avait promis de nombreuses améliorations, et il n'a pas tenu ses promesses. Il devrait démissionner. – **6.** Nous aurons peu de temps entre l'arrivée du train et le décollage de l'avion. Il faudra prendre un taxi.

22

🌱 **13. – En raison de**

En raison d'une réparation de la canalisation, l'eau chaude sera coupée le jeudi 10.

• **Sur ce modèle, transformez les phrases suivantes.**

1. Le réseau téléphonique est perturbé. Il est impossible de téléphoner à l'étranger. – **2.** Le président de la République est très occupé. Il ne peut pas recevoir tout le monde. – **3.** Le chanteur est gravement malade. Il a dû annuler sa tournée. – **4.** Il y a des coupures d'électricité pour travaux. Il est recommandé de ne pas prendre l'ascenseur. – **5.** Il y a un problème à régler dans une filiale. Le directeur annule la conférence du vendredi matin. – **6.** Il y a des difficultés techniques. Nous ne pourrons livrer l'ordinateur dans les délais prévus.

🌱🌱 **14. – A la suite de / du / des / d'**
(cause connue ou inattendue)
Du fait de / du / des (fait reconnu, cause constatée)
En raison de / du / des / d' (cause technique, scientifique, juridique, officielle)

Complétez.

Contretemps

1. La visite officielle du chef de l'Etat en Nouvelle-Calédonie est retardée ____ troubles dans la région. – **2.** Le TGV Paris-Marseille a pris deux heures de retard ____ une manifestation inattendue des vignerons. – **3.** Michelin a annoncé le licenciement de 3 000 travailleurs en deux ans ____ la récession économique mondiale. – **4.** La dérivation de la circulation sur l'autoroute du soleil était inévitable ____ inondations constatées depuis plusieurs jours dans le midi. – **5.** Un accident ferroviaire, heureusement sans gravité, s'est produit ____ passage d'une biche sur la voie. – **6.** La fermeture de la discothèque était indispensable ____ non respect des règles élémentaires de sécurité. **7.** Un important stock de morphine-base a été découvert ____ un contrôle de routine à la gare de Lyon. – **8.** La catastrophe aérienne de la semaine dernière était prévisible ____ la saturation de l'espace aérien.

🌱🌱 **15. – A force de + infinitif (cause répétée avec insistance)**

1. – Michel était clochard : il est devenu milliardaire. Ça n'a pas été facile, mais il s'est obstiné, il a tout fait pour que cela se produise.

Exemple :
Il a travaillé comme un fou.
→ *Michel est devenu milliardaire à force de travailler comme un fou.*

• **Sur ce modèle, reprenez les idées suivantes.**

1. Il a ramassé de vieux journaux et il les a vendus. – **2.** Il a rendu service à des policiers et à la mafia. – **3.** Il a prêté de l'argent à un taux d'intérêt élevé. – **4.** Il a placé son argent. – **5.** Il a racheté des petits magasins en faillite. – **6.** Il a exploité ses employés, etc.

2. – **Serge était milliardaire, mais il est devenu clochard. Lui aussi a fait tout ce qu'il fallait pour ça. Qu'a-t-il fait ?**

🌱🌱 **16. – Faute de + infinitif et/ou nom**
• *Il n'avait pas de bourse : il a dû travailler pendant toutes ses études.*
→ **Faute d'avoir une bourse,** *il a dû travaille· pendant toutes ses études.*

1. Elle n'avait pas noté son rendez-vous chez le dentiste. Elle l'a oublié. – **2.** Le constructeur n'avait pas prévu la concurrence étrangère. Il se retrouve en faillite. – **3.** Ils ne s'étaient pas assez bien habillés. Ils ont été refoulés à l'entrée de la discothèque. – **4.** Nous ne nous sommes pas présentés à l'heure. Nous n'avons pas été reçus par le directeur. – **5.** Les joueurs ne s'étaient pas assez entraînés. Ils ont perdu le match. – **6.** Vous ne vous êtes pas décidés à temps. Vous avez perdu une belle occasion.

• NB : Pour les phrases **3, 4** et **5** il est possible d'utiliser **faute de + nom**. Refaites-les.

🌱🌱 **17. – A + infinitif**
• *Vous allez vous tuer,* **à travailler tout le temps comme ça.**
• **Sur ce modèle, faites des remarques aux personnes suivantes.**

1. Elle se fait du souci toute la journée. Vous pensez que cela va la rendre malade. – **2.** Il boit beaucoup d'alcool. Vous pensez que cela va le rendre alcoolique. – **3.** Elle ne sort jamais de chez elle. Vous pensez que cela va la rendre folle. – **4.** Ils se battent. Vous pensez que, de cette façon, ils peuvent se blesser. **5.** Elles restent inactives. Vous pensez que, de cette manière, elles vont mourir d'ennui. **6.** Ils critiquent tout le temps tout le monde. Vous pensez, qu'ainsi, ils vont se faire des ennemis.

22

Participice présent (écrit)

🌳🌳 **18. – Reliez les causes et les conséquences.**

1. La neige commençant à tomber, **2.** Etant très malade, **3.** La voiture, ayant heurté un camion, **4.** La manifestation étant finie, **5.** Sa voiture étant tombée en panne, **6.** Mon fils étant souffrant,	**A.** s'est retrouvée sur le trottoir. **B.** les participants se sont dispersés. **C.** il a manqué les cours trois mois. **D.** ne peut aller à l'école. Excusez-le. **E.** il s'est abrité sous un porche. **F.** il n'a pu partir en week-end.

🌳🌳 **19. – Transformez selon le modèle suivant :**

Comme Pierre était fatigué, il est resté au lit toute la journée

→ *Pierre étant fatigué, il est resté au lit toute la journée.*

1. Comme Jacques a mal au dos, il va souvent chez le kinésithérapeute. – **2.** Comme il avait peur de se mouiller, il a ouvert son parapluie. **3.** Comme nous avions perdu les clés, nous sommes entrés par la fenêtre. – **4.** Comme nous sommes enrhumés, nous n'irons pas piqueniquer.

🌳🌳 **20. – Transformez sur le modèle suivant :**

• *La route était glissante, il a freiné.*

→ *La route étant glissante, il a freiné.*

1. La date de leur départ approche; les enfants sont surexcités. – **2.** Le bateau était minuscule; les passagers n'avaient aucune intimité. – **3.** Les crustacés sont très chers; elle n'en achète jamais. – **4.** Son mari se lève à six heures; elle se lève en même temps.

🌳🌳 **21. – Transformez sur le modèle suivant :**

• *Il a trop mangé : il a eu une crise de foie.*

→ *Ayant trop mangé, il a eu une crise de foie.*

1. Les promeneurs se sont perdus : ils ont passé la nuit en pleine montagne. – **2.** Les cambrioleurs ont laissé des empreintes : ils ont été arrêtés rapidement. – **3.** Ma sœur ne s'est pas mariée : elle n'a pas d'enfants. – **4.** Papa n'est pas parti en vacances : il a mauvaise mine.

🌳🌳 **22. – Transformez selon le modèle suivant :**

• *Leur mère avait oublié de leur donner les clés : les enfants n'ont pas pu rentrer dans la maison.*

→ *Leur mère ayant oublié de leur donner les clés, les enfants n'ont pas pu rentrer dans la maison.*

1. Ses parents lui ont fait des reproches : elle est un peu déprimée. – **2.** Le coût de la vie a augmenté : les Français consomment moins. – **3.** La marée noire a sali les plages italiennes. Les touristes iront ailleurs cette année. – **4.** Son amie n'est pas arrivée à l'heure : le jeune homme ne l'a pas attendue.

🌳🌳 **23. – Révision.**

1. La rivière avait monté : nous avons dû déplanter la tente. – **2.** Il ne s'était pas rasé : il ressemblait à un évadé de prison. – **3.** Les informaticiens améliorent les ordinateurs : ils deviennent de plus en plus faciles à utiliser. **4.** Ils se sont dépêchés pour attraper le train : ils sont essoufflés. – **5.** Elle n'a pas répondu correctement à l'examinateur : elle a eu une mauvaise note. – **6.** L'orage s'éloigne : les piétons sortent de leurs abris. – **7.** Paul a reçu de mauvaises nouvelles : il est effondré. – **8.** Marc ne s'est pas levé à temps : il va probablement rater l'avion de 18 heures.

🌳🌳 **24. – Faire + infinitif**
Rendre + adjectif.

> La moutarde forte fait éternuer.

1. Qu'est-ce qui fait tousser, pleurer, rire, dormir, éternuer ?
2. Qui vous fait ou qu'est-ce qui vous fait mourir de peur, pâlir, vous énerver, crier ?
Ex : *les films d'horreur me font mourir de peur.*
3. Qu'est-ce qui fait rêver les pauvres ? Qui est-ce qui fait rêver les jeunes filles ? Qu'est-ce qui fait pleurer les stars ? Qu'est-ce qui fait monter les prix ?
Fabriquez une série de questions sur ce modèle et demandez à vos camarades de répondre.
Exemple : *la vie des princesses fait rêver les pauvres.*

22

La peur rend nerveux.

1. Qu'est-ce qui rend gai ? Qu'est-ce qui rend malade, nerveux, agressif, aimable, intelligent ?
Exemple : *Le vin rend gai...*
2. Qu'est-ce qui vous rend optimiste, pessimiste, heureux de vivre, déprimé, séduisant, désagréable ?
Exemple : *Les mensonges me rendent désagréable.*

🌳🌳 **25. – Synthèse :**
• **Complétez les phrases suivantes en ajoutant la cause :**

1. Je suis tombé amoureux d'elle _____ .
2. _____ il a décidé d'émigrer.
3. La police lui a mis une contravention _____.
4. _____ ils ont repeint la chambre d'enfant en bleu.
5. Tous ses amis l'ont laissé tomber : _____.
6. L'avion n'a pu décoller d'Orly _____.
7. _____ elle a tous les hommes à ses pieds.
8. Il a épousé une femme riche _____.
9. La gloire ne l'intéresse pas du tout _____.
10. La police a établi des barrages routiers sur tout le territoire _____.
11. _____ elle m'offrait souvent des cadeaux trop coûteux.
12. Ils prenaient ces pays-là pour un Eldorado _____.

13. Il s'est retrouvé seul en pleine montagne _.
14. _____ les secours n'ont pu arriver à temps sur les lieux de l'accident.
15. Le blessé n'a pas survécu _____.
16. La rue a été impraticable une demi-journée _____.
17. Il est devenu chef d'Etat _____.
18. _____ il refuse de faire la cuisine.
19. _____ la banque ne pourra pas vous accorder ce crédit.
20. Il s'est excusé pour la réunion de demain, comme pour les précédentes ! _____.
21. On constate désormais une certaine agressivité à l'égard des fumeurs _____.
22. Il ne réussit jamais rien _____.
23. Nous n'avons jamais mis les pieds dans un Mac Donald ; _____.
24. Vous ne pouvez bénéficier de cette subvention _____.
25. Ils ont eu de graves problèmes avec l'administration _____.
26. Elle refuse catégoriquement de faire du camping _____.
27. Les journaux ont fini par publier l'information _____.
28. _____ les enfants ont pris du retard sur le programme scolaire.
29. Veuillez excuser l'absence de mon fils Gilles, retenu à la maison _____.
30. Tu dis toujours que tu aimes bouger, _____ aide-moi donc à déplacer l'armoire !

FORMES D'INTENSITÉ

Verbe + **d'autant**	**plus** **moins** **mieux** **plus vite** **moins efficacement** etc.	+ que + indicatif
Il travaille d'autant	moins moins bien	qu'il est fatigué
Paul est d'autant plus nerveux qu'il est fatigué		
Verbe + **d'autant**	**plus** **moins**	+ adjectif + que + indicatif

22

🌲🌲🌲 **26. – Verbe + d'autant moins que.**

• *D'habitude, il mange peu, mais aujourd'hui il **mange d'autant moins qu'**il est malade.*

1. D'habitude, il boit peu. Aujourd'hui, encore moins, parce qu'il conduit. – **2.** D'habitude, il ne parlait pas beaucoup. C'est normal : sa femme parlait pour deux. – **3.** Elle ne dépensait jamais beaucoup. Et à ce moment-là encore moins : son mari était au chômage. – **4.** Hier ils ont encore moins marché que d'habitude : les enfants étaient fatigués.

🌲🌲🌲 **27. – Verbe + d'autant plus que.**

• *Il **mange d'autant plus qu'**il a fait du ski toute la journée.*

1. Il se fâche facilement. Et encore plus quand on l'énerve. – **2.** Il voyage beaucoup. Et en plus, sa femme ne veut plus le voir. – **3.** Il sortait toujours beaucoup. Et encore plus quand il était triste. – **4.** Elles écrivaient toujours beaucoup. Et encore plus quand elles étaient à l'étranger.

🌲🌲🌲 **28. – D'autant mieux que...**

• THIBAUT FORESTIER EST UN BON JOUEUR DE TENNIS, UN CHAMPION, IL JOUE TOUJOURS BIEN. MAIS DANS CERTAINS CAS, IL JOUE ENCORE MIEUX QUE D'HABITUDE :
Aujourd'hui, il joue
– d'autant mieux qu'il s'est beaucoup reposé la semaine dernière.
– d'autant mieux qu'il est en pleine forme.

• **A votre avis pourquoi joue-t-il d'autant mieux aujourd'hui ?**

– Il vient de trouver une nouvelle fiancée.
– Son manager lui a annoncé qu'il était milliardaire.
– Il déteste son adversaire.
– Il doit absolument gagner pour payer ses impôts.
etc.

🌲🌲🌲 **29. – D'autant moins bien que...**

AUGUSTIN SILVESTRE EST, LUI, UN TRÈS MAUVAIS JOUEUR, MAIS DANS CERTAINS CAS IL JOUE ENCORE MOINS BIEN QUE D'HABITUDE :
Hier il a d'autant moins bien joué qu'il
– n'avait pas dormi de la nuit.
– était fatigué.

et avant-hier ?
– Ses amis lui avaient dit ce qu'ils pensaient de son jeu.
– Sa mère lui avait fait des reproches.
– Les journaux s'étaient moqués de lui.
etc.

🌲🌲🌲 **30. – D'autant moins + adverbe**

• LE CONFÉRENCIER N'A PAS PARLÉ TRÈS CLAIREMENT, ET, EN PLUS,
– il était enrhumé!
– il avait oublié ses papiers.
→ *Le conférencier a parlé d'autant moins clairement*
– qu'il était enrhumé.
– qu'il avait oublié ses papiers.

• **Composez des phrases sur ce modèle à l'aide des éléments suivants :**

1. Loïc / ne pas parler gentiment : venir d'apprendre une mauvaise nouvelle.
2. La mère de famille / ne pas conduire rapidement : la route être encombrée.

• **Complétez :**
3. L'employé a répondu d'autant moins poliment que ____.
4. L'enfant a mis la table d'autant moins habilement que ____.
5. ____ qu'ils savaient qu'on les écoutait.
6. ____ que l'inspecteur le terrorisait.

🌲🌲🌲 **31. – D'autant plus + adjectif.**

• ALEX EST NERVEUX PARCE QU'IL DOIT PASSER LE PERMIS DE CONDUIRE. ET EN PLUS IL DOIT LE PASSER AVEC UN EXAMINATEUR SÉVÈRE.
→ *Alex est **d'autant plus nerveux** qu'il doit passer le permis avec un examinateur sévère.*

1. La catastrophe a été vraiment grande. Et, plus, le bateau était exceptionnellement plein. **2.** L'acteur est plutôt nul d'habitude. Et, en plus, aujourd'hui, le public est particulièrement difficile. – **3.** Les marcheurs étaient fatigués. Et, en plus, la chaleur était écrasante. – **4.** Il sera heureux de vous voir. Et, en plus, c'est le jour de son anniversaire. – **5.** La situation devenait inquiétante. Et, en plus, l'armée menaçait d'intervenir. – **6.** Les malades étaient satisfaits de leur séjour à l'hôpital. Et, en plus, ils avaient rencontré des médecins particulièrement humains.

🌲🌲🌲 **32. – D'autant plus, d'autant moins, d'autant mieux : synthèse.**
Complétez les phrases suivantes :

1. Il est d'autant plus généreux que ——.
2. Ils comprennent d'autant plus vite que ____.
3. Les ouvriers travaillent d'autant moins que ____.
4. Je comprends d'autant mieux que ____.
5. Il faudra dépenser d'autant plus d'argent que ____.
6. Ils ont d'autant moins ri que ____.
7. Elles ont joué d'autant moins efficacement que ____.
8. Elles se sont d'autant moins fatiguées que ____.
9. Ils ont mangé d'autant mieux que ____.
10. ____ leur père avait exigé qu'ils soient polis.
11. ____ que nous savions que c'était la dernière fois avant un bon moment.
12. ____ que l'inspecteur était dans la classe.
13. ____ qu'il n'avait pas plu depuis trois mois.
14. ____ que le chanteur est resté en scène une heure de plus.
15. ____ que la compagnie ne les avait pas informés du changement de destination.

22

B. LA CONSÉQUENCE

	Expressions	Suivi de...	Toujours après la principale		Remarques	Exemples
			Dans la même phrase	Après un point		
Conséquence simple	Alors	Indicatif		+	à l'oral «alors» est souvent intégré dans une phrase unique. Il est lié au temps.	Ils ne s'entendaient plus depuis lontemps. **Alors** ils se sont séparés.
	Aussi			+	langage soutenu. Attention à l'inversion.	Il était épuisé. **Aussi a-t-il** annulé ses rendez-vous.
	C'est pourquoi			+	résultat logique. Argumentation	Il était fatigué. **C'est pourquoi** il n'est pas venu.
	Donc		+	+	résultat logique	Tu n'aimes pas la glace, **donc** tu n'auras pas de dessert.
	De sorte que		+		Conséquence simple. Assez rare.	Ils ont augmenté la production **de sorte que** les ventes ont augmenté aussi.
	Si bien que		+		Conséquence simple. Assez courant.	La crise économique s'aggrave **si bien que** le nombre des chômeurs augmente.
	Par conséquent		+		langage administratif	Le conducteur n'a pas respecté le stop, **par conséquent** nous avons procédé à un retrait de permis.
	Résultat :			+	oral : exprime une conclusion	Il avait trop bu. **Résultat :** il a brûlé un stop.
	Du coup			+	exprime un résultat inattendu et soudain	Le cinéma était fermé. **Du coup** nous sommes allés au restaurant.
	Total :			+	oral	Ils se sont battus. **Total :** deux nez cassés et un œil au beurre noir.
	D'où	Nom		+	exprime un résultat déjà connu	Il a une hépatite ; **d'où** sa fatigue.
Conséquence réfutée	Sans que	Subjonctif	+		Il y a un sujet différent dans chaque proposition.	Elle ne peut pas sortir **sans que** les journalistes la suivent.
	Sans	Infinitif	+		Les deux propositions ont le même sujet.	Elle ne peut pas sortir **sans** vérifier trois fois qu'elle a fermé la porte.

22

296

Insistance 1	Au point que A tel point que	Indicatif	+		On arrive à un point limite	Il était fatigué **au point qu'**il (**à tel point qu'**il) a dû prendre un congé de maladie
	Tant est si bien que		+		idée de répétition	Il a marché des heures **tant et si bien que** ses jambes ne le portaient plus.
	Au point de	Infinitif	+		L'infinitif n'est pas obligatoire lorsque les deux propositions ont le même sujet	Il était fatigué **au point qu'**il n'est pas venu (**au point de** ne pas venir).

🌳 33. – Alors...

A. Transformez selon le modèle suivant :
Comme le restaurant chinois était complet, nous sommes allés manger dans une pizzeria.
→ Le restaurant chinois était complet, alors nous sommes allés manger dans une pizzeria.
1. Comme grand-père a bu quelques petits verres de trop, il a le foie un peu fatigué. **2.** Comme le temps est vraiment épouvantable, nous emmènerons les enfants au cinéma. **3.** Comme sa banque n'a pas voulu lui faire crédit, Jérôme a dû emprunter à ses amis. **4.** Comme la manifestation bloquait tout le centre ville, le taxi a pris le périphérique.

B. Complétez :
1. Le tour de France doit passer ici dans une heure, alors ____. – **2.** Il s'est fait voler tous ses papiers, alors ____. **3.** Nous n'avons aucune nouvelle de nos enfants, alors ____. – **4.** Nous avions oublié d'emporter de l'argent, alors ____.

🌳 34. – Donc (conséquence présentée comme logique).
• *Il ne faut pas boire parce que l'alcool est mauvais pour la santé.*
*→ L'alcool est mauvais pour la santé, **donc il ne faut pas boire.***

A. Transformez :
1. Je ne peux pas t'aider à porter le piano parce que j'ai mal au dos. – **2.** C'est lui qui décide parce que c'est lui le chef. – **3.** Il ne faut pas avancer parce que le feu est rouge. – **4.** Je n'ai pas pu aller au cinéma parce que j'avais cassé mes lunettes.

B. Complétez :
1. Il déteste la viande, donc ____. – **2.** Nous n'avons plus un sou, donc ____. – **3.** Ils ont raté le train de 16 h, donc ____. – **4.** Le docteur sera absent la semaine prochaine, donc ____.

🌳 35. – Résultat ; Total ; (Conclusion, langage parlé).

A. Sur ce modèle, complétez :
• *Sophie voulait aller au cinéma, Pierre préférait le théâtre. Ils ont argumenté, se sont disputés. Résultat : (Total) : ils ne sont pas sortis.*

1. Monsieur Dupont avait mal au foie, mais à la fête il a craqué pour du champagne, un gâteau au chocolat et des crevettes à la mayonnaise... – **2.** On devait partir à 9 h, mais Paul est arrivé en retard. Après, Sophie est restée une heure au téléphone. En plus, on n'avait pas d'essence... – **3.** Il est tombé malade en février. Il a d'abord eu un traitement, qui n'a pas marché, puis un deuxième et un troisième aussi inefficaces... – **4.** Elle avait arrêté de fumer depuis trois ans et elle s'est crue très forte. Elle a fumé un petit cigare un jour, une cigarette le lendemain...

B. Trouvez tous les éléments qui ont amené à ce résultat.
1. ____ ; total : elle est restée toute seule.
2. ____ ; résultat : ils ont pris un coup de soleil magistral.
3. ____ ; total : elle n'avait plus rien.
4. ____ ; résultat : ils avaient les pieds en sang.

🌳 36. – C'est pourquoi.

Us et coutumes

EN FRANCE ON NE DIT PAS «TU» AUX INCONNUS, C'EST POURQUOI LES FRANÇAIS SONT CHOQUÉS QUAND UN ÉTRANGER LEUR DIT «TU».

22

1. Les Japonais sont choqués quand ils voient de jeunes amoureux s'embrasser dans la rue, parce qu'au Japon les gens ne s'embrassent pas dans la rue. – **2.** Les Américains sont surpris par les «bises» françaises. En effet, chez eux, on ne se fait pas la bise. – **3.** Les Espagnols n'aiment pas dîner à l'heure française parce que, chez eux, on dîne beaucoup plus tard. – **4.** Les Américains du Sud trouvent les Français sinistres parce qu'ils font moins souvent la fête qu'eux. etc.

A vous de décrire d'autres malentendus entre cultures, familles, personnes.

🌳🌳 37. – Du coup (conséquence brusque et inattendue)

A. *Nous avions organisé un pique-nique mais il s'est mis à pleuvoir. Du coup, nous sommes allés au cinéma.*

Sur ce modèle, transformez les éléments suivants :

1. Tous les enfants étaient calmes, mais l'un d'entre eux s'est mis à hurler... (concert de hurlement). – **2.** La bande de jeunes était surexcitée, mais son chef s'est calmé... (retour du calme). **3.** Les professeurs n'étaient pas en grève, mais le gouvernement a accordé une augmentation à d'autres fonctionnaires... (revendications des professeurs). – **4.** Un élève a volé dans le vestiaire et les autres ne l'ont pas dénoncé... (punition générale).

B. Complétez

1. Le policier était poli, mais l'automobiliste contrôlé l'a insulté. Du coup... – **2.** Nous devions manger du gigot mais je l'ai laissé brûler... – **3.** Il avait presque terminé son tableau mais il a renversé un pot de peinture dessus... **4.** Elle devait aller en vacances chez son frère, mais celui-ci est en déplacement professionnel...

🌳🌳 38. – De sorte que,
• Faites les phrases suivantes sur ce modèle :

Son livre a eu beaucoup de succès, de sorte que son visage est connu de tous.

1. Les éboueurs n'ont pas ramassé les ordures : la ville ressemble à une gigantesque poubelle. **2.** J'aurai quelques jours libres fin mai : nous pourrons nous rencontrer à ce moment-là. **3.** Sa jeunesse avait été formidable : il restait nostalgique de cette époque. – **4.** Ma fiancée

m'a giflé en public ____. – **5.** Il a fait une grave erreur professionnelle ____. – **6.** Je viens de gagner au loto ____.

🌳🌳 39. – Si bien que

• *On ne voit plus rien ; en effet le brouillard a envahi la vallée.*

→ *Le brouillard a envahi la vallée, si bien qu'on ne voit plus rien.*

• Transformez selon ce modèle :

1. Les promeneurs ont dû se passer de manger : en effet, ils avaient oublié le panier de pique-nique. – **2.** Le voilier est allé heurter les rochers : en effet, il avait été mal ancré. **3.** Toutes les fleurs ont gelé : en effet, il a fait moins dix la nuit dernière. – **4.** La baignade est interdite : en effet, la mer est bien agitée. **5.** Les sauveteurs sont partis en pleine nuit : en effet un chalutier avait envoyé un appel de détresse. – **6.** Toute la discothèque regarde avec fascination : en effet, le jeune homme fait une performance sur la piste.

🌳 40. – De sorte que – Si bien que
Catastrophes naturelles

• Trouvez plusieurs conséquences aux éléments suivants.

1. Il n'a pas plu depuis des mois dans le midi.
2. Une tempête extrêmement violente s'est abattue sur la côte atlantique.
3. Une pluie torrentielle tombe depuis huit jours dans la région nîmoise.
4. Une vague de froid particulièrement intense sévit en ce moment sur la France.
5. La canicule qui écrase le pays depuis une semaine vient encore d'augmenter.

🌳🌳 41. – Conséquence, synthèse
L'effet boule de neige
(texte d'élève)

Un petit garçon avait faim ____. Il a volé un gâteau à un boulanger. Le boulanger est devenu furieux ____. Il a battu le petit garçon. Celui-ci a couru le raconter à sa mère, qui, ____, est allée voir le boulanger. Celui-ci était toujours furieux, ____ il a battu également la mère du petit garçon. Elle a crié énormément. ____ beaucoup de gens sont arrivés et se sont mis à discuter. Ils se sont énervés, ____ ils ont commencé à se battre.

Continuez ____

🌲🌲 **42. –**

• **Imaginez la ou les conséquences.**

1. Il est tombé dans la rivière en plein hiver ____.

2. Elle lui a dit des mots un peu vifs ____.

3. L'absentéisme est très élevé dans cette entreprise ____.

4. Le nombre des voitures ne cesse d'augmenter ____.

5. Ils sont partis en pleine nuit sans manteau et sans argent ____.

6. Ses parents le surprotègent ____.

🌲🌲 **43. – D'où + nom (rappelle une conséquence déjà connue)**

• **Transformez selon le modèle suivant :**

Cet homme politique a trop menti : ses électeurs ont perdu confiance.

→ *Cet homme politique a trop menti, d'où la perte de confiance de ses électeurs.*

1. Il y a eu une fuite dans la centrale nucléaire du Tricastin : on a déclenché le plan Orsec. **2.** M. Michoud a rendu de grands services à ses supérieurs : il a été promu au rang de chef de service. – **3.** Cet enfant porte des vêtements démodés : ses petits camarades se moquent de lui. – **4.** Son travail ne l'intéresse plus beaucoup : il a décidé de se reconvertir. – **5.** Cette station est devenue brusquement à la mode : les constructions en bord de mer se multiplient. **6.** Les trafiquants de drogue ont des appuis politiques : leur trafic s'accélère actuellement.

🌲🌲 **44. – Sans que + Subjonctif (deux sujets) (on oppose la coexistence de deux faits)**

Sans + infinitif (un sujet)

Bien malheureuse...

Cette grande star du rock se plaint :
Je ne peux aller tranquillement nulle part : on me reconnaît, je suis suivie.

→ *Je ne peux aller tranquillement nulle part sans qu'on me reconnaisse, sans être suivie.*

• **Transformez avec *sans que + subjonctif* et *sans + infinitif*.**

1. Je ne peux pas sortir en public : cela déclenche une émeute, je suis agressée.
2. Je ne peux pas me promener dans la rue : je suis interpellée par des inconnus, on me demande des autographes.

3. Je ne peux pas sortir sans maquillage : je reçois des remarques désagréables, on me dit que j'ai vieilli.

4. Je ne peux pas accepter d'interview : on me pose 10 000 questions idiotes, je dois faire des réponses idiotes.

5. Je ne peux pas aller au restaurant avec un copain : je suis prise en photo, la presse publie des mensonges en première page.

6. Je ne peux pas rencontrer une rivale plus jeune : je crains qu'elle prenne ma place, on me fait remarquer sa beauté.

🌲🌲 **45. – Par conséquent (administratif)**

Pauvre université ou «Le rapport qui tue»

• **Transformez les notes télégraphiques prises par les auteurs du rapport sur les universités en phrases complètes.**

Exemple :
Pas assez de salles de cours → *horaires bizarres.*
→ *Il n'y a pas assez de salles de cours*
Les salles de cours ne sont pas assez nombreuses
*Le nombre de salles de cours est insuffisant, **par conséquent** les horaires de cours sont bizarres.*

1. Pas assez de subventions pour l'entretien → locaux dégradés.
2. Trop d'étudiants → amphithéâtres surpeuplés.
3. Pas assez de créations de poste → enseignants surchargés et peu disponibles.
4. On n'apprend pas suffisamment à apprendre → abandons en masse.
5. Mauvaise orientation des étudiants → grand taux d'échec.
6. Contenus démodés → mauvaise préparation au monde du travail.

🌲🌲 **46. – Aussi + inversion**

Le gouvernement a renoncé au blocage des salaires parce que les syndicats s'y sont fermement opposés
→ *Les syndicats se sont opposés fermement au blocage des salaires, **aussi le gouvernement y a-t-il renoncé.***

• **Sur ce modèle transformez les phrases suivantes :**

1. Le chirurgien chef ne pourra pas partir en

22

299

week-end parce qu'une urgence vient d'arriver au bloc opératoire. – **2.** Le président a écourté son voyage officiel en Tunisie parce que la guerre venait d'éclater. – **3.** De nombreux spectateurs n'ont pas pu voir *Starmania* car le spectacle était complet depuis des mois. – **4.** Le groupe d'hommes d'affaires japonais est parti à pied car aucun taxi n'était en vue. – **5.** Aucun train ne devrait fonctionner le 10 mai car c'est jour de grève nationale à la SNCF. – **6.** La ville est presque déserte car la plupart des habitants sont partis en week-end prolongé.

🌳🌳🌳 **47. – Complétez en imaginant la conséquence.**

1. Le premier ministre a démissionné, d'où ___.
2. Vous avez cassé les lunettes que vous veniez d'acheter, alors ___.
3. La pluie n'a cessé de tomber depuis 48 heures si bien que ___.
4. Le tremblement de terre a détruit le quartier en 1925, c'est pourquoi ___.
5. Son petit frère voulait une glace au chocolat, du coup ___.
6. Les enfants ont beaucoup joué avec l'eau du bain ___.
7. Le médecin n'est pas encore arrivé, par conséquent ___.
8. Il n'y a plus aucune place disponible pour Athènes, du coup ___.
9. Le soleil avait chauffé la pièce toute la journée, de sorte que ___.

10. Elle ne peut pas voir un chat sans ___.
11. L'espion a réussi à sortir sans que ___.
12. Tous les étudiants étaient d'un excellent niveau, aussi ___.

🌳🌳🌳 **48. – Au point que, au point de, à tel point que**
Insistance sur l'intensité du fait présenté dans la principale

A. *Il pleuvait : on n'y voyait plus rien.*
→ *Il pleuvait*

au point qu'on
à tel point qu'on | *n'y voyait plus rien*

1. Ils s'adorent. Ils ne se quittent jamais. – **2.** Ils ont couru comme des fous. Ils ont eu des courbatures pendant huit jours. – **3.** Nous avons dépensé des fortunes. Nous n'avons plus un sou sur notre compte. – **4.** Le frère et la sœur étaient très fâchés l'un contre l'autre. Ils ne se parlaient plus.

B. *Il était fatigué au point de ne plus pouvoir marcher*

1. Le président était furieux contre ses ministres. Il voulait changer le gouvernement. – **2.** La tempête ébranlait la maison. Elle cassait les tuiles et les fenêtres. – **3.** Patrice est maniaque du rangement. Il ne supporte pas le plus petit désordre. – **4.** Annie a parlé toute la nuit. Elle a une extinction de voix.

	Si, tellement, tant... si peu	
	Insistance sur { l'intensité du fait présenté dans la principale / la quantité	
Insistance 2	**1. Tellement + ... + que** **Si**	Ils étaient **tellement** en colère **qu'**ils ne trouvaient plus leurs mots. Ils avaient **si** faim **qu'**ils avaient mal à l'estomac.
	2. Tellement + adjectif + **que** **Si** + adverbe	Elle marchait **tellement** lentement **qu'**il était difficile de l'accompagner. Elle était **si** fatiguée **qu'**elle trébuchait.
	3. Tellement + de + nom + que **Tant**	Il a **tellement** de travail **qu'**on ne le voit plus jamais.
	4. Verbe + tellement + que **tant**	Il parle **tellement** (**tant**) **qu'**on ne l'écoute plus.
	Si peu (– insistance sur la petite quantité du fait **– fonctionnne pour 1,2,3 et 4)**	Elle était **si peu** fatiguée **qu'**elle ne pouvait s'endormir.

🌳🌳 **49. – Tellement / Si + locutions verbales**

J'avais | si | soif
| tellement | envie de boire que
j'ai bu une bière tiède.

1. Il s'est jeté sur la nourriture parce qu'il avait très faim. – **2.** L'enfant s'est mis à hurler parce qu'il avait très peur du noir. – **3.** Ils ne pouvaient pas garder les yeux ouverts parce qu'ils avaient vraiment trop sommeil. – **4.** Nous accepterons de prendre quelques risques parce que nous avons vraiment envie de visiter le désert. – **5.** Leurs orteils ont gelé parce qu'ils ont eu trop froid.

🌳🌳 **50. – Tellement / Si + adverbe + que**

L'accident s'est produit | tellement rapidement
qu'on n'a rien pu faire. | si

• **Sur ce modèle, transformez les phrases suivantes :**

1. Marcel s'est étouffé parce qu'il a avalé ses spaghettis trop vite. – **2.** Nous nous sommes séparés fâchés parce que nous nous étions disputés très violemment. – **3.** On croit que ma sœur est couturière professionnelle parce qu'elle coud très adroitement. – **4.** On devine qu'il est fou d'elle parce qu'il la regarde très amoureusement. – **5.** On pourrait croire qu'il a vingt ans d'expérience parce qu'il a agi très professionnellement.

🌳🌳 **51. – Verbe + tant / tellement + que**

Elle l'aime tant qu'elle ferait n'importe quoi pour lui

• **Transformez sur ce modèle :**

1. Comme Christian a beaucoup aidé Nasser, celui-ci fera tout pour lui rendre la pareille.
2. Comme Sarah a beaucoup lu hier, elle avait mal aux yeux.
3. Comme Annie a beaucoup attendu Mourad, sa patience est à bout.

4. Comme les clients protestaient énormément, la cafétéria est restée ouverte plus tard que d'habitude.
5. Comme nous avons beaucoup apprécié votre visite, nous serions heureux que vous reveniez nous voir.

🌳🌳 **51 bis.**

Verbe + | tellement de + nom + que
| tant de

Il a tellement d'enthousiasme que tout lui paraît possible

• *Elle est épuisée le soir parce qu'elle dépense énormément d'énergie à son travail*
→ *Elle dépense **tellement (tant)** d'énergie à son travail **qu'**elle est épuisée le soir*

1. Il ne sait toujours pas lire parce qu'il a beaucoup de difficultés dans sa famille. – **2.** On lui a retiré son permis de conduire parce qu'il avait commis beaucoup d'infractions au code de la route. – **3.** Son patron est mécontent parce que Thierry prend trop d'initiatives. – **4.** Sa compagnie d'assurances ne veut plus de lui parce qu'il a eu un très grand nombre d'accidents. – **5.** Il n'avait pas le temps de voir tous ses amis parce qu'il en avait trop.

🌳🌳 **52. – Si / Tellement ... que / Tant**

• **Continuez ou complétez :**

1. Les touristes étaient si fatigués que ____.
2. Les soldats étaient tellement mal armés que ____.
3. Il y avait tant de visiteurs ____.
4. C'est arrivé de façon si imprévue ____.
5. On nous a dit tant de bien de lui ____.
6. Ils se comprennent si bien ____.
7. ____ qu'il est impossible de lui faire confiance.
8. ____ qu'on a laissé tomber.
9. ____ qu'il vaut mieux les laisser tranquilles.
10. ____ que personne n'a rien vu.
11. ____ que je n'en suis pas encore revenue.
12. ____ que personne n'a pu trouver le sommeil.

22

Trop, assez, pas assez... trop peu				
Le fait exprimé par la principale est jugé suffisant (assez), insuffisant (pas assez, trop peu) ou excessif (trop) pour que la conséquence de la subordonné se réalise.				
Insistance 3	1	trop verbe + assez + pas assez	pour + infinitif	Il mange **trop pour** pouvoir maigrir. Il n'est **pas assez** sérieux **pour qu'**on lui confie ce travail.
	2	trop assez pas assez + adjectif + trop peu		Il est **trop** bavard **pour** garder un secret. Il n'est **pas assez** discret **pour qu'**on lui confie un secret.
	3	trop verbe + assez + adverbe + pas assez	pour que + subjonctif	Il conduit **assez bien** pour participer à ce rallye. Il conduit **trop mal pour que** je lui laisse ma voiture.
	4	trop verbe + assez + de +nom + pas assez		Elle a **trop peu de compétences** pour savoir répondre. Il a **assez de connaissances pour qu'**on puisse lui demander des informations.

🌳🌳🌳 **53.**

Trop
pas assez + adjectif + pour + infinitif
assez

(même sujet pour les deux verbes)

Il est trop poli pour être honnête

Il est très poli, donc il ne doit pas être honnête.

Sur le modèle du titre, transformez les éléments suivants :

1. Elle est très mignonne. Elle ne restera pas longtemps célibataire. – **2.** Ils sont très âgés. Ils ne pourront pas faire cette excursion. – **3.** Ils ont été très malins. Ils n'ont pas laissé d'indices. – **4.** Il n'est pas assez intelligent. Il ne devinera pas. – **5.** Ils n'ont pas été assez drôles. Ils n'ont pas fait rire le public. – **6.** Ils sont assez malins. Ils se cacheront le temps nécessaire.

🌳🌳🌳 **54.**

Trop
pas assez + adjectif + pour que + subjonctif
assez

(deux sujets différents)

Ils sont assez intelligents pour qu'on n'ait

pas besoin de leur expliquer dix fois les choses !

A. Transformez selon le modèle du titre

1. Ces touristes sont assez dynamiques ____. On n'a pas besoin de les encadrer tout le temps.
2. Cette jeune fille est trop belle. Les hommes n'osent pas lui parler.
3. La maison n'était pas assez grande. Ses propriétaires ne pouvaient pas y inviter des amis.
4. Ces vêtements ne sont plus assez élégants. Tante Sophie ne veut plus les garder.

B. Complétez

1. ____ pour qu'on la remarque partout où elle va.
2. ____ pour que tout le monde veuille l'acheter.
3. ____ pour que les gens l'apprécient à sa juste valeur.
4. ____ pour qu'on l'aime.

🌳🌳🌳 **55.**

Verbe + trop
trop peu + pour + infinitif
assez + pour que + subjonctif
pas assez

Il gagne trop peu pour pouvoir se payer des vacances

A. Sur ce modèle du titre, transformez les éléments suivants :

1. Il ne s'est pas assez entraîné. Il ne gagnera pas le match. – **2.** Elle travaille trop. Elle n'a pas le temps de s'occuper de ses enfants. **3.** Ces commerçants vendaient trop peu. Ils n'étaient pas à l'aise. – **4.** Ces vieilles dames bavardaient trop. Elles ne disaient pas tout le temps des choses intéressantes.

B. Sur le modèle ci-après, transformez les phrases suivantes :

Il a trop menti pour qu'on continue à le croire.

1. Elles se sont trop surmenées. L'idée de ce voyage ne leur plaît pas. – **2.** Les commerçants n'ont pas assez préparé la fête. Les acheteurs ne se sont pas déplacés nombreux. – **3.** Les hommes politiques se sont trop peu expliqués. Le peuple ne leur fait plus confiance. – **4.** Les étudiants ont assez travaillé. On leur accorde une journée de repos.

 56.

trop		
assez		pour + infinitif
pas assez	de + nom +	pour que + subjonctif
trop peu		

Ils ont trop d'enfants pour pouvoir les élever correctement

A. Transformez avec le subjonctif.

1. Ces gens ont trop d'orgueil. Il n'est pas possible de les aider. – **2.** Le patron dispose de peu de temps. Vous ne pourrez pas lui parler. **3.** Les enfants possèdent assez de jouets. Nous ne ferons pas de gros cadeaux demain. – **4.** Cet homme ne mange pas beaucoup de crustacés. Ce n'est pas la cause de sa maladie.

B. Transformez avec l'infinitif.

1. Ces gens donnent beaucoup d'argent. Ils ne sont pas avares. – **2.** Pierre a assez d'amis. Il ne reste pas seul le dimanche. – **3.** Marie a trop de robes. Elle ne peut pas les porter toutes. – **4.** Le médecin a trop peu de malades. Il ne gagne pas correctement sa vie.

 57.

	trop		
Verbe +	assez + adverbe	pour + infinitif
	pas assez	pour que + subjonctif

A. Transformez avec l'infinitif.

1. Il travaille trop lentement. Il ne finira pas à temps. – **2.** Elle ne chantera pas assez bien. Elle n'obtiendra pas le rôle. – **3.** Il reçoit trop peu aimablement. Il n'a pas beaucoup de clients. **4.** Elles l'ont demandé assez gentiment. Elles l'ont obtenu.

B. Transformez avec le subjonctif.

1. Elle parle trop doucement. On ne la comprend pas. – **2.** Il s'est comporté trop peu gentiment. On ne l'apprécie pas. – **3.** Il n'écrit pas assez soigneusement. La maîtresse ne lui mettra pas une bonne note. – **4.** Elle fait très mal le ménage. Sa patronne ne la gardera pas.

58. – **Trop, pas assez, trop peu, assez ... pour**
Synthèse

Portraits

• Voici le portrait de monsieur «Pas aimable» :

– Il n'est pas assez aimable pour avoir des amis.
– Il est trop peu gentil pour penser à faire des compliments.
– Il parle trop méchamment pour qu'on ait envie de l'écouter.
– Il n'a pas l'air assez gentil pour qu'on veuille lui parler.
– Il se montre trop agressif pour être aimé.
– etc.

• **Sur ce modèle, faites vous aussi les portraits suivants :**
– Madame «à qui tout réussit»
– Monsieur «qui travaille tout le temps»
– etc.

59. – **Rédigez des textes qui mettent en garde contre la consommation de tabac, d'alcool ou de drogues, en décrivant bien toutes les conséquences possibles.**

22

C. CAUSE – CONSÉQUENCE

🌳🌳 **60. – Reliez entre elles les causes et les conséquences et soulignez les expressions qui expriment la relation entre les deux**

A. 1 – La mer était si déchaînée que	**a)** les pompiers n'ont pas pu intervenir.
2 – Elle avait donné une gifle à son petit frère	**b)** du coup je me retrouve sans moyen de transport.
3 – L'actrice Chantal Nobel, sérieusement blessée dans un accident de voiture,	**c)** c'est pourquoi elle a été privée de dessert.
4 – Le feu était d'une telle violence que	**d)** je n'ai pas pu résister.
5 – Mon fils a encore pris la voiture sans ma permission.	**e)** a été transportée d'urgence à l'hôpital.
6 – La jeune voleuse a expliqué : j'en avais tellement envie que	**f)** déraillement du TGV.
7 – Un attentat est vraisemblablement à l'origine du	**g)** c'est pour cela que nous avons du mal à marcher.
8 – Nous avons fait une course de 40 km hier ;	**h)** les bateaux n'ont pas pu sortir.
B. 1 – Le match Paris-Bordeaux a été annulé	**a)** une guêpe responsable.
2 – Panique dans une salle d'examen :	**b)** par une négligence du service d'entretien.
3 – L'explosion de la canalisation de gaz aurait été provoquée	**c)** ce n'est pas qu'elle ait oublié de se lever mais parce qu'on lui avait volé sa voiture.
4 – Si elle est arrivée en retard,	**d)** en raison du mauvais temps.
5 – Augmentation anarchique du prix de l'essence. C'est la conséquence de	**e)** la libération des prix.
6 – Magasin fermé	**f)** pour cause de travaux.

🌳🌳 **61. – Reliez les causes et les conséquences en utilisant des constructions grammaticales variées.**

CAUSE	CONSÉQUENCE
1. Les Françaises font de moins en moins d'enfants.	La natalité décroît de façon inquiétante.
2. Il n'aimait pas la choucroute de sa femme.	Il l'a étranglée avec un chapelet de saucisses.
3. Paul Moraud avait volé la voiture d'un juge d'instruction.	Il a été condamné à être chauffeur de sa victime pendant un an.
4. M. Dupin veut créer une entreprise qui amènerait 400 emplois à Voiron.	Tout le monde est décidé à le soutenir.
5. Des skieurs ont déclenché une avalanche.	– deux d'entre eux sont morts. – la route des Deux-Alpes est bloquée.
6. Mauvais temps, pluie, orages.	– un avion de tourisme s'est écrasé à proximité de Dijon. – 4 morts. – aucun dégât dans la banlieue voisine.
7. Un camion de produits chimiques s'est renversé sur l'autoroute.	– on a évacué l'autoroute et le super marché voisin. – la circulation a été bloquée pendant quatre heures. – Il y a eu de nombreux bouchons à la sortie de Marseille.
8. Titre : Une grand-mère faisait du trafic de drogue. Article : Ses petits-enfants se droguaient Les voisins trouvaient qu'il passait trop de jeunes bizarres.	– on l'a arrêtée – elle est devenue complice – puis elle les a aidés – ils ont alerté la police

22

🌲🌲 **62. – Ne mélangez pas «A cause de», «causer», «être la cause de» et «être causé par»**

L'accident a eu lieu parce qu'il pleuvait

→ | L'accident a été causé par la pluie
  | L'accident s'est produit à cause de la pluie
  | La pluie est la cause de l'accident
  | La pluie a causé l'accident

Choisissez les phrases qui ont le même sens
Reformulez les autres :

A. La panique des Champs-Elysées :
Dans le métro les gens ont paniqué parce que des bandes se battaient
1. La panique du métro a été causée par une bagarre de bandes.
2. La bagarre des bandes a causé une panique dans le métro.
3. La panique a causé une bagarre parmi les bandes.
4. La panique est la cause d'une bagarre de bandes dans le métro.

B. Le conducteur du train est mort parce que le train a déraillé
1. La mort du conducteur est la cause du déraillement du train.
2. Le déraillement du train a été causé par la mort du conducteur.
3. Le déraillement du train a causé la mort du conducteur.
4. Le conducteur est mort à cause du déraillement du train.

🌲🌲 **63.**
• **Formulez le maximum de phrases qui ont le même sens que les phrases suivantes :**

1. L'avalanche s'est déclenchée parce que des randonneurs passaient. – **2.** Les syndicats ont protesté parce qu'il y avait de nombreux licenciements. – **3.** Ils ont déménagé parce qu'on construisait une ligne de TGV à côté de chez eux. – **4.** La pollution s'est aggravée parce que la consommation a augmenté. – **5.** La guerre a été déclarée parce que des frontières avaient été violées.

🌲🌲 **64. – Expressions verbales**
causer ; provoquer ; entraîner ; être la cause de ; être à l'origine de...

Incidents citadins

• *un accident* *un chauffard* (nom d'agent ou d'action)	*a provoqué* *a causé* *est la cause d'* *est à l'origine d'*	*un embouteillage monstre* (nom d'action)
• *un embouteillage* *monstre* (nom d'action)	*a été provoqué par*	*un accident* (nom d'agent ou d'action)
• *un accident* (nom d'action)	*a entraîné*	*un embouteillage* (nom d'action)
• *un camion s'est* *renversé* (phrase verbale)	***ce qui** a entraîné* *causé* *provoqué*	*un embouteillage* (nom d'action)

• **A l'aide de ces structures, décrivez les nombreux incidents qui se produisent chaque jour dans la vie d'une ville.**

22

Causes	Conséquences
– Deux chiens se sont disputés au milieu de la rue.	– Les passants se sont attroupés.
– Un cortège officiel a traversé le centre ville.	– Le centre ville a été embouteillé.
– Il y a eu un hold-up.	– Les passants ont paniqué.
– Une bouteille de gaz a explosé.	– Un immeuble a été détruit.
– Un défilé de majorettes a fait le tour de la place principale.	– Les badauds ont applaudi.
– Un chauffard a remonté une rue en sens unique.	– Plusieurs voitures sont accidentées.
– On a commencé des travaux sur le boulevard périphérique.	– Les automobilistes sont exaspérés.
– Un motard a traversé la ville à minuit.	– Des milliers de personnes se sont réveillées.
– Un incendie a commencé dans un grand magasin.	– Les pompiers sont intervenus.
– Un orage monstrueux s'est abattu sur la ville.	– Les rues ont été inondées, les égouts ont débordé.

65.

• Dans les phrases complexes, les liens de cause conséquence peuvent être exprimés de diverses façons
Examinez les exemples suivants :

1 Les aiguilleurs du ciel sont en grève
2 Les avions sont retardés
3 Les passagers doivent attendre des heures à l'aéroport

• 1 → 2 → 3 • Les aiguilleurs du ciel sont en grève, ce qui provoque le retard des avions et, par conséquent, les passagers doivent attendre des heures à l'aéroport.

• 1 ↗ 2 ↘ 3 • La grève des aiguilleurs du ciel provoque le retard des avions et l'attente des passagers dans les aéroports.

• 3 → 2 → 1 • La longue attente des passagers dans les aéroports est causée par le retard des avions, qui vient de la grève des aiguilleurs du ciel.

• 2 → 3 → 1 • Le retard des avions et l'attente des passagers sont la conséquence directe de la grève des aiguilleurs.

• 2 ← 1 → 3 • Le retard des avions, qui a pour origine la grève des aiguilleurs du ciel, a pour conséquence de longues attentes dans les aéroports. Etc.

Avant de commencer à rédiger vos phrases, définissez bien quel est l'enchaînement des faits dans la réalité. Ensuite, faites différentes versions du même paragraphe ; l'ordre des éléments dans la phrase et dans la réalité ne sont pas forcément les mêmes ; vous pouvez mettre le projecteur comme vous voulez.

A.

1. 1) Les conditions de vie sont difficiles.
2) Les salaires n'ont pas augmenté depuis trois ans.
3) Les prix ont augmenté de 10 %.
4) Les salariés sont mécontents

2. 1) L'usine où travaillait Dominique a fermé.
2) Il avait en plus des problèmes personnels.
3) Son propriétaire a repris l'appartement pour son fils.
4) Dominique fait aujourd'hui partie des sans-abri.

3. 1) Robert a rencontré un médecin intelligent.
2) Il ne prend plus de somnifères.
3) Il fait du sport.
4) Il est en excellente santé.

B.

1. 1) De grosses chutes de neige se sont produites en Savoie.
2) Les routes sont coupées.
3) Les trains sont bloqués.
4) Les écoles sont fermées.
5) De nombreuses maisons sont isolées.
6) Le gouvernement a envoyé les militaires aider les populations.

2. 1) Il n'a pas plu depuis trois ans.
2) Les réserves d'eau sont presque épuisées.
3) La pollution de l'eau augmente.
4) Les cultures meurent dans les champs.
5) Les agriculteurs ont de graves problèmes financiers.
6) Le gouvernement a décidé de les indemniser.

3. 1) Paul Machefer changeait une cassette dans sa voiture.
2) Il n'a pas vu le carrefour.
3) Une voiture l'a percuté à droite.
4) Les deux voitures sont hors d'état.
5) Paul Machefer est blessé, l'autre conducteur est indemne.

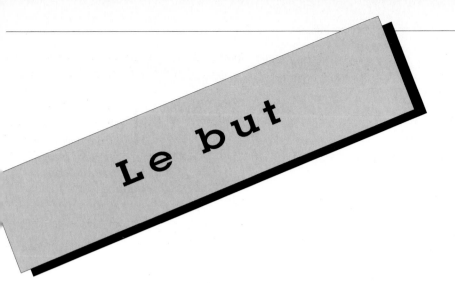

Le but

EXERCICES

23

	+ Subjonctif	+ Infinitif	+ Nom	Signification – Remarques
Pour que Afin que De sorte que	+			Sens général
De manière que De façon que				Idée de but + idée de manière
Pour que... ne pas Afin que... ne pas De peur que... (ne) De crainte que ... (ne)				But à éviter
Dans le but de Afin de Pour		+ + +	+	Valeur générale
De façon à De manière à		+ +		Idée de manière
De crainte de De peur de		+ +	+ +	But à éviter
Pour ne pas Afin de ne pas		+ +		
En vue de		+	+	But présenté comme proche ou lointain dans le temps.
Histoire de		+		But présenté comme sans importance.

> **!** **Avec l'indicatif,** de sorte que de manière que de façon que expriment **la conséquence**

Exercices

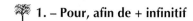 **1. – Pour, afin de + infinitif**

A. Affirmation

Exemple :

– *«Nous devons arriver à l'heure ?*
– *Oui, nous partirons tôt pour (afin d') arriver à l'heure.»*

1. – Il veut faire plaisir à sa femme, n'est-ce pas ?
– Oui, il a acheté toutes ces roses ____
2. – Elle a envie d'apprendre la peinture ?
– Elle va prendre un an de congé ____
3. – Il a acheté sa maison ?
– Oui, il a pris des crédits ____

B. Négation

Exemple :

– *Elle ne veut vraiment plus le voir ?*

– *C'est ça, elle a organisé son emploi du temps pour (afin de) ne plus le voir.*

1. – Nous ne devons pas faire de bruit, c'est ça ?
– Oui, marchons très doucement ____
2. – Nous ne devons plus nous fâcher !
– D'accord, faisons tout ce qu'il faut ____
3. – Il ne faut rien toucher, hein ?
– C'est ça. Fais un effort ____
4. – On ne lui fait jamais de cadeau ?
– Eh non, on ne l'invite pas ____

C. Les deux

1. – Il a été très vexé.
– J'aurais dû être plus diplomate ____
2. – Ce sera difficile de leur plaire.
– Nous devrons faire tous nos efforts ____
3. Il compte présenter ses excuses ?
– Il viendra tout à l'heure ____

23

4. – Je crois qu'il ne reviendra jamais.
– Tu as raison, il a pris toutes ses dispositions _____

5. – Tu ne retourneras pas là-bas ?
– Non, je ferai tout _____
6. – Tu ne dois jamais manger de sucre ?
– Hélas ! Je fais tous mes efforts _____

🌳 **2. – Pour que / afin que + subjonctif.**
Affirmation et négation.

• **Complétez les dialogues suivants avec** *pour que ou afin que + subjonctif.* **Certaines réponses sont des affirmations, d'autres des négations.**

• **Exemple :**
– *Pierre n'est pas venu?*
– *Non. La secrétaire avait fait ce qu'il faut pour qu'il ne vienne pas.*

1. «– Nous allons manger dehors ?
– Oui, j'ai acheté des grillades _____.»
2. «– Les jeunes ont pu entrer au concert ?
– Non. Tout était organisé _____.»
3. «– Les enfants seront au premier rang ?
– Oui. Grand-père a pris les meilleures places _____.»
4. «– Les enfants ne doivent jamais aller au grenier ?
– Absolument. Surveillez-les _____.»
5. «– Ils ne se sont pas perdus, j'espère.
– Mais non ! Je leur ai fait un dessin _____.»
6. «– Vous avez la chance de rencontrer le Pape ?!
– Eh oui, mon cousin s'est débrouillé _____.»
7. «– Les jeunes n'ont pas fait d'histoires ?
– Non non, le patron de la discothèque a fait le nécessaire _____.»
8. «– Le temps est si mauvais... Vous croyez que le bateau va revenir?
– Priez le ciel _____.»

🌳🌳 **3. – Histoire de + infinitif**
Il est allé voir un navet **histoire de** *passer le temps.*

• **Complétez avec** *histoire de + infinitif.*
1. Ils sont allés à la manifestation lycéenne _____.
2. J'irai faire un tour en ville ce soir _____.
3. Qu'est-ce que tu dirais de faire un petit tour à la campagne _____.
4. Mais non, nous ne l'avons pas agressé, nous l'avons juste bousculé un peu _____.
5. Ils volaient quelquefois une voiture _____.
6. Elle s'est acheté une nouvelle robe _____.

🌳🌳 **4. – De** | peur que / crainte que **+ subjonctif**
De | peur de / crainte de **+ infinitif**

• **Complétez soit avec le subjonctif, soit avec l'infinitif selon le modèle suivant :**

SUBJONCTIF	INFINITIF
Souffrir	
Je lui ai donné beaucoup de calmants de **peur (de crainte)** *qu'il souffre*	*Elle consomme beaucoup de tranquillisants de peur de (de crainte de) souffrir*
1. Dépenser trop	
Elle donne peu d'argent à la fois à son fils _____	Elle ne veut plus aller regarder les vitrines _____
2. Avoir des problèmes	
Ils ne veulent pas autoriser leurs enfants à aller à l'étranger _____	Elle refuse de prendre le métro le soir _____
3. S'ennuyer	
Il s'est occupé activement de ses invités _____	J'emporte toujours un bon livre à la plage avec moi _____
4. Se salir	
Elle interdit à ses enfants de jouer dans le jardin _____	Ils ne mettent jamais un pied dehors quand il pleut _____
5. Se noyer	
Il accompagne toujours son chien dans l'eau _____	Nous ne nous sommes jamais baignés après le repas _____

🌳🌳 **5. – En vue de + infinitif (même sujet).**

• **Complétez avec** *en vue de + infinitif.*

• **Exemple :** *Anémone répète constamment qu'elle est fatiguée* **en vue de pouvoir** *refuser du travail supplémentaire.*

23

1. Les services secrets ont installé des micros partout ____.
2. Martin Durafour est particulièrement aimable avec ses chefs ____.
3. Les prisonniers de la cellule 326 creusent le sol à la petite cuillère ____.
4. Les cosmonautes s'entraîneront intensivement pendant six mois ____.

🌳🌳🌳 6. – En vue de + nominalisation

Exemple :

Il partira un jour à la retraite. Il a commencé à économiser.

*→ Il a commencé à économiser **en vue de son départ à la retraite.***

• **Sur ce modèle, transformez les éléments suivants :**

1. On va réaménager le centre ville. Les travaux commenceront en avril. – **2.** On veut protéger le littoral. Le gouvernement a commencé à prendre des mesures. – **3.** Il veut être réélu comme député. Il a commencé sa campagne électorale. – **4.** Elle souhaitait acheter un ordinateur. Elle réduisait ses autres dépenses.

🌳🌳🌳 7. – En vue de + nom
+ infinitif

• **Transformez les phrases suivantes avec *en vue de + nom* ou *infinitif*. Quelquefois les deux sont possibles.**

1. Nous commençons à examiner les catalogues : nous voulons voyager en Asie cette année. – **2.** Il a eu du mal à préparer ses bagages : il va séjourner six mois au Pôle Nord. – **3.** Cet employé accumule les heures supplémentaires : Il veut acheter une voiture à sa fille. – **4.** Les services municipaux annonçaient des coupures de gaz : ils voulaient tester les canalisations. – **5.** Les Dupont déménageront cet été : ils veulent se rapprocher de la mer. – **6.** Vous avez commencé à discuter avec vos concurrents : vous voulez revendre votre petit commerce.

🌳🌳🌳 8. – Synthèse
• **Complétez avec une idée de but.**

1. Il aide ses enfants à faire leurs devoirs de façon que ____.
2. Mon mari n'élève jamais la voix pour ____.
3. Le curé écoute attentivement ses fidèles afin de ____.

4. Il ne dit pas de paroles blessantes de façon à ____.
5. Guillaume donne du sang à l'hôpital pour que ____.
6. A la bibliothèque, il lisait en silence de peur de ____.
7. Mon père a fait les courses et la cuisine de manière à ____.
8. Il ne passe jamais chez quelqu'un à l'improviste de crainte que ____.
9. Cette année, nous sommes souvent allés voir nos parents afin que ____.
10. Ce malheureux porte des vêtements très propres pour que ____.
11. Il prenait des cours du soir en vue de ____.
12. Il ne prend jamais un bébé dans ses bras de crainte que ____.

🌳🌳 9. – Relatives de But

A. UNE VRAIE PERLE

Ce patron cherche depuis longtemps la secrétaire idéale sans la trouver... Complétez ses demandes selon le modèle suivant :

Exemple :

Elle doit être d'une bonne humeur constante

→ Je cherche une secrétaire qui soit d'une bonne humeur constante.

1. – Elle doit pouvoir me remplacer au pied levé.
– Connaîtriez-vous une secrétaire ____
2. – Sa réflexion doit être rapide.
– Existe-t-il une secrétaire ____
3. – Les horaires élastiques ne doivent pas lui faire peur.
– Je voudrais trouver une secrétaire ____
4. – Les nouvelles techniques ne doivent pas l'effrayer.
– Connaissez-vous une secrétaire ____
5. – Je dois pouvoir aller avec elle dans des endroits très chic.
– Je suis à la recherche d'une secrétaire ____
6. – Je dois avoir toute confiance en elle.
– J'aimerais une secrétaire ____

B. L'OBJET MAGIQUE

• **Faites la même recherche, mais pour un objet magique que vous désirez très fort.**

• **Utiliser les expressions de l'exercice précédent.**

• **Cherchez à faire des phrases avec divers pronoms relatifs.**

23

1. DJAMEL ATALLAH
Le premier «Beur»

«C'est la première fois qu'un Beur est lauréat» : pour Djamel Atallah, vingt et un ans, arrivé en France quand il avait deux ans, la bourse est un symbole. Et une aide pour continuer l'engagement pris il y a deux ans. Vivant alors à la cité des Minguettes, dans la banlieue lyonnaise, il était aux côtés de Toumi Djadjai lors de la création de SOS Avenir Minguettes puis durant la première marche des Beurs pour l'égalité, en octobre 1983. Arrivé il y a six mois à Aubervilliers, Djamel vient de commencer des études de droit, *«pour montrer que l'échec scolaire n'est pas une fatalité, pour aider les associations de jeunes issus de l'immigration à se repérer dans le maquis administratif et pour mieux militer dans le sens de l'intégration et de l'égalité des droits».*

5.ANNE-LOUISE LE FUR
Aider le tiers monde

«Ce Noël 1979, je l'ai passé dans une petite baraque du camp de Sakeo, à la frontière cambodgienne... Ce sont des moments qu'on n'oublie pas», raconte Anne-Louise Le Fur, vingt-sept ans, qui a découvert, lors de ce voyage en Thaïlande, le travail accompli par Médecins sans Frontières, et décidé à cette occasion de devenir infirmière pour les pays du tiers monde : Anne-Louise étudie actuellement à l'Institut de médecine tropicale d'Anvers, afin de postuler à un poste à la Croix-Rouge internationale.

2. MARIE-LAURENCE PHILIPPONNEAU
«Instit» et médecin

En 1979, Marie-Laurence Philipponneau obtient son certificat d'aptitude pédagogique de l'enseignement primaire. C'est donc au titre d'institutrice qu'elle se voit confier une classe d'enfants et d'adolescents handicapés au Centre hélio-marin de Trestel dans les Côtes-du-Nord. Cette expérience révèle sa vocation médicale et, se mettant en disponibilité de l'enseignement, cette jeune femme se lance dans des études de médecine. Son objectif est de mettre sa connaissance pédagogique au profit de sa vocation : soigner.

4. FRANÇOIS DESBORDES
Illustrateur animalier

Le grand projet que François Desbordes, vingt-deux ans, est en train de réaliser, c'est une affiche sur les oiseaux du bord des routes, afin de les faire connaître et aimer du grand public. Illustrateur animalier, François a déjà réalisé une affiche sur les oiseaux des jardins et, du plus loin qu'il se souvienne, a toujours eu la passion du dessin et des animaux. Il travaille actuellement pour une maison d'édition.

6. MARGARET PERRIER
L'élève magistrat

Reprendre des études de droit à vingt-cinq ans alors que son temps se partage déjà entre vie active et impératifs familiaux et que le centre universitaire le plus proche se trouve à 45 kilomètres de son domicile, c'est le pari que s'est promis de réussir Margaret Perrier. Pour cette jeune mère de famille, ce pari a pour nom : l'école de la magistrature.

3. CHRISTOPHE DELAUNAY
Le benjamin de la classe

C'est le benjamin de la Vocation, «année 1984», mais Christophe Delaunay doit avoir l'habitude d'être le plus jeune de la classe : bachelier à seize ans, il s'est orienté vers l'informatique et, à vingt ans, s'achemine vaillamment vers la maîtrise. Son but ? Mettre au point des matériels informatiques adaptés aux non-voyants. Aveugle lui-même, Christophe estime en effet que *«l'informatique peut faciliter la vie des non-voyants dans beaucoup de domaines : ainsi, explique-t-il, pour avoir joué de la trompette jusqu'à quatorze ans, j'ai envie de mettre au point un système informatique de transcription en braille des partitions de musique».*

7. CHRISTOPHE PERRIN DE BRICHAMBAUT
Opération «Goéland»

Après avoir participé à seize ans à la réalisation du Microstar, plus petit biréacteur de l'époque, et construit seul son premier avion, Christophe Perrin de Brichambaut dirige aujourd'hui le projet Goéland. Le secret de son succès : associer son expérience de la construction aéronautique et du pilotage à sa formation d'ingénieur.

But de l'opération Goéland : réaliser avec un groupe d'élèves de l'Ecole nationale supérieure de mécanique et d'aérotechnique un appareil de type «long nez» avec moteur propulsif.

Ambition personnelle de ce jeune pilote de vingt-cinq ans : s'attaquer au record de la traversée de l'Atlantique Sud dans la catégorie des avions de moins de 1 000 kg.

23

Fondation de la vocation

A. Les lauréats de la fondation sont choisis sur des projets bien définis. Lesquels ? Répondez aux questions en notant les mots qui introduisent et expliquent leur but.

1. Djamel Atallah – la bourse est un symbole. Et une aide pour quoi faire ? – Djamel vient de commencer des études de droit pour quoi faire ?	... **pour continuer** l'engagement pris il y a deux ans ... **pour montrer** que l'échec scolaire n'est pas une fatalité ... **pour aider** les associations de jeunes...
2. Marie Laurence Philipponneau – Qu'a révélé son expérience avec des handicapés ? – Pourquoi se lance-t-elle dans des études de médecine ?	
3. Christophe Delauney – Que veut faire Christophe avec l'informatique ?	
4. François Desbordes – Que réalise François ? – Quel est son but ?	
5. Anne-Louise Le Fur – Qu'a décidé Anne après son voyage en Thaïlande ? – Elle étudie la médecine tropicale dans quel but ?	
6. Margaret Perrier – Elle s'est promis de réussir quoi ?	
7. Christophe Perrin – le projet Goéland va servir à quoi ? – Que veut-il faire sur le plan personnel ?	

B. Rédigez les articles concernant ces autres lauréats (imaginaires) de la fondation de la vocation.

1. Jeanne Marcus
Bac : 1982
Séjour en Afrique : 1983
Réalisation : campagne pour réaliser des fonds pour l'Ethiopie
Projet : création d'un dispensaire de campagne éthiopienne
Etudes nécessaires : école d'infirmière.

2. Pierre Toulouse
27 ans
Métier : typographe
Réalisation : 3 livres pour enfants, originaux et superbes
Projet : création d'une maison d'édition de livres pour enfants en Haute-Provence
Aide nécessaire : de l'argent pour un local.

3. Jacques Constantin
24 ans
Passionné de la vie sous-marine
Projet : création d'un centre de pisciculture en Bretagne
Réalisation : accord de la mairie de son village pour soutenir son projet
Aide nécessaire : études spécialisées.

4. Michel Barrault
20 ans
Etudes : école de cuisine
Expérience : 2 ans dans un restaurant 3 étoiles
Idée : fabrication de nourriture lyophilisée pour les alpinistes
Réalisation : a trouvé un procédé efficace avec l'aide de son père
Aide nécessaire : études de gestion.

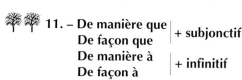

11. – De manière que | De façon que } **+ subjonctif**
De manière à | De façon à } **+ infinitif**

• **Complétez les phrases suivantes :**

soit avec de manière que de façon que + subjonctif	soit avec de manière à de façon à + infinitif
Ne pas se rencontrer	
J'ai invité Sophie dimanche et Jacques lundi **de façon (de manière) qu'** ils ne se rencontrent pas.	Depuis leur dispute ils agissent **de manière (de façon) à ne pas se rencontrer.**

1. | **Etre constamment occupé**

| Il a organisé le week-end des invités ____ | Quand Paul a le cafard il s'organise ____ |

2. | **Pouvoir voir**

| L'infirmier a approché le fauteuil de la vieille dame de la fenêtre ____ le paysage. | Ils ont joué des coudes ____ le feu d'artifice. |

3. | **S'asseoir**

| L'ouvrier avait placé un panneau «peinture fraîche» sur le banc ____ | Elle a fait attention ____ sans gêner personne. |

4. | **S'en aller**

| Nous serons très désagréables avec lui ____ le plus vite possible. | Tu as mis la valise près de la porte ____ discrètement tout à l'heure ? |

🌿🌿 **12.**

De | façon que / manière que | **et de** | façon à / manière à

• **Complétez les phrases suivantes de deux façons :**
1. Avec de façon que + subjonctif
     de manière que   (deux sujets)
2. Avec de façon à + infinitif   (un sujet)

• **Exemple :**
Il a placé le parasol au-dessus des enfants.
– *de façon que celui-ci les abrite du soleil*
– *de façon à les protéger du soleil*

1. Le peintre vient de retoucher son tableau encore une fois
2. Le torero a agité sa muleta devant le taureau ◁◤
3. Le docteur parlait toujours à voix basse devant les malades ◁◤
4. Chez l'infirmière, elle a ôté son pull-over ◁◤
5. Son mari rentrant samedi, elle a fait les courses vendredi ◁◤

🌿🌿 **13. – Synthèse.**
Complétez de plusieurs manières.

Exemple :
Il a senti qu'ils avaient besoin de parler tranquillement et il est parti
– *afin de ne pas les gêner*
– *pour qu'ils puissent le faire*
– *pour les laisser tranquilles*
– *...*

1. Tu vas rentrer à 5 h du matin. Tu risques de nous réveiller en marchant dans le noir. S'il te plaît, marche sur la pointe des pieds ____.
2. J'ai horreur d'aller chez le dentiste mais j'ai pris un rendez-vous quand même ____.
3. A la conférence, elle a posé beaucoup de questions au professeur ____.
4. Il était malade mais ce n'était pas le moment, avec toutes ses obligations. Il s'est donc soigné énergiquement ____.
5. Elle est partie en vacances avec des bagages énormes ____.
6. Nous avons six enfants. Aussi nous ne dépensons jamais d'argent pour nos loisirs ____.
7. Les enfants ont préféré cacher la bêtise qu'ils avaient faite ____.
8. Ma mère nous a interdit d'aller à la manifestation pacifiste ____.
9. Il a entrepris de mettre de l'argent de côté ____.
10. Ils se sont arrêtés en plein milieu de l'histoire qu'ils nous avaient déjà racontée cent fois ____.
11. C'était un sujet assez difficile mais le problème a été très bien expliqué ____.
12. Elle est enceinte et elle hésite à dire la vérité à ses parents ____.

🌿🌿 **14. – Synthèse.**
L'HOMME QUI VOULAIT PLAIRE À TOUT LE MONDE...
Ce pauvre homme organise tous les actes de sa vie pour plaire aux autres ou ne pas leur déplaire.
Faites son portrait librement mais en utilisant diverses expressions de but ou, si vous préférez, prenez des idées page suivante.

Exemple : *Tous les jours monsieur Kiveukonlème se lève à cinq heures afin de faire son petit jogging pour rester en forme. A six heures il relit ses dossiers pour que son travail soit parfait* ____

23

SES ACTES	CE QU'IL VEUT OBTENIR
– Travailler dur – Prier Dieu – S'habiller élégamment – Offrir des cadeaux souvent – Se lever à cinq heures – Demander des nouvelles de tous – Raconter des histoires drôles – Etre très discret – Ne pas dire ce qu'il pense – Ne pas faire de folies – Ne pas punir son fils – Ne plus fumer – Ne rien faire de trop original – etc.	– Aider les autres – Améliorer le monde – Etre le meilleur – Avoir l'air généreux – Etre apprécié de ses supérieurs – Faire un travail impeccable – Etre occupé tout le temps – Ne pas être critiqué – etc. **CE QU'IL VEUT ÉVITER** – Se faire remarquer – Sembler idiot – Rester seul dans son coin – Déranger les autres – Fâcher sa femme – Avoir l'air stupide – Ne pas être aimé – Ne pas réussir – etc.

15. – Impératif... que... subjonctif

Faites des phrases selon le modèle.

Parlez plus fort qu'on vous entende.

1. Ahmed est allé à la préfecture pour régler un problème de carte de travail mais c'est l'heure de la fermeture. Que lui dit l'employé ? – **2.** La petite fille est triste, sa mère veut la consoler en l'embrassant, sans doute. Qu'est-ce qu'elle lui dit ? – **3.** Sophie, qui a quatorze ans, s'est maquillée pour sortir. Sa mère veut la regarder un peu mieux. Qu'est-ce qu'elle lui dit ? **4.** Un ami est en train de vous expliquer un problème d'économie, vous ne comprenez pas bien. Qu'est-ce que vous lui dites ? – **5.** Le soir, au bureau, c'est presque l'heure de partir mais un travail urgent n'est pas terminé. Que pouvez-vous dire à vos collègues ? – **6.** Vous voulez entrer dans un magasin pour vous mettre à l'abri parce qu'il pleut, mais beaucoup de gens sont là, qui vous empêchent d'entrer. Que pouvez-vous dire ?

16. – Dans le but de + infinitif

– *«Tu as fait ça exprès pour m'embêter, ma parole !*

– *Je t'assure que je ne l'ai pas fait dans le but de t'embêter»*

• **Sur ce modèle répondez aux phrases suivantes :**

1. – «Il a pris des contacts chez tous nos clients. Je suis sûr qu'il veut créer sa propre entreprise !
– _____»

2. – «Elle économise pour acheter une résidence secondaire, je crois...
– _____»

3. – «Vous m'avez critiqué en public pour me rendre ridicule !
– _____»

4. – «J'ai peur qu'il ait provoqué cet accident pour me tuer.
– _____»

5. – «Elle s'habille bizarrement pour se rendre intéressante.
– _____»

17.

De { façon que / manière que / sorte que } + indicatif ou subjonctif ?

Conséquence ou but ?

Règle d'emploi

• **1.** Quand le résultat est d'origine naturelle ou accidentelle, quand on ne peut pas soupçonner l'agent d'agir délibérément pour provoquer ce résultat, on utilise l'indicatif.

Indicatif : conséquence naturelle

Exemples :

– *Le volcan a explosé, de sorte que des millions de personnes sont menacées par les cendres.*

– *Une guêpe l'a piqué de manière qu'il a fallu l'emmener à l'hôpital.*

• **2.** Quand l'agent agit délibérément pour provoquer un résultat, deux solutions sont possibles :

A – Exprimer le but de l'agent avec le subjonctif.

B – Exprimer la conséquence naturelle de ses actes avec l'indicatif.

Exemples :

Il a donné de l'aspirine à sa mère...

... A- *de manière qu'elle n'ait plus la migraine.*
... B- *de sorte que cinq minutes plus tard elle n'avait plus la migraine.*

🌳🌳 **18. – Complétez avec**

de | sorte que
manière que | + indicatif ou subjonctif
façon que

Faites bien attention au sens : c'est ce qui va décider du choix. Quand c'est possible, faites les deux versions.

1. Jacky a donné par erreur un billet de 500 F à son fils de 10 ans ____.
2. Le médecin a fait une piqûre stimulante au malade ____.
3. L'orage les a surpris en pleine montagne _____.
4. La police attendait volontairement devant la banque _____.
5. Hortense a fait exprès de raconter toutes les vieilles histoires d'amour de Thomas à sa nouvelle fiancée ____.
6. Le patron a découvert par hasard que son comptable le volait ____.
7. Le bateau a heurté un récif ____.
8. La voiture de police a foncé dans la foule des manifestants ____.
9. Pierre m'a fait savoir que les actions de Citroën allaient augmenter ____.
10. Il a changé volontairement de quartier.

🌳🌳🌳 **19. – Complétez avec**

de | sorte que
manière que
façon que | + indicatif ou subjonctif
façon à
manière à | + infinitif (But)

Faites les trois versions quand c'est possible.

1. Je lui ai donné une paire de claques énergiques ____.
2. Mon mari a retiré tout l'argent de notre compte-chèques commun ____.
3. Le petit Paul a fait semblant d'avoir très mal au ventre ____.
4. J'ai enfermé les alcools dans l'armoire et gardé la clé ____.
5. Le chien a bondi sur la personne qui attaquait son maître ____.
6. Promis, je téléphonerai tous les jours à ta mère ____.
7. Elle fait le ménage à fond tous les jours.
8. Elle a ri très fort ____.

🌳🌳 **20. – But recherché / Conséquence réelle**

• **A l'aide de diverses expressions de but et de conséquence, exprimez ce qu'ont fait les acteurs suivants, dans quel but, et quels résultats ils ont obtenus.**

Effets pervers

Exemple :
→ *Les révolutionnaires ont pris le pouvoir dans le but d'aider les classes populaires, en réalité ils sont devenus des hommes de pouvoir.*

1. – Les scientifiques ____
2. – Les religieux ____
3. – Je ____

23

Il y a une condition nécessaire pour réaliser le but				
BUT	Il faut Il faudra Il faudrait Il aurait fallu **+**	– infinitif – nom – que + subjonctif	**+**	– pour + infinitif – pour que + subjonctif
CONSÉQUENCE	Il a fallu Il aura fallu			
Exemples But	Il faut passer au bureau pour prendre les documents. Il faudra que tu ailles chez le coiffeur pour qu'il te coiffe.			
Exemples Conséquence	Il a fallu qu'elle se mette à crier pour qu'elle l'écoute. Il aura fallu des heures de discussion pour éclaircir le problème.			

Remarque : Il **me** faut ... Il **te** faut ... etc.
On trouve aussi en français la même structure + infinitif ou nom, précédée du pronom indirect :
• Il me faut du pain pour faire les sandwichs.
  Il lui faudra du temps pour finir ce livre.
→ Avec le nom cette structure est assez fréquente.
• Il **te** faudra **travailler** beaucoup pour réussir le bac.
  Il **nous** faudra **crier** pour nous faire entendre.
! ATTENTION : En français courant on préfère utiliser :
• Il faudra **que tu travailles** pour réussir.
• Il faudra **qu'on crie** pour se faire entendre.

🌳 21. – Il faut + infinitif + pour + infinitif
Exemples :
Il faut donner pour recevoir
Il faut aimer pour être aimé.

A. • Utilisez cette structure pour répondre aux questions suivantes.
1. Qu'est-ce qu'il faut faire pour devenir sage ?
2. Qu'est-ce qu'il faut faire pour être heureux ?
3. Où est-ce qu'il faut aller pour rencontrer des gens intéressants ?
4. Avec qui faut-il parler pour avoir des informations sur l'astronomie ?

B. • Faites vous-même des questions.

🌳🌳 22. – Il faut + nom + pour que + subjonctif
Exemple :
«Cet arbre poussera facilement ?»
– «Avec du temps et de la patience...»
Il faudra du temps et de la patience pour que cet arbre pousse.

1. – Le projet pourrait se réaliser facilement ?
   – Avec le soutien de l'Etat → ...
2. – Les malades guérissaient facilement ?
   – Avec beaucoup de soins → ...
3. – Elle s'est décidée facilement à changer de travail ?
   – Avec cette maladie → ...
4. – Tu dresseras ce lion facilement ?
   – Avec de la patience → ...

🌳🌳 23. Il faut (et autres temps) + que + subjonctif + pour que + subjonctif
Exemple :
Nous devons passer à la maison : comme ça tu prendras ton costume.
→ Il faut que nous passions à la maison pour que tu prennes ton costume.

1. Nous devons rassembler de nombreuses signatures : comme ça, notre action sera efficace. – **2.** Vous devrez apporter plus de nourriture : comme ça, chacun aura une part correcte. – **3.** On devrait aller voir le responsable : comme ça, il s'expliquera. – **4.** Son père aurait dû être plus patient : comme ça, elle aurait compris.

🌳🌳🌳 24.
Exemple :

–Il a accepté facilement ?

– *Non, nous avons discuté des heures d'abord.*

→ *Il a fallu que nous discutions des heures pour qu'il accepte.*

1. – «Ils s'endormaient facilement ?
– Non, on leur racontait une histoire d'abord.» →

2. – «Ils vous a reçus tout de suite ?
– Non, nous avons fait un scandale d'abord.» →

3. – «Il a compris vite la gravité du problème de sa fille ?
– Non, elle s'est droguée d'abord.» →

4. – «Il t'a épousée tout de suite ?
– Non, je suis tombée enceinte d'abord.» →

🌳 25. Il faut + nom + pour + infinitif

Exemple : *Qu'est-ce qu'il faut pour faire un gâteau ?*

→ **Il faut du sucre, des œufs et de la farine pour faire un gâteau.**

30.000 PLAGES POUR SE PRELASSER: PAS ETONNANT QU'IL AIT FALLU 10 ANS A ULYSSE POUR RENTRER CHEZ LUI

1 • Répondez aux questions suivantes :

– Qu'est-ce qu'il faut pour voyager ?
– Qu'est-ce qu'il faut pour dessiner ?

2 • Préparez vous aussi des questions et posez-les aux autres

🌳 26. Exemple :

– «C'était facile d'aller sur cette plage ?»
– «Nous avions besoin d'une voiture»
→ *Il fallait une voiture pour aller sur cette plage.*

1. – «Ce sera facile d'effacer cette tache ?
– Nous aurons besoin d'un produit spécial.» →

2. – «Ce serait facile d'ouvrir notre propre boutique ?

– Nous aurions besoin de crédits et de soutien.» →

3. – «C'était facile de faire la lessive autrefois ?
– On avait besoin de beaucoup de temps.» →

4. – «C'est facile d'aller sur cet îlot ?
– On a besoin d'un bateau à fond plat.» →

🌳🌳🌳 27. – Il faut que + subjonctif + pour + infinitif

Exemple : *Nous devions aller à vingt kilomètres si nous voulions faire nos courses*
→ *Il fallait que nous allions à vingt kilomètres pour faire nos courses.*

1. Il doit prendre de l'avance dans son travail s'il veut partir en août. – **2.** Vous devrez apporter tous ces documents si vous voulez remplir votre dossier. – **3.** Il devrait se remettre au tennis s'il veut retrouver la forme. – **4.** Il n'est pas devenu écrivain facilement. Qu'est-ce qu'il a fallu qu'il fasse pour devenir écrivain ? **5.** Qu'est-ce qu'il a fallu que les chefs d'Etat fassent pour éviter la guerre ?

🌳🌳 28. – Il faudrait ...
– Il aurait fallu ... | pour ...

1. Le monde pourrait aller mieux. Proposez vos solutions :

Il faudrait éduquer tous les jeunes pour qu'ils trouvent un emploi. Il faudrait qu'on distribue mieux les richesses pour créer plus d'égalité. Il faudrait de l'argent pour...
• Continuez

2. Les autres (et vous) ont fait beaucoup d'erreurs. Proposez vos solutions *a posteriori.*

– *Il aurait fallu* négocier plus pour éviter la guerre.
– Il aurait fallu que tu sois plus gentil avec elle pour la séduire, etc.
1. Vous ne vous êtes pas réveillé le jour du bac.
2. Vous avez donné une gifle à votre mari.
3. John Kennedy a été assassiné.
4. Napoléon a voulu conquérir aussi la Russie.

🌳🌳🌳 29. – Synthèse
Il faut ... pour ...
• Complétez

1. Pour devenir un homme, il faut ____.
2. Pour que ce petit devienne un homme, il

faut ___.

3. ___, il faut se lever tôt.

4. ___, il faut le travail de nombreux ouvriers.

5. Pour élever un enfant ___.

6. Pour que les villes soient vivables, ___.

7. Il faudrait habiller les enfants ___.

8. Il faudra dépenser beaucoup dans la campagne électorale ___.

9. Pour que vous soyez élu ___.

10. Pour arriver à l'heure ___.

11. ___ il a fallu qu'il travaille comme un fou.

12. Pour qu'elle accepte le mariage, il a fallu ___.

13. Il aurait fallu ___ pour lui plaire.

14. Pour obtenir ce poste il fallait ___.

🌳🌳 **30. – Il me faut + nom + infinitif**
Exemple :

Je n'ai pas assez d'argent : je ne peux pas envoyer mes enfants en vacances
→ *Il me faut de l'argent pour envoyer mes enfants en vacances.*

1. Tu n'auras pas assez de temps : tu ne pourras pas finir ce dossier. – **2.** Il n'a pas ton accord. Il ne peut pas prendre la décision. – **3.** Nous n'avions pas l'autorisation, nous ne pouvions pas commencer le chantier. – **4.** Vous n'avez pas assez d'amis bien placés, vous ne pouvez pas réussir. – **5.** Je n'avais pas d'aide : Je n'ai pas pu construire ma maison. – **6.** Ils n'ont pas de bateau, ils ne peuvent pas naviguer.

Il y a une condition minimum pour réaliser le but

Il suffit Il suffira Il suffirait Il a suffi + Il suffisait Il aura suffi il aurait suffi	Infinitif Nom Pour que + subjonctif	Pour + infinitif Pour que + subjonctif

• Quand la phrase exprime une habitude ou quelque chose qui vient de l'expérience, c'est l'idée de conséquence. Ex : *Il suffit de lui parler gentiment pour qu'elle devienne toute douce* (habitude).

• Autrement, elles expriment un but :
Ex : *Il suffira que j'achète quelques gâteaux pour que le repas soit parfait* ! (but)

Remarque : il existe également
Il *me suffit d'un rayon de soleil* pour être heureux
Il *lui suffit de paraître* pour plaire

🌳🌳 **31. – Transformez les phrases sur le modèle suivant :**

Une clé, et on ouvre cette porte.
Il suffit d'une clé pour ouvrir la porte.
         pour que la porte s'ouvre.

1. Un petit pois dans son lit, et la princesse n'a pas pu dormir. – **2.** Un petit effort de plus, et le trésor était à toi. – **3.** Un geste de votre part, et elle revenait. – **4.** Une bonne nuit de sommeil, et vous serez reposé. – **5.** Quelques séances de gymnastique, et vous seriez en meilleure forme.

🌳 **32. – Il me suffit + infinitif + pour que + subjonctif**
Exemple :

Il suffit que je caresse ce chat pour qu'il ronronne.
→ *Il me suffit de caresser ce chat pour qu'il ronronne.*

1. Il suffit qu'elle apparaisse pour que tous les photographes se précipitent. – **2.** Il a suffi qu'ils ouvrent la petite fenêtre pour que tous les pigeons s'envolent. – **3.** Il suffira que vous preniez un peu d'aspirine pour que votre fièvre disparaisse. – **4.** Il suffirait qu'il apporte un petit

23

cadeau pour que les enfants soient ravis. – **5.** Il a suffi que tu deviennes plus aimable pour qu'on te trouve charmant.

🌳🌳🌳 33. – Divers
Il suffit ... pour ...
Donnez des conseils à ces personnes, qui manquent totalement de sens pratique.

• *Comment faire pour ouvrir cette bouteille ?*
→ *Pour ouvrir cette bouteille, il suffit d'un ouvre-bouteilles / il suffit que tu la casses / il suffit de demander à quelqu'un.*

1. Comment faire pour connaître les horaires des trains ?
2. Comment faire pour préparer un œuf à la coque ?
3. Comment faire pour économiser un peu ?
4. Comment faire pour téléphoner à l'étranger ?
5. Comment faire pour écrire une lettre ?

🌳 34. – Il ne suffit pas de ... pour ...
il faut aussi ...

• On parle en général :

Il ne suffit pas $\left|\begin{array}{l} \text{d'avoir de l'argent} \\ \text{d'argent} \end{array}\right.$ **pour être heureux,** il faut aussi de l'amour.

• On parle à une personne en particulier :
Il ne suffit pas que tu donnes de l'argent **pour qu'on t'aime**, *il faut aussi que tu donnes du temps.*

A. Conseils généraux
1. Pour réussir sa vie, ＿＿＿.
2. Pour avoir un travail intéressant ＿＿＿.
3. Pour être quelqu'un de bien ＿＿＿.
4. Pour plaire au sexe opposé ＿＿＿.

B. Conseils à des personnes particulières
1. Je veux épouser un milliardaire.
2. Je serai un philosophe très, très sage.
3. Je veux être champion de ski.
4. Je veux être le meilleur vendeur de la ville.

🌳🌳 35. – Il n'a pas suffi ... pour ... il a aussi fallu ...
Exemple :
Il n'a pas suffi à Picasso d'avoir du talent pour devenir le plus grand peintre du XXᵉ siècle, il a aussi fallu qu'il travaille toute sa vie.
Sur ce modèle, expliquez comment ils sont devenus ce qu'ils sont devenus.

1. Vaclav Havel est devenu président de la République.
2. Madonna est devenue une star.
3. Madame Dupont est devenue une excellente mère de famille nombreuse.
4. Bocuse est devenu un grand chef.

🌳🌳 36. – Il suffit + subjonctif + pour que + subjonctif
On caresse ce chat, et il ronronne
→ *Il suffit qu'on caresse ce chat pour qu'il ronronne.*

1. On achètera un gâteau de plus et tout le monde aura sa part.
2. Elle voyagerait un mois, et ce garçon lui sortirait de la tête.
3. Ils gardaient le secret et l'émeute n'éclatait pas.
4. Nous sortons un peu et les enfants prépareront leur surprise.
5. On a crié plus fort que lui, et il a changé d'avis.
6. Ils auraient mieux révisé ce chapitre, le jury leur aurait mis une mention.

23

L'opposition
La concession

EXERCICES

- *Opposition*
1, alors que / tandis que / si
2, autant... autant
3, 5, au contraire / à l'opposé
4, au lieu de / à la place de
6, 7, divers
8, moyens lexicaux

- *Concession*
9, bien que / quoique
10, 12, tout / si / quelque.. que
11, cependant / pourtant
13, sans que / sans
14, encore que
15, 16, qui / quoi / où / quel... que
17, même si – 18, quand bien même
19, avoir beau
20, avoir beau / bien que / quoique
21, divers
22, n'importe qui / quoi...

- *Opposition / concession*
23 à 25, synthèse

24

A. L'OPPOSITION

Définition : Si deux faits de même nature (événements, comportements ...) sont rapprochés de façon à mettre en valeur des différences, **il y a opposition.**

L'opposition est exprimée par :			
Une conjonction	alors que tandis que si + indicatif autant... autant	– opposition de personnes, de comportements, d'actions, de descriptions. – opposition et comparaison symétriques	– Mon mari aime la natation **alors que** je préfère le cyclisme. – **Si** elle est travailleuse elle n'est pas très intelligente. – **Autant** Pierre travaille **autant** Sophie s'amuse.
Un adverbe	au contraire à l'opposé inversement en revanche par contre	– introduit généralement une proposition affirmative après une proposition négative. – situations très éloignées. situations contraires en ordre ou en sens. (langue soutenue) (langue parlée)	– Je n'avais plus mal, **au contraire** je ressentais un bien-être très agréable. – Certaines personnes téléphonent souvent, **à l'opposé** d'autres préfèrent écrire. – Mes deux enfants ont évolué différemment, mon fils est devenu très travailleur ; **inversement**, ma fille est plus paresseuse. – Au lycée j'aimais bien étudier les langues **en revanche / par contre** je détestais les mathématiques.
Une préposition	contrairement à à l'opposé de à l'inverse de à la place de au lieu de	+ nom pronom + infinitif	– **Contrairement** aux prévisions météorologiques qui annonçaient du beau temps, il pleut depuis deux jours. – Nathalie s'habille toujours en noir à l'inverse de sa sœur qui ne porte **que du** blanc. – Elle a été déçue de recevoir un bouquet de fleurs **au lieu d'**un bijou. – **Au lieu de** faire ses exercices il regardait la télévision.

D'autres moyens	Un pronom personnel de reprise
	
	Les expressions :
	    quant à + pronom
	    pour ma (ta / notre / leur...) part
	    de mon (votre / son / leur...) côté
	    en ce qui me (te / vous / les...) concerne
			– Mon frère aime la natation, **moi**, je préfère la course à pied.
			– Mes amis ont presque tous fait des études scientifiques, **quant à moi / pour ma part / en ce qui me concerne** j'ai fait des études littéraires.

24

EXERCICES

🌳🌳 1. – Mes deux enfants sont différents

a) En utilisant les deux fiches ci-dessous, faites des phrases qui mettent en évidence les différences entre le frère et la sœur. Utilisez les conjonctions *alors que / tandis que / si*

JOCELYNE DUBOIS	STÉPHANE DUBOIS
brune	blond
yeux bleus	yeux verts
1m 55	1m 90
célibataire	marié
professeur d'histoire	basketteur professionnel
habite en ville	habite à la campagne
roule en voiture	aime la moto
lecture	photographie
cinéma	bricolage
pratique la danse	fait du judo
etc.	etc.

b) A votre tour montrez les différences qui existent entre deux personnes de votre famille ou deux de vos amis.

🌳🌳 2. – Elle aime... elle déteste...

a) C'est l'anniversaire de Sophie, elle a vingt ans ; pour lui offrir le cadeau qui lui fera le plus plaisir ses amis lui ont demandé de faire la liste de ce qu'elle aime et la liste de ce qu'elle déteste.

A l'aide des deux listes ci-dessous, faites des phrases en utilisant *autant... ...autant.*
Et quel cadeau ses amis pourront-ils offrir à Sophie ?

Elle aime	Elle déteste
– la glace à la vanille	– les huîtres
– le champagne	– le cognac
– les voitures rouges	– les sports violents
– les roses rouges	– les petites voitures
– les tout petits chiens	– les œillets
– vivre à la campagne	– les grands chiens
– les soirées au coin du feu	– vivre au centre ville
– danser	– courir
– faire des promenades en forêt	– attendre quelqu'un à un rendez-vous
– les soirées avec des amis	– aller dans les boîtes de nuit

– la mer	– la haute montagne
– les hommes bruns aux yeux bleus	– les hommes blonds à moustaches
– tricoter ou coudre	– tondre la pelouse

b) Vous aussi mettez en évidence ce que vous aimez et ce que vous n'aimez pas ou ce qui est facile et difficile pour vous, en faisant quelques phrases.
Utilisez *autant...autant*

Exemples :
Autant le français est facile pour moi autant l'allemand est difficile.
Autant je parle bien allemand, autant j'ai du mal à m'exprimer en chinois.
Autant mon mari est gentil en temps normal, autant il s'énerve quand il a faim.

🌳🌳 3. – Opposez-les

Faites des oppositions en utilisant les adverbes suivants :
au contraire / à l'opposé / inversement / en revanche / par contre

a) Opposez des sports :
– le football et le rugby – le golf et le tennis la course automobile et la course cycliste la natation et la course à pied – la boxe et le judo – etc.

b) Opposez des lieux de vie :
– une maison et un appartement – des vacances à l'hôtel et des vacances en camping – la ville et la campagne – au bord de la mer et en montagne – en France et dans votre pays. etc.

c) Opposez deux siècles (par exemple le XVIIe et le XXe siècle)
Pensez à :
– la vie – les études – les femmes – les sports les moyens de transport – les moyens de communication – l'habitat – etc.

d) Opposez des moyens de transport.
– le train et l'avion – le train et la voiture – la voiture et la moto – la bicyclette et le cheval – etc.

🌳 4. – Olivier est terrible !

a) *Faites des phrases en utilisant* **au lieu de**
Exemple :
Olivier ne fait pas ses devoirs, il regarde la télévision

→ *Il regarde la télévision au lieu de faire ses devoirs.*

1. Il ne mange pas au restaurant, il mange un sandwich. – **2.** Il ne fait pas de sport, il va jouer au flipper. – **3.** Il ne lave pas ses chaussettes, il les jette. – **4.** Il ne garde pas les cadeaux qu'on lui fait, il les donne. – **5.** Il ne traverse pas les rues dans les passages pour piétons, il traverse n'importe où. – **6.** Il ne se gare pas dans les parkings, il se gare sur les trottoirs.

A vous... Vous pouvez continuer.

b) Faites des phrases en utilisant à *la place de*

Exemple :

M. Dupont qui devait aller à une réunion importante a eu un empêchement mais Olivier, lui, peut y aller.
Que lui dit son patron ?
→ *Olivier, vous irez à la réunion **à la place de** M. Dupont.*

1. Olivier a fait un gâteau pour ses amis ; dans la recette il faut mettre du chocolat mais il n'en a pas, il a seulement de la vanille. Que lui dit sa sœur ? _____.

2. Au restaurant Olivier choisit de prendre le menu ; mais le menu comprend du melon qu'il n'aime pas ; il voudrait de la pizza. Que demande-t-il au serveur ? _____.

3. Pour son anniversaire les amis d'Olivier veulent lui offrir un petit poste de télévision ; mais il en a déjà un, il aimerait mieux des disques compacts. Que dit-il à ses amis ? _____.

A vous... Vous pouvez continuer.

🌳🌳 5. – Différences
Exprimez des différences entre les éléments proposés en utilisant les prépositions suivantes :

Contrairement à / à l'opposé de / à l'inverse de /

Exemple :

La façon de manger des Japonais et la façon de manger des Français.
→ *Les Japonais mangent avec des baguettes contrairement aux Français qui mangent avec une fourchette et un couteau.*

1. La vie des femmes en France et la vie des femmes en Afrique.

2. La vie d'un footballeur professionnel et la vie d'un professeur.

3. Le climat d'un pays nordique et le climat d'un pays méridional.

4. Un pays à régime démocratique et un pays à régime dictatorial.

5. A vous...

🌳🌳 6. – Manipulez les structures
Transformez les phrases en utilisant *les différents moyens d'exprimer l'opposition* qui vous sont proposés.

1. Thierry est paresseux **contrairement à** Stéphane qui est travailleur. (Alors que / Si / En revanche / Quant à).

2. Moi, j'aime la natation, mon mari **lui**, fait du tennis. (Tandis que / Alors que / Par contre / De... côté).

3. Mes deux frères sont footballeurs : Alain est un bon attaquant **tandis que** Philippe est meilleur défenseur. (En revanche / Quant à / Si / Pronom de reprise).

4. Pierre et Simone aiment prendre leurs vacances au mois d'août **alors que** Jacques et Madeleine préfèrent partir en février pour faire du ski. (Inversement / En ce qui... concerne / Autant...autant / Pour... part).

5. Avec Florence tout est facile **tandis qu'**avec Anne tout est compliqué. (Autant... autant / Alors que / Au contraire / Si).

🌳🌳🌳 7. – Quelques villes françaises
Mettez en évidence, à l'aide de différentes structures et des fiches ci-dessous, les différences qui existent entre ces quatre villes françaises : Bordeaux, Grenoble, Lille et Nice.

Exemples :
*Bordeaux a 27 cantons **alors que** Grenoble en a 33.*
*Bordeaux est situé à l'ouest **tandis que** Grenoble est à l'est.*

BORDEAUX

– Préfecture de la Gironde et de la région Aquitaine.
– Chef lieu d'arrondissement (26 cantons, 157 communes, 800 566 habitants) sur la Garonne à 98 km de l'océan Atlantique.
– 211 197 habitants
– Communauté urbaine : 650 123 habitants
– La ville possède de nombreuses églises : cathédrale Saint-André (nef du XIIᵉ siècle, transept et chœur du XIVᵉ s.), église Sainte-Eulalie (XIIᵉ au XVIᵉ s.), église Sainte-Croix (XIIᵉ-XIIIᵉ s.), église Saint-Michel (XIVᵉ-XVIᵉ s) ; et la tour Saint-Michel, haute de 109 m, qui est la pointe la plus élevée au sud de la France ; église Notre-Dame (XVIIᵉ-XVIIIᵉ s.), ruine du Palais Gallien (IIIᵉ).
La place de la Bourse est un bel ensemble architectural du XVIIᵉ s. L'Hôtel de ville est situé dans l'ancien évêché (XVIIIᵉ s.).
Le «Jardin public», célèbre promenade, a été créé au XVIIIᵉ s.
Bordeaux a de nombreux musées, maisons et hôtels anciens. Elle est la métropole économique du Sud-Ouest de la France et, avant tout, un grand port de commerce qui expédie les fameux vins de Bordeaux. C'est le sixième port de France. On y trouve des raffineries de pétrole, des constructions navales, des industries métallurgique, électrique, aéronautique, moteurs d'avion, des industries alimentaires, industries du bois et industries chimiques.

GRENOBLE

Préfecture de l'Isère, chef-lieu d'arrondissement (33 cantons, 295 communes, 603 376 habitants) sur l'Isère, dans la plaine du Grésivaudan.
La ville compte 169 740 habitants.
La situation de la ville entourée de montagnes, est très pittoresque.
Cathédrale Notre-Dame (XIIᵉ-XIIᵉ s. remaniée)
Eglise Saint-André du XIIIᵉ s. (restaurée).
Eglise Saint-Laurent (XIᵉ-XIIᵉ s.) dont la crypte date du VIᵉ s.)
Palais de justice (XVᵉ et XVIᵉ s.)
Remarquable musée d'art.
Nombreuses réalisations d'architecture contemporaines : nouvel hôtel de ville, conservatoire de musique, les Trois Tours, maison de la culture.
Grande ville universitaire. Marché agricole.
Industries métallurgiques qui fournissent l'équipement hydro-électrique des Alpes. Laboratoire de recherche hydraulique. Constructions mécaniques et électriques. Industries chimique, alimentaire et textile, ganterie. Centre de recherche nucléaire.
La ville est un lieu de passage vers les stations de sports d'hiver.
Les Jeux olympiques d'hiver ont eu lieu à Grenoble en février 1968.

LILLE

Préfecture du Nord, chef-lieu d'arrondissement (23 cantons, 125 communes, 1 123 848 habitants), situé dans les Flandres.
La ville compte 188 374 habitants.
Eglise Saint-Maurice (XIVᵉ-XVᵉ s.) restaurée.
Eglise Saint-André (XVIIIᵉ s.)
Eglise Sainte-Catherine (XVIᵉ-XVIIᵉ s.).
Hospice Comtesse (XIIIᵉ reconstruit au XVIIᵉ s.).
Ancien Palais Rihour (XVᵉ s.) restauré.
Citadelle bâtie par Vauban.
Nombreuses maisons anciennes.
Important musée d'art. Ville universitaire.
Centre commercial important. Le port fluvial, l'aéroport, les chemins de fer relient la villes aux régions de France et au nord de l'Europe.
Industries alimentaires : brasseries, biscuiteries, chocolateries, sucreries, minoteries, distilleries.
Industries textiles de tradition ancienne : filature et tissage du coton, du lin, du jute. Confection, bonneterie.
Industries métallurgiques.

NICE

Préfecture des Alpes-Maritimes, chef-lieu d'arrondissement (29 cantons, 101 communes, 477 450 habitants) sur la baie des Anges, à l'embouchure du Paillon. La ville compte 330 776 habitants.
Cathédrale Sainte-Réparate (XVIIᵉ s.).
Eglise Saint-Jacques (XVIIᵉ s.)
Ancien Palais Lascaris (XVIIᵉ s.)
Le vieux Nice forme un quartier pittoresque.
La promenade des Anglais, en bordure de mer, est mondialement connue.
Ville universitaire. Nice est une station hivernale et estivale et un centre touristique de renom mondial.
Nombreuses manifestations culturelles et touristiques. Carnaval annuel.
Industries électroniques (IBM), constructions mécaniques, maroquinerie, chaussures.
Industries alimentaires, parfums, manufacture de tabac. Marché international des fleurs. Festival international du livre. Le port est spécialisé dans le trafic des marchandises et des liaisons avec la Corse.

D'après *Le Petit Robert*
Dictionnaire universel des noms propres.

24

🌳🌳 8. – Autres moyens...

Il existe en français des éléments d'origine grecque (**anti**) et des éléments d'origine latine (**contre-**) qui, placés avant un nom, expriment une opposition.

Exemple :

*Pendant mes vacances je vais aller en Nouvelle-Zélande qui est à l'**antipode** de la France.*

(Antipode : lieu de la terre diamétralement opposé à un autre)

A. Anti

1. Jacques a beaucoup de problèmes avec sa voiture :
– quand il pleut ses pneus ne tiennent pas bien la route, ils dérapent.
– son autoradio ne fonctionne pas bien, il y a beaucoup de parasites.
– son carburateur n'est pas bien réglé, il pollue l'atmosphère.
– il fait très froid et il a peur que l'eau du radiateur gèle.
– il n'a pas de garage et il a peur qu'on lui vole sa voiture. Jacques va chez le garagiste et lui explique tous ses problèmes. Qu'est-ce que le garagiste va lui proposer pour les éviter ?

2. Marianne a quelques ennuis de santé : elle ressent quelquefois des spasmes et se trouve dans un état dépressif ; de plus elle ne veut pas attraper la grippe. Elle va chez le médecin. Quels types de médicaments le médecin va-t-il lui prescrire ?

3. Valérie a peur de vieillir trop vite : elle a peur de prendre des rides ; de plus ses cheveux sont malades : elle a des pellicules. Elle va chez le pharmacien. Quels types de crème et de shampooing va-t-il lui conseiller ?

4. Dans ce pays, il y a beaucoup de gangs et la police voudrait lutter contre ce fléau. Quels types de brigades vont-ils créer ?

5. Pendant le match de football certains joueurs ont eu des gestes tout à fait contraires à l'esprit du sport. Que pourraient écrire les journalistes dans leurs articles ?

B. Contre

1. A un moment du match l'équipe de Bordeaux a attaqué ; aussitôt l'équipe de Marseille a fait un mouvement offensif pour répondre à cette attaque. Qu'ont-ils fait ?

2. Pour pondre leurs œufs les saumons remontent le courant des rivières, ils vont dans le sens contraire des autres. Comment nagent-ils ?

3. Philippe est insupportable : il dit toujours le contraire de ce qu'on dit. Son frère en a assez. Qu'est-ce qu'il fait ?

4. Pierre a trouvé l'exemple tout à fait juste qui illustre le contraire de ce que le professeur voulait démontrer. Qu'est-ce qu'il a trouvé ?

5. Jean-Claude a du diabète mais il aime beaucoup les pâtisseries ce qui n'est pas très indiqué pour cette maladie. Que lui dit le médecin ?

6. Sébastien aime faire des photos. Il veut en faire une de son amie avec le jour venant en sens inverse de l'objectif. Comment son amie doit-elle se placer ?

7. Pour pouvoir soulever cette machine, il faut placer un poids de l'autre côté pour faire l'équilibre. Que devons-nous placer ?

8. Ce qu'il a dit est tout à fait contraire à la vérité. Qu'a-t-il dit ?

9. Pour lutter contre cette publicité néfaste à notre avis, nous allons en faire une autre. Quel type de publicité allons-nous faire ?

10. Le professeur de français a fait faire une traduction à ses élèves. Certains élèves ont fait d'une phrase une interprétation contraire à la signification véritable. Que dit-il à ses élèves ?

24

B. LA CONCESSION

Définition : Si un obstacle reconnu ou envisagé ne produit aucun effet sur la conséquence, **il y a concession**.

La concession est				
Une conjonction	bien que quoique sans que		valeur générale ➤	– *Bien qu'*il pleuve nous avons fait une promenade. – Nous avons pu terminer la réunion *sans que* vous soyez dérangé.
	encore que	**+ subjonctif**	nuance une ➤ affirmation	– Tous les élèves de la classe devraient réussir l'examen ; *encore que* certains puissent échouer.
	tout + adj. + que si quelque + adj. + que nom		idée d'intensité : il s'agit d'un ➤ jugement personnel portant sur une qualité	– *Tout / si /* intéressant *qu'*il soit le film ne m'a pas plu. – *Quelque* déçues que vous soyez, vous devez recommencer. – *Quelques* transformations *que* vous fassiez, vous devez demander une autorisation.
	qui que		la concession ➤ porte sur une personne	– *Qui que* vous aimiez, vous souffrirez.
	quoi que où que quel(le)s que		une chose, une ➤ action un lieu ➤ une qualité ➤	– *Quoi que* je fasse, il n'est pas content. – *Où que* je sois, je pense à toi. – *Quels que* soient les résultats, je partirai en vacances.
	même si	**+ indicatif**	concession + ➤ idée d'hypothèse	– *Même si* elle s'excuse, je ne lui pardonnerai pas.
	quand bien même	**+ conditionnel**	➤	– *Quand bien même* je travaillerais jour et nuit, je n'y arriverais pas.
Un adverbe	pourtant cependant quand même néanmoins toutefois	(après le verbe) ➤		– Je gagne bien ma vie, *pourtant* j'ai d'énormes difficultés financières. – Elle le suppliait de rester, il est parti *quand même*. – Ce jeu est intéressant et très instructif, *toutefois* il coûte cher.
Une préposition	malgré en dépit de sans au risque de	+ nom ➤ pronom + infinitif ➤		– Il fait toujours des remarques acerbes *malgré* lui. – *En dépit de* son handicap, il fait beaucoup de sport – Il est parti *sans* moi – Il est parti *sans* nous dire au revoir. – Elle a pris cette décision *au risque de* lui déplaire.
Un coordonnant	mais or	opposition simple ➤ moment particulier d'une durée ➤ en opposition avec ce qui précè-		– Ce film est ennuyeux *mais* il attire beaucoup de spectateurs – Les enfants pleurent souvent la nuit. *Or*, cet enfant-là ne dit

D'autres moyens	par ailleurs	nuance un jugement négatif	– Ce député, par ailleurs très sympathique, n'est pas capable d'assumer ses responsabilités.
	il n'en reste pas moins que (il) n'empêche que	nuance un point de vue, rend une affirmation plus objective	– Il n'a pas réussi, il n'en reste pas moins / n'empêche qu'il a beaucoup travaillé.
	avoir beau + infinitif		– Il a **beau** avoir travaillé, il n'a pas réussi.
	n'importe qui / quoi / où / quand / comment		– Je ne veux pas que tu ailles **n'importe où** et que tu parles à **n'importe qui**.

🌳 **9. – Bien que / quoique**
Reliez les deux éléments proposés en utilisant les conjonctions :
bien...que / quoique

1. Ne pas être sportif / ne pas manquer un match à la télé. – **2.** Etre timide / s'habiller en couleurs voyantes. – **3.** Rêver d'une bonne douche / pédaler sous le soleil. – **4.** Préférer dormir / aller nager. – **5.** Etre malade / gagner la course. – **6.** Battre le record / ne pas être content. – **7.** Se noyer / savoir nager. – **8.** Avoir une voiture de sport / ne pas avoir le permis de conduire. – **9.** L'avion décolle / faire mauvais temps. – **10.** Le match a eu lieu / pleuvoir.

A vous... continuez

🌳🌳 **10. – Qui l'aurait cru !**
Prenez un élément de la colonne A et un élément de la colonne B et faites des phrases en utilisant une des conjonctions suivantes :

tout |
si | + adjectif + que + subjonctif
quelque |

(Attention au sens de vos phrases)
Exemple : A : chétif / B : champion de boxe
→ **Tout chétif qu'**il ait été il est devenu champion de boxe.

A Adolescent, il était...	B Il est devenu ...
timide	sauveteur en montagne
paresseux	député
laid	banquier
peureux	homme d'affaires
dépensier	ingénieur
bête	clown
apathique	star de cinéma
triste	joueur de rugby
maladroit de ses doigts	journaliste
peu communicatif	prestidigitateur

🌳 **11. – Que sont-ils devenus ?**
Imaginez quel métier a pu faire chaque personnage proposé.
Prenez un élément de la colonne A et un élément de la colonne B (attention la colonne B est en désordre) et faites des phrases en utilisant un des adverbes suivants :

cependant / pourtant / quand même

A	B
Norbert avait le vertige.	coureur cycliste
François avait peur des animaux.	chanteur de rock
Stéphane chantait très mal.	mannequin
Fabienne s'habillait très mal.	instituteur
Claude avait un cheveu sur la langue.	marin
Sébastien n'aimait pas l'école.	parachutiste
Jacques arrivait toujours en retard.	horloger
Jean-Claude s'évanouissait à la vue du sang.	dompteur
Charles se fatiguait très vite.	acteur
Alain n'aimait pas l'eau.	chirurgien

🌳🌳🌳 **12. – Sports**
Transformez les phrases en utilisant :
tout... que / si... que / quelque... que
Exemple :
Le golf est un sport onéreux pourtant il est de plus en plus pratiqué.
→ **Quelque onéreux qu'il soit**, le golf est un sport de plus en plus pratiqué.

1. Les joueurs de rugby paraissent très lourds pourtant ils sont très agiles. – **2.** La boxe est un sport très agressif pourtant les matchs sont parfois assez palpitants. – **3.** La course automobile est un sport très dangereux pourtant de nombreux jeunes voudraient la pratiquer. – **4.** Le tennis est un sport gracieux mais dangereux pour les articulations. – **5.** Le match de football a été mauvais pourtant le public a applaudi. **6.** Le nageur est victorieux pourtant il n'est pas satisfait de sa performance. – **7.** C'est un bon entraîneur pourtant il n'arrive pas à constituer une bonne équipe. – **8.** C'est un joueur de tennis médiocre pourtant il gagne quelquefois des matchs.

🌱🌱 **13. – Sans que ... / sans ...**
Reliez les deux phrases proposées en utilisant *sans que* ou *sans*.
Exemple :
J'ai mangé ; je n'avais pas faim.
→*J'ai mangé **sans** avoir faim.*
(le sujet est le même dans les deux propositions)
Les enfants ont joué ; vous n'avez pas été dérangé.
→ *Les enfants ont joué **sans que** vous ayez été dérangé.*
(le sujet est différent dans les deux propositions).

1. La décision a été prise ; les délégués n'étaient pas là. – **2.** Il a été incarcéré ; les preuves suffisantes n'avaient pas été réunies. **3.** Elle a travaillé 24 heures ; elle n'a pas dormi. – **4.** J'ai travaillé 12 mois ; je ne suis pas fatiguée. – **5.** Il a fait 1 000 kilomètres ; il ne s'est pas arrêté. – **6.** Les jeunes mariés sont partis ; les invités ne s'en sont pas aperçus. – **7.** Le cours a changé d'horaire ; les étudiants n'en ont pas été avertis. – **8.** Il s'est endormi ; il n'a pas pris son médicament. **9.** Il a atteint la ligne d'arrivée ; les autres coureurs ne l'avaient pas rejoint. – **10.** Il a travaillé un mois ; il n'était pas payé.

🌱🌱 **14. – Encore que...**
Transformez les phrases suivantes en utilisant *encore que*.
Exemple :
Le cours est très intéressant ; pourtant le professeur est un peu brouillon.
→ *Le cours est très intéressant **encore que** le professeur soit un peu brouillon.*

1. Le Minitel est très utile pourtant il risque d'augmenter les factures de téléphone. – **2.** Le crédit est avantageux pourtant il peut être dangereux s'il est mal utilisé. – **3.** Les femmes sont, en général, plus tolérantes que les hommes ; pourtant certaines sont pires. – **4.** Son travail lui plaît beaucoup ; pourtant il s'en plaint quelquefois. – **5.** Mon père trouve cette actrice insignifiante ; pourtant son visage lui plaît. **6.** Toute la famille a bien accueilli son fiancé ; pourtant son père a fait quelques remarques désobligeantes.

🌱🌱🌱 **15. – Qui que / quoi que / où que / quel(le)s que**
Transformez les phrases en utilisant la conjonction proposée.
Exemple :
Elle mange du chocolat, des gâteaux, des pizzas..., elle ne grossit pas.
→ ***Quoi qu'elle mange,** elle ne grossit pas.*

1. Qui que

a) Vous êtes grand, petit, gros, maigre, professeur, ingénieur, ouvrier ... ... le sport est bon pour vous. – b) Si Sophie, Anna, Pierre ou quelqu'un d'autre appelle, dis-lui que je ne suis pas là. – c) Vous pouvez rencontrer le directeur, le chef du personnel ou quelqu'un d'autre, il donnera toujours la même réponse à votre question. – d) Il te faut beaucoup d'argent pour monter ton entreprise mais tu ne peux rien demander ni à ton père, ni à ton oncle ni au banquier ni à personne.

2. Quoi que

a) Le capitaine peut dire ce qu'il veut, il doit être obéi. – b) Je peux faire tout ce qui est possible, je n'y arriverai pas. – c) Pense ce que tu veux, moi je ne changerai pas d'avis. – d) Il peut m'offrir des cadeaux, un voyage, une voiture ou autre chose pour s'excuser, je ne lui pardonnerai pas.

3. Où que

a) Les Jeux olympiques peuvent avoir lieu à Paris, à Barcelone, à Mexico ou ailleurs, j'irai les voir. – b) Je peux aller à Paris, à New York, à Mexico ou ailleurs, il y a de la pollution. – c) Nous faisons du ski à Chamrousse, à Chamonix, à L'Alpe-d'Huez ou ailleurs il y a toujours beaucoup de monde sur les pistes. – d) Tu peux travailler dans une entreprise, dans une administration, dans un atelier ou ailleurs, tu auras toujours les mêmes problèmes.

4. Quel(le)s que

a) Il peut faire beau ou mauvais temps, ça n'a pas d'importance, la course aura lieu. – b) Son envie de partir peut être très grande, peu

24

importe, il est obligé de rester. – c) Ses craintes peuvent être fondées, elle doit accepter ce changement. – d) Il peut faire beaucoup d'efforts, je crois qu'il ne gagnera pas.

🌳🌳🌳 16. – Les plaintes de Tony Pineau, le footballeur

Il n'est pas toujours facile d'être un footballeur célèbre ; on le connaît, on le reconnaît partout où il va, il ne peut rien faire sans que les journalistes soient là, il ne peut pas avoir de vie privée.

Qu'est-ce qu'il dit ?

Transformez les phrases suivantes en utilisant la conjonction qui convient :

qui que / quoi que / où que / quel(le)s que

Exemple :

Tony fait beaucoup d'efforts, l'entraîneur n'est pas content.

→ ***Quels que soient** mes efforts, l'entraîneur n'est pas content.*

→ ***Quoi que je fasse**, l'entraîneur n'est pas content.*

1. Tony ne peut pas aller dans un restaurant, au cinéma ou dans un magasin sans que quelqu'un le reconnaisse. – 2. Tony ne peut pas faire de ski, de tennis ou autre chose sans qu'un journaliste soit là. – 3. Tony peut porter un pantalon sport, un costume, un smoking ou autre chose, on le critique. – 4. Tony peut exprimer une opinion ou une autre, on la transforme. – 5. Tony peut sortir avec une femme ou une autre, on dit qu'il va l'épouser. – 6. Tony peut jouer un match de championnat, un match de coupe d'Europe ou de coupe du monde, la préparation est pénible. – 7. Tony peut aller en Italie, en Espagne, au Japon ou ailleurs, il est obligé d'emporter de nombreuses valises. – 8. Tony peut rencontrer une personne ou une autre, on ne lui parle que de football. 9. Tony peut habiter dans une maison, un appartement ou à l'hôtel, il n'est jamais tranquille. – 10. Les voyages que Tony doit faire peuvent être longs ou courts, il a toujours des difficultés à les supporter.

🌳 17. – Même si ...

Répondez aux questions suivantes en utilisant *même si ...*

Exemple :

Vous ne savez pas parler français. Vous vous débrouillez ?

→ ***Même si je ne sais pas** parler français, je me débrouille.*

1. Le rugby est un sport brutal. Ça vous plaît ? 2. Les Ferrari sont des voitures très chères. Vous en avez une ? – 3. Vous n'aimez pas beaucoup le football. Vous regardez les matchs à la télévision ? – 4. Vous preniez vos médicaments. Vous aviez encore mal ? – 5. Vous n'aimez pas beaucoup ce conférencier. Vous irez l'écouter ? 6. Vous ne regardez pas beaucoup la télévision. Vous en avez une ? – 7. Vous n'avez pas beaucoup de temps. Vous viendrez me voir ? 8. Vous n'aviez pas beaucoup d'argent quand vous étiez étudiant. Vous achetiez des livres ?

🌳🌳 18. – Quand bien même ...

Transformez les phrases suivantes en utilisant *quand bien même*.

Exemple :

Je peux travailler nuit et jour mais je ne pense pas pouvoir y arriver.

→ ***Quand bien même je travaillerais** nuit et jour je n'y arriverais pas.*

1. Notre voiture sera peut-être au garage mais nous irons vous voir. – 2. Il est possible que les ouvriers soient en grève mais nous vous verserons votre salaire. – 3. Il peut réussir son examen mais je ne pense pas qu'il trouve du travail. – 4. Il peut gagner les trois dernières courses mais, à mon avis, ce coureur ne sera pas satisfait. – 5. Il se peut qu'un jour il ait beaucoup d'argent mais il ne quittera pas son travail. – 6. Tu peux me demander mille fois de faire ce travail, je ne le ferai pas parce que c'est toi qui dois le faire. – 7. Il peut la couvrir de cadeaux, elle n'acceptera pas sa demande en mariage. – 8. Il est possible qu'un jour nous soyons séparés pendant longtemps mais je ne crois pas pouvoir t'oublier.

🌳🌳 19. – Gilles n'a pas de chance !

Transformez les phrases suivantes en utilisant l'expression *avoir beau*.

a)

Exemples :

Gilles travaille beaucoup pourtant il n'a pas de bonnes notes

Il a travaillé beaucoup pourtant il n'a pas de bonnes notes

→ ***Gilles a beau travailler beaucoup** il n'a pas de bonnes notes.*

***Il a eu beau travailler beaucoup** il n'a pas de bonnes notes.*

1. Il s'est appliqué énormément pour faire ses exposés pourtant il n'a pas de bons résultats. **2.** C'est un bon skieur, il s'entraîne beaucoup mais il ne gagne jamais de course. **3.** Il a pris grand soin de sa voiture pourtant elle est souvent en panne. – **4.** Il gagne bien sa vie mais il a toujours des problèmes pour payer ses impôts. – **5.** Il est très gentil avec les femmes mais elles n'acceptent jamais ses rendez-vous. – **6.** Il a 25 ans mais il paraît plus âgé. **7.** Il s'est défendu mais le voleur lui a pris son portefeuille. – **8.** Il est très instruit mais il n'a pas pu résoudre le problème.

b)
Exemples :
Gilles n'avait pas mangé beaucoup de chocolat pourtant il était malade.
→ **Gilles avait beau ne pas avoir mangé** *beaucoup de chocolat, il était malade.*

1. Gilles était resté longtemps au soleil pourtant il n'était pas bronzé comme ses amis. – **2.** Il avait fait souvent des cadeaux à sa mère pourtant elle n'était jamais contente. – **3.** Il était sorti tôt de la réunion pourtant il est arrivé en retard à son rendez-vous. – **4.** Il avait mis son plus beau costume pourtant personne ne l'a remarqué. – **5.** Il avait acheté les meilleurs produits pourtant sa cuisine n'était pas bonne. **6.** Il avait pris toutes les précautions pour lui expliquer le problème pourtant elle a mal réagi. – **7.** Il avait bien lu la notice explicative pourtant il n'arrivait pas à faire fonctionner son nouveau magnétoscope. – **8.** Il avait toujours été très gentil pourtant sa femme était partie avec un autre.

🌳🌳 **20. – Avoir beau / bien que, quoique**
Dans les phrases ci-dessous, remplacez l'expression *avoir beau* **par la conjonction** *bien que* **ou** *quoique*. **Faites les modifications de temps nécessaires.**
Exemple :
Les étudiants **ont beau faire** *du bruit, le professeur continue le cours.*
→ **Quoique les étudiants fassent** *du bruit, le professeur continue son cours.*

1. Il a beau avoir fait chaque jour un entraînement intensif, il n'a pas amélioré sa vitesse. **2.** L'accusé a eu beau crier son innocence, il a été condamné. – **3.** Il a eu beau affirmer qu'il rembourserait ce qu'il avait volé, on ne l'a pas cru. – **4.** Elle avait beau savoir bien nager, elle

avait de la difficulté à se sortir des tourbillons. **5.** Nous avions beau être courageux, nous ne pouvions pas prendre tout en charge. – **6.** Il avait beau demander régulièrement une augmentation à son patron, il ne l'obtenait jamais. **7.** Cet enfant a beau lire beaucoup, il fait encore beaucoup de fautes d'orthographe. **8.** Il a beau boire beaucoup, il a toujours des problèmes de reins.

🌳🌳🌳 **21. Manipulez les structures**
Transformez les phrases en utilisant *les différents moyens d'exprimer la concession* **qui vous sont proposés. (Attention aux modes et aux temps.)**

1. Vous êtes un champion **pourtant** vous n'y arriverez pas. (Même si / Quoique / Tout ... que / Avoir beau).
2. Je vais faire ce voyage **pourtant** j'ai de gros problèmes financiers. (Bien que / Encore que / Avoir beau / Même si).
3. Malgré une crevaison, il est arrivé à l'heure. (Même si / Pourtant / Quoique / Avoir beau).
4. Il est ministre de l'Education **mais** il n'a aucune compétence. (Bien que / Avoir beau / Cependant / Tout ... que).
5. Bien qu'il soit souvent absent, son travail est à jour. (Malgré / Il n'empêche que / Si ... que / Quand même).
6. Bien que je ne sois pas d'accord avec votre demande, je l'accepte. (En dépit de / Encore que / Même si / Sans).

🌳🌳 **22. – Conseils**
D'après les situations données donnez les conseils qui conviennent en utilisant :

N'importe qui / quoi / où / quand / comment
Exemple :
La maman ne veut pas que son fils parle aux personnes qu'il ne connaît pas.
Elle lui dit : Ne parle pas à **n'importe qui.**

1. La maman ne veut pas que ses enfants s'assoient sur un banc sale, dans la rue, elle leur dit : _____.
2. Le professeur veut que les étudiants s'appliquent pour faire leur exposé, il veut que ce soit bien fait. Il leur dit : _____.
3. Les visites à l'hôpital sont réglementées, on ne peut pas y venir au moment où on veut. Le médecin dit aux visiteurs : _____.
4. Dans cette entreprise on a besoin d'embaucher une nouvelle secrétaire mais le profil du

24

poste est très particulier. Le patron dit au chef du personnel : ____.

5. Il ne fait pas très attention au choix de ses vêtements et il doit aller à une grande soirée habillée très chic. Sa femme lui dit : ____.

🌳🌳🌳🌳 **23.**
Opposition ou concession (1)

Complétez les phrases avec l'expression marquant l'opposition ou la concession qui convient. (Observez bien les modes et les temps.)

1. Il ____ faire froid la vieille dame faisait une petite promenade. – **2.** ____ l'interdiction du médecin, il est sorti. – **3.** Elle se présente au concours d'infirmière ____ elle s'évanouit à l'odeur de l'éther. – **4.** Elle déteste son père ____ tout ce qu'il a fait pour elle. – **5.** ____ costauds ____ ils paraissent, ils ne pratiquent aucun sport. – **6.** ____ elle aille on la reconnaîtra. – **7.** Je n'admettrai aucune critique de ____ ce soit. – **8.** ____ soit le médecin que vous voyiez, n'oubliez pas de lui parler de vos douleurs au bras. – **9.** Promène-toi un peu ____ rester enfermé dans ta chambre. – **10.** Il était furieux que ses amis soient partis ____ lui. **11.** Elle a travaillé toute la journée ____ elle soit malade. **12.** Les bateaux sont sortis en mer ____ on ait annoncé une grosse tempête. **13.** Il refuse toujours de payer sa part au café ____ il a beaucoup d'argent. – **14.** Je ne devrais pas savoir tout ça ____ je t'assure que je n'ai pas écouté aux portes, je l'ai entendu par hasard. **15.** C'est une famille très pauvre mais ils survivent ____. **16.** Je garderai toujours l'espoir ____ la situation s'aggrave. – **17.** ____ il serait élu député, il ne démissionnerait pas. **18.** J'aime bien manger dans les pizzerias, mes parents, ____ préfèrent aller dans les grands restaurants. **19.** Les chiens suivent toujours leur maître, ____ les chats sont plus indépendants. **20.** Cet étudiant, ____ très intelligent, a complètement raté son examen oral.

🌳🌳🌳🌳 **24.**
Opposition ou concession (2)

Terminez les phrases suivantes. Attention aux modes et aux temps et respectez le sens.

1. Elle est très heureuse **malgré** ____.

2. Il n'est pas encore guéri **bien que** ____. *→ plus malade*

3. Il a été condamné à cinq ans de prison **pourtant** *il n'est pas coupable.*

4. **Quoique** *il fasse* il parle très mal français.

5. Vous devriez taper cette lettre **au lieu de** ____.

6. Les stations de sport d'hiver affichent complet **malgré** *le manque de neige.* *full*

7. Nous n'avons pas l'intention d'exploiter votre appareil **même si** ____.

8. Je suis ravie de vous annoncer que votre projet a été retenu par la commission **en dépit de** ____.

9. Il pleut beaucoup dans cette région **tandis que** ____.

10. Cette jeune femme ne correspond pas vraiment au profil souhaité pour ce poste, **néanmoins** ____.

11. Ces meubles luxueux se vendent bien, **par contre** ____.

12. **Si** chère **que** soit cette voiture ____.

13. Cet enfant est très maladroit, **en revanche** ____.

14. Des milliers de francs partent chaque jour dans des jeux télévisés **alors que** ____.

15. Je ne sais pas ce que vous en pensez, **quant à** ____.

16. Il a un bon diplôme, il trouvera du travail **où que** ____.

17. Il est parti faire de l'escalade sans se couvrir **au risque de** ____.

18. Il **a beau** se contrôler ____.

19. **Quand bien même** elle réussirait son concours ____.

20. **Quelles que** soient les critiques ____.

21. Le statut de la femme dans la société a beaucoup évolué **il n'en reste pas moins que** ____.

22. Il a réussi son permis de conduire **sans** ____.

23. **Autant** ce devoir de maths est difficile **autant** ____.

🌳🌳 **25. – A votre avis …**
A votre avis, est-il possible d'être un bon étudiant et un sportif de compétition ?
Faites un paragraphe en marquant bien les oppositions et les concessions. (Utilisez différents moyens syntaxiques.)

24

Table

L O U I S - J E A N
avenue d'Embrun, 05003 GAP cedex
Tél. : 92.53.17.00
Dépôt légal : 234 — Mars 1993
Imprimé en France